中国工业企业环境绩效与经济绩效的双赢

谢双玉 许英杰 / 著

中国社会科学出版社

图书在版编目（CIP）数据

中国工业企业环境绩效与经济绩效的双赢/谢双玉，许英杰著．—北京：中国社会科学出版社，2019.8
ISBN 978-7-5203-4846-1

Ⅰ.①中⋯ Ⅱ.①谢⋯②许⋯ Ⅲ.①工业企业管理—企业环境管理—研究—中国②工业企业—经济绩效—研究—中国 Ⅳ.①F425

中国版本图书馆 CIP 数据核字（2019）第 171403 号

出 版 人	赵剑英	
责任编辑	刘晓红	
责任校对	周晓东	
责任印制	戴　宽	

出　　版	中国社会科学出版社	
社　　址	北京鼓楼西大街甲 158 号	
邮　　编	100720	
网　　址	http：//www.csspw.cn	
发 行 部	010-84083685	
门 市 部	010-84029450	
经　　销	新华书店及其他书店	

印　　刷	北京明恒达印务有限公司	
装　　订	廊坊市广阳区广增装订厂	
版　　次	2019 年 8 月第 1 版	
印　　次	2019 年 8 月第 1 次印刷	

开　　本	710×1000　1/16	
印　　张	28.75	
插　　页	2	
字　　数	443 千字	
定　　价	138.00 元	

凡购买中国社会科学出版社图书，如有质量问题请与本社营销中心联系调换
电话：010-84083683
版权所有　侵权必究

内容摘要

本书以环境经济学、环境管理学、企业战略管理相关理论为指导，紧密结合相关国际研究前沿与我国十八大的目标要求，以既是财富的主要创造者也是污染的主要制造者的中国工业上市企业为研究对象，以探索我国工业企业环境绩效与经济绩效双赢的现状和机制为总体目标，遵循理论构建—现状评价—机制分析—对策探索的研究理路，系统构建了中国工业企业环境绩效以及环境绩效与经济绩效双赢的评价指标体系，构建了关于企业环境管理绩效的驱动机制以及企业环境绩效与经济绩效双赢机制的理论体系，以截至2010年9月20日在上海证券交易所上市的全部605家上市公司（这些上市公司所处的行业分别为采掘业，制造业，电力、煤气及水的生产和供应业，建筑业，交通运输、仓储业）为样本，对社会转型和制度变迁时期我国工业企业环境绩效进行了调查，对这些工业企业的环境绩效与经济绩效双赢的关系进行了评价，实证检验了关于企业环境管理绩效驱动机制以及企业环境绩效与经济绩效双赢机制的理论假说，在此基础上，从政府和企业两个层面探讨了实现中国企业环境绩效与经济绩效双赢的政策调控方向和措施。得到的主要结论包括：

第一，可以从四个维度对企业的环境管理绩效进行测量，这四个维度分别为组织结构、利益相关者关系、直接环保措施和间接环保措施。

第二，我国工业企业已经开始重视环境管理，并在环境方针的制定以及能耗和排污的监测、节约能源资源和减少废弃物排放以及清洁生产和废弃物再生利用等方面做得比较好，而在环境管理部门的设置、环境审计的设施、环境教育培训的实施、社会环保活动的参与，尤其是面向公众披露环境信息以及生态设计、绿色营销和绿色采购等方面做得较差。

第三，与环境管理先进的日本企业相比，中国企业还存在很多不足。在主动性方面，我国多数企业在开展环境管理过程中还表现为缺乏主动性的倾向，它们要么是为了减少罚款，要么受到相关法律的压力；在组织、领导方面，我国多数企业不是尚未正式设立专业性的环境管理部门，就是尚未正式明确环境管理负责人；在环境信息透明度方面，我国企业的透明度还较低；在环保措施的属性方面，较多的企业只采取同生产密切相关的环境保护措施，仅有部分企业的环保措施关注于非生产领域；无论是在进行环境监测方面，还是在开展环境激励方面，抑或是主动披露自身的环境负荷方面，我国企业所开展的工作依然有很大的提升空间。

第四，不同行业、不同规模、不同所有制、不同区域（省份）企业的环境管理绩效存在一定的差异，主要表现为制造业企业、交通运输、仓储业企业、大型企业、中型企业、国有企业、西部企业的环境管理绩效总体上更优。

第五，中国工业企业的环境管理绩效主要受到环境规制压力、市场环境压力的直接驱动和间接驱动（部分通过承担社会责任、追求经济利益起作用）。

第六，中国工业企业的综合环境管理绩效存在显著的宏观区域差异，且主要表现为西部地区企业的综合环境管理绩效优于东部、中部地区企业；同时，也存在微观区位差异，即位于经济开发区的企业的环境绩效比位于其他功能区的企业好。

第七，社区公众压力虽然对履行高管承诺、承担社会责任都有显著影响，却对企业环境管理绩效没有显著影响；履行高管承诺也还没有成为促进企业环境管理绩效的有效因素。

第八，从外部压力因素对企业内部动力因素的作用关系来看，环境规制压力成为促进企业承担社会责任的因素，也部分转化为了企业追求经济利益的动力，但尚未成为促进企业履行高管承诺的因素，而市场环境压力对三个内部动力因素都起到了促进作用。因此，为了切实推进我国企业开展环境管理工作，并且取得良好的管理绩效，提高消费者、投资者或者企业竞争对手的环境保护意识和要求,可能是更加有效的手段。

第九,中国工业企业环境管理带来的总经济效益处于中等略偏上的水平,且间接经济效益水平最高,而收入增加效益相对较低。成本节约效益以守法成本节约为主,而利税成本节约较少;收入增加效益则以销售额增加相对较多,而排污许可证转让收益十分有限;间接经济效益都较高,其中又以产品质量和企业形象提升表现得尤为突出。

第十,"双赢"企业并不太多,只占样本企业总数的1/5,而且环境单优型企业较多,说明较多企业的环境管理实践还没有为其带来经济效益。

第十一,企业环境管理的好坏对其带来经济效益的强度没有直接的作用,而主要受到规制压力环境、社区压力环境、组织结构与资源的正向调节作用,受到宏观区位条件的反向调节作用,同时还受到规制压力环境、市场压力环境和规制不确定性的直接驱动作用。

第十二,企业环境管理绩效的好坏对企业是否取得环境绩效与经济绩效的双赢不仅没有直接作用,而且没有受到其他任何外部压力环境、外部区位条件以及内部组织环境的调节作用,而是受到规制压力环境和规制不确定性的直接驱动作用。

目　录

第一章　绪论 ………………………………………………………… 1

第一节　研究背景与意义 ………………………………………… 2
　　一　研究背景 ……………………………………………………… 2
　　二　研究意义 ……………………………………………………… 16
第二节　研究内容与思路 ………………………………………… 18
　　一　研究内容 ……………………………………………………… 18
　　二　研究思路 ……………………………………………………… 19
　　三　研究方法 ……………………………………………………… 21

第二章　国内外研究现状及其述评 ………………………………… 22

第一节　企业环境绩效评价研究现状及述评 …………………… 22
　　一　国外研究现状 ………………………………………………… 22
　　二　国内研究现状 ………………………………………………… 27
　　三　国内外研究述评 ……………………………………………… 36
第二节　企业环境绩效驱动机制研究现状及述评 ……………… 38
　　一　国外研究现状 ………………………………………………… 38
　　二　国内研究现状 ………………………………………………… 85
　　三　国内外研究述评 ……………………………………………… 106
第三节　企业环境绩效与经济绩效关系研究现状及述评 ……… 111
　　一　企业环境绩效与经济绩效关系的理论研究现状 ………… 111
　　二　企业环境绩效与经济绩效关系的实证研究现状 ………… 117

三　企业环境绩效与经济绩效双赢机制的研究现状……… 134
　　四　企业环境绩效与经济绩效关系研究述评……………… 138

第三章　中国工业企业环境绩效的现状调查与评价……………… 141

第一节　企业环境绩效评价指标体系的构建……………………… 141
　　一　企业环境绩效评价的实践……………………………… 142
　　二　企业环境绩效评价的体系……………………………… 147

第二节　中国工业企业环境绩效现状调查………………………… 154
　　一　调查问卷的设计………………………………………… 154
　　二　问卷调查的实施………………………………………… 156
　　三　调查结果及样本信息…………………………………… 157
　　四　非回应偏差的检验……………………………………… 160

第三节　中国工业企业环境绩效现状评价………………………… 160
　　一　评价方法比较与选择…………………………………… 160
　　二　评价指标体系构建的检验……………………………… 165
　　三　企业环境绩效评价与分析……………………………… 174

第四章　中国工业企业环境绩效的驱动机制……………………… 190

第一节　中国工业企业环境绩效驱动机制理论分析……………… 190
　　一　影响因素分析…………………………………………… 191
　　二　驱动机制分析…………………………………………… 217

第二节　中国工业企业环境绩效驱动机制实证分析……………… 225
　　一　研究方法………………………………………………… 225
　　二　综合环境管理绩效的实证分析结果…………………… 238
　　三　取得ISO14001认证的实证分析结果………………… 250

第五章　中国工业企业环境绩效与经济绩效的双赢机制………… 257

第一节　中国工业企业环境绩效与经济绩效双赢的理论………… 258
　　一　企业环境管理可能带来的经济效益…………………… 258
　　二　企业环境绩效与经济绩效双赢的机制………………… 260

第二节　中国工业企业环境绩效与经济绩效双赢的现状……… 265

一　双赢现状调查…………………………………………… 265
　　　二　量表信度与维度构建检验……………………………… 267
　　　三　双赢现状分析…………………………………………… 273
　第三节　中国工业企业环境绩效与经济绩效双赢的机制……… 279
　　　一　研究方法………………………………………………… 279
　　　二　环境管理带来经济效益机制的分析结果……………… 285
　　　三　环境绩效与经济绩效双赢机制的分析结果…………… 296
　　　四　小结……………………………………………………… 304

第六章　中国工业企业环境绩效与经济绩效双赢的政策调控……… 306
　第一节　政府层面的调控措施…………………………………… 307
　　　一　合理运用命令控制型环境规制………………………… 309
　　　二　适当运用激励型环境规制……………………………… 314
　　　三　加强运用自愿型环境规制……………………………… 341
　　　四　加强数据建设，披露企业环境信息…………………… 358
　第二节　企业层面的调控措施…………………………………… 368
　　　一　设立明确的环境目标…………………………………… 368
　　　二　构建合理的组织结构…………………………………… 370
　　　三　形成有效的管理风格…………………………………… 371
　　　四　培育积极的员工参与…………………………………… 375
　　　五　采取污染的预防措施…………………………………… 376
　　　六　实施自觉的环境管理…………………………………… 377

第七章　研究结论与研究展望………………………………………… 381
　第一节　研究结论及意义………………………………………… 381
　　　一　研究结论………………………………………………… 381
　　　二　研究意义………………………………………………… 383
　第二节　研究不足与展望………………………………………… 386
　　　一　对研究内容的展望……………………………………… 386
　　　二　对研究方法的展望……………………………………… 388
　　　三　对研究对象的展望……………………………………… 389

附录　中国企业环境行为现状及相关情况调查问卷…………………… 390

参考文献……………………………………………………………………… 396

第一章 绪论

改革开放以来,我国国民经济取得了迅猛的发展;但是,与此同时,我国所面临的环境和生态质量也"江河日下"。究其原因,推动我国经济社会发展的粗放型经济发展模式难辞其咎,这种传统的经济发展集中表现为"三高一低"的特点,即高投入、高消耗、高污染,低效益,已经通过污染环境和破坏生态的方式为我国国民经济造成了极大的损失。有关研究所披露的数据显示,同我国 GNP 规模相比,因环境污染和生态破坏所导致的经济损失已经达到了 14%。近年来,党中央和国务院高度重视环境保护工作,随着一系列节能减排等政策的推出和施行,我国不仅各项环境保护工作不断取得新进展,而且多数污染物排放总量也表现为逐年下降的趋势。但是,由于对传统的粗放型经济发展模式所形成的"路径依赖",我国环境和生态治理工作依然面临艰巨的形势。比如,我国一些流域和城市水资源以及大气污染问题依然十分严峻,部分地区的生态破坏情形还呈现出不断加剧的态势。

在新时期,企业既要利用社会共有的各种各样的社会资源创造财富,又要积极承担起社会责任;这不仅已经成为社会各界的共识,而且既是企业追求可持续发展所必须具有的素质,也是企业追求可持续发展所必须具备的品格,更是建设和谐社会和美丽中国的必然要求。

工业企业是国民经济的基本单位之一,通过投入—生产—产出系统来实现其经营目标。投入阶段,企业消耗各种自然资源和能源,生产阶段生产效率偏低会造成自然资源的浪费,产出阶段除了传统意义的生产产品,也产生"三废";因此,工业企业既是社会财富的创造者,也是自然环境资源的主要消耗者、环境污染的制造者与环境破坏者。同时,幸福生活的缔造、美丽环境的建设既离不开工业企业生产物美价廉的产品，也离不开工业企业在创造社会财富的同时尽量减少资源浪费和环境污染，只有广大企业自觉实施节能减排、清洁生产等环境保护措施，主动改善其环境绩效，才有可能提高区域环境质量，并进而实现建设美丽中国的目标。因此，工业企业既是市场经济的微观主体，又是生态环境保护和节能减排的实施主体，应成为建设资源节约型、环境友好型社会（以下简称"两型社会"）的基础和主力军。但是，节能减排等环境保护措施的实施以及企业环境绩效的改善对以追求经济利益最大化的企业来说是"福"还是"祸"，即企业能否实现环境绩效与经济绩效的双赢决定着企业能否将环境保护纳入企业的核心经营和战略管理体系。自20世纪80年代以来，"企业值不值得绿化"（Does it pay to be green），引起了国内外学界的广泛关注。

第一节　研究背景与意义

一　研究背景

（一）现实背景

1. 工业企业既是社会财富的创造者，也是环境污染的"罪魁祸首"

据统计，2010年中国拥有工业企业226.67万个，占全国企业总数的25.89%[①]。如图1-1所示，2001—2010年，中国工业企业的总产值年年增加，年均增幅达到15.74%，与同期GDP的年均增幅相当，同时，中国工业总产值占GDP的比重一直保持在40%左右。可见，中国工业企业是社会财富的主要创造者，为中国经济发展、社会进步做出了功不可没的贡献。

与此同时，中国工业企业也是环境污染和资源消耗的"罪魁祸首"。国家环境保护部所披露的数据显示，我国企业尤其是工业企业，无论是污染物排放总量，还是能源消耗量，均占有较大比例。

[①] 中华人民共和国国家统计局：《中国统计年鉴（2011）》，中国统计出版社2011年版，第23页。

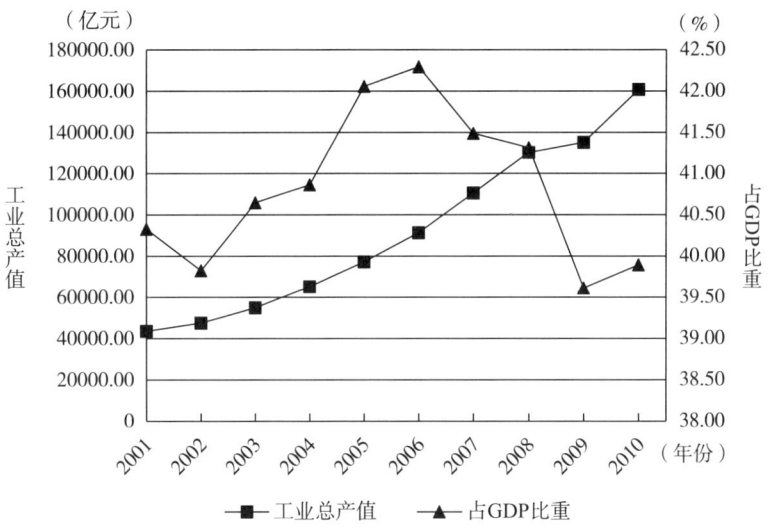

图 1-1　2001—2010 年中国工业总产值及其占 GDP 比重

资料来源：国家统计局：《中国统计年鉴（2011）》，中国统计出版社 2012 年版。

在废水排放方面（见图 1-2），2010 年中国工业废水排放量为 237.5 亿吨，近 10 年呈现出先小幅度上升而后小幅度波动变化的情况，

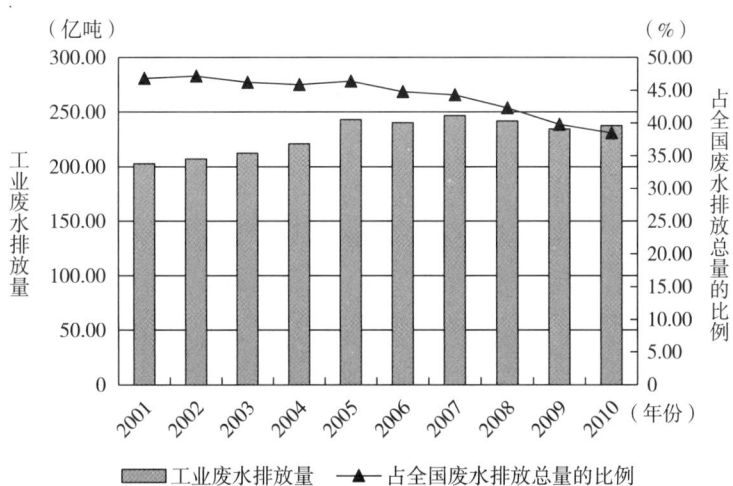

图 1-2　2001—2010 年中国工业废水排放量及其占全国废水排放总量的比例

资料来源：中国环境保护部：《2010 年环境统计年报》，中国环境保护部网站，http://zls.mep.gov.cn/hjtj/nb/2010tjnb/201201/t20120118_222727.htm，2012 年 2 月 24 日。

同时，中国企业废水排放量占全国废水排放总量的比例虽然持续下降，但仍高达40%左右，与其创造的社会财富的水平相当，2001—2010年中国工业化学需氧量（COD）排放量总体上呈现出下降的趋势，但2010年的排放量仍高达434.8万吨，占全国COD排放总量的35.12%（见图1-3）。

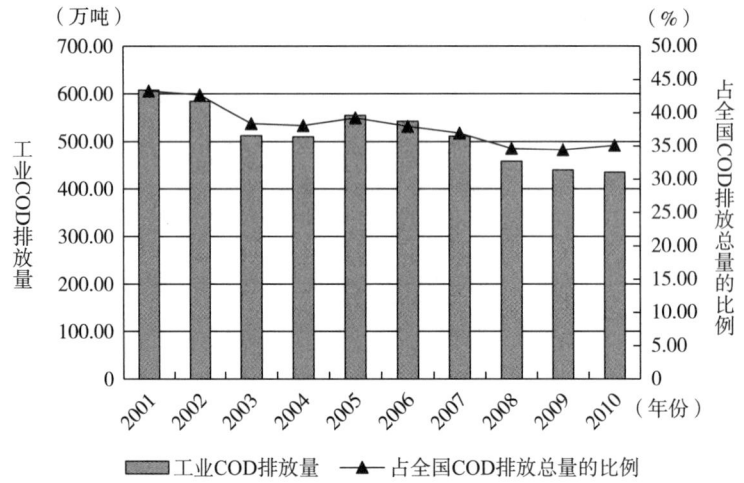

图1-3 2001—2010年中国工业COD排放量及其占全国COD排放总量的比例

资料来源：中国环境保护部官方网站公布的2001—2010年环境统计年报，http://zls.mep.gov.cn/hjtj/nb/2010tjnb/201201/t20120118_222727.htm，2012年2月24日。

在废气排放方面（见图1-4、图1-5和图1-6），2001—2010年，中国工业二氧化硫（SO_2）、烟尘和氮氧化物（NO_x）的排放量及其占全国的比例虽然都呈现出先增加后减少而最近又有所增加的变化趋势，但仍居高不下，特别是在全国所占的比例仍分别高达85%、70%和75%左右；大气污染的水平远远超过其创造社会财富的水平。

在固体废弃物排放方面（见图1-7），2001—2010年，虽然中国固体废物排放量年年减少，到2010年只有498万吨，但中国工业固体废物产生量年年攀升，由2001年的8.88亿吨增加到2010年的24.09亿吨，增加了2倍，年均增幅达到11.84%。

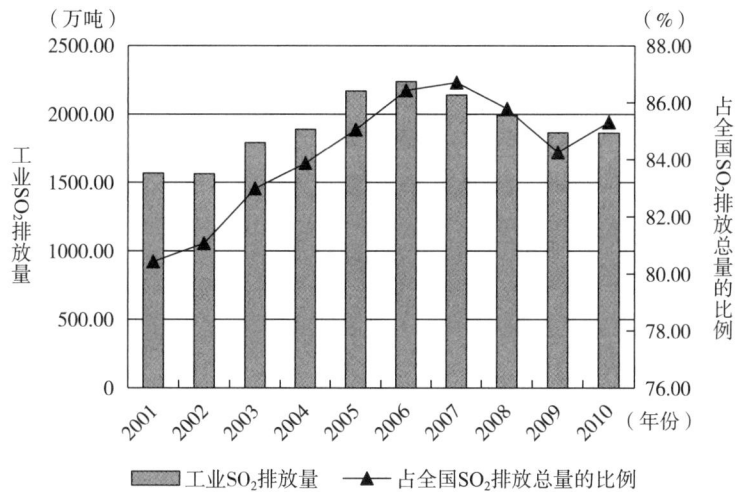

图 1-4　2001—2010 年中国工业 SO₂ 排放量及其占全国 SO₂ 排放总量的比例

资料来源：中国环境保护部：《2010 年环境统计年报》，中国环境保护部网站，http://zls.mep.gov.cn/hjtj/nb/2010tjnb/201201/t20120118_222727.htm，2012 年 2 月 24 日。

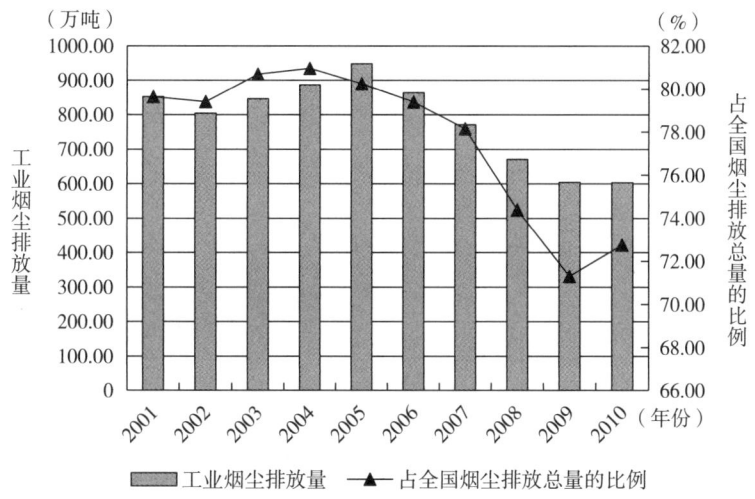

图 1-5　2001—2010 年中国工业烟尘排放量及其占全国烟尘排放总量的比例

资料来源：中国环境保护部：《2010 年环境统计年报》，中国环境保护部网站，http://zls.mep.gov.cn/hjtj/nb/2010tjnb/201201/t20120118_222727.htm，2012 年 2 月 24 日。

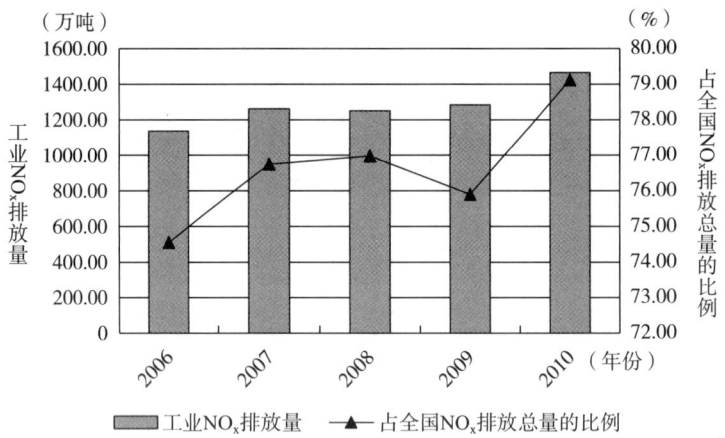

图 1-6 2006—2010 年中国工业 NO_x 排放量及其占全国 NO_x 排放总量的比例

资料来源：中国环境保护部：《2010 年环境统计年报》，中国环境保护部网站，http://zls.mep.gov.cn/hjtj/nb/2010tjnb/201201/t20120118_222727.htm，2012 年 2 月 24 日。

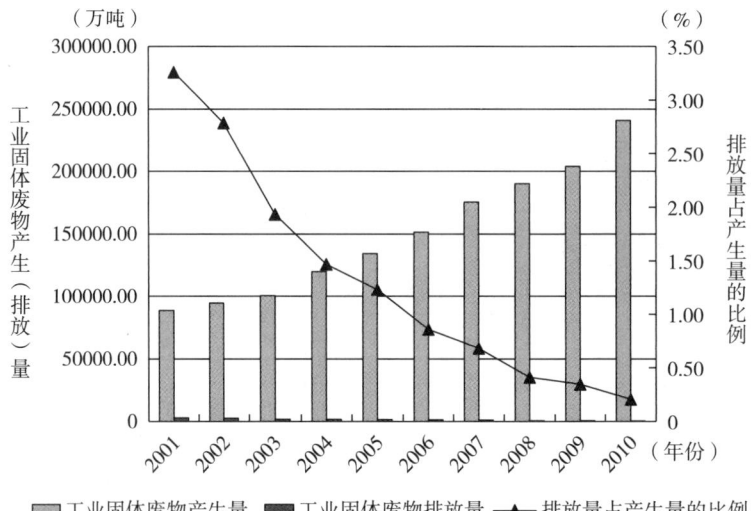

图 1-7 2001—2010 年中国工业固体废物产生量和排放量

资料来源：中国环境保护部：《2010 年环境统计年报》，中国环境保护部网站，http://zls.mep.gov.cn/hjtj/nb/2010tjnb/201201/t20120118_222727.htm，2012 年 2 月 24 日。

在能源消耗方面（见图1-8），2001—2010年中国工业煤炭消耗量及其占全国煤炭消费总量的比例年年攀升，年均增幅分别达到12.08%，致使2010年中国工业煤炭消耗量及其占全国煤炭消费总量的比例分别达到33.80亿吨和94.85%，工业煤炭消耗量几乎是我国煤炭消费量的全部；同时，2010年中国工业共消耗燃料油2087万吨，比上年增加3.5%。

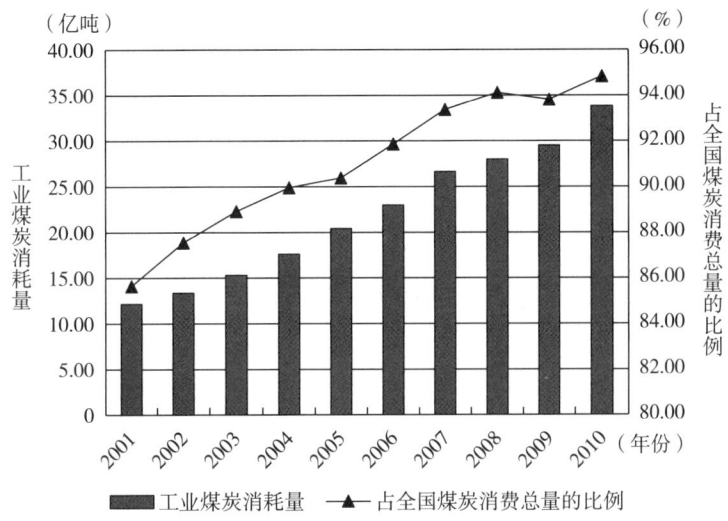

图1-8　2001—2010年中国工业煤炭消耗量及其占全国煤炭消费总量的比例

资料来源：中国环境保护部：《2010年环境统计年报》，中国环境保护部网站，http：//zls.mep.gov.cn/hjtj/nb/2010tjnb/201201/t20120118_222727.htm，2012年2月24日。

2. 两型社会的建设有赖于工业企业环境行为的自觉与绩效的改良

一方面，如前所述，工业企业在社会财富的创造中无疑"居功至伟"，但是与此同时，无论是在污染环境方面，还是在消耗资源方面，工业企业也都扮演着"肇事者"的角色，排放了40%左右的废水、85%左右的SO_2、75%左右的烟尘，消耗了70%左右的能源[①]。按照"谁污染，谁治理"的原则，工业企业应该承担减少环境污染和资源消

---

① 中华人民共和国国家统计局：《中国统计年鉴（2011）》，中国统计出版社2011年版，第260页。

耗以及治理环境污染的社会责任。同时，由于工业企业是环境污染和资源消耗的主要"肇事者"，其在减少环境污染和资源消耗方面的努力能起到较大的作用，对我国环境保护和资源的充分利用能做出较大贡献。因此，工业企业应是我国环境保护的"主战场"。根据国家环保部 2010 年的调查，当时的 112799 家工业企业拥有废水污染物在线监测仪器和废水治理设施分别达到 15635 套和 80332 套，两者投入运行费用高达 545.3 亿元，从而实现化学需氧量、氨氮、石油类、挥发酚、氰化物的去除量分别达到 1415.4 万吨、82.6 万吨、35.4 万吨、7.3 万吨、0.7 万吨；这些工业企业在用工业锅炉数为 8.5 万台，在用炉窑数为 8.3 万台，安装的废气污染物在线监测仪器和废气治理设施分别达到 10227 套和 18.7 万套，其中，脱硫设施达到 26611 套，在投入运行 1054.5 亿元费用的情况下，当年实现二氧化硫、烟尘、粉尘的去除量分别达到 3304.0 万吨、3894.1 万吨、9501.7 万吨，其中，在二氧化硫去除量中，仅燃料燃烧过程的去除量就达到 2231.3 万吨[1]。这些都为美丽中国建设做出了较大贡献。

另一方面，工业企业是科技人才的汇集地、是环保技术创新的主要源泉，能为节能减排目标的实现和两型社会的建设提供技术支撑和保障。据统计，2010 年大中型工业企业中，有 12889 家开展 R&D 活动，R&D 人员全时当量 137.0 万人年，R&D 经费内部支出 4015.4 亿元，分别占全国的 53.64% 和 56.85%；大中型工业企业开办了 16717 个 R&D 机构，拥有 148.5 万机构 R&D 人员，均比科学研究与开发机构以及高等学校的 R&D 机构之和还多；大中型工业企业的专利申请数和发明专利数分别为 19.89 万个和 7.25 万个，分别占全国的 15.45% 和 18.53%[2]。环境污染物的减排、能源资源的充分利用以及环境污染的治理等都需要已有生产技术和工艺的改造与升级，需要新型环境友好型和资源节约型（"两型"）产品的开发，需要环保技术的创新，工业企业拥有的 R&D 机构和人员、开展的 R&D 活动以及取得的成果是满足这

---

[1] 中国环境保护部：《2010 年环境统计年报》，中国环境保护部网站，http://zls.mep.gov.cn/hjtj/nb/2010tjnb/201201/t20120118_222727.htm，2012 年 2 月 24 日。

[2] 中华人民共和国国家统计局：《中国统计年鉴（2011）》，中国统计出版社 2011 年版，第 772 页。

些需求的中坚力量。

3. 环境绩效与经济绩效的双赢是工业企业可持续发展的必然选择

在建设美丽中国的背景下，社会各界既要求企业作为社会财富的创造者努力创造财富，又要求企业作为社会的一员，积极开展社会责任管理和实践工作，这不仅是可持续发展对企业内在素质和基本品格的要求，更是建设和谐社会和美丽中国的必然要求。

首先，随着改革开放的不断推进和现代化建设的持续进行，我国社会经济发展达到了一个新的台阶和历史阶段，此阶段，社会经济发展的目标不再是数量的增长，而是质量的提升，这也是中国共产党第十八次全国代表大会提出建设美丽中国并将建设社会主义生态文明纳入"五位一体"总体布局的经济社会背景。在此背景下，"资源节约型、环境友好型社会（两型社会）建设取得重大进展"成为我国全面建成小康社会和全面实现改革开放的目标之一，具体包括"主体功能区布局基本形成，资源循环利用体系初步建立。单位国内生产总值能源消耗和二氧化碳排放大幅下降，主要污染物排放总量显著减少。森林覆盖率提高，生态系统稳定性增强，人居环境明显改善"等。为了实现此目标，特别是"单位国内生产总值能源消耗和二氧化碳排放大幅下降，主要污染物排放总量显著减少"的目标，我国政府必将实施更加严格的环境规制，包括制定更加严格的产业结构调整政策，出台更加严格的环境标准体系，执行更加严格的环境监督等，这些都将不仅增加工业企业的环境成本、环境风险，甚至可能会威胁到污染严重工业企业的生存和发展。因此，工业企业在创造经济绩效的同时，自觉改进环境绩效，从而实现经济绩效与环境绩效双赢的局面，才能规避环境风险，降低环境成本，甚至将其转化为先入商机。

其次，随着生态环境的恶化以及环境污染的加重，公众对环境保护的需求日益高涨，绿色消费日益成为新的时尚，使社会消费模式正在经历一次历史性的"绿色化"变革。英国的《绿色消费者指南》（1987）第一次提出了绿色消费的观点。该观点认为，绿色消费可以表现为三个层面的具体形式：一是消费时选择绿色产品，即未被污染、有助于公众健康的产品；二是在消费过程中"移风易俗"，做好对垃圾的处置，力争不造成环境污染问题；三是树立正确的消费观念，不仅要崇尚自然、追求健康和舒适的生活体验，而且要注重环境保护、注重资源和能源的节约（王渊博，2011）。现在越来越多的消费者（特别是年轻的消费者）追求一种所谓的人与自然彼此协调的消费观，这种观念以系统思维看待消费过程，以追求人类社会和自然的协调发展为基本目标，着力推进消费和再生产的各个环节同环境的动态平衡。作为绿色消费的重要组成部分，我国政府部门也积极倡导和大力推行绿色采购，优先购买环境冲击较小的绿色产品①；这有力地促进了绿色产品的生产，充分发挥了在全社会可持续消费进程中的推动、示范和引领作用。同时，为了促进绿色消费模式的建立，环境友好型产品和服务认证制度体系也在不断建立和健全，比如，环境标志产品认证制度、有机食品认证制度等②。另外，在国际层面，借助于国际互认等机制，各种达到国际水平的绿色贸易通道也在不断建立。在这一消费模式的绿色化变革浪潮中，消费者是主体，政府是规范者和引导者，而企业是重要的载体。企业必须注意这种消费的新动向，抓住潜在的巨大商机，进入绿色消费的"蓝海"，为自身未来发展打造利基市场；同时要积极探索绿色产品的生产技术，着力提升绿色产品的生产和消费规模，通过规模经济、范围经济等途径切实降低生产成本，从而切实降低绿色产品的生产成本和销售价格，最终提升广大消费者对于绿色产品的消费意愿（林长清等，2009）。另外，企业提供绿色产品不仅能满足消费者的需要，而且能提升企业的形象和竞争力，给企业带来间接经济效益。

最后，在国际贸易层面，我国于 2001 年成功加入 WTO，标志着我国融入国际市场的广度和深度进一步加强，有力地推进了我国经济的发展。但是，与此同时，我国加入 WTO 也带来了一定的风险和挑战，其中，绿色贸易壁垒即是挑战之一。所谓绿色贸易壁垒，是指在贸易自由化不断推进、各国关税不断降低的情况下，有关国家基于保护国内相关产业的需要，以环境保护为借口，通过制定和采用环境标准、采用相关

---

① 2006 年会同环保总局制定了《环境标志产品政府采购实施意见》，公布了环境标志产品政府采购清单（王渊博，2011）。

② 2005 年国务院《关于落实科学发展观加强环境保护的决定》中提出在消费环节要大力倡导环境友好的消费方式，实行环境标识、环境认证和政府绿色采购制度（王渊博，2011）。

措施为进口产品设置障碍的壁垒（张秋英，2003）。绿色贸易壁垒的表现形式多种多样，既可以是绿色技术标准，也可以是绿色环境标志；既可以是绿色包装制度，也可以是绿色卫生检疫制度；既可以是绿色补贴制度，也可以是生产加工技术标准，还可以表现为环境成本要求。无论形式如何，这些绿色贸易壁垒都会让发展中国家企业陷入贸易困境，或者因达不到上述标准要求而被"拒之门外"，或者因达到严格环境标准要付出高昂的成本而陷入竞争劣势。据报道，1997—1999年，我国有价值达200亿美元的商品因遭受绿色壁垒而出口受阻；欧盟是我国产品遭受绿色贸易壁垒的重要市场，仅1998年就有高达20多亿美元（占当年出口产品的24.88%）的商品遭遇禁止进口的限制（张秋英，2003）。为了摆脱这种困境，企业必须实现环境绩效和经济绩效的双赢，将环境管理纳入经营战略中去，在生产经营的各个环节（包括设计、采购、生产、运输、销售、废弃、再利用等）着手环境管理，不断加强污染防治，开展清洁生产，并在控制环境成本甚至创造额外盈利空间的基础上提升环境绩效。

（二）理论背景

1. 工业企业为何要自觉改良环境行为和环境绩效

根据西方经济学的"经济人假设"，企业是以追逐自身利益最大化为一切行为的出发点和最终目的的，而一般都认为环境行为以及环境绩效的改善对于企业来说是纯粹的成本，企业无法从中获得任何利益，认为环境投资完全是资金浪费。因此，自20世纪70年代以来，企业为何要自觉改良环境行为和环境绩效一直都是学界十分关注和试图回答的问题，是受到环境规制的要求，还是受到获得竞争优势的驱动？是为了应对社会公众的抗议，还是一种积极的商业战略？许多学者对此进行了深入研究，分析了各种企业环境行为的驱动因子，也得到了一些具有共识的结论（详见第二章），但现有关于企业自愿环境管理驱动力的研究都是"从不同的角度解释了部分疑问，但是缺乏对企业进行环境管理的综合性研究"（秦颖，2011）。同时，已有研究多是基于发达资本主义国家企业样本的分析，其研究结论对于像中国这样的发展中社会主义国家的企业是否适用，值得怀疑。因此，有必要进一步开展综合性研究，特别是针对发展中的新兴经济体的企业开展实证检验。

2. 工业企业如何实现环境绩效与经济绩效的双赢

如前所述，环境绩效与经济绩效的双赢是工业企业可持续发展的必然选择。作为以提升经济效益为最终目标的经济实体，企业借助于"成本—收益"分析方法，做出理性决策。在企业进行环境保护行为决策时，"成本—收益"分析也发挥了重要作用。企业投入一定的成本进行环境管理，既可能创造环境绩效，也可能对经济绩效造成影响。如果创造环境绩效所投入的成本高于经济绩效的提升，那么，企业的理性决策将是拒绝开展环境管理，或者采取其他措施规避政府部门的环境管制；与之相反，如果创造环境绩效所投入的成本低于经济绩效的提升，那么，企业的理性决策将是主动开展环境管理实践。可见，企业是否做出开展环境管理实践的理性决策，厘清环境绩效和经济绩效的关系至关重要，这也是企业环境绩效和经济绩效关系研究已经成为企业和学者最为关注的问题之一的原因。然而，关于企业环境绩效与经济绩效关系的已有研究，从理论观点到实证分析都还未达成共识（详见第二章），同时，有学者意识到相对于二者关系的研究，关于如何实现企业环境绩效与经济绩效双赢的研究可能更有意义（Reinhardt，1998；Marcus and Geffen，1998），但这方面的研究才刚刚起步。

3. 如何调控工业企业环境绩效与经济绩效的双赢

无论是对于一个企业，还是对于一个区域或国家，实现环境绩效和经济绩效的双赢都是实现可持续发展的必然选择，这也是我国两型社会建设的必经之路。同时，企业环境绩效与经济绩效的双赢有赖于区域发展环境以及地方政府的政策导向。Porter 和 van der Linde（1995）认为，设置合理的、灵活的环境规制（只关注结果，不关注过程，而将过程的选择权完全交给企业）能够鼓励企业进行创新，可以激发企业在提高资源利用效率的同时减少污染物的排放，进而改善整个生产过程的效率，提高生产率，降低成本等，从而实现环境绩效与经济绩效的双赢。因此，现有的环境政策或产业政策是否能促进企业环境绩效与经济绩效的双赢，如何通过制定有效的政策促进企业环境绩效与经济绩效的双赢，都是重要的理论和现实课题。

(三) 政策背景

根据秦颖（2011），以法律法规等强制性手段为主的"第一波政策工具"和以排污收费和排污权交易等市场激励为主的"第二波政策工具"都是各国政府在不同时期的环境管理和治理过程中所做出的努力，都曾为环境污染的治理、环境问题的缓解做出了或大或小的贡献，但又都有其局限性。因此，以"自愿行动"（或非管制行动、自约束行动）为特征的"第三波政策工具"应运而生。但笔者认为，要想让企业加入"自愿行动"，企业环境绩效和经济绩效的双赢是前提。

1. 法律法规等强制手段受制于执行机构的有限资源和作用

长期以来，环境问题都是全球政治和经济议程的边缘问题。近年来，随着社会公众对环境问题关注度的不断提升以及全球环境保护运动的"风起云涌"，在全球政治和经济议程中，环境保护问题逐渐成为核心内容之一。作为传统的污染控制手段，政府规制无论是在促进企业控制污染排放，还是在促进企业推进清洁生产，抑或是在促进企业保护生态环境方面，都起着至关重要的作用。

为了强有力地促进企业的环境行为，各级地方政府环境保护部门出台了一系列法律、标准、条例、规则，如限制企业污染物排放的标准、规范企业环境行为评价的规则等。可以说，作为社会财富的主要创造者以及环境污染的主要制造者，包括工业企业在内的各类企业正承受越来越多的规制压力，制度环境的趋严提高了企业的违规成本。但这些政府规制的约束效果取决于其执行力度和效果。有调查研究显示，"目前环境执法的人力、资金和设备投入都存在短缺现象"（陆新元等，2006），这势必会降低环境执法的效果，致使环境法律法规执行不完全，起不到应有的威慑作用。

2. 排污费（权）等市场调节无奈于监督与交易成本的高昂

20世纪70年代初，我国才正式成立环境保护机构，"污染者付费"的原则也才从国外引入国内。80年代，我国逐步建立起内容不断丰富的环境保护制度，目前，已经形成较为完善的环境保护政策体系。并且，作为促进工业企业做好污染控制和绿色化的重要方式，我国一些先行地区已经开始着力探索市场化机制的引入和信息手段的利用。进入21世纪以来，党和国家采取了一系列新型的环境保护举措，包括树立和深入贯彻落实科学发展观，积极推进节能减排工作，建设两型社会等，而且，关于节能降耗的约束性目标成为"十一五"规划纲要的重要内容。为了贯彻党中央和国务院的战略布局，国家环境保护部积极行动，进行了内涵丰富的制度探索和创新，如建设企业环境监察员制度，授予"环境友好企业"等；除此之外，2007年7月，我国开始实施"绿色信贷"制度，2008年2月，开始实施"绿色保险"制度，并建立"绿色证券"制度（周一虹等，2009）。

我国自2003年7月1日起实施排污收费制度以来，一直只针对超标排放收费，而且收费标准较低，致使很多企业宁愿缴纳排污费而不愿主动进行技术改造、环境管理等来减少污染排放，这不利于生态环境的治理和保护。至于排污权交易制度，虽然早在1988年就开始进行排污许可证的试点，但还没有全面实践，因为还有很多问题有待解决。一是排污权交易在我国还没有明确的法律地位（张晓文，2010），还没有形成一项正式的法律制度。二是在我国还没有形成促进企业进行技改减排的二级交易市场。三是减排排放量指标的自由交易市场尚未形成，难以促进积极致力于减少污染排放的企业通过交易多余的减排指标来获得收入，从而弥补减排污染的投入成本，甚或获得超过减排成本的额外收入。因此，企业减少污染排放的积极性不高；排污权交易制度只是在一定程度上增加了政府收入，并没有减少污染物的整体排放量（李金荣，2013）。四是尚未建立科学的排污总量核算体系，排污监测手段落后（张晓文，2010）。五是排污权交易存在较大交易成本，包括基础信息获取的直接费用、讨价与决策费用以及执行与监测费用，这部分费用是相当大的（李寿德，2003）。同时，在传统的粗放型经济增长模式下，不仅GDP指标是地方政府官员进行政绩考核的关键内容，而且随着地方政府经济自主权的不断扩大，也带来了一定的寻租空间，导致地方政府在企业环境信息提供和环境监督管理方面，可能采取"睁一只眼闭一只眼"的态度。在这种情况下，"绿色信贷"等政策难以有效开展（张秀生和李子明，2009）。因此，在这些制度的制定和应用中，也需要从企业的角度出发，兼顾环境保护目标和企业发展目标。

3. 环境政策制定和实施的自上而下模式难以激发企业自觉

从控制企业环境污染政策制定和实施的视角来看，我国所采取的多是自上而下式的模式，而较少进行自下而上的探索，从而不仅导致相关政策的落地实施"乏善可陈"，而且也徒增了环境管理的成本，最终致使环境政策的实施难以取得理想的效果，极大地增加了政府的治理成本（张炳等，2007）。

当前，我国企业面临的环境压力"纷繁复杂"。对处于转型期的企业而言，建立企业环境责任是重要的社会约束。因此，需要对企业环境行为进行深入的、系统的研究，需要从微观动力学视角，对企业从事清洁生产、控制环境污染的动机和驱动因子进行模拟，明确促进企业实施环境行为的关键因素及其影响机制，这不仅能够为企业改善自身环境行为提供最优方式，而且能为政策制定者提供制定环境保护政策的参考依据。

4. 激发企业自约束的政策调控从有利于企业"双赢"出发

自20世纪末，欧美许多国家就开始采用"第三波政策工具"促进企业等保护环境。自1990年以来，美国环境保护厅建立了31个"自愿项目"（voluntary programm），如"33/50项目"（the 33/50 programm）[1]、"绿灯项目"（green lights）[2]和"气候调整项目"（Climate Challenge Programm）等；而欧盟则有310个"自愿协议"（voluntary agreements），这些项目涉及碳排放、有毒废弃物管理、固体废物管理、水质管理等（Khanna，2001）；同时，许多国家的环保部门建立了环境信息披露项目，如美国的有毒废弃物排放清单（Toxics Release Invintory，TRI）和环境标志项目（Environmental Labeling Programm），一些发展中国家（如印度尼西亚、菲律宾、墨西哥、印度等）也将环境信息披露作为环境规制的重要补充进行运用。我国也于2003年由当时的国家环境保护局颁发《关于企业环境信息披露的公告》，鼓励企业在环境保护局和各级环境保护部门的政府网站上发布年度企业环境报告书公开企业环境信息。此外，还有许多公司或行业协会采取更积极的"自规制项目"（self-regulation）或"事业导向计划"（business-led initiative）来自觉约束企业的环境保护行为，如由化学业界发起的"责任关

---

[1] 是美国环保厅于1991年发起的一个鼓励公司自愿从源头减少17种高毒性化学污染物排放的项目，承诺到1992年减少33%，到1995年减少50%。

[2] 是美国于1991年实行的一个为了减少温室气体排放而在企事业单位优化照明系统的环境项目。参与者要承诺全面调查且实施，并将其中90%的设施升级。

怀项目"（Responsible Care Initiative）①。这种"自觉行动"项目可能有传统规制项目无法比拟的优势，如灵活、高效、低执法成本、高社会福利等，但要让企业自愿、自觉参与这些"自觉行动"项目，一方面，要改变他们的认识，要让他们认识到控制污染并不是非生产性的行为，认识到污染是对资源的浪费，只有这样，才能激励他们像3M、道氏化学、杜邦、AT&T等通过重新设计产品或生产过程来减少污染排放；另一方面，要让他们看到参与"自觉行动"能给公司带来很多好处，包括良好的公众形象、增加市场份额或机会、与消费者或社区关系的改善以及可能减少环境守法成本等，也就是经济绩效与环境绩效的双赢。

二　研究意义

我国"十一五"规划纲要提出了"十一五"期间节能减排的约束性指标，这是落实科学发展观，构建社会主义和谐社会的重大举措，是建设"两型"社会的必然选择。党的十七大报告也明确指出，"必须把建设资源节约型、环境友好型社会放在工业化、现代化发展战略的突出位置，落实到每个单位、每个家庭"，对企业实行节能减排提出了明确的要求。但是，我国企业节能减排还很不成熟，主要表现为：节能减排还未成为企业的自觉行为；节能减排还以末端治理为主；促进企业节能减排的政策、体制机制还不健全等。因此，本书以环境经济学、环境管理学、企业战略管理相关理论为指导，紧密结合相关国际研究前沿与党的十八大的目标要求，以既是财富的主要创造者也是污染的主要制造者的中国工业上市企业为研究对象，以探索我国工业企业环境绩效与经济绩效双赢的现状和机制为总体目标，遵循理论构建—现状评价—机制分析—对策探索的研究理路，系统构建了中国工业企业环境绩效以及环境绩效与经济绩效双赢的评价指标体系，构建了阐释企业环境管理绩效的驱动机制以及企业环境绩效与经济绩效双赢机制的理论体系，并以上海证券交易市场2010年9月20日公布的采掘业，制造业，电力、煤气及水的生产和供应业，建筑业，交通运输、仓储业等6大行业共605家企

---

① 是全球化工业界推行的一项自愿型行动，旨在从研究阶段到生产和销售再到最终弃置处理的整个过程中实现安全处理产品。

业为样本，调查、评价了社会转型和制度变迁时期我国工业企业环境绩效以及环境绩效与经济绩效双赢的现状，实证检验了企业环境管理绩效的驱动机制以及企业环境绩效与经济绩效双赢机制的理论假说，在此基础上，从政府和企业两个层面探讨了实现中国工业企业环境绩效与经济绩效双赢的政策调控方向和措施。该项目研究即具有很强的理论意义和现实意义。

（一）理论意义

从理论层面上来看，本书的意义主要体现为：

第一，系统、全面梳理了国内外相关文献，并对其做了客观评价，不仅全面把握了相关领域的研究动态，而且指出了其中的不足，为进一步研究的开展奠定了基础，指明了方向。

第二，建立了一套系统回答"是什么""怎么样""为什么""会怎么样"等一系列环环相扣、层层递进的研究问题的，由理论构建—现状评价—机制分析—对策探索四大板块组成的研究理路，并围绕企业环境管理的相关研究整合、统一为一个有机整体，为企业环境管理理论体系的建立提供了一种范式。

第三，在环境管理绩效驱动机制以及环境绩效与经济绩效双赢机制的分析中，不仅检验了相关影响因素是否有影响，而且检验它们是如何影响和作用的，让研究更接近实际，能促进对相关问题的深入分析和把握。

第四，本书严格遵循实证研究范式，进行了详细的指标体系和相关理论假说的构建，让数据分析"有理"可依，而不至于成为"数字"游戏；既有助于相关研究科学性的提高，也有助于国内相关研究规范的确立。

第五，本书灵活运用了归纳总结、演绎推理、比较分析等定性研究方法以及因子分析、方差分析、有序回归分析、二元 Logistic 回归分析等定量分析方法，而且十分注重数据特征对分析方法的要求，并在行文中详细交代相关分析方法的选择理由和依据，希望能为后续研究提供些许参照。

（二）现实意义

本书的实践意义主要表现为：

第一，对中国工业企业环境管理、操作绩效的调查、评价结果，能为相关决策部门提供依据，让相关政府部门在全面了解和把握我国工业企业环境管理及绩效现状的基础上，有的放矢地调整政策方向。

第二，本书构建的由三级指标、四个维度和18个观测指标构成的中国工业企业综合环境管理绩效评价指标体系，可以为国家、地方政府甚至相关咨询企业对我国企业环境管理绩效的评价提供理论框架和基础，也为后续相关研究提供了参考。

第三，本书对中国工业企业的环境管理绩效的驱动机制以及环境绩效与经济绩效双赢机制的分析结果，能让政府以及企业决策者不仅知其然而且知其所以然，不仅明确相关政策和决策是否发挥了应有的作用，而且明了其发挥作用的路径和传导机理，发现其中存在的问题和关键症结所在，既有利于已有相关政策的完善，也有利于提高后续政策和决策的针对性。

第二节　研究内容与思路

一　研究内容

本书以环境经济学、环境管理学、企业战略管理为指导，紧密结合相关国际研究前沿与我国十八大的目标要求，以既是财富的主要创造者也是污染的主要制造者的中国工业上市企业为研究对象，围绕探索我国工业企业环境绩效与经济绩效双赢机制这一总体目标，综合运用逻辑推理、问卷调查、计量分析等方法，系统研究以下几个方面的内容：

（1）中国工业企业环境绩效与经济绩效双赢机制的理论构建。以马克思主义辩证法、利益相关者理论、权变理论资源基础观为指导，并结合中国工业企业所处的现实背景和环境，从外部压力、内在动力两个角度入手，构建企业环境绩效与经济绩效双赢的理论体系，从理论上回答在什么环境中企业可能、如何获得环境绩效与经济绩效的双赢等问题。

（2）中国工业企业环境绩效与经济绩效双赢的现状调查与评价。以605家电力、钢铁、建材、石油、化工、有色金属六大高耗能、高污染行业的沪市上市企业为调查对象,运用问卷调查法,调查并评价其环境绩效现状以及环境绩效与经济绩效双赢的现状,并分析其行业、规模、空间等规律。

(3) 中国工业企业环境绩效与经济绩效双赢机制的实证分析。以上述605家上市企业调查的数据为基础,运用计量分析的方法实证检验理论构建中关于企业环境绩效驱动机制、企业环境绩效与经济绩效双赢机制的理论假说,从而对理论构建进行反馈分析和修正。

(4) 中国工业企业环境绩效与经济绩效双赢的政策调控。中国工业企业环境绩效与经济绩效双赢的政策调控包括促进企业环境绩效改善的国家、地方政府经济、土地开发、环境保护等宏观层面公共政策的调控与优化,以及企业将节能减排等环境保护措施纳入其核心经营过程(包括产品设计、生产过程改造、采购、营销、废弃物处理等)且获得双赢的微观层面的战略决策调控与优化。

二 研究思路

本书注重基础研究与应用研究相结合,围绕上述研究目标和内容,以进行"理论—现状—机制—调控"分析和模拟为主线,设计了包含"理论研究""现状评价""实证研究"和"政策研究"四大板块的研究路径(见图1-9)。

(1) 理论研究。在收集、整理、分析国内外相关文献的基础上,结合我国工业企业环境保护的实践资料,并咨询有关专家的基础上,运用利益相关者理论、资源基础观(the resource-based view of the firm)、组织社会学的制度理论、权变理论等相关理论观点和相关实证分析结论,提出分析框架,从理论上厘清企业环境绩效以及企业环境绩效与经济绩效双赢的驱动机制,构建待实证检验的理论模型和假说。

(2) 现状评价。以高能耗、高污染行业企业为对象进行问卷调查,获取第一手数据,建立数据库,并采用因子分析法,检验中国企业环境绩效以及环境绩效与经济绩效双赢评价指标体系的构建,并用通过检验的指标体系对其现状进行评价。

(3) 实证分析。利用问卷调查收集的数据,运用方差分析、有序回归分析、二元Logistic回归分析等计量分析方法,实证检验在理论分

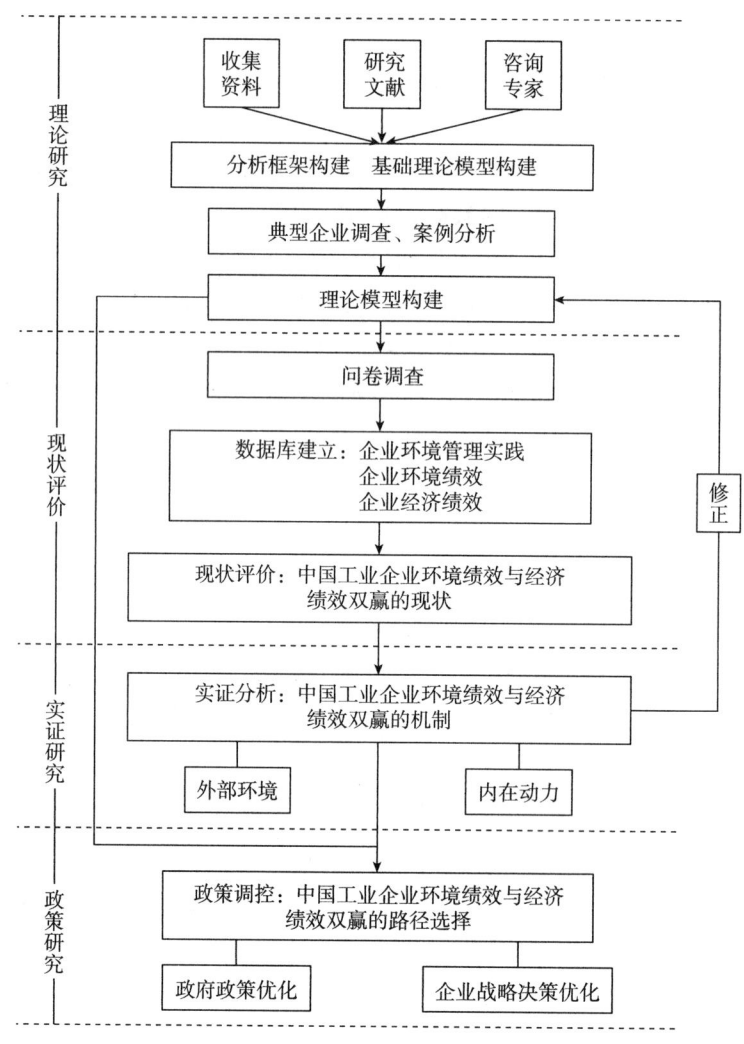

图1-9 研究技术路线

析中提出的关于中国工业企业环境绩效以及环境绩效与经济绩效双赢驱动机制的理论假说,并对理论模型进行反馈、修正。

(4)政策研究。分析现行环境经济政策和企业战略决策与企业环境绩效、企业环境绩效与经济绩效双赢的耦合关系,明确政府政策和企业决策中存在的问题,提出政府节能减排政策的优化方案,并探讨企业战略决策的优化方向。

三 研究方法

（1）文献研究。广泛地收集国内外经济学、管理学、社会学等学科关于企业环境管理、企业环境绩效与经济绩效双赢研究的文献，分别从企业环境绩效评价、企业环境绩效驱动机制、企业环境绩效与经济绩效关系等方面对相关研究成果进行归纳总结和整理分析，把握企业环境绩效与经济绩效双赢研究的前沿动态，找出已有研究的不足，从而明确本书的突破口和立足点。

（2）问卷调查。依据理论模型构建，设计调查问卷，以 605 家电力、钢铁、建材、石油、化工、有色金属六大高耗能、高污染行业的沪市上市企业为调查对象进行问卷调查。

（3）比较分析。从整体视角，结合方差分析方法，比较分析中国、日本企业在环境管理的动机、环保方针和目标的制定、环境管理工具的运用、环保措施的采用以及环境负荷的监测等方面的异同，找出我国企业与日本企业在环境管理方面的差距，为后续政策研究奠定基础。

（4）演绎推理。遵循实证研究范式，在利用数据进行实证分析之前，综合相关理论观点和已有实证研究成果，并结合中国企业环境管理的实际情况，运用演绎推理的方法，推理中国企业环境绩效以及环境绩效与经济绩效双赢的影响因素及其作用机制，提出关于中国企业环境绩效以及环境绩效与经济绩效双赢的驱动机制的系列假说，指导现状调查和实证分析。

（5）计量分析。运用 SPSS、ArcGIS 等软件，运用因子分析、有序回归分析、二元 Logistics 回归分析等计量分析方法和技术，处理问卷调查所收集的数据，对企业环境绩效、企业环境绩效与经济绩效双赢的现状进行评价，对在理论分析中提出的关于中国工业企业环境绩效以及环境绩效与经济绩效双赢驱动机制的理论假说进行实证检验。

第二章 国内外研究现状及其述评

任何研究，从选题到设计，再到研究方法的确定等，都需要通过文献研究去发现现有研究尚未解决、尚未明确的问题或问题解决方法中尚存在的不足，从中找到值得进一步研究的空间，确定研究的价值和意义。只有这样，才能避免简单重复工作，才能吸收已有研究的成果和精华，才能真正站在巨人的肩膀上。因此，本书根据需要，分别从企业环境绩效评价、企业环境绩效驱动机制、企业环境绩效与经济绩效关系三个方面，对国内外已有研究进行了较全面的梳理，归纳总结其主要研究内容、研究方法和研究成果，更重要的是试图找出已有研究中尚存在的不足，作为本书的突破口和立足点。

虽然企业环境绩效相关研究起始于20世纪70年代，还很年轻，但随着环境问题的日益突出，随着人们环境意识的逐渐提高，涌现出了大量研究，在典型案例分析、企业环境绩效调查与评价、企业环境绩效驱动机制、企业环境绩效的影响、企业环境绩效与经济绩效的关系等方面做了很多有益探索，为本书的开展奠定了良好的基础。

第一节 企业环境绩效评价研究现状及述评

一 国外研究现状

国外学者较早开展了企业环境绩效评价方面的研究。可根据研究目的和范围将企业环境绩效评估相关研究分为两类：第一类是运用生命周期法定量评价某个企业的环境影响，一般由企业自身或者聘请第三方机构来进行，评价的是企业生产、生活制造的环境负荷，而较少关注企业在减少环境负荷方面所做的努力；第二类是第三方机构进行的企业环境绩效评价，既关注企业的环境负荷，也关注企业为降低环境负荷做了哪些努力。由于与本书相关的是第二类，所以本书主要关注第二类研究。可根据研究目的的不同，将第二类研究细分为两小类：一类致力于构建企业环境绩效评估模型，另一类则试图对企业环境绩效指标进行标准化，使之在不同部门的企业间具有可比性；迄今为止，这两类研究都是分开发展的，没有太多联系。因此，本书分别总结这两小类研究的现状。

(一) 企业环境绩效评价模型的构建

自从环境责任经济学联盟（The Coalition for Environmentally Responsible Economics，CERES）[①] 为了应对埃克森瓦尔迪兹事件于 1989 年试着描述企业的环境绩效后，很多学者建立了很多不同的企业环境绩效评价模型。

如表 2-1 所示，这些环境绩效评价模型多数是为了建立一套环境绩效指标体系，帮助企业进行内部管理或对外报告。虽然这些指标和模型有助于企业经理明确其成败领域，但它们不适宜作为不同公司间环境绩效比较的工具（Young and Welford, 1998）。然而，企业环境绩效评价的重要目的之一是进行企业间的比较（Verfaillie and Bidwell, 2000），这表明构建具有可比性的企业环境绩效评价指标体系和模型十分必要且重要。

表 2-1　　　　国外已有研究构建的企业环境绩效评价模型

作者	年份	目的	环境绩效评价模型的维度
Wells 等	1992	内部环境管理	(1) 过程改进；(2) 环境结果；(3) 顾客满意
Wolfe 和 Howes	1993	内部环境管理	(1) 过程改进；(2) 环境结果；(3) 顾客满意

---

① CERES 是美国的一个有影响的由投资者、企业和公共利益团体组成的联盟，旨在为可持续未来奋斗。CERES 原则提出了 10 条企业的环境行为规范。

续表

作者	年份	目的	环境绩效评价模型的维度
Eckel 和 Fisher	1992	内部环境管理	（1）方针与目标；（2）绩效；（3）信息收集和报道系统；（4）持续监测
Metcalf 等	1995	有效管理	（1）环境管理体系；（2）环境绩效体系
Azzone 等	1996	向外报告	（1）环境状况；（2）环境方针；（3）环境管理体系；（4）产品和过程的环境影响
Azzone 和 Noci	1996	制定内部决策	（1）外部环境有效性；（2）企业环境效率；（3）企业"绿色"形象；（4）企业环境灵活性
Epstein	1996	实施环境战略	（1）环境战略；（2）环境友好的产品设计；（3）环境影响管理体系；（4）内部环境报告体系；（5）内部环境审计体系；（6）外部环境报告与审计；（7）成本核算体系；（8）资金预算体系；（9）整合环境影响的绩效评价；（10）环境战略的实施
Young 和 Welford	1998	内部管理	（1）环境方针；（2）环境管理体系；（3）过程、产品或服务的环境影响
Thoresen	1999	内部管理	（1）产品生命周期绩效；（2）管理体系绩效；（3）制造运营绩效
EGT（Welford，1996）	1993	第三方评价	（1）环境管理绩效指标；（2）设施和运营绩效指标
Ilinitch 等	1998	第三方评价	（1）组织体系；（2）利益相关者关系；（3）遵守法规；（4）环境影响
Jung 等	2001	第三方评价	（1）总体环境管理；（2）输入；（3）过程；（4）输出；（5）成果
Curkovic	2003	第三方评价	（1）战略系统；（2）运营体系；（3）信息体系；（4）结果

从表 2-1 可以看出，致力于构建具有可比性环境绩效评价模型（第三方评价）的研究还较少，正如 Kolk 和 Mauser（2002）指出的那样，很少有学者从更广泛的角度来研究企业的环境绩效评价，关于评价什么、怎么评价、在哪里评价等都未达成共识，Ilinitch 等（1998）也注意到，还没有一个研究从正式理论或系统实证的角度构建企业环境绩

效评价的共同维度。

　　有几个学者在建立具有可比性的环境绩效评价模型方面做出了贡献。欧洲绿色圆桌（The European Green Table，EGT）是最早在这方面做出尝试的组织，它构建的环境绩效评价模型由两部分构成，即环境管理绩效指标以及设施和运行绩效指标；这个环境绩效评价模型以企业自我评价为基础，既可以为企业内部决策的制定提供依据，也可以为企业与外部利益相关者的信息交流提供基本素材（Welford，1996）。Ilinitch 等（1998）以 Wood（1991）的过程—结果模型以及 Lober（1996）的环境有效模型为基础，构建了一个由过程—结果和内部—外部等为轴的矩阵式模型，该模型包含四个维度，即组织体系、利益相关者关系、遵守规制和环境影响；通过实证检验，他们发现利益相关者关系是二维的，因此，最终构建的模型包含五个维度；然而，他们并没有分析这五个维度间的关系。Jung 等（2001）构建的模型包含五个维度，即总体环境管理、输入、过程、输出和结果；但他们并没有用这个模型去评价企业实际的环境绩效，而是将其应用于评价 39 个公司的环境信息披露水平。基于马尔科姆波多里奇奖的国家质量标准（The Malcolm Baldrige National Quality Award Criteria）①，Curkovic（2003）构建了一个包含四个维度（战略系统、运营系统、信息系统和结果）的环境绩效评价模型来评价企业的制造是否对环境负责（及环境负责制造）；通过运用验证性因子分析法（Confirmatory Factor Analysis，CFA）对此维度构建的实证检验，他发现用来反映其四个维度的指标中有较多指标未通过检验，因此，他认为这方面的研究还有待深入。Von Bahr 等（2003）也十分关注环境绩效评价的可比性问题，并利用瑞典、挪威和芬兰的 6 家水泥厂的污染物排放数据说明了操作绩效指标的数据质量在保证环境绩效评价可比性方面的重要性，认为企业应该建立排放数据质量保证系统，以便于为构建具有可比性的企业环境绩效评价提供可靠的数据，而且提出应该让企业的财务利益相关者（如银行、保险公司等）以及与企业有大宗交易的消费者促使企业建立数据质量保证系统。

　　因此，正如 Curkovic（2003）所建议的那样，需要构建、验证新的

---

　　① 这个标准的目的是为了从全面质量管理的角度评价企业绩效的优劣。

环境绩效评价模型,并与已有模型进行比较,从而厘清环境绩效评价的基础;同时,很有必要根据企业所在的社会经济环境背景构建企业的环境绩效评价模型。

(二)企业环境操作绩效指标的标准化

有关企业环境操作绩效指标（Operational Performance Indicators, OPIs）标准化的研究起始于20世纪90年代初,Jaggi和Freedman（1992）、Cormier等（1993）最早尝试用环境集约度（environmental intensity, EI）将OPIs标准化。但他们没有考虑不同OPIs（如BOD、TSS）的权重（Tyteca, 1996）;而且,他们构建的OPIs不适于不同行业间的比较。Tyteca等（2002）运用Jaggi - Freedman的EI及其评价方法,评估了电力业和造纸业一些企业的环境绩效;而后,他们检验了影响评价的潜在因素,结果发现行业类型对企业的环境绩效排序有显著影响。Momoshima（2004）使用世界企业可持续发展委员会（World Business Council of Sustainable Development, WBCSD）提倡的生态效益指数（eco - efficiency index, EEI）评估了23家日本化工企业,发现EEI只适用于同一部门的企业间的比较,而难以用于比较不同部门的企业。这表明EI和EEI在不同行业间不具有可比性。Jaggi - Freedman将EI定义为环境影响与生产量之比（Tyteca et al., 2002）;WBCSD将EEI定义为营业收入或利益与操作环境影响之比（Momoshima, 2004）。一般,由于行业本身的性质不同,在创造同样经济价值的条件下,产业链上游企业很可能比下游企业消耗更多资源和能源,并产生更多污染（Ilinitch and Schaltegger, 1995）,致使上游企业的EI（或EEI）必然大于（或小于）下游企业。因此,在以EI（或EEI）为基准的环境绩效评价中,上游企业相对于下游企业必然处于不利地位。为了解决这个问题,Momoshima（2004）提议用生命周期评估法将下游企业使用的半成品的环境负荷包含在下游企业的环境绩效中。这也许能部分解决问题,但其实施比较困难,因为很难得到所需的数据（Färe et al., 1996）。

最近,部分研究尝试运用数据包络分析方法（Data Envelope Analysis, DEA）来实现企业环境操作绩效的标准化,以将污染物作为非期望输出来考虑的生产效率理论为基础,运用线性（或非线性）规划技术,通过自定义的权重系数,将所有需要考虑的因素（如输入、输出、污染物）整合为从 0（代表效率很低）到 1（代表效率很高）的评价值，来达到标准化 OPIs 的目的（Tyteca, 1996; Olsthoorn et al., 2001; Färe et al., 1996; Zaim, 2004）。虽然这个方法有一些好处，如清楚、明显、灵活、可靠，不需要预先决定权重等，但其结果受被考虑因素的多少和样本大小的影响很大（Olsthoorn et al., 2001; Callens and Tyteca, 1999）；而且，这个方法也限于比较同行业企业（Callens and Tyteca, 1999）。

另外，有些学者（Momoshima, 2004; Färe et al., 1996）建议通过比较实测的环境绩效与既定的目标或标准来评估企业环境绩效。但这种方法也不可行，因为有些企业没有制定任何目标（Young and Welford, 1998），而且不同的企业制定的目标不可能相同，会导致评价结果在不同公司之间不具有可比性。另外，企业环境绩效评价应该是关注企业的实际绩效的绩效模型（performance model），而不是关注企业是否达到特定标准的遵守模型（conformance model）（Pojasek, 2001）。

可见，企业环境绩效评价的标准化还有待研究，而且相关研究多关注操作绩效指标，而忽视了环境管理的作用，这也是导致环境绩效评价模型的构建研究与环境绩效指标的标准化研究始终没有找到交叉点，虽然它们的目的都是为了评价企业的环境绩效。

二 国内研究现状

国内学者对于企业环境绩效的评价虽然起步较晚，但也做了大量的有益探索。根据中文科技期刊数据库的检索结果，国内的环境绩效研究文献直到 1997 年才首次出现，在 2000 年之后才逐渐增多并成为研究的一个热点。参与研究的学者既有环保部门以及高校环境相关院系的研究人员，也有不少高校商学院研究企业管理、会计与审计等领域的学者。国内相关研究主要集中在国内外相关经验介绍和借鉴、评价指标体系的构建、环境操作绩效指标的标准化以及环境绩效评价方法的探讨四个方面。

（一）国内外相关研究经验的介绍和借鉴

陈静和林逢春（2005）对国际上两种企业环境绩效评价指标体系（ISO14031 指标体系和生态效益指标体系）进行了比较分析，并介绍其他国家和机构所做的相关工作，总结国内的相关研究情况，指出我国现行的企业环境绩效评价制度存在的问题，提出国内企业环境绩效评价的发展方向。谢芳和李慧明（2006）探讨了国际上流行的几种企业环境绩效评价体系的演进和整合思路。刘丽敏等（2007）对国际上出现的主要企业环境绩效评价体系和标准做了较详细的介绍。钟朝宏（2008）在将企业环境绩效评价与财务绩效评价进行类比的基础上，总结国际上企业环境绩效评价实践（主要是重要的国际机构及一些发达国家如日本、加拿大和英国等）的特点，并对我国截至2007年出台的五个相关法规中采用的环境绩效指标进行了比较研究，提出环境绩效评价在我国发展的对策。还有学者介绍了国外企业环境绩效评价系统和方法以及我国的相关法规和实践，包括"国家环境友好企业"评定、上市公司环境核查、环保部企业环境行为评价以及长江三角洲地区企业环境行为信息评价（胡星辉，2009；谭静和孙华，2011）。胡曲应（2011）不仅总结了国内外企业环境绩效评价发展的动态，而且总结了已有评价理论、计量模型、评价方法等。

（二）企业环境绩效评价指标体系的构建

在企业环境绩效评价指标体系的构建方面，如表2-2所示，很多学者从各自不同的角度进行了大量探索。

表2-2　　　中国学者构建的企业环境绩效评价指标体系

作者	年份	理论基础	指标体系	评价方法与对象
鞠芳辉等	2002	无	环境政策、环保行为、生产过程、产品/服务的环境影响4个一级指标及其15个二级指标	二级模糊综合评价法；一般制造业
赵丽娟罗兵	2003	供应链理论	供应链的环境影响度、能源消耗度、资源回收利用性、环境声誉等一级指标和14个二级指标	多级模糊层次综合评价方法；未评价
刘焰等	2003	企业的生产链	原材料绿色度、工艺过程绿色度、营销绿色度、消费过程绿色度4个维度及其8个指标	层次分析法；未评价

续表

作者	年份	理论基础	指标体系	评价方法与对象
贾妍妍	2004	无	企业环境质量、环境技术投入指标、企业绿色化3个方面的9大类及其38个指标	层次分析法；未评价
郑季良 邹平	2005	无	内部系统、内部遵守、外部影响和外部关系四个方面对企业环境绩效进行评价	未评价
陈浩 薛声家	2006	无	企业环境管理对自然环境的影响（环境目标、污染负荷率、降低能耗、节约资源、环境损害赔偿）、对组织运营能力的影响（基础管理、组织创新、技术创新、学习能力、市场激励）	多级模糊评价法；某企业
陈静 等	2006	国际环境绩效评估指标体系	环境守法、内部环境管理、外部沟通、安全卫生、先进性5个一级指标和27个二级指标	模糊综合评价法；某钢铁企业
林逢春 陈静	2006	国际评估指标体系和我国国情	环境守法、内部环境管理、外部沟通、安全卫生、先进性、生命周期环境影响6个一级指标和28个二级指标	模糊综合指数模型；某钢铁企业
乔引华 等	2006	分别从企业、行业管理、政府出发	资源投入指标、污染物排放指标、环境投资指标、环境管理结果指标	未评价
金声琅 曹利江	2007	产品生命周期评价理论	资源消耗、"三废"排放、健康影响3个方面的10个指标	AHP+模糊综合评价；黄山市某酒店
刘德银	2007	环境管理所产生的环境质量绩效测评	节约资源消耗、控制污染物排放和绿色化	未评价
毕力凤	2008	可持续发展，结合绿色经济增加值（GE-VA）与平衡计分卡（BSC）	从财务、顾客、内部业务流程、学习与成长四个角度构建了适合我国钢铁工业企业的企业环境业绩评价指标体系	层次分析法；某钢铁企业

续表

作者	年份	理论基础	指标体系	评价方法与对象
巩天雷等	2008	生态学原理和价值链理论、企业生态链	原材料指标、能量指标、污染物指标、产品生态影响指标	能流和物流法；某钢铁企业
李冰	2008	生态经济系统	绿色制造的环境、资源、能源、经济4个准则层及26个指标；绿色营销的产品、价格、渠道和促销4个准则层及12个指标；绿色文化的绿色价值观、精神和形象3个准则层及16个指标	模糊积分综合评价方法、模糊综合评价、灰色系统评价；一个企业
孙金花	2008	企业环境绩效与经济绩效关系	环境管理绩效、操作绩效、环境状况、环境效益4个终级指标及其10个次级指标和39个基层指标	二次相对效益动态模型；胶南企业
谢双玉等	2008	企业社会绩效的"原则—过程—结果"理论	组织系统、利益相关者关系、操作对策、环境跟踪4个过程因子以及输入和输出2个结果因子	验证性因子分析法；日本企业
张力等	2008	无	资源消耗、"三废"排放、健康影响3个一级指标及其10个二级指标	基于AHP的模糊综合评判；某啤酒厂
陈璇淳伟德	2009	价值链理论	环境资源消耗指标、污染物控制和治理指标、环保投资指标	层次分析法；未评价
胡健等	2009	中小企业环境绩效评价指标体系设计原则	环境管理绩效、操作绩效、环境状况和环境效益4个一级指标及其10个二级指标和39个三级指标	二次相对效益动态评价模型10家中小企业
刘建胜廖珍珍	2009	依据ISO 140031	环境管理绩效指标、环境操作绩效指标	标杆法、平衡计分卡法；未评价
田家华等	2009	ISO 14031	管理绩效、操作绩效、资源、能源和污染物指标及其22个三级指标	未评价；国有资源型企业

续表

作者	年份	理论基础	指标体系	评价方法与对象
王巧玲 李玉萍	2009	平衡计分卡理念和工具	财务、客户、内部业务流程和政府等其他外部重要利益相关者5个维度及其16个指标	模糊综合评价法；某钢铁企业
谢卫平 焦涛	2009	国际评估指标体系，结合江苏省具体情况	环境守法指标、环境管理指标、先进性指标和生命周期环境影响指标及其24个二级指标	未评价
张小羽	2009	环境会计理论、利益相关者理论	环保固定资产、单位营业收入污染及耗费、环保固定资产费用支出、环保收益4类15个指标	主成分分析法；煤炭企业
郑立群 等	2009	平衡计分卡的四维框架、ISO 14031	财务维度、顾客维度、内部业务流程维度、学习与成长维度4个维度及其25个指标	主成分分析法；某钢铁企业
陈璇 淳伟德	2010	结合环境财务与环境管理	环保盈利、环保持续发展、环保社会贡献能力4个一级及9个二级企业环境财务绩效指标以及环境资源消耗、污染物控制和治理、环保投资3个一级以及9个二级企业环境管理绩效指标	Fuzzy-AHP法；适宜一般制造型工业企业，但未评价
宋子义 邹玉娜	2010	平衡计分卡理念和工具	财务、客户、内部业务流程、学习与成长等维度的事前、事中和事后3个方面的12个指标	未评价
桂萍 王怡	2011	生态效益理念	经济发展、资源减量投入、污染减量排放、资源再利用和环境保护质量	未评价
郭瑞婷 李玉萍	2011	ISO14031、生态效益，国环发〔2003〕101号文、国环保令第35号	环境政策执行指标、环境效益指标、环境质量指标、环境管理指标、财务业绩指标和社会效益指标6个子系统及其25个指标	多层次灰色评价模型；某制造企业
刘建胜	2011	循环经济视角	资源利用、循环特征、生态效率3个一级指标及其11个二级指标	未评价

续表

作者	年份	理论基础	指标体系	评价方法与对象
刘永祥等	2011	可持续发展理论、利益相关者理论	工业污染排放量指标、环境循环利用指标、环境治理指标	主成分分析法；煤炭开采和洗选业
任玲西凤茹	2011	注重物质循环的新经济模式	源头投入指标、末端排放指标、综合利用指标、关联管理指标	未评价；钢铁企业
王宁宁	2011	可持续发展、循环经济和利益相关者理论	环境设施、环境污染耗费、环境治理、资源循环利用4个准则层指标及其8个基础层指标	未评价
王秋霞	2011	可持续发展理论、平衡计分卡	财务层面、顾客层面、内部业务流程层面、学习与成长层面4个一级指标及其25个二级指标	主成分分析法；资源型企业，未评价
曾天陈撷艺	2011	结合企业财务指标的企业环境绩效指标体系	按企业环境管理（或生产）的业务流程划分的3大类指标：事前、事中和事后指标，各大类指标中包含多个基本指标（定量）和补充指标（定性）	层次分析法；未评价
朱纪红	2012		环境财务和环境质量绩效6大类指标（环境收益、环境支出和环境净损益指标；符合性、环保业绩和环境损失指标）及其若干次级指标	未评价

从所构建的指标体系的理论依据来看，国内学者主要是以供应链（生产链或价值链）理论（刘焰等，2003；赵丽娟和罗兵，2003；巩天雷等，2008；陈璇和淳伟德，2009）、产品生命周期理论（金声琅和曹利江，2007）、可持续发展理论（毕力凤，2008；刘永祥等，2011；王秋霞，2011）、循环经济理论（刘建胜，2011；王宁宁，2011）、生态效益理念（桂萍和王怡，2011）、生态经济系统（李冰，2008）、环境会计理论（张小羽，2009）、利益相关者理论（张小羽，2009；刘永祥等，2011）等为指导；有的以借鉴国外相关指标体系为主，兼顾我国

国情实际（陈静等，2006；林逢春和陈静，2006；田家华等，2009；谢卫平和焦涛，2009；刘建胜和廖珍珍，2010；郭瑞婷和李玉萍，2011）。谢双玉等（2008）构建的企业环境绩效评价模型则是借鉴企业社会绩效的"原则—过程—结果"理论；孙金花（2008）则是从企业环境绩效与经济绩效关系的角度出发构建了一套企业环境绩效评价指标体系。还有的研究是紧密结合企业财务绩效评价指标体系来构建企业的环境绩效评价指标体系（曾天和陈撷艺，2011），或借鉴企业经营业绩战略管理工具——平衡计分卡的理念和基本维度，建立企业环境绩效的平衡计分卡评价模型（王巧玲和李玉萍，2009；郑立群等，2009；宋子义和邹玉娜，2010）。同时，也有研究没有明确的理论支撑或基础，就直接构建了企业环境绩效评价指标（贾妍妍，2004；郑季良和邹平，2005；张力等，2008；陈浩和薛声家，2006；朱纪红，2012）。

从所构建的指标体系的内容框架来看，基本上都考虑了企业生产与服务的全过程，包括设计、采购、生产、运输、销售和回收利用等，大部分指标体系既关注了企业环境绩效管理的结果（企业环境操作绩效），也关注了企业环境绩效管理的过程（郑季良和邹平，2005；胡健等，2009；王巧玲和李玉萍，2009；宋子义和邹玉娜，2010；任玲和西凤茹，2011；王宁宁，2011；朱纪红，2012），但也有很多学者只关注企业环境管理的结果，而不关注过程，如赵丽娟和罗兵（2003）、乔引华等（2006）、金声琅和曹利江（2007）、巩天雷等（2008）、张力等（2008）、陈璇和淳伟德（2009）、张小羽（2009）、郭瑞婷和李玉萍（2011）、刘建胜（2011）、刘永祥等（2011）。还有少数研究将企业的经济绩效也包含在企业环境绩效评价指标体系中（郑立群等，2009；桂萍和王怡，2011）。另有一些研究则是在企业（经营）绩效评价中考虑企业环境绩效，如李健等（2004）、史晓燕（2006）、刘霞（2005）、蔡上游和王爱莲（2006）、刘玲（2006）等基于循环经济的理念和要求在企业绩效、企业综合能力、企业竞争力等评价体系中纳入绿色效果、资源和能源属性以及环境效果等环境因素。可见，国内学者关于企业环境绩效评价指标体系的内容框架还没有达成共识。

从所构建的指标体系的适用对象来看，大部分指标体系是针对所有企业而构建的，以便于不同行业、不同类型企业之间的对比；但也有少数研究是针对某个行业企业构建的评价指标体系，如鞠芳辉等（2002）、田家华等（2009）针对国有资源型企业，金声琅和曹利江（2007）针对酒店服务业，陈璇和淳伟德（2010）、郭瑞婷和李玉萍（2011）为制造业，刘永祥等（2011）为煤炭开采和洗选业，任玲和西凤茹（2011）为钢铁企业，王秋霞（2011）为资源型企业。另外，大部分研究都关注企业个体，即评价对象是一个一个的企业，只有刘永祥等（2011）以煤炭开采和洗选业整个行业的年度数据对煤炭开采与洗选行业的环境绩效进行了评价，这种利用行业整体的数据得到的结果是不适用于企业个体的评价和比较的。同时，多数研究构建的评价指标体系适合于评价一批企业的环境绩效，并进行比较、排序等，但也有学者构建的指标是用于（或者至少笔者的实证研究是）评价某个企业的环境绩效（陈浩和薛声家，2006；陈静等，2006；林逢春和陈静，2006；金声琅和曹利江，2007；巩天雷等，2008；李冰，2008；王巧玲和李玉萍，2009；郑立群等，2009），张力等（2008）的评价指标体系甚至是为某个企业的生产过程而制定的。谢卫平和焦涛（2009）则是针对一个区域（江苏省）的企业环境绩效评价而构建的评价指标体系。

（三）企业环境操作绩效指标的标准化

环境绩效指标尤其是操作绩效指标的标准化是提高企业环境绩效评价的可比性的基本措施，必须进行适当的标准化，才能对不同时期、不同规模、不同行业、不同地区的企业的环境绩效进行比较，从而提高企业环境绩效评价信息的价值，不仅有利于企业对外沟通交流，而且有利于消费者、投资者在其决策中纳入环境因素，有利于公众参与和监督企业环境事务。但企业环境操作绩效指标的标准化还没有引起国内学者的广泛关注，这方面的文献还很少。黄晓波和冯浩（2007）阐明了环境绩效指标标准化的重要性和必要性，但没有提出标准化的具体方案。周一虹（2005）、高前善（2006）阐述了生态效率指标"在进行企业环境绩效的评价时，可进行行业内、行业间、国内外的比较，实际生态效率与预定生态效率的比较，生态效率的时序比较等"；陈静等（2007）也运用生态效率指标，建立了企业环境绩效评价指标体系，并运用数据包络分析法构建了企业环境绩效动态评估模型，评价了7家钢铁企业的环境绩效；虽然，生态效率具有将企业环境绩效与其财务绩效结合起来，从而能综合反映企业的环境绩效与经济绩效的关系，并调动企业进行环境管理的积极性（陈静等，2007），但是，基于生态效率指标建立的环境绩效评价指标体系不适于不同行业间企业环境绩效的比较（Momoshima，2004；陈静等，2007），因为，上游企业注定要比下游企业的生态效益差（Momoshima，2004；Xie and Hayase，2007；谢双玉等，2007）。谢双玉等（2007）曾提出使用环境集约度变化指数作为企业操作绩效的评价基准，并利用200多家日本企业的数据检验和证明了该指数以及基于该指数的评价在不同行业间具有可比性，说明该指数是一个公平、合理的企业环境操作绩效评价基准。

（四）企业环境绩效评价方法的探索

如表2-2所示，已有研究在对企业环境绩效进行评价时常用的方法包括层次分析法（AHP）（刘焰等6项研究）、模糊综合评价法（鞠方辉等8项研究）、主成分分析法（张小羽等4项研究），而谢双玉等（2008）运用了验证性因子分析法，巩天雷等（2008）运用了能流和物流法，孙金花（2008）、胡健等（2009）运用了二次相对效益动态评价模型，郭瑞婷和李玉萍（2011）运用了多层次灰色评价模型。

此外，有部分研究专门探讨和检验一些评价方法在企业环境绩效评价中的适用性。如刘永祥和潘志强（2006）探讨了主成分分析方法和环境杠杆评价法在企业环境绩效评价中的应用；唐建荣和张承煊（2006）针对包含五大类（经济社会发展、资源减量投入、污染减量排放、资源再利用、生态环境质量）15个指标（销售收入增长率、综合能耗、万元GDP废气排放量等）的企业环境绩效评价指标体系，利用无锡地区2005年20个企业的数据，探讨了运用BP人工神经网络方法评价企业环境绩效的可行性；金声琅和曹利江（2007）、刘丽敏和底萌妍（2007）、聂丹丹和田金玉（2007）、涂爱玲（2007）分别详细说明了运用模糊综合评判法评价企业环境绩效的步骤和过程；彭婷和姜佩华（2007）介绍了运用层次分析法评价企业环境绩效的步骤和过程；陈静等（2007）则运用DEA探讨企业环境绩效的动态评估，反映企业在持续改进其环境绩效方面的贡献；袁广达和孙薇（2008）阐述了运用模糊聚类分析方法对企业的环境财务绩效与环境管理绩效进行整体评价的理论框架及其原理和步骤。

三 国内外研究述评

综上所述，国内外学者在企业环境绩效评价方面做了大量的有益探索，不管是在企业环境绩效评价指标体系的构建以及企业环境操作绩效指标的标准化方面，还是在企业环境绩效评价方法的探索方面，都做了很多工作。但是，相关研究还存在一些不足和有待完善的空间，主要表现为以下几个方面：

第一，企业环境绩效评价的理论基础体系还未建立。如前所述，已有研究构建企业环境绩效评价指标体系时所依赖的理论基础有十多种，而且，在不同理论指导下所构建的指标体系存在较大差异。甚至有的指标体系的构建很随意和武断，没有任何理论基础和依据；这不仅不利于企业环境绩效评价理论基础体系的建立，而且不利于构建具有相对统一性且适宜于不同类型企业比较的环境绩效评价指标体系，降低企业环境绩效评价工作的实践价值。

第二，企业环境绩效评价指标体系的内容尚未统一。虽然随着评价目的、评价对象、评价主体等的不同，评价内容即评价指标体系有一定的差异。如前所述，同样都是针对企业环境绩效评价，评价指标体系的内容框架存在较大差异，有既包括企业环境管理结果也包括企业环境管理过程的，但是，也有只关注企业环境管理结果的，这不利于"把企业环境管理提升到企业战略的高度进行管理，不能全面地进行业绩评价，加强企业的环境管理"（王巧玲和李玉萍，2009），也"无法从根本上保证环境绩效管理的成功实施，更不用说减少企业不必要的资源浪费"（孙金花，2008）；如果只关注企业环境管理过程的话，有可能让企业环境管理流于形式，难以实现企业环境管理的最终目的——降低企业的环境负荷；还有的将企业经营绩效［如资产保值增值率、总资产周转率等（毕立凤，2008）］纳入企业环境绩效的评价中，这肯定会影响企业环境绩效评价的结果，使企业环境绩效评价失去意义；即使同样是企业环境管理过程或结果，但其实际内容在不同研究中也存在较大差异。另外，许多指标体系还停留在理论构建上，没有得到实证应用和检验。这都反映出企业环境绩效评价的不成熟和不完善，还没有形成统一的评价内容框架，不利于建立企业环境绩效评价的可信度，难以发挥其实践价值。

第三，企业环境绩效评价对象的边界尚未达成共识。虽然多数已有研究都是将各个企业自身的环境相关活动和结果作为评价的对象和范围，但也有研究主张在企业环境管理绩效的评价中将各企业的上游、下游企业的环境负荷（Momoshima，2004）或环境管理绩效（陈璇和淳伟德，2010）纳入该企业的环境绩效中，进行综合考虑；虽然陈璇和淳伟德认为这"不仅反映企业现实的环境绩效水平，而且反映企业潜在的环境绩效水平（企业为提高环境资源使用效率和降低环境污染损失所投入的人、财、物）"，但这样的话，不仅使企业环境绩效评价对象的边界变得难以界定或模糊，而且相关数据难以获得，使评价工作变得不可操作。

第四，企业环境绩效评价指标的标准化未引起重视。为了使类型、性质、所处生产环节、规模、环境影响等方面都不同的企业环境绩效评价结果具有可比性，企业环境绩效指标尤其是操作绩效指标的标准化是十分重要和必要的，但如前所述，相关研究在国内还没有引起足够的重视，国外的相关研究也还未达成共识，同时，"仍有约60%的指标尚未标准化，因此不易从特定因素来比较单位产品或单位活动造成的环境影响"（孙金花，2008）。这方面研究的滞后，不利于实现企业环境绩效评价的横向比较，难以为第三方或政府实施的企业环境信息披露提供有价值的信息。

第五，企业环境绩效评价的方法有待完善。如前所述，已有企业环境绩效评价所采用的方法主要有层次分析法、模糊综合评价法、主成分分析法等，这些方法在有各自优势的同时，也都存在一定的局限性和适用范围，尤其是采用这些方法所建立的评估模型一般都比较复杂，不利于普通公众的理解，也不能从评价结果中给企业提出有价值和针对性强的环境绩效改进措施，也难以为主管部门的管理决策提供依据和可操作性的对策。

第二节 企业环境绩效驱动机制研究现状及述评

一 国外研究现状

西方发达国家从 20 世纪 80 年代开始研究工业企业的环境意识、行为和绩效的驱动因素和机制，试图回答：哪些因素促使或影响企业考虑环境问题、实施环境管理或取得较好的环境绩效等？企业是为了应对环境规制的要求还是为了从战略上获得市场竞争优势？是对公共环境意识提高的一种被动反应还是一种积极的商业战略？为了回答这些问题，许多学者从理论分析和实证检验两个方面做了大量探索。

（一）理论研究现状

国外关于企业环境绩效（包括环境管理绩效和环境操作绩效）驱动机制理论的专题研究不是很多，但大部分相关实证研究中都有较严谨的理论研究和理论假说的构建，因此，笔者将具有代表性的实证研究中的理论构建也纳入本部分的总结中。根据研究关注的焦点不同，可以把相关理论研究分为三大阵营：外部压力驱动机制研究、内部动力驱动机制研究以及外部压力与内部动力综合驱动机制研究。此外，很多研究关注了企业规模、年龄、所有制结构等企业自身特征的作用和影响，虽然这些因素不能被纳入外部压力或内部动力因素之中，但的确因这些因素不同而具有不同特征的企业，其环境绩效有所差异，因此，笔者将这些因素单独列为一类，并称其为企业自身特征因素。

1. 关于外部压力驱动机制的研究

早在 20 世纪 90 年代初，Williams 等（1993）认为一系列外部压力是提高工业企业环境意识和响应的主要因素，这些外部压力包括政府压力（环境规制）、消费者和供给者压力、地方社区压力等，并对其进行了论述和验证。外部压力驱动机制研究主要是基于组织社会学的制度理论（institutional theory），侧重于从非效益（non-efficiency based）的视角来进行。

（1）关于环境规制压力作用机制的研究。环境规制压力是否能驱动企业实施环境管理实践并改善其环境操作绩效，一直是企业环境管理研究领域的热点问题,受到很多学者的关注。很多学者已经认识到环境规制压力在促进企业积极响应环境保护需求方面的作用(Byers,1991;Lampe et al.,1991;Ashford,1993;Fineman and Clarke,1996;Newton and Harte,1997;Gray and Shadbegian,2004)。Henriques 和 Sadorsky(1996)认为,企业面临的环境规制压力主要来源于四个方面:不可接受的过程和产品影响导致规制变化;环境违法带来的各种罚款;产品淘汰、替代或废除;原材料的禁止或限制。

Segerson 和 Miceli(1998)、Maxwell 等(2000)认为,企业之所以自觉减排污染,是对环境规制威胁的一种响应。因此,在一定条件下,环境规制威胁越大,就越能够引导企业进行自我规制。Segerson 和 Miceli(1998)甚至认为,即使在自觉行动计划(voluntary program)背景下,企业减排污染的水平也直接与环境规制威胁的强弱有关,表明自觉行动计划的实施和成功也都有赖于环境规制威胁的强弱,如果环境规制威胁较弱的话,企业参与自觉行动计划的动力也就较弱。Porter 和 van der Linde(1995)、Hart(1995)认为,政府逐步加强法定环境标准的承诺在客观上激励企业采取更为创新性的环境改善措施,从而增强企业环境管理的积极性,因为这样可以避免成为规制者的重点关注和检查对象,或者可以限制规制者大肆宣扬企业的环境违法行为(King and Lenox,2001)。Thornton 等(2003)建立了企业环境行为的"许可模型"(license model)来分析企业"超守法"(overcompliance)的驱动机制,认为企业经理们(至少是那些备受关注的企业的经理们)是在多样化的运营许可证内运营的,每个运营许可证就代表一类利益相关者(如环境规制者、环保组织、社区居民、投资者等)的要求,某个企业(工厂)的环境绩效就是在与这些外部利益相关者要求的博弈中形成的;其中,"法律许可"[企业(工厂)必须满足规制者、立法者和法官等要求的排污许可、法定义务]是企业运营需要获得的许可证之一。但 Henriques 和 Sadorsky(1999)注意到,环境管理积极性不同的企业对环境规制压力的看法不同,提出"从视规制利益相关者的重要性来看,防守性和适应性企业最看重,积极主动的企业其次,最不看重的是被动性企业"的假设。

(2)关于市场压力作用机制的研究。很多学者认为,来自供应商、消费者以及竞争者的市场压力会促使企业改善其环境绩效（Buchholz，1991；Lawrence and Morell，1995；Starik and Rands，1995；Pargal and Wheeler，1996；Arora and Cason，1996；Fineman and Clarke，1996；Klassen and McLaughlin，1996；Berry and Rondinelli，1998；Khanna and Damon，1999；Nakamura et al.，2001；Anton et al.，2004）。

虽然没有直接的证据表明消费者给企业施加压力，要求企业采取积极的环境管理，但有很多企业表示这种要求在不久的将来即会出现（Anton，2004）。另外，因为参与自觉行动计划等积极的环境管理实践有可能增强市场对企业的信任度和忠诚度，改变消费者的购买决策（Arora and Gangopadhyay，1995）。Jiang 和 Bansal（2003）对加拿大造纸企业的调查表明，市场压力是影响企业环境管理决策的最主要因素，很多被调查者认为环境管理是"消费者"[①] 驱动行为（customer-driven thing）。Arora 和 Cangopadhyay（1995）运用环境经济学原理以及动态规划模型分析了消费者的购买力对于企业环境绩效改善的作用。Arora 和 Cason（1996）认为，如果企业改善环境绩效（如参与"33/50 项目"）能为其带来经济利益的话，企业就会这样做，以此为基础，阐述了企业环境绩效改善的驱动因素，包括消费者压力、研发能力等。

Anton 等（2004）注意到，同行带来的竞争压力也可能影响企业的环境管理决策。Henriques 和 Sadorsky（1996）还认为，企业也面临合作伙伴或供应商施加的环境压力，包括有毒废弃物债务、分销商抵制等。

很多研究也开始关注投资者在激励企业改善环境绩效方面的作用（Henriques and Sadorsky，1996；Kagan et al.，2003；Thornton et al.，2003）。但 Henriques 和 Sadorsky（1999）认为，环境管理积极性不同的企业对市场压力的看法不同，提出"从视组织利益相关者的重要性来看，积极主动的企业最看重，适应性企业其次，防守性企业第三，被动性企业则最不看重"的假设。

（3）关于社会压力作用机制的研究。很多学者认为，各种社会压力促进环境规制、环保行动、市场需求，从而直接影响企业的环境行为

[①] 这里的消费者还包括使用上游企业产品的下游企业。

(Fineman and Clarke, 1996; Henriques and Sadorsky, 1999; Christmann and Taylor, 2001)。他们多利用利益相关者理论来阐释各种社会压力的作用。Henriques and Sadorsky (1996) 认为，公共社区给企业施加的环境压力包括：他们对立法过程和人们购买模式的影响，对企业发展的阻碍，第三方或者居民诉讼等。Jiang 和 Bansal (2003) 对加拿大造纸企业的调查也表明，社会压力也直接影响企业的行为，被调查者认为"社会压力是环境规制的驱动引擎，也是市场需求的驱动因素"，而且，社会压力对于大企业更明显，作用更强。

在企业环境行为的"许可模型"中，Kagan 等 (2003)、Thornton 等 (2003) 认为"社会许可"是企业运营需获得的许可证之一，它代表地方和国家环境积极分子、地方社区组织甚至普通民众的要求，他们甚至认为，这种"社会许可"的要求可能比"法律许可"更多或更直接。Gray 和 Shadbegian (2004) 认为，由于企业污染减排的效益与企业所在社区因素（包括受影响的人口数量和特征）有关，因此，社区因素会通过影响环境规制来影响企业的环境行为和绩效。Thornton 等 (2003) 的调查分析也表明，社会压力（更活跃的地方环保组织、绿色和平组织的反氯运动）对于企业改进环境绩效起作用。因此，Gray 和 Shadbegian (2004) 认为，社区因素会对环境规制的水平、企业（工厂）的环境操作绩效产生影响。

（4）关于媒体压力作用机制的研究。媒体压力主要来自环境信息披露。一些国家（如美国、日本）已将环境信息披露作为一种新型的环境规制手段积极采用，如美国的 TRI、日本的 PRTR 等，其目的就是要将各个企业的环境负荷信息以官方的名义公之于众，给企业施加公众压力，促进企业加强环境管理，并改善其环境绩效。这种新型环境规制手段是否能真正起到促进企业进行环境管理并改善其环境绩效的问题引起了很多研究者的兴趣。Konar 和 Cohen (1997) 认为，企业环境信息披露（如美国的 TRI）能促进企业改进其环境绩效，而且这个驱动是通过降低企业的经济绩效（股票价格）来实现的。

（5）关于企业区位作用机制的研究。上述企业所面临的各种外部压力会因企业所处区域不同而有很大差异，因此，笔者暂且将其作为外部压力来对待。

Arora 和 Cason（1996）、Stafford（2002）认为，区域不同可能环境规制的严厉程度以及执行程度不同，从而导致企业对"33/50 项目"的参与度或环境绩效存在区域差异。Pargal 和 Wheeler（1996）、Dion 等（1998）、Foulon 等（2002）、Stafford（2002）指出，企业区位变量非常有用，能够反映不同区域间环境意识、游说能力或检查水平差异的影响。Jiang 和 Bansal（2003）的调查也表明，位于欧洲的企业环境管理（建立 EMS 和取得 ISO14001）积极，而多数位于北美的企业则相对消极。Kassinis（2001）运用区域经济学和社会网络学理论，论述了企业区位及其社会网络关系对企业环境管理能力的影响。Gray 和 Shadbegian（2004）还认为，企业（工厂）的州域边界或国界区位也会对其环境绩效产生影响，但这种影响可能具有两面性：一方面，这种区位可能会使污染减排带来的效益降低，甚至为零，因为受益者可能很大一部分是其他州或国的人；另一方面，这种区位也可能受到环境规制的特别关注，而给规制机构带来更大的压力。Earnhart（2004a）运用规制经济理论比较美国的联邦规制和州级规制对企业环境绩效的作用可能存在的差异。他认为，由于联邦政府更关注环境保护的效益，而州级规制则更关注环境保护的成本，如就业岗位减少，因此，在促进企业改善其环境绩效方面，联邦规制的效果可能比州级规制更好；另外，由于联邦执法行动发出的信息使将来的审查可能会更严格，因此，联邦执法行动的效果可能比州级执法行动的效果好。

2. 关于内部动力驱动机制的研究

（1）关于企业管理者驱动作用的研究。很多学者认为，企业经理的态度对企业是否采取污染预防措施有显著的影响（Schmidheiny, 1992；Ashford, 1993；Dieleman and de Hoo, 1993；Kemp, 1993；Cordano and Frieze, 2000；Ramus, 2001）。Ashford（1993）甚至总结道"影响管理者对技术变化和环境问题的知识和态度是污染预防成功的关键"，因为，企业管理者也面临诸如因环境违法可能带来的刑事责任、无力洞察和矫正环境违法或风险问题等压力（Henriques and Sadorsky, 1996）。

Cordano 和 Frieze（2000）运用 Ajzen（1991）的计划行为理论（theory of planned behavior），并结合 Dieleman 和 de Hoo（1993）总结的

观念障碍和组织结构障碍以及 Ashford（1993）所描述的管理障碍，探讨企业管理者的态度对企业采取污染预防措施偏好的影响，提出："环境经理的态度、评价环境规制的主观规范、感知行为控制以及过去经验都与他们实施污染预防措施的倾向正相关。"Banerjee（2001）强调："企业的环境主义是企业认识环境问题并发展环境管理战略的过程"，并以资源基础观为基础，利用案例（7家美国企业的环境负责人）分析方法，探讨了企业高管关于企业组织与自然环境关系的看法和认识对企业环境战略的影响。Prakash（2001）明确表示，仅从外部因素对企业"超守法"环境政策的解释是不充分的，因为企业经理不是外部压力的被动接受者，因此，从企业内部能更充分地解释企业采取"超守法"环境政策的机制，并且以制度理论、利益相关者理论、企业社会责任论为基础，结合关于企业内部决策过程的权力导向理论和领导力决定理论，分析企业制定"超守法"环境政策的内部机制，提出了一系列理论假说。Junquera 和 Ordiz（2002）认为，企业（环境）经理的个人特质（包括快速决策能力、开拓能力、领导风格和国际视野）以及企业（环境）经理在企业组织中的权力（包括经理影响企业战略决策的能力、对企业文化的认同程度、组建处理环境问题团队的能力）都与企业的环境绩效有关系，具体表现为：企业（环境）经理决策速度越快、系统且深入地促进合作、兼具变革型和交易型领导风格、具有个人开拓能力、具有国际视野等个性特征能促进企业环境绩效的改善；企业（环境）经理影响企业战略决策的能力越强、对企业文化的认同度越高、组建环境团队的能力越强，则企业环境绩效越好。

（2）关于经济利益驱动作用的研究。内部动力驱动机制研究的一个分支以经济学理论和假设为基础，强调企业追求经济效益（efficiency - based）的驱动作用，即认为企业决策者是根据相关（或感知）成本/风险与收益的比较分析来做出是否实施环境管理或改善环境绩效的选择（Henriques and Sadorsky, 1996; Khanna, 2001），如果甚至是只有当企业能够从其环境管理实践（如参与自觉行动计划）或改善其环境操作绩效中获得经济效益，他们肯定或者才会乐意从事环境管理实践或改善环境操作绩效（Arora and Cason, 1996; Henriques and Sadorsky, 1996; Delmas, 2001; Alberini and Sergerson, 2002）。也就是说，受到追求经济利益的驱动，即为了能够获得实施环境管理或改善其环境绩效带来的直接或间接利益，企业可能改善其环境绩效；否则，企业只会参与那些强制要求的活动（Bansal and Roth，2000），正如 Banerjee（2001）所发现的"企业的环境主义，或关于此的一个普遍的基本原理，最终还是取决于经济底线"。Khanna 和 Anton（2002a）甚至指出："如果环境管理实践能够帮助企业提高生产效率，如降低投入成本或提高产出的话，而且这种效率提高带来的利益大于其成本支出的话，即使没有环境规制的要求，企业也有可能实施环境管理。"

Prakash（1999）以新制度主义理论（new – institutionalist）为指导，探讨美国企业为何积极采用化学生产协会的"责任关怀项目"，却对 ISO14001 环境管理体系不热心；结果发现主要是因为企业对这两个体系的成本和利益的认识不同。Andersson 和 Bateman（2000）的调查也表明，企业内的环境拥护者要反映企业正确处理环境问题能够带来的利益机会才能成功推动企业进行环境管理行动。Anton 等（2004）认为，拥有较大环境负荷的企业有可能通过环境管理获得超过固定成本的经济利益，因此，环境负荷越大的企业越有动力采取积极环境管理。

基于效率的理论（尤其是古典经济学和交易成本经济学理论）都将企业视为理性经济人，认为他们只追逐利润最大化。关于如何达到利润最大化，Prakash（2001）根据 Simon（1957）从行为理论提出的实质性理性和程式化理性观点把效率分为两类，即实质性效率和程式化效率，并认为前者决定企业该采取什么政策，后者则决定企业如何采取这些政策。基于实质性效率的理论假定企业经理都是充分理性的，对某种政策的未来成本和效益有清楚的期待，因此，这种理论关注的是政策的结果而非达到结果的过程。因此，Prakash（2001）认为，受实质性效率驱动的企业只会采取能够事前通过正式的评价程序显示能使企业利润最大化的"超守法"环境政策，而不会采取不能够定量预测利润或者"超守法"环境政策的目标是非营利的环境政策；基于程式化效率的理论假定企业经理是有限理性的，趋于理性但只能部分地做到理性，会力求交易成本的最小化，因此，他们将投资评价程序视为必需的投资效益评价工具，也不会支持不能采用投资评价程序或采取非经济效益目标的环境政策。

（3）关于形象提升驱动作用的研究。Arora 和 Gangopadhyay（1995）、Arora 和 Cason（1996）认为，企业之所以自觉减排污染，是为了提升企业的公众形象，而且，Khanna 和 Damon（1999）认为，企业减少污染物的排放的确可能提升企业的公众形象。尤其是在探讨企业为何公开环境信息时，有学者认为环境负荷大的企业为了能够改变人们的看法，从而提升企业形象，更有动力公开环境信息（Patten，2002），越有动力向消费者展示其"好"的行为，而更有可能参与"33/50 项目"（Arora and Cason，1996）；并且，环境负荷越大的企业，可能从参与自觉行动计划等环境管理实践中获得的好处越多（Russo and Fouts，1997；King and Lenox，2000），因此，越有动力加入自觉行动计划。但也有学者认为，只要好的环境绩效对利益相关者的利益（以市场和会计指标来衡量）没有损害，环境绩效越好的企业也越有可能公布其环境信息，因为这样能得到外界好评，有利于建立良好企业形象（Preston，1981；Pava and Krausz，1996）。

Jiang 和 Bansal（2003）认为，环境负荷越难测度的企业越有动力进行环境管理；因为，当企业（工厂）的环境影响难测度时，就没有量化的标准或参数来衡量其环境影响，也就无法评价其环境绩效，工厂也就难以和外界交流其环境响应，在这种情况下，工厂就有必要通过取得 ISO14001 认证等来告知外界其积极的环境管理实践行为，因为像 ISO14001 这种标准化的、程序式的实践具有显著性，能表明工厂的努力（Suchman，1995）。

（4）关于环境信息披露作用的研究。上述形象提升是企业公开环境信息的驱动动力，而这里是指环境信息披露是驱动企业减少环境负荷的驱动因素。由于社会公众尤其企业股东十分关注企业的环境活动和状况，而企业自身在年报等媒介上公布的环境信息是外界获得企业环境信息的主要来源之一，因此，企业公布环境信息的积极性和范围等是否真正反映了企业实际的环境绩效既是企业利益相关者关心的问题，也引起了学者们的关注。自 20 世纪 70 年代以来，很多学者研究企业环境信息披露度（包括公开的环境信息的量和质）对企业环境绩效的影响和作用。Gray 等（1995）基于利益相关者理论、合法性理论和政治经济学理论提出：企业正利用环境信息披露来越过（negociate）"环境"概念……这就是一方面正在寻求如何战略性地应对新的或正在出现的与其利益相关者相关的问题，另一方面又在试图评价这些利益相关者的权力范围。Hughes 等（2001）在总结已有研究结果的基础上提出：环境信息披露度可以被用作企业环境绩效好坏的指示因子。

3. 外部压力与内部动力综合驱动机制研究

较早期的研究基本上是出于直觉或理所当然的考虑或通过经验总结，认为企业环境管理实践是受到外部压力和内部因素共同作用的。Henriques 和 Sadorsky（1996）将企业面临的环境压力分为两类：外部压力和内部压力；前者包括政府规制压力、公众/社区压力、合作伙伴/供应商压力等，后者包括股东压力、管理者压力和员工压力。Berry 和 Rondinelli（1998）将积极环境管理的驱动力归结为四个方面：环境法规要求（或守法）、利益相关者因素、降低环境成本的需要和获得竞争优势的需要，前两者即是外部压力，而后两者则是内部动力。Azzone 和 Noci（1998）通过案例分析，指出企业从事环境管理的动因既有赖于组织内部的变化［如决策过程支持管理者明确环境管理（"green" innovation）实施给企业带来的好处和影响，从业人员的环境文化等］，也需要有外部环境的支持（包括政府的支持和财政投入，环境规制的改革，像 ISO14001 这样的引导性项目等）。Bansal 和 Roth（2000）利用对 53 家英国和日本公司经理的访谈数据，归纳总结了较多研究认可的企业环境绩效（企业的生态响应性，ecological responsiveness）的四个驱动因素（环境规制要求、利益相关者的要求、获得竞争优势的需要以及生态责任感）的作用，结果显示：获得竞争优势的需要、环境规制要求和生态责任感是企业环境绩效的驱动因素。Khanna 和 Anton（2002b）甚至将企业的环境管理实践分为两种类型，Ⅰ类为关注环境管理过程的，如设置专职环境管理人员、制定环境方针、设定内部环境标准、环境审计、设置环境风险基金、购买环境保险等，Ⅱ类为关注环境管理绩效的，如培训或奖励员工寻找预防污染机会，应用全面质量管理理念持续改善企业的经济绩效和环境绩效，在商业战略决策时评价供应商、合作伙伴以及顾客的环境绩效等，并且认为不同的环境管理实践可能受到不同因素的驱动，即Ⅰ类环境管理实践可能受到由现行的或预期的环境规制带来的环境债务或高昂的守法成本的驱动，而Ⅱ类环境管理实践则可能受到获得竞争优势机会、好的社会声誉等因素的驱动。

后来，很多研究试图结合经济学理论、制度理论和资源基础观理论等，来阐明企业实施环境管理实践和改善环境绩效是受到外部压力与内部动力综合驱动的。Khanna 和 Damon（1999）运用经济学理论，认为各种内部、外部因素是通过影响企业环境管理或绩效的利益或成本而实现对企业环境管理或绩效（参加"33/50 项目"）的驱动，这些因素包括环境管理项目的特征（如增加参与企业的公众尤其是顾客的关注度，提供技术服务等）、强制环境规制（因为可能增加企业的罚款，不鼓励环境管理创新等）以及一些公司固有的特征，如创新性、设备年限、贸易联盟中的会员身份、有毒污染物的排放量等。Ransom 和 Lober（1999）应用制度学、利益相关者管理、自然选择、战略选择和组织学习的组织变革理论阐述了企业设置环境绩效改进目标的驱动因素，包括遵守环境规制、满足利益相关者要求、自然选择、战略选择和组织学习，并提出一系列待检验的命题。

有的学者运用制度理论解释企业环境管理（包括采用 EMSs 和制定积极的环境战略等）(Hoffman，1999；Bansal and Roth，2000；Khanna and Anton，2002a；Bansal and Hunter，2003)。他们认为企业组织是为了提高其内部效率和改善外部关系（也能增强资源的竞争优势）而致力于环境管理活动或提高环境绩效的。Darnall（2003）以制度理论和资源基础观理论为基础，阐述环境规制压力和社会压力（如环境组织、居民团体、媒体等）等外部因素以及企业组织的管理能力、环境管理能力和资金密集程度等内部因素对企业环境绩效（取得 ISO14001）的影响，并提出一系列待检验的理论假说。

Banerjee 等（2003）结合利益相关者理论和政治经济理论（political - economic framework），阐述了企业环保主义（包括企业经理的环境认识和企业的环境战略）的驱动因素及作用机制，认为驱动因素包括：公众环境意识、环境规制压力、获得竞争优势的需求以及高层管理承诺；而且认为，前三个因素既对企业环保主义有直接作用，又都通过高层管理承诺起作用；同时认为，企业所属的行业类型在其中起调节作用，除了获得竞争优势的需求外，所有因素都是对高环境负荷行业的企业环保主义的驱动作用强于对中等环境负荷行业。

Gray 和 Shadbegian（2004）利用经济学原理阐释企业减排污染的边际效益对企业环境绩效（大气污染物和水污染物的排放量）的影响，认为企业减排污染的边际效益越大，则企业的环境绩效越好（污染物的排放量越小）；同时，还考虑了受企业排放污染影响范围内的人们的特征［包括污染敏感人群（小孩、老人）的比例］的影响，认为敏感人群比例越高，则环境规制会越严格，同时，企业的环境绩效也会越好；另外，还考虑了环境正义因素的影响，认为穷人和有色人比例高的地区，环境规制会不严格，企业的环境绩效也会不好；最后，还关注跨国界或州界区位的影响。

4. 关于企业自身特征因素作用的研究

（1）关于企业规模作用的研究。绝大多数研究都会将企业规模作为控制变量来考虑，但也有研究认为企业规模是驱动企业环境绩效的因素之一，并且特别关注大企业（Fineman and Clarke, 1996；Arogón-Correa, 1998；Henriques and Sadorsky, 1996, 1999）。一般都认为企业越大，环境管理可能越先进。但是，Nakamura 等（2001）认为，企业规模对企业环境管理实践的作用可能具有两面性：一方面，企业规模越大，越难形成统一的价值观和行动，这可能阻碍环境管理实践的实施；另一方面，大企业可能已经拥有相关的专业技能，有助于企业环境管理实践（如环境承诺的制定和整合）的实施。因此，他们认为，究竟如何，还有赖于实证检验。

（2）关于企业年龄作用的研究。Shrivastava（1995a）、Theyel（2000）和 Gil 等（2001）等认为企业（工厂）年龄影响企业的环境绩效。这是因为，一方面，越现代的企业，越有可能采用更新的技术，生产更有效率，因此可以节约能源、水、原材料等资源并排放较少的污染；另一方面，还与企业建立时的社会价值观有关，环境保护这一社会认识和价值观还比较新和现代，这种新的价值观一般只会在新建立的或者完全更新了的企业的规范、实践和准则中体现出来。Nakamura 等（2001）认为，由于企业员工越年轻的话，学习能力就越强，越容易培训，并容易接受新事物，因此，员工年轻的企业从事环境管理实践的成本就可能更低。

（3）关于企业所有制结构作用的研究。有学者关注企业的所有制结构对企业环境绩效的影响。Earnhart 和 Lizal（2006）运用经济学原理，在假定企业都是追求利润最大化的条件下，比较国有制企业和私有制企业的减排成本和排污成本，认为：如果国有制企业的减排成本很高以致其边际排污成本小于边际减排成本的话，则相对于国有制企业，私有制企业将降低减排成本并增加污染排放；如果国有制企业的排污成本很高以致其边际排污成本大于边际减排成本的话，则相对于国有制企业，私有制企业将降低排污成本并增加污染排放。King 和 Lenox（2001）、Nakamura 等（2001）提出，外资企业将更有可能取得 ISO14001 认证或从事其他环境管理实践，因为外资企业在异国经营会在安全性、关系处理等方面遇到很多困难，距离、文化和语言等方面的障碍会影响其与国内供应商和消费者的合作，因此，他们可能希望通过加强环境保护来博得政府规制部门的好感，但同时，他们也可能不愿为他国的社会福利做贡献，从而不会在环境保护方面做出太多努力。

（4）关于企业组织结构作用的研究。一般都认为组织结构与组织采取的战略有密切的关系，因此，一个企业的组织结构也可能影响甚至决定企业是否采取积极的环境战略。实际上，很多关于企业环境管理和组织绿化的研究较早就已经认识到，一个企业有必要设置恰当的组织结构来支持其环境管理活动，如 Hunt 和 Auster（1990）、Newman 和 Breeden（1992）、Welford（1992）、Winsemius 和 Guntram（1992）、Shrivastava（1994）、Stead 和 Stead（1994）、Maxwell 等（1997）。

不同学者对企业组织结构与企业战略的确切关系的认识截然不同，形成了经典学派和过程导向学派。经典学派将企业战略视为企业自上而下的深思熟虑的活动，认为应调整企业的组织结构使其适应企业的战略目标，而过程导向学派（process–oriented view）则认为是企业的组织结构决定企业战略（Mintzberg，1990）。但 Atkinson 等（2000）认为，不管怎样，企业的组织结构与其战略之间有关系已达成共识，每个企业都会根据自身所遭遇的外部压力等方面的要求构建起最合适的组织结构，环境管理结构对企业如何看待和处理环境问题有影响，并以英国电力行业企业为调查对象，采用参与式考察法探索式地研究了企业组织的环境管理结构及其对环境管理战略形成和执行的影响，总结出五种环境管理结构模式：私有化之前的区域环境管理结构，私有化之后的功能—

产品环境管理结构，独立的业务部门环境管理结构，业务部门环境经理＋集团环境经理结构，整合的环境管理结构（集团环境经理＋环境管理部）；而且，他们认为，很难说哪一种环境管理结构最合适，只能说不同的环境管理结构适宜于不同企业不同时期的整体管理需求。而Nadler和Tushman（1997）指出，虽然不同的组织结构适合于不同的组织和不同的组织目标，但是，企业要有合适的、正式的组织结构，只有这样，才能使组织内的沟通和交流畅通、促进高水平激励、平衡权威和自治等。Hunt和Auster（1990）、DeChant和Altman（1994）、Zeffane等（1995）认为，企业应建立相应的组织结构将企业的环境承诺和环境政策落实到具体的举措并将环境意识整合到企业的各个方面中去，成功地管理环境问题的企业组织都有一个共同特点，即建立合适的组织结构来支持企业环境目标的实现。他们还指出，这种组织结构对于在组织内促进不同部门、不同层级间的整合和合作很关键。Greeno和Robinson（1992）、Newman和Breeden（1992）、Winsemius和Guntram（1992）甚至认为，为了整合和协调企业各个方面的力量来建立更综合的环境战略和管理系统，企业很有必要设置一个"好的"环境经理；这个环境经理要承担的责任包括：保障企业环境政策（特别是正式的）的实施；保证企业遵守环境法律；提高企业各个层面员工的环境意识；为管理环境项目的部门经理或在业务中考虑环境保护的员工等提供支持。

　　企业组织内部门间的合作和交流对于环境管理和环境绩效的改善也很重要。环境管理过程可能使环境质量经理和其他相关人员被孤立。污染预防举措的实施常常需要环境质量经理、工程师和生产人员之间的合作，因此，部门间的交流不畅或不充分可能降低污染预防举措的有效性（Cordano和Frieze，2000）；同时，如果环境质量经理不能将环境管理措施给企业领导阐释清楚的话，也会产生问题。Maxwell等（1997）认为，解决这些问题的方法之一是在涉及环境问题时采取跨部门的横向战略决策机制；King（1999）发现，生产部门工程师与污染控制部门员工之间交流的增加能创造出反复迭代的问题解决体系；Sharma等（1999）也建议，横向的和向上的信息交流能让经理们做出依据充分的环境管理决策；Judge和Douglas（1998）的研究表明，战略制定过程中相关功能部门的合作，并配合有充足的资源，能使环境问题被成功地整合到企业的战略规划中，并能增强企业的财务绩效和环境绩效，这与Westley和Vredenburg（1996）认为"环境问题本身就是多层面的，因此非常需要部门间合作"的观点相呼应；Russo和Hirrison（2005）的调查表明，部门间的合作对于企业的环境质量经理能在企业的重要战略决策过程中"发声"是十分有益的，如提前预警、节约开支、降低风险、增强灵活性等。

Russo和Harrison（2005）运用组织一致性理论（congruence theory）探讨企业环境管理过程与组织关键结构（正式的汇报关系和基于激励的薪酬制度）的一致程度对企业环境绩效的影响，并提出：拥有环境质量经理直接向总经理汇报的组织结构的企业，比没有这种组织结构的企业污染减排更多；拥有环境质量经理的薪酬与环境绩效挂钩的组织结构的企业，比没有这种组织结构的企业减排污染更多；拥有总经理的薪酬与环境绩效挂钩的组织结构的企业，减排污染更多；环境质量经理在企业战略决策中的参与度越高，企业减排污染越多。Berrone和Gomez-Mejia（2009）也结合制度理论、代理人理论以及环境管理研究成果，探讨企业主管的薪酬与企业环境绩效的关系，认为拥有环境管理组织结构和机制（环境的薪酬政策、环境委员会）的企业在确定企业高管薪酬时更注重污染预防型措施，而不是末端治理措施；企业高管的长期薪酬对企业随后的环境绩效有积极的影响，而且这种作用关系对于污染行业中采取污染预防措施的企业更强。

（5）关于企业经济基础作用的研究。很多学者都认为经济基础越强的企业，越有闲置资源和经济实力，也就越有可能从事环境管理实践，如制订环境计划（Henriques and Sadorsky，1996）、取得ISO14001认证（King and Lenox，2001；Nakamura et al.，2001）、制定环境方针（Nakamura et al.，2001）等，并有意愿和能力消化环境管理投资的风险。

Arora和Cason（1995）认为，企业财务绩效的增加为企业进行污染预防投资提供机会和可能。Judge和Douglas（1998）根据自然资源基础观预测，企业分配给应对环境问题的资源水平是决定企业的环境问题整合水平的关键前提变量，尤其是当企业投资于跟踪和处理环境问题时，就很有可能将环境问题整合到规划体系中（Robinson and Pearce，

1988），从而收回环境投资。因此，他们提出理论假说："企业分配于自然环境问题的资源量对环境问题的整合水平具有促进作用"。Bowen（2002a）基于 Bourgeois（1981）提出的关于组织冗余资源（organizational slack）的作用及管理意义的理论框架，利用英国的35家股份有限公司的访谈数据，系统分析企业组织的充足资源与企业组织"绿化"（环境管理）的关系，认为应全面看待企业资源与环境管理的关系，认识到企业资源对组织决策影响的动态性、复杂性和反常性。

但另一方面，Darnall（2003）认为，资金实力强的企业会将自动化设备等资金集中型要素作为主要生产要素，而忽视人的作用，但由于污染预防实践是劳动力密集型的，有赖于人的作用，因此，强调污染预防战略的企业可能环境投资较少。从这个角度来看，企业的财务绩效应该不会对其环境管理有显著影响，但是，这一观点并没有得到实证支持。

（6）关于企业生产方式作用的研究。Klassen 和 Angell（1998）认为，制造柔性（manufacturing flexibility）能支持和促进积极的企业环境管理（如全面整合环境问题，可持续驱动环境管理），因为制造柔性能提供企业生产各个方面整合环境管理所需要的技术和能力，能让企业快速且低成本地应对环境规制压力。同时，他们也认为制造柔性也会受到规制方式的影响。King 和 Lenox（2001）发现，已有研究表明从事精益生产的企业更有可能采用类似 ISO14001 的环境管理体系。

Ellis 和 Lamont（2000）甚至以关于自然环境与企业绩效的关系以及并购过程的文献为基础，探讨了企业并购方式对企业环境管理能力的影响，认为被购企业的环境能力越被重视或者被考虑的时间越早或者被购企业的声誉差异越大，或者并购方式越保守、并购速度越慢、同类并购经验越多，企业加强其环境管理能力的可能性越大。

Gil 等（2001）认为，加盟的经营模式会促进企业（至少是饭店业企业）实施环境管理。因为加盟企业能分享很多环保相关的知识和信息；加盟组织还可能为加盟企业提供环保技术、手段或活动的培训和支持，或者将加盟企业纳入已经实施的并证明有用的环保项目和活动中，还有可能让加盟企业进入"绿色"市场。同时，Ingram 和 Baum（1997）指出，加盟关系还可能形成一种潜在的战略约束，要求加盟企业在环境保护方面达到最低或一般要求,这也有可能促进企业实施环境管理和改善环境绩效。Nakamura 等(2001)认为,出口导向性越强的企业,从突出的环境行动中获得的好处可能更高,因为外国消费者难以通过其他途径了解或监督这类企业的绩效,因此,他们更看重企业突出的环境行动(如取得 ISO14001 认证)。

(7) 关于企业组织能力作用的研究。内部动力驱动机制研究的一个分支(Sharma and Vredenburg, 1998; Christmann, 2000; Darnall and Edwards, 2006; Aragón - Correa and Sharma, 2003)利用资源基础观理论(Penrose, 1959; Peteraf, 1993),认为是互补资源和能力(complementary resources and capabilities)促使企业采取积极的环境战略,改善经济绩效。在此基础上,Fernandez 等(2003)还阐述了管理者责任、组织文化、组织参与、环境培训、环境激励、组织创新等在企业环境战略成功实施中的重要性。

Earnhart 和 Lizal(2006)运用经济学原理,引入流动性约束,认为在转型期的经济体中,企业的赢利能力越强,越能让企业有内部资源用于污染减排投资,从而能改善企业的环境绩效。认为在转型期的经济体中,政府补贴显著减少,而资金市场尚未形成,企业只能依赖银行贷款,这取决于企业过去和当前的赢利能力;这样,企业赢利的时候,企业面临的流动性约束降低,使环境管理和设备投资成为可能,因此,有可能促进企业减少污染的排放。正如 Kagan 等(2003)指出的那样:"从逻辑上来说,相对于财务绩效差且融资能力弱的企业,收益更好、融资能力更强的企业应该能够保持更好的环境绩效。"

也有学者认为研发能力越强的企业越有可能积极参与自愿环境项目(如"33/50 项目")(Arora and Cason, 1995, 1996)、取得 ISO14001 认证(Nakamura et al., 2001; King and Lenox, 2001)、进行环境管理(Anton et al., 2004),因为具有较强研发能力的企业不仅可以以较低的成本来达到这些自愿环境项目的要求(Arora and Cason, 1995, 1996; Anton et al., 2004),而且他们有动力开发新技术并使其成为行业标杆,从而左右政府环境规制的制定,增加竞争对手的学习、模仿成本(Arora and Cason, 1995)。

有学者认为使用时间与动作研究、质量管理小组、产品和生产过程标准化、取得 ISO9001 认证等运营管理技术的企业，实施环境管理的可能性更大（Gil et al., 2001; King and Lenox, 2001; Nakamura et al., 2001）。

（二）实证研究现状

首先，一些研究通过访谈或问卷调查收集数据，经过个案分析、比较分析、频度分析等定性分析方法，分析了特定区域企业（工厂）取得 ISO14001 认证、采用自行设计的环境管理体系、公开环境信息、参与自觉行动计划、减少特定污染物的排放、实施绿色供应链管理等的动因。

如表 2-3 所示，外部压力因素中，环境规制压力被提及的次数最多，31 项研究中有 17 项表明环境规制是主要因素之一，只有 6 项研究表明环境规制不是重要因素，还有 1 项研究表明环境规制的执行水平对企业的环境绩效有消极作用；其次为市场压力，共被 14 项研究提及，其中 7 项研究提及消费者压力，4 项研究提及供给者压力，2 项研究提及同行竞争压力，1 项研究提及投资者压力；而社区压力只被 5 项研究提及，被提及得最少。

表 2-3　国外关于企业环境管理实践动因的调查研究

作者	年份	调查对象	环境管理	方法	主要动因
Wiseman	1982	26 家美国企业	环境信息披露度	行业比较分析	经济优先级委员会评价的环境绩效与环境信息披露没有显著关系
Freedman 和 Wasley	1990	49 家美国企业	环境绩效	行业比较分析	环境信息披露不是企业环境绩效（经济优先级委员会评价的）的指示因子
Dillon 和 Fischer[①]	1992	15 个化学企业	管理环境风险	案例研究	环境规制；环境灾害；经济利益；强势领导

---

① 转引自 Lawrence 和 Morell（1995），p.101。

续表

作者	年份	调查对象	环境管理	方法	主要动因
Williams 等	1993	英国公司	环境响应	访谈调查	环境规制作用最强；原材料供给者压力较强；而社区压力、消费者、员工和工会、投资者等都还不是压力源
Lawrence 和 Morell	1995	美国加利福尼亚州圣塔克拉拉县的 8 个制造业公司	企业实施环境管理	访谈调查、案例研究	动机（政府规制、利益相关者、高层管理压力）、机会（新产品、生产设施及流程）、资源（技术、信息和财力）和过程（跨部门合作、TQM 过程、环境审计）
Labatt 和 Maclaren	1998	美国、加拿大的 20 个自愿行动计划	制订自愿行动计划的动力	访谈、案例分析、文献总结	外力：规制威胁（2/18）；同行竞争（5/18）。内因：提升企业形象（7/18）；追求经济利益（3/18）
Ruddell 和 Stevens	1998	33 家木制家具厂	取得 ISO14001 认证	调查	促进因素：预防潜在的环境污染；提高员工环境意识；满足消费者要求；提升企业形象；以及获得市场准入。阻碍因素：信息不足；顾客没有要求；不是优先考虑的事
Chin	1999	香港 6 家印刷电路板制造商主管	取得 ISO14001 认证	访谈	提升企业形象；满足消费者要求；应对规制压力；期待节约成本；及走在环境规制前面
Clark	1999	跨国公司	EMS		应对消费者压力；促进供应商实施环境友好经营；应对同行竞争；满足利益相关者要求

续表

作者	年份	调查对象	环境管理	方法	主要动因
Ransom 和 Lober	1999	118家美国企业	参与"33/50项目"及制定目标情况	比例分析	企业为了应对规制者或其他利益相关者而制定环境目标，而且如果直接与经济利益挂钩或者被选择的话，制定环境目标的可能性更大；如果环境绩效和经济绩效好的话，将促进企业的组织学习
Bansal 和 Roth	2000	英国和日本53家公司	企业生态响应	定性分析	增强企业竞争力、守法、履行生态责任是其主要因素
Matouq	2000	中国的43家企业	取得ISO14001认证	问卷调查、简单统计	外因：与政府和地方社区建立良好关系。内因：改善企业的环境状况和绩效；改善环境事故和风险管理；提升企业形象；新市场机会，减少成本；加强企业员工的环境意识；改善内部管理方式
Rondinelli 和 Vastag	2000	Alcoade圣山吕加工厂的经理	ISO14001	深度访谈分析	获得竞争优势；改善企业与地方政府的关系；放松规制的可能性；降低成本；减少事故；提高守法水平
Umwelbunde-samt[①]	2000	德国1264家工厂	EMAS	问卷调查	持续改进环境绩效；明确能源缺陷；提高员工意识；提升企业形象；提高法律确定性；改善内部组织；降低环境债务风险；减少环境负荷

---

① 转引自Morrow和Rondinelli（2002），下同。

续表

作者	年份	调查对象	环境管理	方法	主要动因
Verschoor 和 Reijnders	2000	10家大型国际公司	减少有毒物质	结构访谈、频度分析	外因：遵守法规（9/10）；产品安全（4/10）。内因：改善工作环境（2/10）；减少成本（1/10）
Banerjee	2001	7家美国公司	环境友好性（环境倾向和环境战略）	访谈调查（半结构）	对环境举措的经济利益、规制压力、公众环境意识、高层环境承诺的认识都很重要
Bowen等	2001		实施绿色供应链管理		企业中级管理者环境意识
Florida 和 Davidson	2001	宾夕法尼亚的214家制造业企业的主管	EMS和污染预防实践	问卷调查	改善环境绩效的承诺；实现企业目标的机会；获得经济利益和改善企业绩效；改善环境规制氛围；改善与社区的关系
Ilomäki 和 Melanen	2001	芬兰41家中小型企业	企业采用环境管理体系	访谈调查	外部利益相关者，主要是消费者的压力；还有企业规模、环境影响；而环境规制的作用不明显
Peart	2001	南非企业	环境绩效	类型学（象征论）	积极因素：水资源的可获得性；废弃物处理的便捷性；出口市场顾客的环境消费意识和意愿；经济环境有促进作用。消极因素：矿产和能源的可获得性；地方市场顾客的环境消费意识和意愿；矿产和能源外部成本的内部化；排放到空气和海洋中的废弃物的处理成本的内部化；环境规制的执行水平

续表

作者	年份	调查对象	环境管理	方法	主要动因
Rivera-Camino	2001	11个欧洲国家的3051家企业	采用环境管理体系	结构问卷调查、频度分析	较强外因：国家环境规制；董事长、管理及员工压力；国际规制。较强内因：提升企业形象；满足高管要求；高管对环境问题是重要挑战的认识。组织系统：环境管理组织结构得分较低。阻碍因素：高昂的费用、不确定的环境规制、不带来竞争优势
UNC-ELI	2001	美国50家工厂	EMS	调查	最强动因：整合污染预防项目；提高企业环境能力；增强员工参与环境管理。次强动因：提高守法水平或获得守法利益；应对消费者压力
Bansal	2002	取得和未取得认证公司各45家	取得ISO14001认证	访谈调查、比较分析	不取得认证的原因：成本太高；不取得认证也可以取得同样的管理效果
Morrow 和 Rondinelli	2002	德国5家能源、天然气公司的员工	ISO14001 EMAS 自己的EMS	深度访谈	主要动因：改善文件管理；提高效率；为了守法和法律确定性；获得竞争优势。次要动因：提升企业形象；放松环境规制；节约成本；提高员工意识
Raines	2002	15个国家的131个公司	取得ISO14001认证	均值分析	最强动机：成为环境管理领头人和好邻居；其次：潜在成本节约、绿色市场、满足总公司及贸易伙伴要求；而增加出口、规制要求、减轻规制压力、政府激励或压力都得分较低
Kagan等	2003	澳、新、加、美的14家造纸厂	环境管理；BOD、TSS；AOX	定性分析、相关分析	有影响：经济基础（限于20世纪90年代初）；社会压力；环境管理风格。无影响：环境规制

续表

作者	年份	调查对象	环境管理	方法	主要动因
Thornton 等	2003	澳、新、英哥伦比亚、美华盛顿和佐治亚州的14家造纸厂	水污染绩效：BOD、TSS；AOX	访谈调查、相关分析、方差分析	显著相关的因素：母公司过去的经济实力；社区压力；企业的环境管理类型。不显著因素：环境规制的严格程度；经济变量
Welch 等	2003	美国、日本企业	取得ISO14001认证	均值比较、方差分析	认证者的期待：绿色消费者市场优势；生产竞争优势；改善与规制者关系；供应商经济优势。较少期待的有：减轻税收；政府补偿认证费用；减少规制要求
Triebswetter Wackerbauer	2008	14家慕尼黑制造和服务企业	环境创新	案例研究	外力：规制压力（5/29）；消费者压力（10/10）。内因：追求经济利益（14/29）
Carrillo 和 Zárate	2009	110家墨西哥境内的美国企业	企业环境管理		环境规制、环境标准是主要动力因素

内部动力因素中，被提及最多（14项研究提及）的是企业对经济利益的追求，包括获得竞争优势、市场准入、降低成本、提高效率等，而且没有研究发现企业追求经济利益是不起作用的；如 Banerjee（2001）的调查结果表明，企业环境主义最终还是取决于经济利益，环境计划的评价还依赖于其能够给企业带来的经济利益，包括废弃物减少、成本节约、产品质量和生产效率改善等，也就是说，企业环境战略主要是内因驱动型的，而且主要由其能给企业带来的财务收益决定，而不是聚焦于外部可持续发展（Catasús et al., 1997；Hart, 1997）。其次，提升企业形象被7项研究提及，其中，只有1项研究认为提升企业形象不起作用；但为合法性理论提供实证支撑的研究还比较少，Freedman 和 Wasley（1990）发现企业环境绩效与环境信息披露度具有显著的正相关关系，但这仅限于钢铁行业的企业，至于为何环境绩

效好的企业环境信息披露度不高反而低，可能是因为他们不认为这些积极的环境管理行动是新闻，或者是因为这些积极的环境管理行为不在现行会计信息公开标准要求的范围之内（Bewley and Li，2000）。再次，企业管理者的作用、加强员工环境意识、降低环境负荷（含改善环境绩效、减少事故等）均被5项研究提及；此外，还有3项研究提及改善企业内部管理方式的作用，2项研究提及承担社会（生态）责任的作用。另外，Goitein（1989）、Johannson（1992）为企业环境拥护者在促进企业环境管理方面的作用提供了一些描述性的或趣闻轶事性的说明。

可见，理论研究中所断定的外部压力和内部动力的作用都得到了案例研究的证实，尤其是环境规制压力、市场压力以及经济利益追求和形象提升诉求的作用得到了较多案例研究的证实。但是，这些研究采用的方法为比较简单的案例分析、频度分析、比较分析等，样本量相对较少，也没有考虑或体现在其他因素作用条件下各个因子对企业实施环境管理实践的相对作用，因此，其结果不具有普适性。因此，本书将重点放在对下面多因素模型分析研究的总结上。

1. 对外部压力作用的实证检验

如表2-4所示，在本书总结的国外文献中，有12项研究主要检验外部压力对企业参与自觉行动计划、实施环境管理体系、减少特定污染物排放等的驱动机制。这些研究主要采用的方法是回归分析，而且根据因变量属性分别选择了最小二乘法、逐步回归、截断二元概率模型、最大似然估计、泊松回归、广义矩法、混合最小二乘等。在回归模型中，多数研究除了纳入各种外部压力因素作为自变量外，还纳入了各种企业自身特征因素作为自变量。因此，这些研究结果所反映的某个外部压力因素的作用是在考虑了其他外部压力因素以及企业自身特征因素作用情况下的相对作用情况。

（1）对环境规制压力作用的检验。如表2-4所示，在主要检验外部压力作用的12项研究中，有9项研究考虑了环境规制压力的作用，包括环境检查、环境政策、环境执法、环境规制严格程度、环境罚款、超级基金场地数、预期环境规制等。

表 2-4　国外关于企业环境绩效外部压力驱动机制的实证研究

作者	年份	研究对象	环境绩效	方法	驱动因子
Gray 和 Deily	1996	美国20世纪80年代建的41家钢铁厂	企业环境守法行为	回归分析	外力：被执法经历（+）；被检查经历（+）；其他工厂的守法水平（+）；守法成本（-）。自身：单一工厂企业（+）；关闭的概率（-）；工厂规模（-）
Dasgupta 等	2000	墨西哥178家企业	建立环境管理体系	回归分析	外力：环境规制（环境政策+；检查，无）；市场压力（投资者压力，无；国际竞争压力，无；行业压力，无；社区压力（无）。自身：企业规模（+）；多部门企业（+）；技术水平（无）；员工教育水平（+）
Gil 等	2001	304家西班牙3星以上酒店	企业环境管理实践	回归分析（逐步）	外力：利益相关者压力（+）。自身：是否休闲类（无）；星级（无）；设施年龄（-）；企业规模（+）；加盟与否（+）；运营管理技术（+）
Kassinis	2001	180家塞浦路斯企业	采用预防措施程度	回归分析	外力：位于工业园区（无）。自身：加入信息交流网络（+）；加入标准制定相关网络（+）；加入生产网络（+）；加入市场网络（无）
			末端治理措施的程度		外力：位于工业园区（+）。自身：加入信息交流网络（+）；加入标准制定相关网络（+）；加入生产网络（无）；加入市场网络（无）
Foulon 等	2002	15家加拿大造纸工厂（1987—1996）	BOD和TSS排放绝对量、超标率	回归（广义最小二乘）	外力：被披露超标的次数（-）；被披露关注的次数（无）；被起诉次数（无）；环境规制严格（-）；罚款（-）；区位（限于TSS）（+）。自身：生产量（无）；过去绩效（+）；生产过程（+）

续表

作者	年份	研究对象	环境绩效	方法	驱动因子
Stafford	2002	8411个涉及有毒废物的美国工厂	有毒废弃物规制的守法程度	截断二元概率模型（censored bivariate probit）	外力：环境规制（更严罚款，+；州级责任制度，+；政策成型期，+；政策转型期，-；取得有毒物运营许可证，-；州级检查，-）；社会压力（加入环保组织居民比例，-）。自身：生产水平（+）；产生、接受有毒物多（-）；整治优先度高（-）；先前违法多（-）；毒性强物质（-）
Khanna和Anton	2002b	179家美国标准普尔公司	应对风险的Ⅰ类环境管理	回归分析（有序概率）	外力：规制压力（环境检查，+；超级基金场地数，+；有毒大气污染物排放量①，+）；市场压力（终端产品，+；跨国企业，无；现场有毒物排放强度②，无；末端处理有毒物强度，-）。自身：行业减排成本（无）；财务绩效（销售—资产比，无）；研发强度（+）；资产年龄（总资产—总投资比，无）
			提升竞争力的Ⅱ类环境管理		外力：规制压力（环境检查，无；超级基金场地数，+；有毒大气污染物排放量，无）；市场压力（终端产品，+；跨国企业，无；现场有毒物排放强度，+；末端处理有毒物强度，-）。自身：行业减排成本（无）；财务绩效（-）；研发强度（+）；资产年龄（总资产—总投资比，-）

① 由于 Khanna 和 Anton（2002b）认为这是规制威胁因素，因此这里将此归入规制压力因素。

② 由于 Khanna 和 Anton（2002b）认为这是市场压力因素，因此这里将此归入市场压力因素。

续表

作者	年份	研究对象	环境绩效	方法	驱动因子
Anton 等	2004	313 家美国标准普尔公司	环境管理体系的全面性	回归分析（泊松）	外力：环境规制（5 年前的检查，无；5 年前超级基金场地数，+）；市场压力（终端产品，+）；社会压力（5 年前的 TRI 总排放量，+）。自身：美国企业（无）；非美国企业（无）；企业年龄（总投资—总资产比，-）；研发强度（+）；经济实力（5 年前的销售—资产比，-）
			单位销售额的 TRI 总排放量	回归分析（广义矩法）	外力：环境规制（超级基金场地数，无）；市场压力（终端产品，无）；社会压力（5 年前的 TRI 总排放—销售比，+）。自身：美国企业（无）；非美国企业（无）；企业年龄（总投资—总资产比，-）；研发强度（无）；经济实力（销售—资产比，-）；环境管理的全面性（-）
Earnhart	2004b	堪萨斯州市属污水处理厂	1990—1998 年 BOD 排放量	混合最小二乘法（随机效果模型）	外力：规制压力（许可证到期天数，+；月排放限额，-；最终限制类型，-；未报告废水限制，无；前一年的划款，+；累计 EPA 检查，无；累计堪萨斯环境检查，-；年 EPA 环境执法，-；年堪萨斯环境执法，-；预测 EPA 环境检查，+；预测堪萨斯环境检查，无）；社会压力（县级社区销售税，无；县级社区人口，+）。自身：生产能力（无）；使用次级处理技术（+）
Earnhart	2004a	堪萨斯州市属污水处理厂	1990—1998 年 BOD 相对平均排放量	回归分析（OLS）	外力：规制压力（许可证到期天数，+；最终限制类型，-；月均排放限额，-；年 EPA 类似执法数，-；年堪萨斯类似执法数，-；年 EPA 执行数，+；预测 EPA 检查概率，-；预测堪萨斯检查概率，无）；社会压力（人均收入，-）。自身：生产能力（+）；使用次级处理技术（+）

续表

作者	年份	研究对象	环境绩效	方法	驱动因子
Gray 和 Shadbegian	2004	409 家美国造纸企业	环境操作绩效：PM 10、SO_2 年排放量	回归分析（Poisson, OLS）	外力：规制压力（OSHA 违法次数：PM 10，无，SO_2，+；平均大气污染检查，无）；社会压力（减排污染的边际效益，-；小孩比例，-；老人比例：PM 10，-，SO_2，无；穷人比例：PM 10，+，SO_2，无；非白人比例，-；选举投票率：PM 10，无，SO_2，+；城市化水平，-；环保主义投票者，无；州失业率：PM 10，无，SO_2，+）；区位作用（位于州界：PM 10，-，SO_2，无；位于国界：PM 10，无，SO_2，-）。自身：企业规模（纸浆生产能力，+；纸生产能力：PM 10，无，SO_2，+）；企业年龄（新企业：PM 10，+，SO_2，无）；单一工厂企业（PM 10，-，SO_2，无）；经济实力（资产回报率，无）
			环境操作绩效：TSS、BOD 年排放量		外力：规制压力（OSHA 违法次数，无；平均水污染检查，无）；社会压力（减排污染的边际效益，-；穷人比例，-；非白人比例，-；选举投票率，+；城市化水平，-；环保主义投票者，无；州失业率，-）；区位作用（位于州界，无；位于国界：TSS，无，BOD，+）。自身：企业规模（纸浆生产能力，+；纸生产能力，-）；企业年龄（新企业，无）；单一工厂企业（PM 10，-，SO_2，无）；经济实力（资产回报率，无）

续表

作者	年份	研究对象	环境绩效	方法	驱动因子
Shimshack 和 Ward	2005	美国217家造纸厂	BOD、TSS超标（=1），未超标（=0）	回归分析（随机效果概率模型）	外力：规制压力（前1年是否对任一工厂罚款，-；前2年是否对任一工厂罚款，无；前1年本工厂是否被罚款，无；前2年本工厂是否被罚款，无；前1年对任一工厂的中级执法行动[①]，无；前2年对任一工厂的中级执法行动，无；前1年对本工厂的中级执法行动，无；前2年对本工厂的中级执法行动，无；预测检查概率，无；本月检查，无；前1年的检查，-；前2年检查，无；现行检查的均值，+；罚款的均值，+；中级执法行动的均值，+）；社会压力（县人均收入，无；县城市化率，无；县白人比例，无；县失业率，-；县房价中值，无）。自身：减排技术（前1年排放—允许排放比，+；前1年是否关闭管道，+；排放—允许排放比的均值，+）；企业规模（产能，-）；污染物类型（BOD，+）；生产价格指数（无）
				回归分析（工具变量估计）	外力：规制压力（前1年对任一工厂的罚款额，-；前2年对任一工厂的罚款额，无；前1年本工厂被罚款额，无；前2年本工厂被罚款额，无；前1年对任一工厂的中级执法行动，无；前2年对任一工厂的中级执法行动，无；前1年对本工厂的中级执法行动，无；前2年对本工厂的中级执法行动，无；预测检查概率，无；本月检查，无；前1年的检查，-；前2年检查，无；现行检查的均值，+；罚款的均值，+；中级执法行动的均值，+）；社会压力（县人均收入，无；县城市化率，无；县白人比例，无；县失业率，-；县房价中值，无）。自身：减排技术（前1年排放—允许排放比，+；前1年是否关闭管道，+；排放—允许排放比的均值，+）；企业规模（产能，-）；污染物类型（BOD，+）；生产价格指数（无）

---

① 最普通的有正式行政命令、正式超标通知和行政同意令。

有研究表明环境规制压力的存在，对企业的环境守法行为（Gray and Deily, 1996）、应对风险的环境管理实践（Khanna and Anton, 2002b）、污染物的减排（Foulon et al., 2002）、环境管理体系的全面性（Anton et al., 2004）都有促进作用，为前述多数理论研究提供了实证依据。较早期的研究，如 Bartel 和 Thomas（1985）、Magat 和 Viscusi（1990）、Laplante 和 Rilstone（1996）、Nadeau（1997）等也曾得到同样的结果。但 Gray 和 Shadbegian（2004）的结果表明，环境规制压力不仅对区域大气和水环境质量的改善没有显著的促进作用，反而对区域 SO_2 排放量有显著的促进作用；Helland（1998）、Kleit 等（1998）、Anton 等（2004）的结果也表明，企业的守法率或污染物的排放量不受环境规制严厉程度的影响，甚至罚款越高，企业（工厂）的环境违法越严重，以致 Heyes（1996）认为，如果罚款不能促进企业改进其环境绩效的话，应降低罚款标准。

Dasgupta 等（2000）、Stafford（2002）、Earnhart（2004a，2004b）、Shimshack 和 Ward（2005）在回归模型中纳入了多个环境规制压力代理变量，得到的结论都在一定程度上自相矛盾。如 Dasgupta 等（2000）发现，环境政策对企业建立环境管理体系有显著的积极作用，而环境检查却没有显著作用；Stafford（2002）的结果表明，严格的罚款政策、州级责任制度等对企业的守法程度有显著促进作用，但州级环境检查和取得有毒物运营许可证却有显著的阻碍作用；Earnhart（2004a，2004b）更是在一个回归模型中纳入了 10 多个环境规制的代理变量，虽然在同一模型中，多数变量（如许可证有效、月排放限值、最终限制类型、累计堪萨斯环境检查、年 EPA 环境执法、年堪萨斯环境执法）对于企业 BOD 的相对排放量有显著的抑制作用，但在针对同一因变量的不同模型中，不同代理变量具有不同的作用，如年 EPA 环境执法在 2004a 的模型中对企业 BOD 的相对排放量具有显著的抑制作用，而在 2004b 的模型中，却对企业 BOD 的相对排放量具有显著的促进作用，而预测 EPA 环境检查的作用则正好相反。Shimshack 和 Ward（2005）也在其回归模型中纳入了 10 多个变量，而且其中有 10 个滞后变量（前 1 年或前 2 年），但这些变量的绝大多数（8 个）都不显著，只有前 1 年是否对任一工厂罚款或罚款额和前 1 年检查的作用是显著的，而且都是负作用，表明环境规制越严，造纸厂 BOD 和 TSS 超标的可能性越小；而现行检查、罚款和中级执法行动的均值都显著，且都是正作用，表明环境规制越严，造纸厂 BOD 和 TSS 超标的可能性越大；结论自相矛盾。这使对结果的判断以及对环境规制压力作用的认识出现混乱；这在很大程度上可能是由方法方面的问题（如自变量高度相关的问题等）所导致的。但 Shimshack 和 Ward（2005）的结果表明，罚款不仅对被罚企业有很强的威慑作用，而且对未被罚的企业具有几乎同样强的威慑作用，因此，他们认为罚款具有规制威慑外溢效应，而且罚款促进企业减排（守法）的作用比检查更大。

另外，Khanna 和 Anton（2002b）运用有序概率（ordered probit）模型实证检验不同类型环境管理实践（前述的Ⅰ类环境管理实践和Ⅱ类环境管理实践）是否具有不同的驱动机制，结果发现：环境规制压力（环境检查）主要对Ⅰ类环境管理实践有显著驱动作用，而对Ⅱ类环境管理实践则没有显著影响，但反映未来环境债务威胁的超级基金场地数（Superfund①）对两类环境管理实践都具有显著的促进作用。

（2）对市场压力作用的检验。表 2-4 中所列的 12 项研究中，只有 Dasgupta 等（2000）、Khanna 和 Anton（2002b）、Anton 等（2004）的实证模型中考虑了市场压力，包括消费者压力、投资者压力、行业竞争压力、国际竞争压力等。Anton 等（2004）的结果表明，消费者压力促进企业实施更完善的环境管理体系，但对企业环境操作绩效的改善没有直接作用。Dasgupta 等（2000）的结果表明，国际竞争压力（用出口导向或跨国经营状况衡量）对墨西哥企业取得 ISO14001 认证没有显著的驱动作用，投资者压力和行业竞争压力对企业实施环境管理体系的作用也不显著。Khanna 和 Anton（2002b）的结果表明，用"终端产品"衡量的消费者压力对应对风险和提升竞争力的环境管理实践都有显著的促进作用，但用"现场有毒物排放强度"衡量的市场压力只对提升竞争力的环境管理实践有促进作用，而对应对风险的环境管理实践

---

① 全称是 Comprehensive Environmental Response, Compensation, and Liability Act（综合环境响应、补偿和责任法案），是美国联邦政府为了清理、整治受到有毒有害物以及其他污染物污染的场地于 1980 年颁布的一部联邦法案。

却没有显著作用，用"末端处理有毒物强度"衡量的市场压力却对二者都有显著的抑制作用。可见，这些研究也没有得到一致的结论。

(3) 对社会压力作用的检验。表2-4所列的12项研究中，有7项研究在实证分析模型中纳入了社会压力因素，包括社区压力、加入环保组织的居民比例以及用企业以前的污染物排放水平、区域收入水平、人口数量、敏感人群比例、选举投票率、城市化水平、失业率等衡量的社会压力。

Anton等(2004)发现，企业5年前的TRI污染物排放量越大，企业环境管理体系越全面，表明由此变量代理的社会压力对企业环境管理绩效的提高有显著的促进作用，而企业5年前的TRI排放量—销售额比越大，企业有毒污染物的排放量也越大，表明由此变量代理的社会压力对企业操作绩效的改善却有显著的抑制作用。

很多研究通过企业所在区域的社会经济状况来反映企业面临的社会压力的作用。虽然Pargal和Wheeler(1996)、Earnhart(2004a)、Gray和Shadbegian(2004)的结果表明，区域人均收入和城市化水平对企业水污染、大气污染的排放有显著的抑制作用，为前述理论观点提供了实证依据，但Earnhart(2004b)、Shimshack和Ward(2005)却发现区域销售税、人均收入、城市化率等对企业的污染排放水平、守法水平没有显著作用，Gray和Shadbegian(2004)、Shimshack和Ward(2005)的结果还表明，企业所在区域失业率越高，企业大气污染（尤其是PM 10)、水污染的排放水平都越低，不支持理论假设，甚至与其相悖。

Gray和Shadbegian(2004)发现，孩子、老人等易受污染影响人群比例越高，企业大气污染（尤其是PM 10)、水污染的排放量越小，支持理论假设。而关于穷人、少数民族（非白人）等政治弱势群体的作用，结论很不一致。Kreisel等(1996)、Gray和Shadbegian(2004)发现，穷人比例越高，企业大气污染的排放量也越高，支持理论假设，但企业水污染的排放量却减少，同时发现非白人比例越高，企业大气污染、水污染的排放量都会降低；Shimshack和Ward(2005)发现，白人比例的作用不显著；此外，Kreisel等(1996)、Been和Gupta(1997)、Wolverton(2002)的结果都表明，少数民族高的区域并没有吸引更多的污染工厂或受到更多TRI污染的影响，Been和Gupta(1997)、Wolverton（2002）也发现，穷人比例高的区域并没有吸引更多的污染工厂，恰恰相反，这些区域污染工厂更少；这又不支持理论假设，甚至与理论假设情景相反。

如前所述，理论观点认为，在政治上特别关注环境问题的活跃的人可能会给规制机构施加更大的压力，从而引起规制机构的重视，从而成为企业从事环境管理实践或改善环境绩效的压力。但只有少数研究为此理论假设提供实证依据，如 Blackman 和 Bannister（1998）发现，地方组织的会员比例越高，墨西哥制砖企业采取清洁生产技术的积极性也越高；Hamilton（1993）发现，政治参与水平（投票率）越高的区域，有害废弃物工厂产能扩张越困难。而 Dasgupta 等（2000）发现，邻居、社区、行业协会等对于墨西哥企业是否取得 ISO14001 认证没有显著影响；Gray 和 Shadbegian（2004）也发现，不仅企业所在社区的环保主义投票者数量对造纸企业的污染排放水平没有显著作用，而且社区选举投票率越高的企业排放的大气污染（SO_2）、水污染也越高；Stafford（2002）甚至还发现，居民加入环保组织比例越高的社区，区域企业对有毒废弃物规制的守法水平则越低；超级基金场地也多位于投票率高以及环境规制严格（尤其对癌症风险）的县（Viscusi and Hamilton，1999）。可见，这些研究没有提供支持上述理论假设的实证依据。

（4）对媒体压力作用的检验。表 2-4 所列的 12 项研究中，只有 Foulon 等（2002）在实证分析模型中考虑了媒体压力（环境信息披露）的作用。Foulon 等（2002）指出，已有实证研究没有将传统的环境规制和环境信息披露结合在一起检验其效果，因此，他们利用加拿大不列颠哥伦比亚 15 家造纸厂的数据，将环境规制（包括新规、起诉、罚款）和环境信息披露（被披露超标的次数、被披露受关注的次数）结合在一起检验其影响的相对重要性；结果表明，大不列颠哥伦比亚省实施的环境信息披露战略既有助于促进企业污染排放水平的降低，也有助于提高企业环境守法水平，而且，其效果比环保部门和法院实施的罚款更大。Konar 和 Cohen（1997）、Afsah 等（1997，转引自 Foulon et al.，2002）的结果也表明，环境信息披露确实促进了企业环境绩效的提高。这表明，关于媒体压力作用的理论假说在一定程度上得到了实证检验结果的证实，但还很不充分，需要更多研究提供同样的实证依据。

(5) 对企业区位作用的检验。和其他外部压力因素相比较，单纯或者明确关注企业区位对企业环境绩效影响的研究不多。表 2-4 所列的 12 项研究中，有 3 项研究在回归模型中考虑了企业区位的作用，包括是否位于工业园区、流域、州界、国界等。

Lanoie 等（1998）、Foulon 等（2002）将企业所处的流域或行政区域纳入其实证研究中作为控制变量，结果发现，位于不同区域（包括流域和行政区）的企业的环境绩效（主要是水污染 TSS）的确有差异 (Foulon et al., 2002); Klassen 和 Angell（1998）虽然没有直接检验区位的作用，但比较了美国和德国企业的差异，并认为"样本包括不同地缘政治和文化体制并具有不同的环境规制、消费者要求和供应约束的国家，能增强总体变异"，而且，其实证结果发现，美国和德国企业环境管理的积极性有显著区别，德国的水平明显高于美国，表明国家区域对企业的环境管理水平有显著影响，这一影响甚至超过企业所属行业的影响。Kassinis（2001）利用 183 家塞浦路斯企业的问卷调查数据检验了企业区位（是否位于工业园区）和参与社会网络对两类企业环境管理实践（采用污染预防措施、采用末端治理措施）水平的影响，结果表明：位于工业园区对于末端治理措施的采用水平有显著的促进作用，而对污染预防措施的采用水平则没有显著作用。

还有研究关注州域边界或国界区位对企业环境绩效的影响。Helland 和 Whitford（2001）发现，位于州界附近的工厂（边界工厂）比非边界工厂排放更多的 TRI 污染物（转引自 Gray and Shadbegian, 2004）; Sigman（2001）发现，国界上游的水污染更严重，存在"搭便车"(free-rider) 问题，但此问题在欧盟成员国之间没那么严重，因此，她认为国家之间的紧密关系可能有助于跨国界污染的减少。但 Gray 和 Shadbegian（2004）发现，边界工厂的污染物排放量并不比非边界工厂大，其悬浮颗粒物的排放量甚至还更小，与理论假设相反；但当用州界与减排效益的乘积项作为解释变量时，边界工厂排放的大气污染比非边界工厂显著得多，但这种边界效应对于环境友好型州正好相反，即邻近环境友好型州的边界工厂排放的大气污染比非边界工厂显著得少；位于国界附近的工厂排放更多的水污染，并且面对更少的水污染监督，但排放更少的大气污染，并面对更多的大气污染执法行动，这表明美国、加拿大关于酸雨的争端对企业的环境绩效有影响。

2. 对内部动力作用的实证检验

如表2-5所示，只检验内部驱动力（为了企业自身某个方面的发展而推动或促进企业从事环境管理或改善环境绩效的作用力）的实证研究很少。

（1）对企业管理者作用的检验。表2-5中所列的7项研究中，Cordano 和 Frieze（2000）、Egri 和 Herman（2000）、Junquera 和 Ordiz（2002）、Hitchens 等（2003）考虑并检验了企业管理者对企业环境绩效改善的作用。

表2-5　国外关于企业环境绩效内部动力驱动机制的实证研究

作者	年份	研究对象	环境绩效	方法	驱动因子
Ingram 和 Frazier	1980	40家美国企业	环境绩效（CEP评价）	多元回归	内因：公开环境信息（公开总体情况，无；公开诉讼信息，无；公开守法信息，无；公开实际成效，无）
Fekrat 等	1996	26家美国最大的企业	环境信息披露度	相关分析	内因：提升企业形象（企业申报的有毒物排放量，无）
Cordano 和 Frieze	2000	301位美国制造业经理	实施污染预防措施的倾向	结构方程模型	内因：环境经理对污染预防的态度（+）；对环境规制评价的主观规范（+）；感知行为控制（-）。自身：所在工厂的过去经验（+）
King 和 Lenox	2000	10832家美国化学企业	加入"责任关怀项目"	回归分析（概率模型）	内因：提升企业形象（相对TRI排放量，+；知名度，+；显著度，+）。自身：企业规模（+）；行业排放量（+）；专注于化学业的程度（+）
Hughes 等	2001	51家美国企业	经济优先级委员会的评价	方差分析、逐步判别分析	内因：公开环境信息（环境信息披露度，无）

续表

作者	年份	研究对象	环境绩效	方法	驱动因子
Junquera 和 Ordiz	2002	250家西班牙企业	环境绩效：调查数据，虚拟变量，高于平均得分为1	回归分析（逻辑斯蒂回归）	内因：经理的应变能力（+）；决策速度（+）；领导能力（+）；变革型领导风格（+）；交易型领导风格（无）；国际意识（+）；文化认同（+）；团队组织能力（+）；专业知识（无）；从业经验（无）；自律性（无）；促进合作（无）
Bansal 和 Hunter	2003	美国90家企业	较早取得ISO14001认证	配对T检验	内因：提升企业形象（环境合法性，+；社会责任承诺，无）。自身：国际视野（+）；质量管理状况（无）
Hitchens 等	2003				内因：经理的环境意识（无）

Cordano 和 Frieze（2000）的结果表明，环境经理对污染预防的态度以及对环境规制的主观评价都对他们采取源头减排污染的偏好（或倾向）有显著的促进作用；但 Hitchens 等（2003）发现，二者之间没有显著联系。

关于企业（环境）经理的某些个性特征（如促进合作的能力、个人开拓能力、领导风格）对企业环境绩效的影响和作用，已有研究提供的实证依据不太一致。Egri 和 Herman（2000）的结果表明，经理促进合作对企业环境绩效有积极影响，而 Junquera 和 Ordiz（2002）则发现，这种影响不显著；Egri 和 Herman（2000）的结果表明，经理专业技能强与其环境绩效正向联系，而 Arbuthnot 和 Lingg（1975）、Geller（1981）、Chan 和 Yam（1995）、Junquera 和 Ordiz（2002）的结果则表明，环境知识水平与环境保护行动之间没有显著联系。Junquera 和 Ordiz（2002）的研究表明，企业（环境）经理具有变革型领导风格能促进企业改进其环境绩效，支持 Gladwin（1993）的观点，但具有交易型领导风格的作用却不显著。同时，也有一些个性特征（如决策速度、环境自律性、国际意识）的影响和作用得到了较为一致的实证依据支持，如 Egri 和 Herman（2000）、Junquera 和 Ordiz（2002）的研究都支持企业（环境）经理的环境自律性促进企业环境绩效改善的观点，Junquera 和 Ordiz（2002）的研究表明，企业（环境）经理的国际意识、决策速度、组织团队的能力对企业环境绩效都有显著的积极影响。Egri 和 Herman（2000）、Junquera 和 Ordiz（2002）都发现，经理认同企业文化是具有较好环境绩效企业的特点之一。

关于企业（环境）经理在组织机构中的权力对企业环境绩效的影响和作用，已有研究基本上提供了一致的实证依据。Sanderlands（1994）、Banerjee（2001）、Junquera 和 Ordiz（2002）的实证结果都表明，企业尤其是环境经理影响企业战略决策的能力越强或者有相关组织结构支持其影响战略决策，企业的环境绩效就越好；但 Cordano 和 Frieze（2000）的研究却得到相反的结果，即环境经理认为自己实施污染预防措施越容易，其实施污染预防措施的倾向越弱。

（2）对经济利益驱动作用的检验。如表 2-5 所示，在所收集的检验企业内部驱动力的文献中，没有研究实证检验企业追求经济利益对企业环境管理行为或环境绩效的作用，虽然，在前述已有的定性调查研究中，企业追求经济利益的作用被多次提及。

（3）对企业形象提升驱动作用的检验。如表 2-5 所示，在十分有限的关于内部驱动力作用的实证研究中，检验企业形象提升驱动作用的研究相对较多。其中，有 2 项研究通过检验企业环境污染负荷大小的作用来反映企业形象提升的驱动作用，Fekrat 等（1996）的结果表明企业环境负荷的大小与企业的环境信息披露度没有显著联系，但 Hughes 等（2001）发现，具有不同环境绩效的企业，其环境信息披露度有显著差异，而且总体来看，环境绩效较差的企业，其环境信息披露度反而最高，支持社会—政治理论观点；这可能是因为相关规制（财务会计标准委员会、美国证券交易委员会颁布的）明确要求企业公开因环境整治而带来的债务信息，而环境绩效较差企业的环境债务更多。King 和 Lenox（2000）的研究结果表明，环境负荷越大的企业加入"责任关怀项目"的概率越大，同时，知名度、显著度越高的企业加入"责任关怀项目"的概率越大，这都表明企业为了提升或者维护形象而进行环境管理。另外，Bansal 和 Hunter（2003）的研究结果表明，企业的环境合法性对企业是否取得 ISO14001 认证有显著的促进作用，但企业的社会责任承诺却不起作用。

(4) 对企业环境信息披露作用的检验。如表2-5所示，有2项研究（Ingram and Frazier, 1980; Hughes et al., 2001）实证检验了企业环境信息披露度对企业环境绩效的影响，他们的结果都表明，企业环境信息公开度对企业的环境绩效没有显著影响。

3. 对外部压力与内部动力综合驱动机制的检验

很多学者都认识到，在考察企业环境绩效驱动机制时，只关注某方面因素的作用都是不完善和不充分的，应该综合考虑"外部压力"和"内部动力"的共同作用（Kagan et al., 2003）。如表2-6所示，很多实证研究试图检验外部压力和内部动力对企业环境绩效的共同驱动作用。

表2-6　　　　国外关于企业环境绩效外部压力和
内部动力综合驱动机制的实证研究

作者	年份	研究对象	环境绩效	方法	驱动因子
Arora 和 Cason	1995	302个美国公司	参加"33/50项目"	回归分析（probit）	外力：消费者压力（行业广告水平，无）；竞争压力（行业集中度，-）。内因：提升企业形象（TRI排放水平，+）。自身：企业规模（+）；经济实力（无）；行业研发能力（无）；所属行业（显著）
Arora 和 Cason	1996	7509个美国公司	参与"33/50项目"	回归分析（最大似然）：两阶段估计	外力：市场压力（广告强度，+；赫芬达尔—赫希曼指数[①]，无）；区域差异（+）。内因：提升企业形象（"33/50项目"毒物排放—转移量，无；非"33/50项目"毒物排放—转移量，-；"33/50项目"毒物排放强度，+；非"33/50项目"毒物排放强度，无）。自身：行业研发强度（+）；公司规模（员工数，+）；工厂数（无）

---

① 简称HHI，等于每个企业的市场份额的比例平方和，其值越高，表示行业集中度越高，行业竞争越不激烈。

续表

作者	年份	研究对象	环境绩效	方法	驱动因子
Henriques 和 Sadorsky	1996	400家加拿大企业	是否制订环境计划	回归分析（Logit）	外力：规制（+）；消费者（+）；股东（+）；社区（+）；其他游说团体（-）；供给商（无）；环保组织（无）。内因：员工（无）；环境控制成本（无）；提升效率（无）；重视环境问题（无）。自身：经济实力（-）
Khanna 和 Damon	1999	美国123家公司	参与"33/50项目"	回归分析（probit model）	外力：超级基金场地数（+）；消费者压力（终端产品，+）。内因：提升企业形象（33/50物质排放量，+）。自身：污染物排放强度（无）；有毒物—33/50物质排放量比（无）；资产年龄（-）；化学制造业协会成员（+）；研发强度（无）；工厂数（无）；33/50物质—TRI排放量比（-）；优先考虑物质的比例（无）
Videras 和 Alberini	2000	美国标准普尔500的218家制造业公司	①33/50项目；②绿灯；③Waste WiMYMe	回归分析（probit model）	外因：规制压力（①②，+；③，-）；消费者压力（③，+）。内因：形象宣传（出版环境报告）（均为+）；减少排放量（实施内部环境守法审计）（均不显著）。自身：企业规模（③，+）；研发能力（③，+）；经济基础（均无）
King 和 Lenox	2001	美国的16782个制造业厂	取得 ISO14001 认证	回归分析（probit）	外力：规制压力（严格程度，无）；市场竞争（行业认证者数，+）。内因：提升企业形象（行业污染排放量，+；企业相对污染排放量，+）。自身：企业规模（+）；取得ISO9001认证（+）
		美国3263家上市企业			外力：规制压力（严格程度，无）；市场竞争（行业认证者数，+）。内因：提升企业形象（行业污染排放量，无；企业相对污染排放量，无）。自身：企业规模（+）；取得ISO9001认证（+）；经济实力（Tobin's q①，-）；研发强度（+）；外国所有（+）

① 是一个企业市值与有形资产更新成本之比，反映企业的赢利能力。

续表

作者	年份	研究对象	环境绩效	方法	驱动因子
Nakamura 等	2001	日本的193家制造业企业	制定正式的环境方针	结构问卷调查、回归分析（OLS）	外力：市场压力（广告，+）；经理感知社会压力（+）；感知规制压力（+）。内因：经理对人地关系认识（-）；感知污染者付费原则（无）；感知社会责任（无）。自身：企业规模（无）；收益率（无）；负债率（-）；研发能力（+）；出口导向（无）；商业集团（+）；员工年龄（无）
			将环境方针纳入企业战略	回归分析（OLS）	外力：市场压力（广告，无）；经理感知社会压力（无）；感知规制压力（无）。内因：经理对人地关系认识（无）；感知污染者付费原则（无）；感知社会责任（+）。自身：企业规模（无）；收益率（无）；负债率（-）；研发能力（无）；出口导向（无）；商业集团（无）；员工年龄（无）
			取得ISO14001认证	回归分析（probit）	外力：市场压力（广告，+）；经理感知社会压力（+）；感知规制压力（-）。内因：经理对人地关系认识（无）；感知污染者付费原则（无）；感知社会责任（+）。自身：企业规模（+）；收益率（无）；负债率（-）；研发能力（-）；出口导向（+）；商业集团（无）；员工年龄（-）
			取得ISO14001认证的时间	回归分析（灾害模型）	外力：市场压力（广告，无）；经理感知社会压力（无）；感知规制压力（无）。内因：经理对人地关系认识（无）；感知污染者付费原则（无）；感知社会责任（+）。自身：企业规模（+）；收益率（无）；负债率（-）；研发能力（无）；出口导向（+）；商业集团（无）；员工年龄（-）

续表

作者	年份	研究对象	环境绩效	方法	驱动因子
Khanna 和 Anton	2002a	美国标准普尔的500家公司	环境管理实践数量	回归分析（Poisson）	外力：现行规制压力（民事处罚，无；检查，无；行业减排成本，+）；环境债务压力（超级基金场地数，+）；未来规制压力（现场有毒物排放量，+）；市场压力（生产终端产品，+；赫芬达尔—赫希曼指数，+）。内因：提升企业形象（现场有毒物排放强度，+）。自身：财务能力（销售资产比①，-）；跨国经营（+）；资产年龄（总资产与总投资之比②，-）；创新能力（+）；末端治理（非现场有毒物排放强度，-）
				回归分析（有序概率）	外力：现行规制压力（民事处罚，无；检查，无；行业减排成本，+）；环境债务压力（超级基金场地数，+）；未来规制压力（现场有毒物排放量，无）；市场压力（生产终端产品，+；赫芬达尔—赫希曼指数，无）。内因：提升企业形象（现场有毒物排放强度，+）。自身：财务能力（销售资产比，无）；跨国经营（+）；资产年龄（总资产—总投资比③，-）；创新能力（+）；末端治理（非现场有毒物排放强度，-）.

---

① 销售资产比越低，表示对资金市场依赖程度越高，反映企业财务实力越弱。
② 总资产与总投资之比越高表明企业越新。
③ 同上。

续表

作者	年份	研究对象	环境绩效	方法	驱动因子
Banerjee等	2003	243家美国公司的经理	企业环保主义	多路径分析	外力：规制压力（对高管承诺，+；对内部环境导向，无；对外部环境导向，无；对环境企业战略，无；对环境市场战略，无）；市场压力（公众关注）（对高管承诺，+；对内部环境导向，无；对外部环境导向，无；对环境企业战略，无；对环境市场战略，+）。内因：获得竞争优势（对高管承诺，无；对内部环境导向，无；对外部环境导向，无；对环境企业战略，无；对环境市场战略，+）；高管承诺（对内部环境导向，+；对外部环境导向，+；对环境企业战略，+；对环境市场战略，+）。自身：不同行业类型（高环境影响与中环境影响）企业中的关系不同
Darnall	2003	美国88个取得认证和612个未取得认证公司	取得ISO14001认证	回归分析（hazard model）	外力：规制压力（年违法数）（原子能法，+；清洁空气法，无；资源保护—修复法，+；有毒物质控制法，无；清洁水法，无；采矿安全与健康法，无）；媒体压力（被列入环境违法清单，+）。内因：提升企业形象（有毒物排放量，无）。自身：取得ISO 9002认证（+）；取得ISO 9001认证（+）；加入OSHA的自愿保护项目（无）；是EPA"绿灯"项目成员（+）；加入EPA"绿灯"项目联盟（无）；经济实力（基本建设费，+）；资产年龄（总资产—总投资比，无）

续表

作者	年份	研究对象	环境绩效	方法	驱动因子
Darnall	2003	美国88个取得认证和612个未取得认证公司	取得ISO14001认证	回归分析（hazard model）	外力：规制压力（年罚款额）（原子能法，+；清洁空气法，+；资源保护—修复法，无；有毒物质控制法，无；清洁水法，无；采矿安全与健康法，无）；媒体压力（被列入环境违法清单，+）。内因：提升企业形象（有毒物排放量，无）。自身：取得ISO 9002认证（+）；取得ISO 9001认证（无）；加入OSHA的自愿保护项目（无）；是EPA"绿灯"项目成员（+）；加入EPA"绿灯"项目联盟（无）；经济实力（基本建设费，+）；资产年龄（总资产—总投资比，无）
López-Gamero等	2010	西班牙208家受IPPC约束的公司	环境管理积极性	结构方程	外力：命令—控制型环境法规（对管理者态度和认识，无；对环境管理积极性，无）；自觉规范型环境规制（对管理者态度和认识，+；对环境管理积极性，+）。内因：管理者态度和认识（+）。自身：企业规模（+）

考虑外部压力和内部动力共同作用的实证研究，多是在环境管理或操作绩效的模拟模型中，同时纳入这两个方面的因素作为自变量（Videras and Alberini，2000），结果大都表明外部压力（包括规制压力、消费者压力）和内部动力（如追求竞争优势、提升企业形象）是共同起作用的（Khanna and Damon，1999；Khanna and Anton，2002a；López-Gamero et al.，2010）。López-Gamero等（2010）发现，不同类型的环境规制对企业管理者的管理观和环境管理的促进作用不同，行政命令型环境规制没有显著促进作用，而自觉规范型环境规制则对管理者的管理观和环境管理都有积极的促进作用，而且部分是通过促进企业

管理者的环境态度来促进积极的环境管理。另外，少量研究比较分析了外部压力和内部动力作用的大小，发现来自消费者、投资者和竞争者的市场压力大于环境规制压力（Khanna and Anton，2002a），但这些市场压力在很大程度上来源于环境规制压力。

也有一些研究发现主要是外部压力起作用，内部动力不起作用。Henriques 和 Sadorsky（1996）的研究结果表明，当外部压力和内部动力同时纳入回归分析模型时，只有外部压力（包括规制压力、消费者压力、投资商压力、社区压力）显著，而内部动力（包括员工压力、提升效率、环境控制成本、重视环境问题）则都不显著；Nakamura 等（2001）的研究结果表明，日本企业制定正式环境方针也主要受到市场、社会和规制压力的作用，而企业管理者不仅不起作用，甚至起反作用；Banerjee 等（2003）的研究结果表明，在企业高管承诺环境管理的驱动因素中，只有规制、市场压力起作用，而经济利益驱动因素（获得竞争优势）则不起作用；Darnall（2003）的研究结果表明，企业取得 ISO14001 认证的行为主要受到规制和媒体压力的驱动，而提升企业形象的作用不显著。

但也有研究表明企业环境绩效主要受到内部动力的驱动，而外部压力不起作用。King 和 Lenox（2001）的研究结果表明，只有内部动因（对外展示环境管理积极性）对美国企业取得 ISO14001 认证有显著驱动作用，即所属行业以及企业自身的污染排放量越大，或者企业（或行业）内已取得 ISO14001 认证的工厂（或企业）的比例越高，企业会越早取得 ISO14001 认证，而环境规制的作用不显著；Nakamura 等（2001）的研究结果表明，企业将环境方针纳入企业战略以及取得 ISO14001 认证的时间都只受到企业管理者对企业社会责任感知的驱动，而外部压力都不起作用。

还有研究表明，在共同作用模型中，部分外部压力和部分内部动力起作用。Arora 和 Cason（1995）的研究结果表明，企业参与"33/50 项目"的概率同时受到市场竞争压力和提升企业形象动力的驱动，而消费者压力不起作用；Videras 和 Alberini（2000）发现，美国企业加入

"33/50 项目""绿灯"项目、WasteWiMYMe①项目受到规制压力、消费者压力以及环境信息披露的驱动；King 和 Lenox（2001）的研究结果表明，对于制造业工厂，取得 ISO14001 认证受到市场竞争压力和提升企业形象的驱动，而规制压力不起作用，对于上市企业，取得 ISO14001 认证却仅受到提升市场竞争压力的驱动，而规制压力、提升企业形象等都没有显著作用；Nakamura 等（2001）发现，企业取得 ISO14001 认证同时受到市场竞争压力、经理感知社会压力以及感知社会责任的驱动作用，但经理感知规制压力则起到阻碍作用，而经理对人地关系的认识以及对"消费者付费原则"的感知都没有显著作用；Darnall（2003）的结果表明，企业取得 ISO14001 认证的时间是规制压力（曾经受到环境规制制裁）和企业的内部管理能力共同作用的结果，但企业环境管理能力的作用不显著；Banerjee 等（2003）的研究结果表明，企业的环境市场战略主要受到市场压力和获得竞争优势的驱动，而规制压力的作用不显著。

如前所述，虽然少数研究从理论上提出了外部压力和内部动力驱动企业环境绩效改善时的相互作用关系，如 Rivera-Camino（2001）提出了外部压力和内部动力通过企业内部组织变化作用于企业采用环境管理体系的驱动机制，但相关实证研究的较少，Rivera-Camino（2001）的实证检验也停留于一般的频度分析，没有对此作用结构模型进行系统检验。只有 Banerjee 等（2003）实证分析了外部压力和内部动力相互作用的关系，结果发现，高管承诺对其他几种因素的影响具有显著的中介作用，具体包括：对高环境负荷行业中的公众环境意识对企业环境战略的作用、环境规制对企业环境认知和战略的作用、中等环境负荷行业中获得竞争优势对企业环境认知和战略的作用。

4. 关于企业自身特征作用的结果

（1）企业规模的作用。表 2-4、表 2-5 和表 2-6 列举的 40 项实证研究中，21 项将企业规模（多数用总销售额、总从业人员数、生产

---

① 是美国的固废及应急反应办公室于 1994 年 1 月开始启动的一个减少废弃物的项目。参与者要承诺找到成本有效的机会，建立废弃物预防、减排和回收利用的目标，并且将年度取得的成果向环保厅汇报。

能力）作为一个控制变量纳入分析中。其中，13 项研究结果表明，企业规模是影响企业环境绩效尤其是管理绩效的重要因素之一，即规模越大的企业，越有可能参与自觉行动计划（Arora and Cason，1995，1996；Videras and Alberini，2000），加入"责任关怀项目"（King and Lenox，2000），取得 ISO14001 认证或建立环境管理体系（Dasgupta et al.，2000；King and Lenox，2001；Nakamura et al.，2001），从事环境管理实践的程度或积极性越高（Gil et al.，2001；López – Gamero et al.，2010）、污染物超标的可能性越小（Shimshack and Ward，2005）。同时，4 项分析却得到相反的结论，即规模越大的企业，守法可能性越低（Gray and Deily，1996），污染物排放量也越大（Earnhart，2004a；Gray and Shadbegian，2004）。而 Nakamura 等（2001）、Foulon 等（2002）、Thornton 等（2003）、Earnhart（2004b）的实证结果表明，企业环境绩效与企业规模不相关。

（2）企业年龄的作用。表 2 – 4、表 2 – 5 和表 2 – 6 列举的 40 项实证研究中，9 项中的 12 个模型将企业年龄作为控制变量纳入，而且多用企业资产年龄（总资产与总投资之比）作为测量指标，总资产与总投资之比越高表明企业年龄越小。12 个模型中，7 个检验企业外部压力的作用，5 个检验企业内外压力的共同作用。

在检验企业外部压力的 7 个模型中：有研究发现，年龄越大的企业，采取为了获得竞争优势的环境管理实践的可能性越大（Khanna and Anton，2002b）、体系越全面（Anton et al.，2004）；而 Gil 等（2001）对酒店业的研究却得到了相反的结论，即设备越现代的酒店采取的环境保护措施越多，Anton 等（2004）也发现年龄越小的企业，环境操作绩效越好（TRI 的排放强度越小）；但 Khanna 和 Anton（2002b）却发现企业年龄对应对环境风险的环境管理没有显著影响，Gray 和 Shadbegian（2004）的研究结果表明，用"是否新企业"代理的企业年龄对企业的环境操作绩效没有显著影响。

在检验企业内外压力共同作用的 5 个模型中：有的发现，资产年限越长的企业，参与"33/50 项目"的积极性越高（Khanna and Damon，1999），环境管理实践数量越多（Khanna and Anton，2002a），但 Darnall（2003）发现，企业资产年限对企业是否取得 ISO14001 认证没有显著影响。

（3）企业所有制结构的作用。从已有实证研究来看，只有2项研究将企业所有制结构纳入分析模型。King 和 Lenox（2001）发现，外资企业取得 ISO14001 认证的概率更大，而 Nakamura 等（2001）却发现，是否为外资企业对取得 ISO14001 认证的概率和时间先后没有显著影响。Earnhart 和 Lizal（2006）运用不平衡面板分析法，利用捷克共和国 1993—1998 年的 2628 家企业的数据，分析企业所有制结构和财务绩效对企业环境操作绩效（大气污染物的排放量）的影响；结果发现：相对于其他所有制形式，国有制性质企业增加改善企业的环境绩效，且越集中的所有制结构越能促进企业环境绩效的改善。

（4）企业组织结构的作用。有很多研究表明，企业设立专门的环境管理部门有助于促进企业环境管理积极性（Klassen and Angell，1998）和改善企业的环境绩效，Henriques 和 Sadorsky（1995）发现，企业建立像"环境办公室"这样的环境组织对企业环境行动规划的制订有显著的促进作用。

Russo 和 Harrison（2005）从 316 家美国电子企业的环境经理获得调查数据，运用 Tobit 分析中的最大似然技术检验企业的环境组织结构设计（包括环境质量经理直接向经理报告、环境质量经理有环境绩效奖励、工厂经理有环境绩效奖励、环境质量经理参与企业战略决策）是否影响企业的环境操作绩效（TRI 物质排放量）；结果发现，只有工厂经理有环境绩效奖励这一组织结构设计能促使工厂减少 TRI 排放量；同时，进一步的反方向分析发现，工厂的 TRI 排放指数是工厂经理有环境绩效奖励、环境质量经理有环境绩效奖励、环境质量经理参与企业战略决策这些环境管理结构设计的驱动因素。

Berrone 和 Gomez - Mejia（2009）利用美国污染行业的 469 家上市企业的时间序列数据，实证检验了企业组织结构（是否实行环境支付政策和董事会中是否设有环境委员会）对企业首席执行官的薪酬与企业环境绩效关系的影响以及企业首席执行官的长期薪酬对企业后续的环境绩效的作用。结果发现：企业首席执行官的长期薪酬的确对企业后续的环境绩效有显著的提升作用，而且这种作用在污染预防型企业中越强；但企业组织结构对企业环境绩效与首席执行官薪酬的关系没有加强作用。

(5) 企业经济基础的作用。一些研究认为，企业自身的经济基础是影响企业的环境管理决策的因素之一，提出的假说为：效益越好或风险越少的企业，更可能愿意进行污染预防投资或参与自觉行动计划等；但并不是所有实证结果都支持此假说。Judge 和 Sadorsky（1998）发现，企业分配给环境问题的资源越多，整合环境问题的水平就越高；但 Arora 和 Cason（1995）、Celdran 等（1996，转引自 Khanna，2001）、Gray 和 Deily（1996）、Henriques 和 Sadorsky（1996）、Karamanos（2000，转引自 Khanna，2001）、King 和 Lenox（2001）、Nakamura 等（2001）、Videras 和 Alberini（2000）、Thornton 等（2003）的实证结果或案例调查都表明，企业的收益率对企业参与自觉行动计划、遵守环境法、制定正式的环境方针、取得 ISO14001 认证等没有显著影响，而负债率却对这些环境管理实践具有显著的消极作用，即负债率越高的企业，其环境管理实践越落后。

(6) 企业生产方式的作用。Klassen 和 Angell（1998）的结果表明，只在小企业和美国（环境管理初期的代表，即主要依靠行政命令型环境规制手段，主要关注生产过程中的环境管理等）企业的制造柔性才促进企业环境管理的积极性，这表明制造柔性可能只在环境管理的初期发挥积极作用。Gil 等（2001）利用西班牙酒店企业所做的实证研究发现，加盟的经营模式促进企业实施环境管理。

(7) 企业组织能力的作用。有些研究实证检验了企业创新能力（用销售额平均或人均研发费衡量）对企业参加自觉行动计划的驱动作用，得到的结论不尽一致。有的研究结果表明，创新能力强的行业，其企业参加"33/50 项目"的可能性更大（Arora and Cason，1996），创新能力强的企业取得 ISO14001 认证（King and Lenox，2001）、制定正式环境方针（Nakamura et al.，2001）、实施环境管理实践（Khanna and Anton，2002a，2002b）的可能性更大；但 Arora 和 Cason（1995）、Khanna 和 Damon（1999）却发现，企业的研发能力对企业参与"33/50 项目"的作用不显著，Videras 和 Alberini（2000）甚至发现，创新能力强的企业参加"33/50 项目"的可能性更低，但参加"WasteWiMYMe 项目"和"绿灯项目"的可能性却较大；Nakamura 等（2001）的研究结果表明，企业的研发能力不仅对企业是否将环境方针整合到企业战略中、企业取得 ISO14001 认证的时间没有显著影响，甚至对企业取得 ISO14001 认证的可能性有消极影响。

虽然 Klassen（1993）、Azzone 和 Bertelè（1994）都曾提及，企业环境绩效的改善离不开其运营管理技术的提高，但这方面的实证研究较少。Gil 等（2001）的研究结果表明，运营管理技术（如时间与动作研究、质量管理小组、产品和生产过程标准化等）的运用有助于企业实施更完善的环境管理实践；King 和 Lenox（2001）的结果表明，已经取得 ISO9001 认证的企业取得 ISO14001 的概率也越大。但 Dasgupta 等（2000）的研究结果表明，企业的技术水平对企业实施环境管理体系没有显著影响。

二 国内研究现状

我国关于企业环境绩效驱动机制的研究开始于 20 世纪 90 年代初，虽然起步较晚，但已经涌现出大量研究，发展较快。在 CNKI 中国学术期刊网络出版总库实施相关搜索，收集到 120 多篇相关论文，这些论文也可分为两类：一是关于企业环境绩效驱动机制的理论研究；二是关于企业环境绩效驱动机制的实证研究。

（一）理论研究现状

国内关于企业环境绩效驱动机制的理论研究，主要集中在对企业的各种环境行为（如环境保护投资、环境友好行为、绿色行为、环境信息公开、绿色技术创新、环境管理决策等）的驱动因子及其驱动机理的理论探讨，有的研究主要关注外部压力因子，更多的研究认为企业环境绩效受到内外压力的双重作用，而只关注企业内部动力的研究却很少。

1. 关于外部压力驱动机制的研究

如表 2-7 所示，在笔者所界定的 38 篇相关理论研究中，12 篇专注于探讨驱动企业环境行为的外部压力因素。虽然它们只论及外部压力的作用，但并未否认内部动力的作用。被论及较多的外部压力因素包括政府环境规制（含制度、政策）、市场压力（包括消费者、竞争者、供应商、投资者等）、社会压力（包括社区、非政府组织、企业协会）。

表2-7　中国关于企业环境绩效外部压力驱动机制的理论研究

作者	环境变量	驱动因子	理论和方法
蔡宁等（1994）	工业企业环境保护投资行为	阻碍因素：地方环境管理机构人员素质和检查设备质量偏低、环境影响评价不合理、环境投资激励体系不完善、排污收费标准偏低	调查、总结
陈柳钦（2000）	企业环境行为	市场压力（各国"绿色壁垒"）	直接论述
李富贵等（2007）	环境友好行为	政府压力：法律法规；消费者和竞争者压力；社区与非政府组织压力；企业协会压力	直接论述
林存友和朱清（2009）	企业对环境管制的反应行为	环境规制：政府执行力；企业规模（作为自身变量，而非动因）	博弈论
周一虹等（2009）	环境信息公开	绿色经济政策：绿色信贷、绿色保险、绿色证券	直接论述
马中东和陈莹（2010a）	企业环境战略	环境规制：严格与否；类型变化	博弈模型分析
陈兴荣和王来峰等（2012）	企业环境行为的主动性	政府环境政策及规制的积极性与有效性	理论分析、数学推导
沈奇泰松等（2012）	企业社会战略反应	企业外部制度压力	制度理论与战略规划、案例分析
孟晓华和张曾（2013）	环境信息公开	利益相关者：公众，社会人士，环保组织	利益相关者理论案例分析
张倩和曲世友（2013）	绿色技术创新	环境规制政策：排污税、排污许可证、统一的环境标准	理论模型分析
孙再凌（2014）	环境信息披露	声誉机制；信息机制	文献研究
张倩和曲世友（2014）	绿色技术采纳程度	环境规制：排污权交易；企业绿色技术采纳程度与环境规制政策强度呈现"倒U型"关系	理论模型分析

9项研究论及政府环境规制压力，而且其中7项研究是专门阐述环境规制压力的作用。林存友和朱清（2009）认为，政府对环境规制的执行力是影响企业环境行为的重要因素之一；周一虹等（2009）论述了绿色信贷、绿色保险、绿色证券对企业环境信息公开的影响；马中东和陈莹（2010b）运用博弈模型分析、证明了不同类型的环境规制对企业是否采取积极的环境战略有不同的作用：严格而有效的环境规制会起到激励作用；陈兴荣和王来峰等（2012）通过理论分析和数学推导论证了政府环境政策及规制的积极性和有效性均会对企业环境行为的主动性产生影响；沈奇泰松等（2012）融合制度理论和战略规划理论，通过案例分析归纳提出有待实证检验的理论命题："企业外部制度压力对企业社会战略反应有正向影响""企业社会战略反应对企业社会绩效有正向影响""企业外部制度压力对企业社会绩效有正向影响"；张倩和曲世友（2013）的理论模型分析表明，排污税、排污许可证、统一的环境标准等不同环境规制对企业绿色技术创新与扩散的影响一致，适度则会激励绿色技术创新与扩散，过于宽松或严厉都起到抑制作用；张倩和曲世友（2014）运用理论模型分析了环境规制政策的严格程度与企业采纳绿色技术最优程度之间的关系，结果表明，环境规制政策适度的话，会促进企业积极采纳绿色技术，因为企业采纳绿色技术会降低其边际减排成本。

除了环境规制压力因素外，还有研究关注市场压力因素，如"绿色壁垒"（陈柳钦，2000），消费者和竞争者压力（李富贵等，2007），公众、社会人士、环保组织（李富贵等，2007；孟晓华和张曾，2013）等利益相关者的作用。

2. 关于内部动力驱动机制的研究

国内仅从内部动力出发探讨企业环境绩效驱动机制的研究很少，只有张鹏冲和林昕（2009）、孙再凌（2014）探讨了企业环境信息公开的内部动力，包括获得好的声誉、树立企业公众形象、提高企业竞争优势等。

3. 关于外部压力、内部动力综合驱动机制的研究

如表2-8所示，22项研究将外部压力与内部动力结合起来探讨企业环境绩效的驱动因素和机制。其中，有些研究并未有意识地强调内外

因素的共同作用，只是在考虑因素时既包含了外部压力因素，也包含了内部动力因素；其他研究则明确指出企业环境管理（行为）受到外部压力（因素）、内部动力（因素）的共同作用。如苗泽华等（2012）强调内外动力相互作用形成整合力，从而成为推动制药企业实施生态工程的形成动力和激励机制；李永波（2012）认为在不同的发展时期（人们的环境意识不同）内外驱动力的作用可能不同，从而使"企业环境行为逐步由政府主导转向企业价值和战略主导"。

国内关于企业环境绩效驱动机制的理论研究，除了提出驱动因素外，所做的工作主要体现在两个方面：

（1）阐述外部压力、内部动力因素的具体内涵。如表2-8所示，从国内研究阐述的驱动企业环境绩效的外部压力因素来看，环境规制因素包括环境规制的类型、实施状况、严格程度以及环境标准或环境准入政策（绿色壁垒），市场压力因素包括消费者压力、投资者压力、竞争压力、供应商压力、市场风险管理压力，社会压力因素包括公众压力、社区压力、非政府组织（环保组织、行业协会等）压力、媒体压力。

表 2-8　　　　　　中国关于企业环境行为外部压力、
内部动力综合驱动机制的理论研究

作者	环境变量	驱动因子	理论和方法
周群艳和周德群（2000）	企业环境管理行为	事业动机：社会责任感；行政动机：政府法律、方针、政策；利润动机：扩大绿色消费市场份额、节约成本、提升企业形象和企业竞争力	直接提出分析框架
张志鹏和胡平（2002）	企业实施绿色管理	规制驱动：环境保护法规；市场驱动：绿色消费者、绿色投资者、绿色劳动者、绿色竞争者、绿色供应商及绿色市场的潜在进入者；内部驱动：管理者的环境态度	
杨东宁和周长辉（2005）	自愿采取标准化环境管理体系	外部合宜性：强制性驱动力（政府规制压力）、规范性驱动力（行业协会）、模仿性驱动力（同行）；内部合宜性：企业高级管理层对环境管理的态度及战略取向	制度理论

续表

作者	环境变量	驱动因子	理论和方法
张嫚（2005）	企业环境管理决策	外因：具体环境规制、市场环境、社会因素、竞争者行为等；内因：企业技术状况、企业战略定位、管理者素质等	利润最大化决策模型
孙恒有（2006）	中小企业污染治理难	公众环境意识淡薄、利益驱动、经济瓶颈、技术落后	直接论述
曹景山和曹国志（2007）	企业实施绿色供应链管理	合法要求；市场要求；协调相关者利益：股东、上下游企业、员工及社区；企业社会责任	直接论述
彭海珍（2007）	企业绿色行为	制度压力（管制许可证）；社会压力（社会许可证）：社区，社会团体；经济压力（经济许可证）：获取超额经济利润	制度理论、利益相关者理论
王宜虎和陈雯（2007）	工业绿色化	外因：政府规制压力，绿色消费市场压力，社会公众压力；内因：环境保护的经济利益驱动力，绿色价值驱动力	直接论述
曾又其（2007）	企业环境管理	体制环境因素：法规性、规范性、竞争性；技术环境因素：兼容性、利益相关性、技术复杂性；外部利益相关者：媒体、公众/社群、环保组织、法律机构、绿色消费者和潜在竞争者；内部利益相关者：股东、管理者和员工	直接提出；借鉴前人研究；提出分析框架和研究假设
李剑和王成亮（2008）	企业发展绿色物流	政府法律规制；绿色壁垒；客户绿色需求和环保意识；企业构建竞争优势的需要；企业伦理	直接论述
李胜等（2008）	中小企业积极实施环境战略	政府规制因素；市场因素：消费者、公众压力、企业的绿色竞争者、绿色供应商以及市场的潜在绿色进入者；企业内部因素：管理层的环境意识、组织结构	直接论述
张劲松（2008）	企业环境行为	规制；市场；企业动机：事业动机、行政动机、利润动机	直接论述

续表

作者	环境变量	驱动因子	理论和方法
范阳东和梅林海（2009）	企业环境管理自组织的创建	外因：政府管制、外部市场风险管理、各类投资者、消费者和积极环境主义者、保有和吸引优秀雇员压力；内因：以可持续发展理念为内涵的企业文化、互动有序的企业组织结构和管理制度、技术进步与创新的企业创新机制等	自组织理论；文献研究；案例分析
姚圣（2009）	企业环境业绩	政府控制程度：颁布法律的数量；企业会计控制程度	理论模型分析
袁亚丽（2010）	环境信息披露	外力：政府压力、社会公众压力；企业自愿公开	文献研究
张小静等（2011）	企业环境自我规制	提高企业生产力；迎合"绿色"消费者的偏好；缓解外部压力：政府、环保组织及其他社会团体的压力，投资者的压力	国外文献研究
陈兴荣等（2012）	企业主动环境行为	政府的环境规制（对企业的有效扶持）；市场的需求引导（居民环境偏好）；企业的规模扩张（整体经济实力）	模型分析
苗泽华等（2012）	制药企业实施生态工程	内部动力：生态伦理观念，可持续发展战略目标与决策，核心竞争力与企业形象提升，追求经济、生态、社会综合效益；外部压力：绿色消费者，环保及工业生态化，循环经济等方面的政策、法规，科学技术发展，外部竞争压力	案例分析；直接论述
李永波（2012）	企业环境战略	绿色消费引导；环境规制、社会压力推动；市场结构、产业竞争；内部驱动：高层管理人员的环境态度和环境激励；财政分权、地区竞争	资源基础理论、能力理论、波特定位理论
陶岚和郭锐（2013）	企业环保投入	外部制度环境：政策（法规制度），社会（消费者、投资者和非政府），文化、地域因素（文化传统、社区规范，人口特征，经济发展水平）；内部制度环境：股权结构、董事会独立性	制度合法性理论

续表

作者	环境变量	驱动因子	理论和方法
邹伟进等（2014）	企业环境行为	外界因素：政府要求（激励、管制、协助），社会激励（公众要求、行业协会、媒体传播），市场需求（竞争者、消费者）；企业自身要求：市场扩张、利润提升	直接论述
胡元林和杨雁坤（2015）	企业环境战略转型	环境规制：主体多元化，手段综合化，约束强度加大；企业动态能力：环境感知、学习吸收、创新变革、协调整合能力	动态能力理论分析

从国内研究阐述的驱动企业环境绩效的内部动力因素来看，主要包括管理者制定环境决策、企业领导的环境意识、企业经济效益的增加和竞争能力的增强、企业绿色价值的实现、企业社会责任的要求、企业声誉的维护与提升、学习能力驱动、经验传统驱动。

（2）解释驱动因素影响企业环境行为的机制。周群艳和周德群（2000）从企业从事环境管理的动机的视角出发，根据资源最优配置理论，模拟分析政府环境规制的作用机制；张嫚（2005）运用新古典企业理论的利润最大化决策模型分析环境规制促进企业环境管理决策的传导机制；彭海珍（2007）从利益相关者相互作用的角度，结合利益相关者理论和"运行许可证"概念，分析环境规制、社会压力、利益驱动因素促进企业"绿色化"的作用机制；王宜虎和陈雯（2007）分析了政府、社会、市场以及企业经济绩效、绿色价值等内外因素如何相互作用，促进工业企业的绿色化；张劲松（2008）从企业环境行为决策函数、经济学分析等视角，来解析企业在内外因素的共同作用下的环境行为决策机制；陈兴荣等（2012）运用企业行为函数分析表明，环境规制越严格，越能促进企业实施主动的环境战略，同时，居民的环境偏好越高，越有可能让企业从采取有效环境行为（如生产环境友好产品）中获得产品溢价，从而越有可能激励企业（尤其是处于产业链下游生产终端消费品的企业）采取更为积极的环境战略，而且企业还会为了获得经济利益而采取积极的环境战略；李永波（2012）将内外部企业环境驱动力划分为三个不同层次，分别阐述它们对企业环境战略的作用机制和原理；陶岚和郭锐（2013）结合制度合法性理论和利益相关者理论，解释外部制度环境和内部制度环境为什么会影响企业的环境管理行为；邹伟进等（2014）运用委托—代理模型分析政府、社会、市场引导企业自主实施减排措施的机制。

另外，曹景山和曹国志（2007）、王宜虎和陈雯（2007）都指出，各种驱动因素是有不同层次差异的，企业应对不同层次的驱动因素，也就表现出不同层次的绿色供应链管理或绿色工业化，从最基本的"合法绿色供应链管理"或"合法绿色"到最高层次的"深层绿色供应链管理"或"深绿色"。这与 Freeman 等（2004，转引自王宜虎和陈雯，2007）根据不同的企业环保方式将企业的绿色化行为划分的 4 个绿色层面［浅绿色（合法绿色）、市场绿色、利益相关者绿色和深绿色］有异曲同工之处。

4. 关于企业自身特征因素作用的研究

对于企业自身的性质和特点在企业环境管理行为等方面的作用，国内也有研究关注。李富贵等（2007）虽然主要强调外部压力对企业环境友好行为的作用，但同时也强调，不同企业因内部组织结构、战略位置、财务状况、环境经历等有很大差异，从而对外部压力有不同感受，也就会对压力有不同反应。林存友和朱清（2009）、张小静等（2011）说明了企业规模的作用，认为不同规模的企业对环境管制的承受能力不一样，大企业在环境治理的技术创新中，既有能力，也有冲动；陶岚和郭锐（2013）阐述了股权结构、董事会独立性对企业环保投入的影响。此外，企业的核心能力（李永波，2012）、组织结构（李胜等，2008；范阳东和梅林海，2009）、管理制度（范阳东和梅林海，2009）、所有制结构（李永波，2012）、企业文化（曹景山和曹国志，2007；范阳东和梅林海，2009）、技术水平（张嫚，2005；范阳东和梅林海，2009）、企业战略定位（张嫚，2005）、过去的环境绩效（张小静等，2011）等也都被认为是影响企业环境管理行为的企业自身的因素。

（二）实证研究现状

1. 对外部压力驱动作用的实证检验

如表 2-9 所示，16 项研究主要检验了企业环境绩效的外部压力驱动作用。这些研究关注最多的企业环境绩效是环境信息公开（包括公开水平、质量），其次是环境管理（包括环境战略、环境实践、绿色管理、绿色供应链管理）、环境绩效、环保投资，还包括绿色化生产行为、环境压力；关注的外部压力同样主要包括环境规制压力、市场压力、公众压力、区位因素等。

表2-9　中国关于企业环境行为外部压力驱动机制的实证研究

作者	研究对象	方法	企业环境行为	驱动因子
陈江龙等（2006）	98家无锡企业	问卷调查均值比较	绿色化生产行为的开展	外部：政府管制压力较大，市场压力对于出口企业较大，公众压力有限；自身：所有制（国有、集体优于私营、外资），规模越大越好
Zhu和Sarkis（2006）	天津、大连科技开发区118家企业	问卷调查方差分析	绿色供应链管理	汽车行业：全球化带来的市场压力，如进口国的环境规制、出口额、对在华外国顾客的销售额；火电行业：规制压力；电子/电器企业：国际竞争者压力
王宜虎等（2007）	江苏沿江地区151家企业	问卷调查结构方程	企业所受环境压力	政策压力（+，较大）；行政压力（+，次大）；市场压力（+，较小）；公众压力（+，最小）
秦颖等（2008）	89份污染较为严重规模以上生产型和资源型行业企业问卷	问卷调查回归分析（有序概率单位模型）	企业环境管理综合效应（实施作者所列的13项管理措施的项数）	外部：规则：监督检查（+），惩罚（+），优惠补贴（无），审核（+），信访（周边社区，无），单位污控支出（+）；市场压力：消费者（最终产品，无），投资者（销售资产率，-），社会公众（单位排污量，无），竞争者（-）；自身：研发支出（+），资产年龄（成立年限，+），企业规模（分支机构数，无）
王京芳等（2008）	西北材料企业200多家	结构方程	绿色管理	外部：体制环境因素（+）；技术环境因素（+）；利益相关者因素（+）

续表

作者	研究对象	方法	企业环境行为	驱动因子
方军雄和向晓曦（2009）	深市中小企业、主板各50家(2005—2007年)	内容分析 回归分析	环境信息披露：披露等级；优良与否；改进与否	外部：外部监管力度（+）；自身：规模（+），垄断行业（-），负债率（-），盈利能力（+），股权结构（无），董事会独立性（无），外部审计（无）
刘蓓蓓等（2009）	江苏常熟的187家污染重控企业	问卷调查 Logistic回归模型	企业环境管理水平（10项实践的做与否）	外部：利益相关者压力（企业感受）：投资者（+），竞争者（+），顾客（+），社区居民（+），政府部门（无），媒体（无），环保非政府组织（无）
张彦和关民（2009）	111家重污染行业的A股上市公司	逐步回归分析	环境信息披露（按披露的内容进行的评分）	外部：政府环保投入（所在市环投额的对数，+），公众环保意识（省会环保意识排行榜，无），区域经济发展（所在市GDP的对数，-），社会监督（会计事务所的综合排行榜，无）；自身：规模（总资产[a]，+）
程巧莲和田也壮（2012）	202家中国企业	问卷调查 结构方程	①环境战略 ②环境实践 ③环境绩效	外部：全球化经营（①，+；②，+；③，无）
沈洪涛和冯杰（2012）	沪深206个公司年度（2008—2009年）	内容分析	环境信息披露水平	外部：媒体报道的倾向性[b]（-），中国污染源监管信息公开指数（+）；自身：规模（+）、盈利能力（ROE[c]，无）、财务杠杆（资产负债率[d]，无），国有控股（+），行业（8个行业）
陈璇和Lindkvist（2013）	300家沪市上市重污染企业	内容分析 方差分析 回归分析	①环境绩效指数；②环境信息披露指数	外部：东部地区（①，无；②，+），中部地区（①，无；②，+）；自身：高新技术企业（①，无；②，无），规模（①，+；②，+），财务杠杆（①，-；②，无）

续表

作者	研究对象	方法	企业环境行为	驱动因子
唐国平等（2013）	499家A股上市公司	统计数据多元回归分析	环保投资规模	外部：环境管制强度（地区环境管制综合指数，一次元，-；二次元，+），地区市场化进程（无），重污染行业（+）；自身：投资机会（托宾Q，无），财务杠杆（无），规模（-），股票收益率（+），ROA（无），代理成本（管理费用率，-），年龄（上市年数，-）现金流量（+），现金持有量（-），国有控股（+）
田中禾和郭丽红（2013）	317家沪市上市公司	内容分析多元回归	环境信息披露水平	外部：境外上市（+），有外资股东（无）；自身：公司规模（+），盈利能力（无）
张功富（2013）	45家在年度社会责任报告中公布环保投资的企业	回归分析	企业环保投资	外部：政府干预（无），地区环境污染（无），地区环境污染治理投资（无）；自身：投资机会（TQ，+）、现金流量（无），公司绩效（ROA，无），规模（无），企业投资（无），民营（-）
廖中举和程华（2014）	225家浙江制造业企业	问卷调查回归分析	①环境产品创新；②环境工艺创新	外部：环境政策（强度：①，+，②，+；灵活度：①，+，②，+），区位[34]（①，+，②，无）；自身：规模（①②，无），年龄（①，无，②，+），私企（①②，无），高新技术①，+，②，无
孙俊奇等（2014）	3637个沪深上市重污染行业企业	回归分析	企业环境绩效（受过处罚等）	外部：审计质量（+），区位（发达、沿海，无）；自身：规模（+），销售额（+），盈利能力（无），资产杠杆（无），所有制（国有，+），行业，年度

注：a以下没有特别注明的话，都用"总资产"代表企业规模；b取值范围从-1到1；其值越接近于1，表明正面报道越多，企业的舆论监督压力就越小；反之，其值越接近于-1，表明负面报道越多，企业的舆论监督压力就越大；c以下无特别说明的话，都表明用"ROE（净收益率）"代表 企业的盈利能力；d以下无特别说明的话，都表明用"资产负债率"代表企业的财务杠杆、负债水平、资产结构或财务风险。

环境规制是被检验得最多（14项）的外部压力，而且得到的结论大多一致，即环境规制（包括政策、法规、行政、监管等）对企业的环境绩效〔如综合环境管理（秦颖等，2008）、绿色管理（王京芳等，2008）、环境信息公开（方军雄和向晓曦，2009；沈洪涛和冯杰，2012；田中禾和郭丽红，2013）、环境产品、工艺创新（廖中举和程华，2014）〕有显著的积极影响，田中禾和郭丽红（2013）的实证结果表明，同时在境外上市的公司其环境信息披露水平有显著提高，表明境外环境法律法规对企业环境行为有显著的影响；这都为前述理论观点提供了实证依据。唐国平等（2013）发现环境规制与企业环保投资规模为"U"形关系，即在政府环境管制强度较低的情况下，其对企业环保投资行为起着阻碍作用，只有当政府环境管制达到并超过一定限度（"临界值"）之后，企业的环保投资规模才会随着环境管制强度加大而增加；这表明，环境规制需要达到一定强度才对企业的环保投资行为产生促进作用。但也有少量研究表明环境规制对企业环境管理水平（刘蓓蓓等，2009）、企业环保投资（张功富，2013）没有显著影响。

实证检验市场压力的研究也较多（13项），得到的结论也具有较强的一致性，即市场压力（Zhu and Sarkis，2006；陈江龙等，2006；Zhu等，2007a，2007b；王宜虎等，2007）、投资者压力（刘蓓蓓等，2009）、消费者压力和竞争者压力（刘蓓蓓等，2009）对企业环境绩效有显著的促进作用，只有秦颖等（2008）得到相反的结论。

关于公众压力，秦颖等（2008）、刘蓓蓓等（2009）、张彦和关民（2009）都表明其对企业环境绩效没有显著作用或影响。王宜虎等（2007）的结果虽然表明公众压力对企业环境行为有显著的影响，但相对于其他压力其作用最弱。

少量研究实证检验了区位因素的作用。张彦和关民（2009）的结果表明，企业所在区域（省或市）的政府环保投入、区域经济发展水平对企业的环境信息公开水平有显著的促进作用，而且区域经济发展水平通过政府环保投入间接作用于企业的环境信息公开，而企业所在区域的公众环保意识、社会监督水平对企业环境信息公开水平的影响却十分有限；程巧莲和田也壮（2012）发现，企业的全球化经营水平越高，企业越重视环境战略，实施环境实践的努力程度也越高，但全球化经营水平不能直接改善企业的环境绩效，需要通过一定的环境战略和环境实践；陈璇和 Lindkvist（2013）检验了我国上市重污染企业的环境绩效和环境信息公开水平是否存在东、中、西区域差异，结果发现企业的环境绩效水平不存在显著的区域差异，而环境信息公开水平却存在明显的区域差异，东、中部企业的环境信息公开水平比西部高。

2. 对内部动力驱动作用的实证检验

如表 2-10 所示，虽然列出了 15 项相关研究，但大部分研究都只检验了企业自身性质（如规模、所属行业、所有权性质、盈利能力、资产结构等）对企业环境行为的影响，而真正考虑了企业环境管理行为的内部动力的研究只有 3 项。

表 2-10　中国关于企业环境行为内部动力（含自身特征因素）驱动机制的实证研究

作者	研究对象	方法	企业环境行为	驱动因子
关劲峤等（2005）	太湖流域印染企业	相关分析主成分分析	环境行为决策数量模型：环保投资	自身：利润指数（1998 年前为 -，1998 年后为 +）；规模指数（-）；体制量化指数和（+，即私营合资企业的更高）；也受政府规制和经济环境因素的制约
Zeng 等（2005）	108 家中国企业	结构问卷频度分析	取得 ISO14001 认证	主要动机：进入国际市场；改善管理
万伦来等（2007）	淮河流域安徽段八市工业企业	面板数据回归分析	企业环境行为：单位产值环保投入额	自身：企业利润（+，系数不大，较显著），企业废水排放量（+，系数最大且十分显著），企业废气排放量（+，系数最小，但十分显著）
Zhu 和 Sarkis（2007b）	大连、淄博的 286 家企业	问卷调查方差分析	绿色供应链管理；环境管理；绿色采购	自身：所属行业（+）
贺红艳和任铁（2009）	30 多家 A 股采掘业公司	内容分析回归分析	环境信息披露指数（详细程度）	自身：规模（+），盈利能力（+），流通股占总股本的比率（无），公司杠杆（产权比率，无）

续表

作者	研究对象	方法	企业环境行为	驱动因子
孙烨等（2009）	12家上市钢铁、造纸和制药企业	内容分析方差分析	环境信息披露（详细程度）	自身：所有制性质（国有更好），企业规模（大企业更好），所属行业（无差异）
辛敏和王建明（2009）	重污染行业55家上市公司	内容分析回归分析	环境信息披露水平（详细程度）	自身：企业规模（+），资产结构（无），盈利能力（+）
叶强生和武亚军（2010）	119家北京企业	问卷调查回归分析	整体绿色管理程度	自身：规模（+），制造型企业与否（+），战略规划年限（无），国有（无），员工数（无），设立年限（无），受访者从业年资（无），盈利能力（无）
何丽梅和马静夷（2011）	32家上市制药企业（2008—2009年）	多元线性回归分析	环境绩效信息披露指数	自身：环境绩效（+），规模（无），资产结构（+），盈利能力（无）
林晓华和唐久芳（2011）	湖南47家上市公司（2006—2009年）	Logistic回归分析	环境信息披露（是否披露）	自身：盈利能力（无），发展能力（市净率[a]，无），负债（无），规模（主营收入，无），重污染行业[b]（+）
黄珺和陈英（2012）	398家上证治理板块上市公司	内容分析回归分析	环境信息披露水平	自身：社会贡献度（+），政府贡献率（上缴的净税费，+），职工贡献率（工资+福利，+），投资者贡献率（股利等，无），规模（+），行业性质（重污染，+），所有制（国有控股，无）
王永德等（2012）	沪深60家上市公司（2008—2010年）	内容分析逐步回归分析	环境信息披露水平	自身：规模（+），资产结构（无），股权集中度（前十股之和，无），独立董事比（无），董事会次数（无），行业（重污染，+）

续表

作者	研究对象	方法	企业环境行为	驱动因子
郭秀珍(2013)	86家沪深上市公司(2008—2010年)	内容分析 回归分析	环境会计信息披露水平(指数)	自身：股权结构（前十股股比例之和，+），董事会规模（无），独立董事比例（+），监事会规模（无），经理层薪酬（前三名薪酬总和，+），董事长兼总经理（无），规模（+），盈利能力（无）
卫同济等(2013)	沪深A股746家制造业企业(2008—2010年)	内容分析 回归分析	环境管理水平(获奖或取得ISO14001认证)	内部：环境承诺（+），环保投资（+）；自身：ROE（无），Tobin's Q值（无），国有企业（无），规模（+），上市年龄（+），所在地区市场化程度（+），所属行业（十个行业）
沈洪涛等(2014)	169家A股上市企业(2008—2010年)	层次分析法 回归分析	①环境信息披露水平；②披露数量（低绩效组）；③披露质量（高绩效组）	内部：环境表现（一次元：①，-；②，-；③，+；二次元：①，+）；自身：国有（①，+；②，+；③，无），规模（①，+；②，+；③，+），盈利能力（ROA，①，-；②，无；③，-），财务风险（①，无；②，无；③，无），股权结构（第一大股东持股比例，①，-；②，-；③，无）

注：a 市净率是上市公司股票市价与每股净资产的比值；b 笔者认为冶金、化工、石化、煤炭、火电、建材、造纸、酿造、制药、发酵、纺织、钢铁、制革和采矿业为重污染行业。

Zeng等（2005）运用结构问卷调查了108家取得ISO14001认证企业的主要动机，结果表明进入国际市场、改善管理是其主要动机，而应对政府要求、满足消费者需要则不是其主要动机。卫同济等（2013）利用沪深A股746家制造业企业2008—2010年的数据，运用回归分析检验了企业环境管理水平（包括获奖、取得ISO14001认证等）的影响因素，结果发现：企业的环境承诺（公司最高经营者的环保及环境价值观、企业环保方针、目标及中长期计划）不仅对企业环境管理水平的提高有显著的促进作用，而且还对企业高效利用环保投资并改善环境管理水平有正向调节作用。沈洪涛等（2014）利用169家A股上市企业2008—2010年的数据，试图检验企业环境信息公开的动机是"告白"还是"辩白",结果发现:企业环境信息公开水平和其环境表现(环境综合绩效)之间存在"U"形关系,即当企业的环境表现较好时,环境表现越好的企业,环境信息公开的数量和质量也越好,表明这时企业环境信息存在"告白"的动机,而当企业的环境表现水平较低时,环境表现越差的企业,环境信息披露的数量越多,表明这时企业披露环境信息存在"辩白"的动机。

3. 对外部压力、内部动力综合驱动作用的实证检验

如表2-11所示,16项研究同时检验了影响企业环境绩效(环境管理、环境信息披露、绿色供应链管理)的外部压力和内部动力因素的共同作用。多数研究(13项)结果表明,"企业环境绩效是受到外部压力和内部动力共同驱动的"。

表2-11　　中国关于企业环境行为驱动机制的实证研究
（外部压力、内部动力结合）

作者	研究对象	方法	企业环境行为	驱动因子
朱庆华和耿勇（2004）	186家中国制造企业	问卷调查因子分析	实行绿色供应链管理	提取出四个压力:供应链压力;环境活动成本;法规;目前和潜在的机会
杨东宁和周长辉（2005）	287家大中型工业企业	Logistic回归分析	自愿采用标准化环境管理体系	外部:环境管制严格度（无）,环境贸易壁垒（无）,公众压力（无）,行业协会压力（+）,竞争压力（无）;内部:管理层意识和战略（+）,学习能力（无）,内部经验和传统（+）;自身:所有制（+,即国有企业的更好）,规模（无）,年龄（无）,地域（无）,行业类别（无）
戈爱晶和张世秋（2006）	天津等84家外资企业	问卷监测方差分析	企业环境管理	外部:环境规制最重要;内部:降低环境风险,提升企业形象;自身:跨国与否（无）,规模（+）
Zhu等（2007a）	中国89家汽车企业	问卷调查回归分析	①环境管理;②绿色采购;③顾客合作;④投资回收;⑤生态设计	①②③⑤外部:规制（无）,市场（无）,供应商（无）;内部:内部因素（无）;自身:规模（-）;④外部:规制（无）,市场（无）,供应商（无）;内部:内部因素（+）;自身:规模（无）

续表

作者	研究对象	方法	企业环境行为	驱动因子
姚圣 (2009)	12家上市"环境友好企业"（2000—2007年）	回归分析	获得"环境友好企业"称号	外部：政府控制（颁布法律数，+）；内部：环境信息披露程度（+）；自身：财务业绩（每股收益，-），规模（+），债务水平（-）
Liu等 (2010)	江苏常熟的117家企业	问卷调查 ordered logistic regression	主动环境管理水平（实施的积极的环境管理活动的数量）	外部：强制：环境执法强度（估计排污费水平，无），出口水平（无）；公众压力：公众抱怨（无），行业协会影响（无）；同行压力（行业环境管理，+）；内部：环境战略：环境问题意识（无），环境问题解决意愿（+）；学习能力：职工学历（无），环境培训频率（+）；自身：规模（无），所有制（无），行业（无），环境影响（无）
叶强生和武亚军 (2010)	119家北京企业	问卷调查 方差分析	环境管理动机	外部：遵守监管规定；内部：优化经济效益；前者显著高于后者
周曙东 (2011)	长株潭地区210家企业	问卷调查 结构方程	①环境战略 ②环境管理 ③环境文化	外部：制度（①，+；②，+；③，+）；内部：战略驱动力（①，+；②，+；③，+），社会责任驱动力（①，+；②，+；③，+），资源能力驱动力（①，+；②，无；③，无）
李朝芳 (2012)	117家沪市2009年污染行业企业	内容分析 回归分析	环境会计信息披露水平	外部：所在地区经济发展水平（无）；内部：设置环保机构（+）；自身：规模（+），盈利能力（无），资产结构（无），国有（无）
王凯等 (2012)	217家张家界饭店企业	问卷调查 多元回归	企业环境行为	外部：环境规制压力（+），其他利益相关者（+）；内部：利润动机（+），管理层环境意识（无），事业动机（无）
陈红喜和刘东等 (2013)	232家江苏农业企业	问卷调查 结构方程	①低碳生产意愿；②能力；③行为	外部：环境政策：约束性（①，+；②，无），激励性（①，+；②，+），基础服务性（①，+；②，+）；内部：低碳生产意愿（③，+），低碳生产能力（③，+）

续表

作者	研究对象	方法	企业环境行为	驱动因子
王霞等（2013）	787家A股上市公司	Logistic多元回归	①环境信息披露与否；②环境信息披露水平	外部：公共压力：政府部门（国有股比例，①②，+），债权人（银行贷款比例，①，+；②，无），重污染企业（①②，+），行业披露水平（①②，+），所在地市场化指数（①，无；②，-）；内部：品牌（①②，+），四大会计师事务所审计（①②，无）；自身：股权集中度（①②，无），两权分离度（①-；②，无），民营（①②，无），规模（①②，+），每股收益（①②，无），上市年龄（①，-；②，无）
朱庆华和杨启航（2013）	280家天津、沈阳、大连、太仓和奉新生态工业园企业	问卷调查多元回归分析	①企业间废物利用；②绿色供应链管理；③企业间资源利用；④环境友好行为	外部：政策法规（①②③，+；④，无），政府支持（①②③④，无），供应链结构（①②③，+；④，无）；内部：信息和技术资源（①②③④，+）
姜雨峰和田虹（2014）	216家制造业企业	访谈依次回归（调节用）	企业环境责任（ISO14001认证）	外部：制度压力（+），利益相关者压力（+）；内部：伦理领导（+，中介），利他性价值观（+，调节），绿色创新（+，调节）；自身：规模（+），所有制（国有，+）
李锐和侯菁（2014）	2005—2011年发布了CSR报告的142家国有企业	面板有序离散选择模型	环境信息披露质量	外部：规制（环境敏感行业，+），消费者（消费者靠近行业，无），外部监督（编制依据，+；报告审验，无；反馈意见，+），区位（所在地GDP，+）；内部：提升形象（成本，+）；自身：第一大股东持股比例（无），董监事及高管总人数（无），董事会人数（无），独立董事人数（+），监事会人数（无），盈利（无），上市时间（无），规模（+）

续表

作者	研究对象	方法	企业环境行为	驱动因子
路江涌等（2014）	647家中国制造业企业	问卷调查 Probit 模型	取得 ISO14001 认证的概率	外部：政府规制（环保检查频度，+，重污染行业，−），同城企业取得认证（+），公众（上市，+），消费者（外商，+），区位（低收入城市，+，中等收入城市，无）；内部：要求供应商环保（+）；自身：规模（+），学习能力（大学及以上比例，无），所有权（外资，无），制订 CSR 计划（无），受过罚（无），ISO9000 认证（+）

朱庆华和耿勇（2004）利用 168 家制造业企业数据，用因子分析方法提取的企业实行绿色供应链管理的压力既包括法规、供应链等外部压力，也包括降低环境活动成本、抓住目前或潜在的发展机会等内部动力；杨东宁和周长辉（2005）的研究结果表明，企业自愿取得 ISO14001 认证是行业协会压力与管理层意识和战略、内部经验和传统共同作用的结果；戈爱晶和张世秋（2006）、叶强生和武亚军（2010）发现，企业环境管理最重要的外部压力是环境规制，最重要的内部动机是降低环境风险和提升企业形象，或者优化经济效益；姚圣（2009）的回归结果表明，虽然政府颁布的法律数和企业环境信息披露水平都对企业获得"环境友好企业"称号有积极推动作用，但两者的协同作用表现不明显（两者的乘积项在回归中不显著）；Liu 和 Liu 等（2010）的研究结果表明，同行压力（同行企业环境管理水平）与企业内部的环境问题解决意愿、环境培训频率共同促进企业的积极环境管理行为；周曙东（2011）的结构方程分析结果表明，外部制度以及内部战略、社会责任是企业环境战略、环境管理、环境文化的主要驱动力，而资源能力的作用却较弱；王凯等（2012）的研究结果表明，企业环境行为的驱动力包括外部政府规制压力、其他利益相关者压力以及内部利润动机；王霞等（2013）利用我国 A 股上市公司大样本数据所做的分析表明，来自政府部门的政治压力、环境规制压力以及来自行业的压力是促进企业披露环境信息和提高披露水平的主要外部压力，企业对品牌声誉

的维护是促进企业披露环境信息的主要内部动力，而来自债权人银行的压力"只对企业选择是否披露环境信息有显著影响，而不影响环境信息的披露水平"；朱庆华和杨启航（2013）的研究结果表明，《国务院关于加快发展循环经济的若干意见》等政策法规、供应链管理是推动我国生态工业园区企业实施绿色行为的主要外部因素，园区内废物交换平台的构建等企业信息和技术资源则是推动企业绿色行为的主要内部因素，而由专项资金补贴支持、专项贷款支持等代理的政府支持对企业环境行为未产生影响。

少数研究不仅关注各种外部压力、内部动力是否对企业的环境管理行为或绩效产生作用，而且还模拟它们是如何作用的，即外部压力是不是通过内部动力而起作用的。陈红喜等（2013）运用结构方程模型进行的实证分析表明，环境政策（包括约束性、激励性和基础服务性政策工具）是通过促进企业低碳生产意愿和生产能力，达到促进企业低碳生产行为的目的；姜雨峰和田虹（2014）的依次回归结果表明，外部制度压力、利益相关者压力是通过内部伦理领导的中介作用而作用于企业环境行为（取得ISO14001认证），并且企业内部伦理领导的中介作用还受到企业的利他性价值观、绿色创新的调节；路江涌等（2014）研究发现，管理层的环保认知是企业取得ISO14001认证的主要内部动力，而且政府环保监管压力需要通过管理层认知起作用，而同行压力（同城市其他企业的贯标率）对企业取得ISO14001认证具有积极影响。

只有极少数研究得到企业环境绩效不是受外部压力和内部动力共同驱动的结果。Zhu等（2007a）利用调查89家汽车供应链企业管理者所获得的数据，运用回归分析法，分析了五种企业绿色供应链管理实践（内部环境管理、绿色采购、顾客合作、投资回收、生态设计）的驱动因素，结果发现，企业内部因素对投资回收有显著的促进作用，而规制、市场、供应商压力对于所有管理实践都没有显著的作用；李朝芳（2012）的结果表明，只有内部是否设置环保机构以及企业规模显著影响企业环境信息的披露水平，而企业所处地区经济发展水平不起作用。

4. 关于企业自身特征作用的实证结果

如表2-10所示，不少研究专门检验了企业自身特征（规模、所属行业、所有制、盈利能力、资产结构等）对企业环境行为（尤其是环境信息披露）的影响。被关注较多的企业自身特征因素依次是企业规模、盈利能力、所属行业（如重污染行业）、财务杠杆、所有制性质。其中，考虑了企业规模的多数（7项）研究结果都表明，企业规模越大，其环境绩效越好或环境管理行为越积极；关于企业所属行业、财务杠杆的作用，已有研究结果也大多一致表明，重污染行业的企业，其环境绩效越好，而负债率对企业环境绩效没有显著影响；而关于企业盈利能力、所有制（国有企业）的研究结论不一致，4项研究表明盈利能力越强的企业环境绩效越好，也有4项研究表明企业的盈利能力对其环境绩效没有显著影响，而"国有企业"的作用既有积极的影响，也有消极的影响，还有不显著的。

而其他研究都是将企业自身特征作为控制变量或自身属性纳入整个驱动机制模型中。分析企业自身特征各方面因素在这些研究中被考虑的频率和实证结果，可以发现：被纳入分析较多的因素依次是企业规模、所有制性质、盈利能力、资产结构（或财务杠杆）、所属行业、资产年龄、董事会状况以及区域因素。35项研究中，23项研究考虑了企业规模，而且绝大多数都以企业总资产的自然对数作为代理变量；从这些研究的结果来看，16项研究（占考虑了该变量的研究总数的69.57%）结果表明，规模越大的企业，环境管理绩效越好。

15项研究考虑了企业所有制性质。这些研究得到的结果不一致：7项研究表明国有（控股）企业的环境绩效（绿色化生产行为的开展、环境信息披露、环保投资规模、取得ISO14001认证）比私有企业好；也有7项研究发现，是否国有或是否有外资股东对企业的环境绩效（包括环境信息披露、主动的环境管理、取得ISO14001认证、环境产品和工艺创新）没有显著的作用；孙俊奇等（2014）的研究甚至表明，国有企业受到的环境处罚显著多于私营企业。

14项研究考虑了企业盈利能力。其中，8项研究结果表明企业盈利能力对企业的环境绩效（环境信息披露水平、环保投资力度、环境表现等）没有显著影响，还有3项研究结果甚至表明盈利能力越强的企业其环境绩效（环境信息披露水平和质量、是否获得"环境友好企业"称号、受过处罚较少）越差，也就是说企业的盈利能力对其环境绩效有显著的阻碍作用（姚圣，2009；沈洪涛等，2014；孙俊奇等，

2014）；只有 1 项研究（方军雄和向晓曦，2009）表明企业的盈利能力对企业的环境信息披露有显著的促进作用；并且，唐国平等（2013）在同一实证分析模型中得到相反的结论，即企业的股票收益率对企业的环保投资规模有显著的积极影响，而资产收益率则有显著的阻碍作用。

8 项研究考虑了企业资产结构（或企业财务杠杆）。多数研究结果表明，企业资产结构对企业的环境绩效没有显著影响，甚至有 3 项研究表明企业资产负债率越高，企业的环境绩效（环境信息披露水平、获得"环境友好企业"称号）越差；可见，这些实证结果不支持相关理论分析。

8 项研究考虑了企业所属行业（是否垄断行业、是否高新技术行业等），得到的结果也不一致。廖中举和程华（2014）的研究结果表明，企业所属行业（如高新技术行业）对企业的环境产品创新有显著的促进作用；方军雄和向晓曦（2009）的研究表明，垄断行业企业的环境信息披露水平不如非垄断行业企业；而杨东宁和周长辉（2005）、Liu 等（2010）、陈璇和 Lindkvist（2013）的研究表明企业所属行业对其环境绩效没有显著作用。

7 项研究考虑了企业资产年龄（或上市年龄），得到的结果也不尽相同。其中，3 项研究表明企业的资产年龄对企业的环境绩效（综合环境管理、环境工艺创新、取得 ISO14001 认证）有显著的正面作用，为理论分析（资产年龄越长的企业资产相对陈旧，因而实施环境管理等创新措施的替代成本相对较低，因此越有可能实施环境管理）提供了实证依据；但同时，有 2 项研究结果表明企业的资产年龄对企业的环境绩效（取得 ISO14001 认证、环境信息披露的质量）没有显著的影响，甚至有 2 项研究表明企业的资产年龄对企业的环境绩效（环保投资水平、是否披露环境信息）具有显著的消极作用，完全不支持相关理论观点。

三　国内外研究述评

综上所述，国内外学者已经对企业环境绩效的驱动机制进行了大量的理论和实证研究，为进一步的深入研究奠定了基础。但已有研究尤其是国内相关研究仍存在进一步完善的空间：

1. 理论分析和研究假设构建较欠缺

国内多数研究忽视了理论分析和研究假设的构建，尤其是针对中国企业发展实际、中国经济转型时期特殊的制度背景、中国传统文化和氛围的影响等进行的关于中国企业环境管理行为和绩效的驱动机制的理论探讨比较欠缺。

也有研究试图进行理论分析和假设构建，但分析还不够深入，不少研究只是简单地说明是根据文献研究、案例分析等得到企业环境行为的影响因素，有的甚至没有提及任何理由和依据而直接提出一系列影响因素，没有结合所涉及的企业环境行为的特点以及可能的影响因素及其作用具体阐明提出相关影响因素的理由和依据，也很少据此预测各影响因素的可能影响方向和程度。还有研究虽然明确列出了"理论模型""理论假设"的标题，但也是武断地直接提出有哪些因素对企业的环境管理产生影响，而没有说明为什么这些因素可能对企业的环境管理产生影响等；有的研究虽然注意到了理论的构建，但阐述过于简单，缺乏对其作用原理、机制的深入解析。

值得庆幸的是，最近几年这一情况有所改观，很多研究开始注重理论模型的构建或影响因素提出理由的阐述，如杨东宁和周长辉（2005）、Zhu 和 Sarkis（2006）、方军雄和向晓曦（2009）、Liu 和 Liu 等（2010）、黄珺和陈英（2012）、沈洪涛和冯杰（2012）、陈璇和 Lindkvist（2013）、唐国平等（2013）、王霞等（2013）、路江涌等（2014）、孙俊奇等（2014）。

2. 实证研究未提供一致可行的结论

如前所述，不管是关于外部压力（规制压力、市场压力、公众压力、消费者压力、利益相关者压力）还是内部动力或者二者综合作用的实证研究，都较少得到一致的结论，有的甚至得到相反的结论，有的研究结果甚至自相矛盾，这一方面，可能是由于不同研究关注了处于不同社会经济背景中的企业，或者使用了不同的代理变量，或者运用了不同的研究方法；另一方面，也反映了企业环境绩效驱动机制研究尚不成熟，对于许多问题（如应该考虑哪些驱动因素、这些驱动因素的作用机理是什么、应该据此构建什么样的理论模型、应该用什么变量代理这些驱动因素、应该用什么方法实证检验理论模型、应该如何考虑企业所处的不同社会经济环境等）都未达成共识。

3. 关于内部动力因素尚未达成共识

如前所述，已有研究关于企业环境绩效的外部压力因素体系已达成较多共识，一般都认为来自政府部门的环境规制压力，来自消费者、投资者、竞争者、供应商的市场压力，来自社会公众、社区、媒体、环保非政府组织的社会压力是影响或驱动企业环境绩效的主要因素，但对于企业内部动力因素，还没有达成较多共识。虽然相关理论研究已经提出管理者制定环境决策、企业领导的环境意识、企业经济效益的增加和竞争能力的增强、绿色价值的实现、社会责任的要求、声誉的维护与提升可能是驱动企业环境绩效的主要内部驱动因素，但如前所述，同时提出各个方面因素的研究者较少，而且有的因素（如学习能力驱动、经验传统驱动）（杨东宁和周长辉，2005）、企业绿色价值的实现（王宜虎和陈雯，2007）只有极个别的研究提出。同时，相关实证研究考虑的内部驱动因素更是五花八门，很少有研究纳入相同的内部动力因素，而且还有不少研究没有区分内部动力因素和企业自身特征（性质）因素，将两者混为一谈。这都不利于对企业环境绩效内部驱动力的把握，不利于我们掌握"企业如何根据环境压力和内部因素做出相应的行为反应的机理"这一企业环境绩效研究的核心（张炳等，2007），更不利于从企业产品差异化和成本最小化的角度进一步掌握企业环境绩效与经济绩效双赢的机制。

4. 忽视了外部压力和内部动力关系

虽然很多研究认为外部压力和内部动力是同时作用于企业的环境管理实践的，也有很多研究检验外部压力和内部动力的共同作用，但已有研究没有深入探讨外部压力和内部动力之间的关系，多是简单地默认二者为并列关系，将其同时、同等地纳入实证分析，这不利于对企业环境绩效驱动机制的全面把握。关于各种外部压力、内部动力因素以及企业自身特征因素是如何相互联系、相互制约地作用于企业的环境战略决策和实践，从而影响企业的环境绩效，还远没有达成共识；这可能也是导致"现有的实证研究没有提供直接的、令人信服的证据，已有实证结果都不统一"的原因（Alberini and Segerson，2002）。同时，对各因素影响企业环境行为的强度差异的比较分析还较欠缺（秦颖等，2008）。

5. 较少关注综合环境（管理）绩效

目前，对企业环境绩效（或行为）尚没有统一的定义和分类（张炳等，2007），致使已有研究关注的企业环境绩效（或行为）变量有较大差异。已有研究尤其是实证研究更多地关注对企业环境绩效某个方面的驱动作用的检验，如环境信息披露、绿色供应链管理、环保投资、环境战略、环境产品或工艺创新、是否受过处罚、取得ISO14001认证、低碳生产意愿等，只有极少数研究（刘蓓蓓等，2009；姚圣，2009；Liu and Liu等，2010；王凯等，2012）关注了企业综合环境管理或绩效的驱动机制。但是，环境管理实践行为之间是具有互补性的，只评估单个环境行为有失偏颇（秦颖等，2008），从而导致实证研究结论难以一致。这可能与前一节所述的目前"对企业环境行为评价的研究很有限，没有形成较为权威的评价体系"有关。

6. 对区域差异因素的作用关注不够

不同区域，不仅人口特征、发展历史、文化传统不同，经济发展水平有很大差异，而且生态环境保护的压力、环境规制强度可能有较大差异，实行的财政分权管理模式也可能不同，市场机制的发育成熟度、当地政府对企业的支持力度、对生态环境保护的意识和态度等也都有所差异，这些都有可能导致处于不同地区的企业的环境管理行为和绩效的差异（秦颖等，2008；李永波，2012；陈璇和Lindkvist，2013；陶岚和郭锐，2013），但已有研究对区域因素的作用关注很不够。只有少数研究在实证分析中纳入了少量的区域相关因素，如区域经济发展水平（张彦和关民，2009；李朝芳，2012；李锐和侯菁，2014；路江涌等，2014）、地区市场化程度（唐国平等，2013；王霞等，2013）、地区环境管制强度（唐国平等，2013）、地区环境污染、环境污染治理投资力度（张功富，2013）、社会监督水平（张彦和关民，2009），而且这些研究所采用的指标、得到的实证结果也不尽一致。因此，有待进一步探索到底哪些区域因素可能对企业环境管理和绩效产生影响？应该选用什么作为区域因素的代理变量？等等。

7. 研究方法的应用多有不严谨之处

已有实证研究运用了多种计量分析方法，如方差分析、各种类型的回归分析、因子分析、结构方程等，但在运用这些方法的时候，对方法本身的要求关注不够，存在许多不严谨的地方。

运用验证性因子分析和结构方程时，较少考虑对样本量的要求，没有对假设模型是否为最优模型进行检验（如王京芳等，2008；周曙东，2011；程巧莲和田也壮，2012；陈红喜和刘东等，2013），只依赖于模型拟合优度的判断参数，难以保证模型的可信度；而周曙东（2011）还在一个模型中同时纳入了三个平行的中间变量（既是驱动因子的自变量，又是环境绩效的因变量），也没有明确交代这三个中间变量之间的作用关系和路径，让人匪夷所思。

有的研究没有较严格区分内生变量、外生变量（如徐大伟等，2006），对回归分析中自变量独立性的要求不严（如王永德等，2012），或者没有纳入任何控制变量（如朱庆华和杨启航，2013）；而这些都有可能影响回归分析结果的精度和一致性。有的研究，在研究过程中没能考虑环境管理综合效应作为因变量的非负性和离散性问题（秦颖等，2008）。

不少研究存在对结果解释不够严谨甚至错误的情况。比如，秦颖等（2008）的回归结果中，投资者压力的代理变量——销售资产率的回归系数为"-0.30"且在5%的统计水平上显著，表明销售资产率越低（也就是面临投资者压力越大）的企业，其环境管理水平越高，可作者们的解释却是："销售资产率每降低1%，环境管理行为实施的概率就降低0.3%"，对回归系数符号及其相应作用的理解有误。孙俊奇等（2014）的回归模型中，被解释变量为以有过罚款或媒体曝光即被赋值为1的环境绩效，这时，解释变量的回归系数如果为正的话，则表明此解释变量的增加会让企业的环境绩效变得更差（也就是有更多的被罚款或媒体曝光的概率），但是作者们对回归系数为"正"的主要考察的解释变量"审计质量"的解释却是："这说明当审计质量较高时……企业的环境绩效就会变得更好"，这一解释明显有误。路江涌等（2014）的实证分析中，"政府环保监管压力"单独纳入分析模型时不显著，而与"管理层环保认知"和"同城市中ISO14001体系的采用率"同时纳入分析模型时就显著了，由此，作者们解释道："说明政府环保监管压力需要配合管理层认知和其他企业环保行为压力才能起作用。如果说政府环保监管压力是来自外界的约束和规范，那么管理层的环保认知就是企业内部的环保自律精神,外部因素是需要配合内部因素起作用的";这恐怕也不够严谨。

第三节 企业环境绩效与经济绩效关系研究现状及述评

一 企业环境绩效与经济绩效关系的理论研究现状

最早探讨企业环境绩效与经济绩效关系问题的是 Peters and Watermans（1982,转引自 Newton 和 Harte,1997）,他们在著作——《寻求卓越》（In Search Excellence）中,列举道氏化学、杜邦、3M、IBM 等案例,说明卓越企业不仅是经济赢家,而且应该是环境赢家。自 20 世纪 90 年代以来,尤其是在著名企业战略管理学家 Porter 及其与其合作者 van der Linde 提出"严格的环境标准能增强企业的竞争优势"（1991,1995）的观点后,引起了很多争议,越来越多的学者开始关注企业环境绩效与经济绩效的关系。至今,企业环境绩效与经济绩效的关系仍是环境管理研究的焦点之一,并发展出两种完全不同的观点:一是反对企业环境绩效与经济绩效双赢的传统观（以下简称"传统观"）;二是支持企业环境绩效与经济绩效双赢的革新观（以下简称"革新观"）。

（一）"传统观"及其理论探讨

20 世纪 60 年代初,卡尔森的《寂静的春天》虽然唤起了世界人们对环境问题的关注,但整个六七十年代都是"传统观"占主导,认为经济增长和发展与环境保护是不可协调的,因此,解决环境问题的途径就只能是抑制经济增长（Welford,1996）。正因如此,这个时期学界和业界都较少讨论企业环境绩效和经济绩效的关系,因为大家一直认为环境保护目标与企业经营战略是背道而驰的,甚至认为公司经理如果关注环境保护的话,是不负责任的行为,是对股东信任的背叛（Melnyk et al.,2003）。

"传统观"以新古典经济理论为基础,认为环境保护与经济发展不可兼得,因为减少污染（特别是在政府强制条件下的被动环境绩效改善）意味着增加生产成本,导致边际成本上升,边际净效益减小,从而减弱企业的竞争优势（Walley and Whitehead, 1994; Jaffe et al., 1995; Palmer et al., 1995）。Freeman（1984）指出有四种正在增加的环境成本，即环境规制成本、严格的环境信息披露成本、逐步上升的民事和刑事处罚、环境债务。Walley 和 Whitehead（1994）认为，Porter（1991）和时任美国副总统的 Gore 倡导的"双赢"观点不仅是一种误导，而且十分危险，因为高昂的环境管理成本肯定抵消或远远超过微弱的环境管理收益；他们批评道："Porter 只是认为一个国家可以从严格的环境规制中获得竞争优势，并未说明企业可以从'绿化'中获得竞争优势"，而企业的绿化是要付出昂贵代价的；他们还认为，有经济效益的环境改进项目和活动应该早已在市场上自动实现了（杨东宁和周长辉，2004）。

Palmer 等（1995）是"传统观"的代表，认为 Porter 和 van der Linde（1995）提出的"革新观"令人惊讶，值得怀疑。他们运用成本—效益分析模型说明，即使是像 Porter 和 van der Linde 提出的基于激励机制的环境规制，也会导致被规制企业利润的降低，而不是增加；这是因为，应对更严环境规制而进行的污染减排技术创新的成本会超过这一技术创新带来的成本节约；同时，他们还认为，即使环境污染者可能与环境规制者形成战略合作，通过更严格的环境规制来增强企业的国际竞争优势，但这需要满足一些条件，如国内市场供不应求，或者企业具有垄断实力；另外，与 Porter 和 van der Linde 针锋相对，他们列举了很多环境规制带来成本增加的案例和数据。因此，他们反对"环境规制能促进企业竞争优势改善"的观点，而认为，从长远来看，严格的环境规制会让企业在市场上处于竞争劣势（Thomas, 2009）。

Newton 和 Harte（1997）批判了以 Peters 和 Watermans（1982）为代表的倡导组织生态化（organizational eco-change）或企业绿化（green business）的福音学派（evangenism）文献，怀疑这种绿化福音有可能只是一种花言巧语战略，指出 Peters 和 Watermans 等文献有四大缺陷：一是这些文献中列举的环境绩效和经济绩效双赢的企业（如 IBM）并未持续发展；二是研究方法缺陷，即根据观点需要来筛选案例；三是对优秀企业之所以优秀的解释不合理；四是缺乏可信的证据来证明企业文化的强盛能带来良好的企业经济绩效。Simpson 和 Bradford

(1996) 运用战略贸易模型检验环境标准（使用了排污税）是否能使国内企业获得更多竞争优势，结果显示只在非常特殊的情况下，严格的环境规制会促进国内企业的竞争优势。

（二）"革新观"及其理论探讨

进入 20 世纪 80 年代中期，环境规制的方式开始从强制性的技术规范向只关注结果转变，企业开始将环境战略提上议事日程，甚至开始将环境管理视为获得竞争优势的战略工具（Shrivastavah 和 Scott，1992），上述"传统观"受到挑战。根据 Welford（1996），Pearce 等（1989，转引自 Welford，1996）是最早提出环境保护与经济增长不一定冲突观点的研究之一。而后，Porter（1991）以及 Porter 和 van der Linde（1995）分别在影响较大的期刊——《科学美国》和《哈佛商业评论》上撰文明确阐述了"革新观"（所谓的波特假说）。他们认为，无论怎样，污染都是放错了地方的资源，都将降低产品或生产的价值，同时，也反映出产品和生产过程中存在的问题，因此，企业通过环境管理实践，减少或消除污染，不但不会增加其生产成本，反而能促进其在生产过程、产品设计、废弃物处理等方面的创新，提高生产效率和管理水平，提升企业形象及产品竞争力，使企业获得成本、市场等竞争优势。因此，他们明确指出："精心设计且有效的环境标准能够激励企业进行创新，从而减少污染或者提高企业的资源利用效率，因此，能够促进企业改进生产过程，提高生产效率，降低守法成本，甚至获得新的市场机会"（Porter，1991；Porter and van der Linde，1995），奠定了"革新观"的基础。这一"革新观"是对"传统观"的挑战，虽然受到上述 Walley 和 Whitehead（1994）、Palmer 等（1995）等的批判，引发了一场辩论，但不仅激发了有关企业环境绩效与经济绩效关系的理论与实证研究，而且产生了广泛的社会影响，如被当年的美国总统候选人戈尔（Al Gore）所接受并宣扬，被反映在 WBCSD 在其里程碑式的出版物《正在改变的方向》（Schmidheiny，1992）中（Wallace，1995），最终可能引导生产者对环境责任态度的转变（Melnyk et al.，2003）。很多研究试图进一步为"革新观"寻求理论依据（Hart，1995；Russo and Fouts，1997；Sharma and Vredenburg，1998；Buysse and Verbeke，2003），他们主要从以下三个方面进行论证：

1. 环境规制促进企业创新

如上所述，Porter（1991）以及 Porter 和 van der Linde（1995）提出的支持企业环境绩效与经济绩效双赢的"革新观"的核心观点是，严格但有效的环境规制将促进企业进行产品或技术创新，提高生产、管理、资源利用的效率，给企业带来更多市场机会，从而部分或全部弥补环境管理成本。他们认为，"传统观"之所以看不到环境规制严格或者企业环境绩效改善可能给企业带来的好处，是因为他们没有辩证地、全面地、动态地看待这个问题；没有考虑到企业为了应对严格的环境规制和要求可能进行的技术创新、资源配置优化，这种技术创新和资源配置优化是可以提高企业整体管理和生产效率的；也没有考虑到消费者需求的变化，随着消费者环境意识和认识的提高，消费者会改变其购买偏好，偏好于购买环境绩效优良企业的环境友好产品，这可能给企业带来更多市场机会。他们承认，在静态模型下，即将技术、产品、生产过程、消费者需求等都视为固定不变的情况下，面对更加严格的环境规制，或者面对环境绩效需要不断改进的压力，企业在短期内难以避免成本的增加，收益可能降低，竞争力也可能削弱。

Shrivastava（1995a）在波特的基础上进一步提出，将环境友好理念（environgmenal considerations）整合到企业运营的各个方面的环境技术会影响各个行业的竞争环境，并且明确提出五个方面可能为企业带来竞争优势的环境管理技术，即产品设计（如易拆解设计）、清洁生产技术（为了减少环境影响，运用清洁技术，使用高效生产工艺，源头减少废弃物，最大化燃料或能源效率）、全面质量环境管理（total quality environmental management）（在包括输入、生产过程和输出的整个生产系统的各个环节全面、持续地纳入环境管理）、产业生态系统（各个企业之间通过建立网络合作关系，彼此依赖，相互利用废弃物、副产品、产品等来减少总能源消耗和资源利用量以及减少废弃物和污染物的排放）和技术环境影响评估（在技术转让、进口或进入许可、环境规制、监测和标准制定中，分析某区域或国家的某个行业使用某项新技术的环境影响、健康风险等）。

Hoffman（2000）认为，虽然环境规制和社会压力等外部因素限制企业组织的经济活动，但它们也可能创造获得竞争优势的机会，而且这些压力越多样、越灵活,企业组织获得竞争优势的机会也就越多。

2. 环境资源基础观的引入

很多学者借用资源基础观来支持"革新观",提出了环境资源基础观(the natural resource-based view of the firm)。最早提出这一理论的是 Hart(1995),他基于企业与自然环境的关系,提出环境资源基础观,并且在此基础上,提出三项维持企业竞争优势的环境战略,即污染预防、产品管理和可持续发展,这三项环境战略相互联系、相互作用,共同构成了企业维持自身优势的重要内容。在此之后,受环境资源基础观的启迪,在资源基础观的基础上,Russo 和 Fouts(1997)进一步明确提出了自然资源基础观,认为自然资源基础观为"环境绩效的改善能加强经济绩效"的假说提供了坚实的理论依据和基础。

3. 企业环境管理的作用

作为"革新观"的重要组成部分,还有一些学者强调企业环境管理对增强企业竞争力的作用。建立企业环境管理与其经济绩效联系的理论路径是以经营战略(operations strategy)文献为基础发展而来的,这种观点认为,由于企业的环境管理不仅涉及生产产品和生产技术的选择,而且还强调环境管理体系的构建。因此,在这种观点看来,企业建立环境管理体系、开展环境管理实践,不仅影响企业自身基本结构组成(如厂房和设施等),而且也影响企业的基础设施组成(如生产规划、绩效测度和产品设计等)(Klassen and McLaughlin,1996)。Welford 和 Gouldson(1993)坚持认为,企业的环境管理体系的构建和实施一定会成为企业竞争优势的源泉。Epstein 和 Roy(1997)的概念性分析也表明,一个好的环境管理系统(如 ISO14000 框架)主要体现为明确的环境方针、明确的目标和任务表述、稳固的实施战略以及详细的评价和监督体系;通过这些措施/举措的相互作用、相互影响,结合良好的投资决策、优异的成本管理和可圈可点的绩效评价,最终可以实现经济绩效的改善。Schaltegger 和 Synnestvedt(2002)也强调企业环境管理在促进企业取得经济绩效方面的重要性,他们认为企业构建环境管理体系并开展环境管理实践不仅直接提升了自身的环境绩效水平,而且最终也间接提升了企业所创造的经济效益水平;但他们强调,是否能间接提升企业的经济效益,企业提升环境绩效时采取的环境管理类型很关键。Shrivastava（1995b）描述了企业环境主义如何通过采用有利于生态可持续的"成本最低战略、差异化战略、利基战略"为企业带来竞争优势。比如，积极的环境管理可能通过提高资源的利用率、减少废弃物的处理成本以及精简生产过程中不必要的步骤等来降低成本（Berrone and Gomez – Mejia，2009）。

如此，很多学者认为，将环境问题整合进企业的战略管理过程，能够为企业带来较多好处，如成本的节约、效率的提升、产品质量的改进、市场份额的增加、走在竞争对手和立法的前面、进入新市场、员工意识和满足感的加强、公共关系的改善以及融资能力的增强等（Guimaraes and Liska，1995；Porter and van der Linde，1995；Shrivastava，1995a）。显而易见，为了给"革新观"提供科学和坚实的理论依据，许多学者开展了大量探索，形成了卷帙浩繁的研究成果。

（三）关于环境规制对企业环境绩效与经济绩效双赢的作用

关于环境规制是否能促进企业环境绩效与经济绩效的双赢，学者们开展了大量研究，但这些研究大都包含在关于波特假说的讨论之中。

有些学者（如 Nash 和 Ehrenfeld，1997）明确指出，行政命令式的环境规制更多的是要求企业采用特定的技术，而不是要求环境问题解决的结果，因此会阻碍企业创新性地解决环境问题，会鼓励企业采取末端治理技术。而末端治理技术治标不治本，而且在市场上很容易获得，因此，这种方式也就很容易被竞争者复制或模仿，不具备优势，也不能为致力于解决环境问题的企业带来竞争优势。

Sharma（2001）认为自愿计划（voluntary norms）能促进企业开展积极的、主动的环境管理，从而给企业带来竞争优势。以企业通过采用积极的污染防治措施应对环境污染问题为例，积极的污染防治措施不仅能够给企业带来一些特别的优势，甚至能提高企业自身的生产效率，因为这种方式要求企业从根本上考虑产品和生产过程，可能让企业从中发现改进和创新的机会（Hart，1995；Klassen and Whybark，1999；Chrisman，2000）。此外，积极开展环境管理工作能够降低企业的成本，比如，作为企业积极开展环境管理的重要举措，企业会想办法充分和有效地利用资源，优化生产过程，这会降低废弃物处理的成本和生产成本（Berrone and Gomez – Mejia，2009）。

需要特别指出的是，环境规制是否能够切实促进企业进行环境管理还有赖于企业管理者对于环境规制及其管理意义的认知。如果企业管理者将环境规制视为一个竞争机会的话，会采取更为积极的环境管理姿态；同时，如果企业管理者能认识到公众环境意识的不断提高以及环境战略能成为企业竞争优势的源泉之一的话，也会采取积极主动的环境管理举措。因此，对环境规制和企业领导认知之间关系的理解和把握，对于企业环境管理的成果至关重要（Berrone and Gomez – Mejia，2009）。

二 企业环境绩效与经济绩效关系的实证研究现状

企业环境绩效与经济绩效关系的实证研究始于 20 世纪 70 年代末对企业环境信息披露与企业经济绩效关系的检验。但最初关注企业环境信息披露的主体却不是企业自身，更不是企业的自发行为，而是外界（如政府或第三方机构）对某些企业环境信息披露的关注，这不属于本书关注的范畴。本书聚焦的主体是企业主动的环境管理行为，以及基于企业主动的环境管理行为所开展的关于环境绩效改善与经济绩效关系的研究。总体而言，这方面的研究成果主要包括两大方面：一是关于企业环境管理绩效与经济绩效的关系；二是关于企业环境操作绩效与经济绩效的关系。

（一）关于企业环境管理绩效与经济绩效关系的实证研究

企业环境管理绩效是企业开展环境管理实践所产生的结果，由于企业所开展的环境管理实践多种多样，所以，对于企业环境管理绩效的衡量指标也多种多样。总体而言，在关于企业环境管理绩效与经济绩效关系的实证研究中，涉及的企业环境管理实践包括：环境信息披露（企业主动公开）、环境管理体系的运用、环境战略或政策的执行、环境投资以及环境管理综合实践等。相应地，我们分别梳理关于这五个方面与企业经济绩效关系的实证研究状况。

1. 关于企业环境信息披露与经济绩效关系的实证研究

关于企业环境信息披露与经济绩效关系的实证研究主要围绕企业环境信息披露与企业的股市表现的关系展开。

部分学者通过股票市场的反应，来检验企业环境信息披露与经济绩效的关系。Hamilton（1995）、Konar 和 Cohen（1997）、Khanna 等

(1998)、Lanoie 等（1998）的结果都表明：股票市场对于企业开展环境信息披露反应显著，当企业所披露的环境绩效信息向好的时候，企业股票的市场价格就上涨；与之相反，当企业所披露的环境绩效信息趋于恶化的时候，企业股票的市场价格就下跌（Foulon et al., 2002）。

还有一些学者以特定行业的企业为样本，对企业环境绩效信息披露与经济绩效的关系进行了研究。作为开展相关研究的早期学者，Belkaoui（1976）、Freedman 和 Jaggi（1982, 1986）、Shane 和 Spicer（1983）等以美国部分上市公司（主要是化工等重污染行业的企业）为样本，运用采样器分组比较（portfolio）和相关分析方法检验了这些企业公开污染信息（主要是企业的年度报告）对它们的经济绩效（经过风险调整后的股票市场回报）的影响，得到的结果不尽相同。其中，Belkaoui（1976）以及 Shane 和 Spicer（1983）的研究结果表明：企业公开污染信息对其股票市场回报有促进作用，反映了随着企业环境管理透明度的增加，其股票价值也随之水涨船高；与之不同，Freedman 和 Jaggi（1982, 1986）的研究结果却显示，企业公开污染信息对其股票市场回报没有影响，无论企业是否开展相应的环境管理信息披露工作，其股票市场回报并没有发生显著的变化；部分实证研究结果还显示，对于大企业而言，公开披露环境问题信息，其股票市场回报呈现出降低的情形，使大企业环境信息披露与经济绩效表现出负相关的关系。

Blacconiere 和 Northcut（1997）以美国 72 家化工企业为样本，运用事件研究法（event study），检验了企业环境信息披露与其股票市场反应的关系，结果显示，企业环境信息披露与其股票市场反应呈正相关关系。Konar 和 Cohen（1997）检验了企业环境信息披露（TRI）对企业股市表现的影响；结果发现，无论是何种类型的企业，随着其环境信息披露水平的提升，其股票市场的表现都随之暗淡，表明企业环境信息披露对其股票市场表现具有显著的消极影响；但他们的样本企业都是污染集中型企业，都是最大的 TRI 排放者。Stanwick 和 Stanwick（2000）以来自美国各行业的 469 家企业为样本，运用分组比较的方法，检验了环境信息披露的类型对企业的净收益或总资产的影响，结果发现两者呈现出倒"U"形关系，即随着企业环境信息披露水平的提高，其净收益或总资产随之提升；但是，当过了最高点之后，随着企业环境信息披露水平的提高，其净收益或总资产却呈现出下降的趋势。Jacobs 等（2010）分别检验了股市对企业披露积极减少环境负荷和获得环境奖励或证书的反应，结果发现，股市对二者的综合水平没有显著反应，却对其中的部分信息披露存在反应；其中，对于同环境相关的捐赠、取得 ISO14001 等信息，股票市场表现为积极的反应，对于同企业自觉开展减排实践的信息，股票市场却表现为消极的反应。

2. 关于企业环境管理绩效与经济绩效关系的实证研究

由于不同学者对企业环境管理绩效的认知见仁见智，比如，有些学者基于环境管理体系（包括 ISO14001）都是自愿行动计划或标准的特征，认为环境管理体系实际上不起任何作用，甚至将其视作只是"看管鸡窝的狐狸"；而有些学者却将企业的环境管理体系看作重要的减少环境污染的管理工具（Raines，2002）。因此，采用和实施环境管理体系究竟给企业带来了什么、是否改进了企业的环境绩效、是否给企业带来了额外经济利益等一系列问题已经成为萦绕在学者们"心头"的热点问题，频频获得关注（见表 2-12、表 2-13）。

表 2-12　国外关于企业实施环境管理体系带来的效益的调查研究

作者	年份	调查对象	环境管理	方法	主要效益
Chin	1999	香港的印刷电路板制造商	采用 EMS	调查	因废弃物减少和能源消费减少而带来的成本节约；环境绩效的改善；法律和经济损失的减少
Montabon 等	2000	116 家制造业企业	ISO14001 管理体系	调查	给除了运营前置时间以外的所有方面的效率和效果都带来了显著的积极影响
Rondinelli 和 Vastag	2000	Alcoa 的圣山工厂	取得 ISO 认证	访谈	提高了员工的环境意识；提高了运营效率；改善了管理意识；提高了运用效果

续表

作者	年份	调查对象	环境管理	方法	主要效益
Umwelbunde–Samt	2000	德国1264家企业	EMAS	问卷调查	主要效益：改进了环境活动组织和文档管理；提高了法律确定性；提升了企业形象；激励了员工士气 次要效益：减少了资源用量；加强了工厂安全；给供给商树立了榜样；优化了生产过程 未获得的：改善与政府的关系；积极的市场效果；成本节约；竞争优势；优惠的保险率
Florida 和 Davidson	2001	宾夕法尼亚州的企业	环境管理体系和污染预防实践		促进了污染预防、循环利用、大气污染的减少、工人健康和安全以及固体废物的减少或消除；促进了信息交流和分享水平；改善了企业与社区的关系
Morrow 和 Rondinelli	2002	德国5家能源、天然气企业	ISO14001、EMAS	深度访谈	提高了守法水平和法律确定性；改进了环境文档管理水平；提高了员工的环境意识；改善了企业的环境绩效。但提升企业形象、获得竞争优势、放松环境规制、节约成本等方面的效果甚微
Raines	2002	131家来自各国的企业	ISO14001	邮寄式问卷调查	改善了环境绩效；带来了成本节约（包括节能、节约资源、减少了废弃物处理费，以及发展中国家企业的守法成本降低）；改善了与社区、政府的关系；提高了员工环境意识

续表

作者	年份	调查对象	环境管理	方法	主要效益
Welch 等	2003	143 家美企和 1237 家日企	ISO14001 认证取得者	问卷调查比较分析	虽然 ISO14001 认证取得者期待获得绿色消费者市场优势、生产竞争优势、改善与规制者关系、供应商经济优势等，但这些期待（尤其是改善与规制者关系、获得供应商优势以及消费者市场优势）都未实现

一方面，部分学者采用案例研究方法，对环境管理体系的运用和经济绩效的关系进行了研究，得到结论认为：随着环境管理体系的运用，企业经济绩效也随之提高。如福特宣称，取得 ISO14001 认证并实施环境管理不仅使其大大降低了环境负荷，而且使其节约了数百万美元的成本，在其位于俄亥俄州利马的具有 40 年历史的占地 240 万平方英尺的发动机厂，所有员工都参与实施环境管理，使其用水量每天减少近 75.7 万升，去除了锅炉灰的产生，并使可回收的包装使用率从 60% 增加至 99%（Wilson, 2001）。ABB 自动化公司的报道称，实施环境管理体系帮助公司减少了能源和有毒废弃物处理的成本，ISO14001 认证使其与现实和潜在消费者之间的交流更有效，而且提高了员工的士气（O'Conner, 2000, 转引自 Morrow and Rondinelli, 2002）。位于美国俄亥俄州的本田传动制造于 1997 年取得 ISO14001 认证，也报道因此而获得了及时的以及长期的好处，包括显著减少了环境污染水平、极大地降低了安全事故的发生次数、大幅减少了环境事故相关的成本，以及随着废弃物的减少、循环利用、节能等而带来的成本节约（McManus and Sanders, 2001）。Intel 公司因参与"XL 项目"而获得许可证免检的特权，从而避免了因许可证年检而造成的生产延期等问题，为公司每年避免了数百万美元的延期损失（Delmas and Terlaak, 2001）。

另一方面，部分学者实证检验了企业采用环境管理体系（包括 ISO14001）对其经济绩效的影响（如 Boiral and Sala, 1998; Alberti et al., 2000; Jørgensen, 2000; Matouq, 2000; Steger, 2000; Ammenberg and

Hjelm, 2003; Leal et al., 2003; Melnyk et al., 2003)。研究结果表明：环境管理体系的采用对感知经济绩效（perispective performance）（如成本节约、生产力提升、企业形象改善、潜在市场机会、风险和债务规避等）有积极作用。但这些研究结果不具有普适性，因为大多数研究结果都是基于案例研究或简单比较分析而得到的。

虽然社会各界普遍希望也常常认为，企业取得如 ISO14001 等的环境管理体系认证能带来环境管理绩效和经济绩效的提高，但一些实证研究也表明，以环境管理体系的运用为标识的企业环境绩效与经济绩效之间的关系不仅是复杂的，而且是可变的（Wagner et al., 2001; Schaltegger and Synnestvedt, 2002)。比如，Iraldo 等（2009）以 56 家取得 EMAS 认证的欧盟企业为样本，检验了 EMAS 认证的取得和取得的时间对企业竞争优势的 4 个代理变量（市场绩效、竞争能力、无形资产和资源利用率）的影响，结果发现企业取得 EMAS 认证只对竞争能力有显著的积极作用，而对其他三个代理变量的作用都不显著。

3. 关于环境战略或政策执行与经济绩效关系的实证研究

美国的商业新闻有很多关于一些企业（如 3M、AT&T、Carrier、DuPont、IBM 等）的环境战略如何引导企业减少成本的报道。逸闻趣事式的证据和一些案例研究显示，企业的环境主义能带来竞争优势（Taylor and Welford, 1993; Lee and Green, 1994; Banerjee, 1998, 2001)。

Klassen 和 McLaughlin（1996）、Russo 和 Fouts（1997）、Judge 和 Douglas（1998）的研究结果表明，积极的环境战略与企业财务绩效之间可能存在正相关关系。而与之相反，Cordeiro 和 Sarkis（1997）却发现两者之间存在负相关关系。还有很多学者（Sharma and Vredenburg, 1998; Karagozoglu and Lindell, 2000; Roy et al., 2001; Buysse and Verbeke, 2003; Zhu and Sarkis, 2004; Chan, 2005）运用具有大样本量的计量分析方法检验了环境战略或政策的执行对企业经济绩效的影响，结果都发现环境战略或政策的实施对企业的经济绩效均具有积极作用。但是，Henri 和 Journeault（2010）运用结构方程模型，利用加拿大制造业企业的调查数据，分析了企业的生态控制行为（运用绩效指标、环境预算、环境考核）对企业经济绩效（财务绩效，包括投资收益、运营利润、运营现金流）的影响，结果发现企业的生态控制行为对企业的经济绩效没有直接影响，只是在一些情况下（如较高的环境暴露、较高的公众关注度、较高的环境关心以及规模较大的企业），企业的生态控制行为能够通过改进环境绩效而起间接的作用。

利用聚类分析和回归分析方法，Molina – Azorín 等（2009）检验了饭店业企业的环境管理实践（技术方面的实践，如节能、节水实践，组织机构方面的实践，如环境会计、环境培训等）对企业经济绩效（客房出租率、总营业利润、每间客房每天的总营业利润等客观指标以及饭店经理们感知的企业竞争优势、利益相关者满意度）的影响；结果发现，先进的环境管理实践对饭店的总营业利润、每间客房每天的总营业利润、竞争优势都有显著的积极影响。Tarí 等（2010）运用方差分析和回归分析，利用301家西班牙酒店业企业数据，同时分析了企业的质量管理和环境管理对企业经济绩效的影响；结果发现，先进的环境管理实践对企业的营业总利润、每间客房每天的总营业利润和竞争绩效都有显著的促进作用，而基本的环境管理实践只对客房出租率有显著的促进作用，而对每间客房每天的总营业利润却有显著的消极影响。

4. 企业的环境投资绩效与经济绩效关系的实证研究

部分学者（Nehrt，1996；Klassen and Whybark，1999；Klassen，2000；Halme and Niskanen，2001；Majumdar and Marcus，2001等）实证检验了环境投资对企业经济绩效的影响。Sueyoshi 和 Goto（2009）实证分析了美国电力行业企业环境投资（作为长期努力）和花费（作为短期努力）对企业财务绩效的影响；结果发现：1989—2001年清洁空气行动法执行期间，企业的环境花费对企业财务绩效有消极影响，不仅如此，这种消极影响在1995年第四计划（Tittle 4 Program）实施后变得更加强烈了；而且，他们没有发现环境投资对财务绩效在统计上有显著的影响。

5. 企业环境管理综合绩效与经济绩效关系的实证研究

Feldman 等（2010）、White（1996）、Butz 和 Plattner（1999）以第三方机构对企业环境绩效的评价等级作为衡量指标，检验了企业的综合环境绩效对经济绩效的影响，结果显示，企业环境管理绩效与经济绩效之间具有正相关关系。Klassen 和 McLaughlin（1996）通过对企业的环境管理综合绩效（用环境绩效奖来衡量的）与其股权收益之间的关系进行实证研究发现，企业开展积极的环境管理，能够有效地促进股权收益的增加；与之相反，如果企业对环境管理采取消极的态度（用环境危机来衡量的），那么企业的股权收益就会降低。无独有偶，Gil 等（2001）依托问卷调查所得到的 262 家西班牙酒店业企业的七种环境管理实践数据，采用聚类分析方法将企业分为环境管理积极、中等和消极三类，并运用方差分析方法，比较分析这三类企业的财务绩效；结果发现，那些积极开展环境管理的企业的财务绩效水平要显著优于其他两类企业，并且他们认为企业的环境管理水平可能与其财务绩效之间存在双向的因果关系。与此同时，Klassen 和 McLaughlin（1996）、Judge 和 Douglas（1998）的调查分析结果也表明，企业的环境管理与企业环境绩效之间具有正相关关系。不过，Cordeiro 和 Sarkis（1997）的研究却得到相反的结论，即认为企业环境管理对财务绩效有消极影响。

（二）关于企业环境操作绩效与经济绩效关系的实证研究

早期的实证研究（Fogler and Nutt，1975；Chen and Metcalf，1980；Freedman and Jaggi，1982；Rockness et al.，1986；Jaggi and Freedman，1992）发现企业的环境操作绩效与其经济绩效之间既无显著的正相关关系，也无显著的负相关关系（见表 2 - 14）。但是，我们并不能因此而断言早期企业的环境操作绩效与其经济绩效之间没有任何关系，因为这些研究可能存在方法方面的问题，如难以获得可比较的和有意义的企业环境操作绩效数据，或者研究样本数量太少等（Wagner et al.，2002）。

最近，许多研究（Hamilton，1995；Hart and Ahuja，1996；Cordeiro and Sarkis，1997；Konar and Cohen，2001；Al - Tuwaijri et al.，2004）使用企业的有毒废弃物排放量或排放减少量作为企业环境操作绩效的衡量指标，来检验企业环境操作绩效与其经济绩效之间的关系。几乎所有研究结果都表明：有毒废弃物排放量越少的企业，其经济绩效（包括用财务指标衡量的和用股票收益衡量的）也越好，表明企业的环境操作绩效与其经济绩效之间具有正相关关系。但是，也有部分学者的研究结果不同，比如 Cordeiro 和 Sarkis（1997）的研究结果表明，企业在有毒废弃物减排方面的积极程度对用 1 年或 5 年股票收益预期衡量的企业经济绩效有负面影响。

表2-13 关于企业环境管理绩效与经济绩效关系的实证研究

作者	年份	国家	环境管理绩效	经济绩效	样本	方法	结果
Belkaoui	1976		污染控制的披露	调整风险后的基于市场的赢利	50家公司	分组比较	正向作用
Freedman 和 Jaggi	1982	美国	年报中披露污染	ROA, ROE, 现金流/A, 现金流/E; EBIT/A, EBIT/E (1973—1974)	109家污染集中行业的公司	相关分析	没有作用,但相对大公司有负向作用
Shane 和 Spicer	1983	美国	污染披露	风险调整后的股市赢利	58家污染行业的公司	分组比较	正向作用
Freedman 和 Jaggi	1986		污染披露	风险调整后的股市赢利	88家化学、造纸和纸浆、石油、钢铁行业的公司	分组比较	没有作用
Blacconiere 和 Northcut	1997	美国	广泛的环境信息披露	股票市场的反应	72家化学类公司	事件研究	正向作用
Boiral 和 Sala	1998	加拿大	采用 ISO14001	感知的利益	AS 和 C 的工厂	案例研究	管理改进,社会经济好处
Feldman 等	1997	美国	ICF[a]环境评价	B-值变化,从1980—1987到1988—1994	330S 和 P 500 强公司	回归分析	正向作用
Nehrt	1996	8个国家	环境投资的时间环境投资的强度	实际地方货币净收入的增长	50家化学漂白纸浆公司	OLS 回归	正向作用没有作用
White	1996	美国	CEP[b]的环境声誉评价签署 CERES	平均超额收益	97家公司 6家签署了的公司	分组比较 事件研究	正向作用 正向作用

续表

作者	年份	国家	环境管理绩效	经济绩效	样本	方法	结果
Konar 和 Cohen	1997	美国	TRI 信息公开	股票异常收益	排前40位的40家企业	回归分析	负面作用
Judge 和 Douglas	1998	美国	环境问题的整合	与同行业的其他公司相比较的感知的财务绩效	全行业的调查数据；170家公司	结构方程	正向作用
Sharma 和 Vredenburg	1998	加拿大	环境负责战略的积极性	组织能力 竞争利益	99家石油、天然气公司	回归分析	正向作用 正向作用
Butz 和 Plattner	1999	欧洲	Sarasin 的环境评价	风险调整后的超额赢利	65家公司	回归分析	正向作用
Khanna 和 Damon	1999	美国	参与自愿项目 33/50	投资收益率 超额价值/销售额	123家化学行业公司	回归分析	负面作用 正向作用
Klassen 和 Whybark	1999	美国	污染预防指数 污染控制指数 管理体系指数	生产绩效: 成本/质量/速度/灵活性	83家家具公司的调查数据	分层回归分析	正向/无/正向 负向/无/负向 无/无/无
Alberti 等	2000	意大利	环境管理体系（EMS）	感知的成本和效益	14家采用 EMS 的公司	案例研究	成本和效益[c]
Chrismann	2000	美国	污染预防 污染技术创新 早期行动	成本优势 互补资产（+）	88家化学企业，调查数据	OLS 回归分析	没有作用 正向作用 没有作用
Dowell 等	2000	美国	环境标准的严格程度	托宾 Q	107家跨国企业	方差分析	正向作用
Gilley 等	2000	美国	环保措施（总体） 过程驱动的措施 产品驱动的措施	累积超额赢利	71条关于公司环保措施的通告	回归分析	没有作用 负面作用 正向作用

续表

作者	年份	国家	环境管理绩效	经济绩效	样本	方法	结果
Jørgensen	2000	丹麦	EMS	感知的组织变化	2家鱼产品加工和乳制品企业	案例研究	支持决策制定；加强的管理；改进的关系
Karagozoglu 和 Lindell	2000	美国	环境战略 环境创新 环境竞争优势	环境创新 环境竞争优势 财务绩效	83家各产业的企业	回归分析	正向作用 正向作用 正向作用
Klassen	2000	美国	污染预防投资 环境投资的额度	感知的递送效率	83家家具加工厂	回归分析	正向作用 没有作用
Matouq	2000	中国	基于ISO14001的EMS	采用ISO14001的优势	43家取得ISO认证的公司	比较研究	环境风险降低
Stanwick 和 Stanwick	2000	美国	环境披露的类型	净利润/总资产	469来自各行业的公司	比较研究	倒"U"形关系
Steger	2000	欧洲	EMS	感知的经济绩效		回顾实证研究	影响组织，信息流，较高守法，双赢潜力
Halme 和 Niskanen	2001	芬兰	环境投资	平均超额赢利	10家森立业	事件研究 回归分析	负面作用 负面作用
Majumdar 和 Marcus	2001	美国	空气污染工厂价值(PV)/总PV 水污染PV/总PV 废弃物污染PV/总PV	生产效率	150家最大的电力公司	校正异方差的回归分析 Tobit回归	负面作用 负面作用 正向作用

续表

作者	年份	国家	环境管理绩效	经济绩效	样本	方法	结果
Thomas	2001	英国	环境政策的采用 被环境机构起诉 定期员工培训	月超额股市赢利（1992年前，1992—1995年，1995—1997年）	Croydon Borough 协会从131家公司收取的问卷数据	回归分析	正向作用 正向作用（1985—1992），负面（1995—1997） 没有作用
Delmas	2001	美国	员工参与ISO14001 外部利益相关者的参与	感知的ISO14001对总体竞争优势的影响	53家取得ISO14001认证的企业的调查数据	结构方程	没有作用 正向作用
Roy 等	2001	加拿大	环境方针的存在	感知的效益：比较绩效 平均年投资回报率 产品质量 新产品开发 新产品的频率 生产成本 研发开支	250家反馈的企业	方差分析	正向作用 没有作用 没有作用 没有作用 正向作用 没有作用
Ammenberg 和 Hjelm	2003	瑞典	EMS	感知的商务业绩： 成本降低 与承包人的关系改进 与顾客的关系改进 积极的总体商业效果	26家中小企业	访谈	没有作用 正向作用 正向作用 正向作用

续表

作者	年份	国家	环境管理绩效	经济绩效	样本	方法	结果
Buysse 和 Verbeke	2003	比利时	环境战略的积极性	整合利益相关者	197 家公司	协方差分析	正向作用（内部相关者）
Leal 等	2003	西班牙	采用 EMS	感知的竞争力的提升	320 作用工业企业	调查；比较研究	正向作用（源于优化资源、形象以及守法）
Melnyk 等	2003	美国	EMS 的状态	感知的经济绩效：成本降低 开发周期缩短 产品质量改进 市场地位提升 企业声誉加强 更好的产品 生产过程中废弃物减少 分选过程中废弃物减少 超过成本的效益 产品易卖	约 1000 个被调查者	回归分析	正向作用 正向作用 正向作用 没有作用 正向作用 正向作用 正向作用 正向作用 正向作用
Zhu 和 Sarkis	2004	中国	内部环境管理 外部 GSCM[d] 投资恢复 生态设计	成本节约 投资增加 质量管理/及时实践（+/NO）	186 家公司的调查数据	分层回归	正向作用 正向作用 正向作用 正向作用
Chan	2005	中国	环境战略的采用	感知的相对财务绩效	332 家外贸服装和电子企业	结构方程	正向作用

续表

作者	年份	国家	环境管理绩效	经济绩效	样本	方法	结果
Iraldo 等	2009	欧盟	EMAS 的采用	市场绩效 创新能力 资源利用效率 无形资产	56家 EMAS 的采用者	多变量回归	没有作用 正向作用 没有作用 没有作用
Molina-Azorín 等	2009	西班牙	先进的环境管理实践	客房出租率 总营业利润 每间客房每天的总营业利润 竞争绩效 利益相关者满意度	301家西班牙饭店	方差分析；回归分析	没有作用 正向作用 正向作用 正向作用 没有作用
Henri 和 Journeault	2010	加拿大	生态控制绩效 环境绩效（包括结果、过程；内部、外部）	投资收益；运营利润；运营现金流	303家制造业企业	结构方程模型	生态控制行为没有直接作用；通过环境绩效起作用
Tarí 等	2010	西班牙	先进的环境管理实践	客房出租率 总营业利润 每间客房每天的总营业利润 竞争绩效 利益相关者满意度	301家西班牙饭店	方差分析；回归分析	没有作用 正向作用 正向作用 正向作用 没有作用

注：a ICF 是一套环境评价体系，它考虑一个公司环境政策的质量、环境政策执行计划的详细程度、为了提高环境绩效所采取的措施和投入的资源以及环境绩效监测的范围；b 表中，CEP 指经济优先理事会（the Council on Economic Priorities），一个致力于研究起源社会绩效的非营利公共服务组织；c 成本包括执行成本，证书和审计成本，系统维护成本；收益包括原材料节约，生产力提高，废弃物减少，物流成本，管理体系的灵活性等，生产绩效的改进，公众激励，容易获得保险，债务和风险保险，知识增加，企业形象提升，市场机会；d GSCM 代表绿色供应链管理（green supply chain management）。

表 2-14　关于企业环境操作绩效与经济绩效关系的实证研究

作者	年份	国家	环境管理绩效	经济绩效	样本	方法	结果
Bragdon 和 Merlin	1972	美国	CEP 的污染控制	ROE; ROC; EPS 成长	17 家造纸公司	相关分析	正向作用
Bowman 和 Haire	1975	美国	CEP 的污染数据	1969—1973 年的 ROE 中值	15 家造纸公司	相关分析	倒 "U" 形
Fogler 和 Nutt	1975	美国	CEP 的污染数据	P/E; 短期股票价格	9 家造纸公司	相关分析	没有作用
Spicer	1978	美国	CEP 的污染控制	ROE; P/E; 规模等	18 家造纸公司	相关分析	正向作用
Chen 和 Metcalf	1980	美国	CEP 的污染控制	P/E; 总风险; 系统风险; ROE	18 家造纸公司	偏相关分析	没有作用
Freedman 和 Jaggi	1982	美国	污染表现	ROA; ROE; 现金流; 现金流/A; EBIT/E; EBIT/E (1973—1974)	109 家污染集中行业的公司	相关分析	没有作用
Rockness 等	1986	美国	EPA, US HSOI[a]; 化学物质	ROE 等	21 家化学公司 (1980—1983 年)		没有作用
Jaggi 和 Freedman	1992	美国	综合污染指数	ROE; ROA; 净收入; 现金流/资产	109 家公司 (1973—1974 年)		没有作用
Cormier 等	1993	美国	污染指数	股市价值		相关分析	正向作用
Barth 和 McNichols	1994	美国	未来超级基金债务	市场价值	257 家 4 个行业的企业 (1989—1993 年)	事件研究	正向作用（弱）

续表

作者	年份	国家	环境管理绩效	经济绩效	样本	方法	结果
Hamilton	1995	美国	1987TRI 排放量	超额收益	463 家公司（1987）	截面分析	正向作用
Diltz	1995	美国	CEP 环境绩效评价	估计的市场模型 α 累计平均超额收益	14 个配对（1989—1991 年）	分组比较	正向作用 正向作用
Feldman 等	1997	美国	TRI 排放量的评价年变化	1987—1988 年到 1988—1994 年的 B 值变化	330 家标普 500 上市公司	回归	正向作用
Hart 和 Ahuja	1996		TRI 排放量减少（1988—1989 年排放效率指数比例）的变化	ROS（1989/1990/1991/1992） ROA（1989/1990/1991/1992） ROE（1989/1990/1991/1992）	127 家标普 500 上市公司（1989—1992 年）	回归	ROS（无/正向/正向/正向） ROA（无/正向/正向/正向） ROE（无/无/正向/正向）
Klassen 和 McLaughlin	1996	美国	环境奖励 环境危机	超额收益 市场价值变化	162 家制造、公用事业、油气公司	事件研究：T 统计	正向作用 正向作用
Cordeiro 和 Sarkis	1997	美国	（总废弃物－总 TRI）/销售额 1991—1992 年的变化	1 年后的每股收益预测 5 年后的每股收益预测	523 家公司	回归	负面作用
Russo 和 Fouts	1997	美国	FRDC[b] 的环境评价	ROA 调节作用：行业成长性	243 家公司（1991—1992 年）	回归	正向作用 正向作用

续表

作者	年份	国家	环境管理绩效	经济绩效	样本	方法	结果
Edwards	1998	英国	JERU 评价	ROCE；ROE	51家公司（1992—1993）	分组比较	正向作用
Garber 和 Hammitt	1998	美国	超级基金债务暴露	资金成本	73家化学企业	总体最小二乘回归	正向作用
Konar 和 Cohen	2001	美国	TRI 排放量 环境诉讼量	托宾Q 无形资产价值	321家标普500上市公司	回归	负面作用（正向） 负面作用（正向）
King 和 Lenox	2002	美国	总毒性加权的TRI排放量 废弃物产生量 废弃物预防 废弃物处理 废弃物转移	ROA；托宾Q	614家公司（1991—1996年）	固定效应回归 IV w/FD 2SLS w/FE	正向作用 没有作用 正向作用 没有作用 没有作用
Wagner 等	2002	欧洲	污染指数	ROCE/ROE/ROS	57家造纸企业	联立方差	正向/无/无
Al-Tuwaijri 等	2004	美国	有毒废弃物回收利用量/总有毒废弃物排放量	年行业调整的股市收益	198家各行业公司	3SLS 回归	正向作用
Filbeck 和 Gorman	2004	美国	履行环境法（IRRC）环境评价	持有期收益率	24家电力企业	分组子比较 最小二乘回归	没有作用 负面作用

注：a HSOI 代表监督与调查委员会下属的房屋分会（House Subcommittee on Oversight and Investigations）；b FRDC 代表富兰克林研发集团（the Franklin Research and Development Corporation），该集团根据下列标准对企业进行评级：守法记录，花费，为了满足其他新要求、减少废弃物，支持环境保护组织等采取的措施。

Klassen 和 McLaughlin（1996）、Russo 和 Fouts（1997）以及 Filbeck 和 Gorman（2004）使用第三方机构对企业的综合环境绩效评价等级或奖励/风险检验了企业环境操作绩效与其经济绩效的关系。前两者的研究结果都支持企业综合环境绩效评价结果对其经济绩效有积极作用的假说，而后者则发现二者之间存在负相关关系的证据，即企业的综合环境绩效评价结果对其经济绩效具有负作用。

还有些研究（Garber and Hammitt, 1998；Konar and Cohen, 2001；Filbeck and Gorman, 2004）关注企业的环境负债情况对其经济绩效的影响。其中，有的检验了企业环境管理与竞争优势之间的关系（González – Benito and González – Benito, 2005；Galdeano – Gómez et al., 2008），有的对企业环境绩效与企业财务绩效之间的关系进行了检验（Lindell and Karagozoglu, 2001；Wahba, 2008）。

从研究方法来看，上述实证研究主要运用了四类方法：案例研究、事件研究、分类研究以及多元回归研究。案例研究、事件研究和分类研究的结果普遍支持企业环境管理绩效或操作绩效与经济绩效之间具有正相关关系；但是，总体而言，回归分析的结果既有支持"革新观"的（Feldman et al., 1997；Hart and Ahuja, 1996；Russo and Fouts, 1997；Garber and Hammitt, 1998；Judge and Douglas, 1998；Sharma and Vredenburg, 1998；Karagozoglu and Lindell, 2000；Konar and Cohen, 2001；Melnyk et al., 2003；Al – Tuwaijri et al., 2004；Zhu and Sarkis, 2004；Chan, 2005 等），也有支持"传统观"的（如 Cordeiro and Sarkis, 1997；Khanna and Damon, 1999；Wagner et al., 2002；Filbeck and Gorman, 2004 等）。

三 企业环境绩效与经济绩效双赢机制的研究现状

（一）国外研究现状

相对于前述的理论和实证研究，机制研究还十分有限；但仍有一些先知先觉的学者对该领域进行了一定的探索。Khanna 和 Zilberman（1997）、Abler 和 Shortle（1995）是对该领域进行研究的代表性学者，通过开展相关研究得出结论认为，企业通过加强效率能够增加产量、减少投入成本和污染的条件。Hart（1995）指出了企业组织能力在促进企业双赢方面的重要性。Judge 和 Sadorsky（1998）虽然没有明确要探讨企业环境绩效与经济绩效双赢的机制，但在探索企业整合环境问题水平的前提条件和效果的时候建立了一个反映企业双赢机制的模型，即企业分配给环境问题的资源以及环境问题的功能覆盖范围影响企业整合环境问题的水平，而企业整合环境问题的水平又反过来对企业的经济绩效以及环境绩效造成影响，而且，他们运用结构方程模拟该模型的结果也表明，这种影响关系和路径的确存在。

Reinhardt（1998）明确指出不能只探讨"是否能够双赢"，而更应研究"如何取得双赢"，并认为企业只有通过发现并创造人们对环境产品的支付意愿、传达可靠的产品信息并防止产品被模仿，才能从环境产品差异化战略中获得经济效益。Klassen 和 Whybark（1999）发现，污染预防活动对企业财务绩效有积极影响，而污染控制活动则对企业财务绩效有消极影响。Wagner（2005）提出假说认为，企业的环境战略路径会影响企业的环境绩效与经济绩效的关系，而且注重污染预防的战略路径要比注重末端治理的战略路径更能促进企业环境绩效和经济绩效的双赢；并以欧洲四国（德国、意大利、英国和荷兰）纸浆和造纸业企业为样本，运用多因子回归分析方法，对此假说进行了实证检验，结果显示：在用以污染物排放量为基础的指数时，环境绩效与经济绩效呈现出负相关关系；而在用以输入量为基础的指数时，环境绩效和经济绩效之间的关系不显著，而且，对于采取污染预防战略路径的企业，环境绩效与经济绩效更是呈正相关关系。

Aragón – Correa 和 Sharma（2003）则强调外部商业环境的不确定性、复杂性以及宽松程度对企业取得双赢的影响。Darnall（2008）试图区分由内部资源和能力驱动的企业是否比由外部制度压力驱动的企业更能从环境管理活动中获得更多的经济利益；并且检验主要根据美国企业研究得到的结论是否在更广阔的范围具有普适性，同时，是否出口导向这类国际能力（international capabilities）是促进企业采取更综合的环境管理系统的显著驱动因素之一；结果显示，由设施内部互补资源和能力（如出口导向、员工承诺和环境研发等）驱动采取更综合的环境管理体系的设施能取得更好的整体效益。

López – Gamero 等（2009）基于资源基础观认为，企业的竞争优势

（包括成本优势和差异化优势）和企业资源在企业积极的环境管理、改善的环境绩效与企业财务绩效之间的关系中起调节作用，实证结果表明：企业环境投资越早、环境问题越严重，越容易积极地进行环境管理，从而促进企业改善其环境绩效；企业资源和竞争优势的确对企业环境保护和财务绩效的关系具有调节作用，即企业环境保护对其经济绩效的作用不是直接的，而且在不同行业有不同作用，成本优势在受到综合污染防治与控制法（Integrated Pollution Prevention and Control Law，IPPC）影响的行业中影响财务绩效，而酒店业中则是差异化优势起调节作用。

López – Gamero 等（2010）构建了一个系统考虑环境规制、管理者认识、环境管理、企业竞争优势以及企业财务绩效关系的模型，认为环境规制促进积极的企业环境管理和管理者环境认识的提高，而且管理者的环境认识起到调节环境规制与企业环境管理关系的作用；同时，积极的环境管理通过企业的成本优势和差异化优势起作用来影响企业的财务绩效，并利用美国受到综合污染防治与控制法影响的污染集中型行业的208家企业数据对其假说进行实证检验；结果发现，环境管理对企业财务绩效的影响可能有不同的路径，既不是直接的，也不是单向的，而是双向的，即积极的环境管理影响企业的财务绩效，同时，好的财务绩效也反过来促进积极的环境管理；积极的环境管理有助于增强企业的竞争优势，Sharma 和 Vredenburg（1998）、Galdeano – Gómez 等（2008）的研究也得到同样的结果。

（二）国内研究现状

有学者对我国企业环境绩效与经济绩效的关系进行了实证研究。陈璇和淳伟德（2010）利用2008年我国津、沪、渝三地百强企业的数据，实证检验了企业环境绩效与经济绩效的关系；结果显示，从整体上看企业环境绩效对经济绩效有显著的积极影响，不同地区企业的环境绩效对经济绩效的影响没有显著差异；研究表明，组织绿化并不一定影响企业改善经济绩效。蒋晓改（2010）运用扩展后的盈余模型，利用沪深上市公司的环境会计信息披露资料，对企业环境会计信息披露对企业经济效益的影响进行了具体深入的研究；结果发现，现阶段我国企业环境会计信息披露的水平还不高，对企业经济效益的影响十分有限，且其影响程度受企业所处行业属性的限制。冯俊华等（2011）利用温州皮革产业代表性企业的相关数据，对温州皮革产业企业环境成本与经济效益的相关性进行实证研究；结果表明，从长远的角度来看，环境成本与经济效益的相关性趋势是动态变化的，且整体趋势走向会发生由负相关向正相关的转变。

我国也有学者关注企业环境绩效与经济绩效双赢的理论和途径。秦颖等（2004）、王爱兰（2005）指出了外部环境的影响，杨东宁和周长辉（2004）则强调企业组织能力的作用，黄德春和刘志彪（2006）探讨了环境规制对企业竞争优势的影响，认为环境规制通过促进企业技术创新来提高企业的竞争能力。孙金花（2008）深入分析了企业环境绩效与经济绩效关系的相关理论及动态关系模型，总结出两者之间的相互作用机制；在此基础上，对两者之间的关系进行了深入系统的分析，认为它们并不是简单的正相关或负相关，应从企业表面特征和内部环境管理方式两个角度来对其予以确定。曹素璋（2010）在环境战略理论和波特假设的基础上，提出环境创新战略的概念，并建立了一个环境创新战略与经济绩效的逻辑框架模型，从成本与效益的角度，分析了企业通过实施环境创新战略，实现环境绩效与经济绩效双赢，获取竞争优势的内在逻辑关系和途径。

也有学者开始关注企业环境管理的成本效益分析，如李慧和钟莉（2010）分析了平果铝业公司进行环境管理的成本和效益；李卉和孙灿明（2010）构建了低碳经济时代的企业环境成本效益分析的评价指标体系以及模糊综合评价模型。王晓燕（2009）提出循环经济下企业环境成本控制的思路，明确环境成本控制目标、改进企业环境成本控制方法、设立环境成本控制责任中心、实现环境成本全过程跟踪管理控制等，并提出企业环境成本控制的评价指标。彭喜阳（2010）运用SEEA核算的思想，结合企业生产经营的特征，在界定企业环境经济责任内容的基础上，对已有的企业环境成本核算与分析的投入产出模型进行了改进。彭贤则和徐彬（2010）结合循环经济理论与企业环境成本控制，提出环境成本控制的内生化思路。林炜和张昊（2010）、郑晓青（2011）在分析我国企业环境成本控制的必要性、现状和问题后，提出了低碳经济下企业环境成本控制的思路，包括强化企业环境风险意识、拓展环境成本控制的范围、采用产品生命周期评估法以及完善环境成本指标考核体系等。

四 企业环境绩效与经济绩效关系研究述评

1. 没有得到令人信服的结论

总体上来看，已有实证研究并没有提供令人信服的证据来支持企业环境管理/操作绩效与经济绩效之间的关系，这可能是由于四个层面的原因造成的。

第一，不同研究所基于的数据基础不尽相同（Schaltegger and Synnestvedt, 2002）。无论是国内还是国外的相关研究，他们所依据的数据基础千差万别；数据本身千差万别、逻辑关系缺乏强有力的理论逻辑支撑，致使难以得到相同或相似的结论。

第二，如前所述，不同研究所利用的环境绩效、经济绩效指标有很大差别。在已有关于企业环境管理/操作绩效与经济绩效之间关系的研究中，无论是衡量企业环境管理的指标，还是衡量经济绩效的指标，不同的研究之间存在较大差异；衡量指标的不同，致使得到的结论存在差异，也就不难理解了。

第三，缺乏清晰的理论框架指导（Schaltegger and Synnestvedt, 2002; Al-Tuwaijri et al., 2004; Filbeck and Gorman, 2004）。在缺乏清晰的理论框架指导的情况下，企业环境绩效与经济绩效之间关系的影响路径难以明确，相应的实证研究自然不能得到一致的研究结论。

第四，所采用的研究方法不尽相同。在关于企业环境绩效与经济绩效关系的研究文献中，大多数采用了计量经济分析方法，还有一些研究采用了案例研究等多种方法。采用不同的研究方法自然可能得到不同的结论。

2. 研究对象局限于欧美范围

由上述分析可知，已有研究大多是以欧洲、北美区域的企业为研究对象的，其他地方，尤其是像中国这样的新兴经济体范围内的研究还较少，而中国非常需要相关研究提供理论和实证依据，作为经济转型、企业战略决策的重要依据。因此，本书将在第五章实证分析我国企业环境绩效与经济绩效双赢的现状，并探讨其内在机制。同时，很有必要检验是否不同国家因其经济发展条件和程度不同，其企业会采取不同的环境技术，如末端治理技术或积极的环境管理技术，这样才能使研究结论具有国际可比性（López – Gamero et al.，2010）。而与国外相比，国内关于企业环境绩效与经济绩效关系的研究刚起步，相关理论探讨和实证分析都不深入和不系统。

3. 双赢机制研究相对较薄弱

正如 Reinhardt（1998）指出的那样，不能只探讨"是否能够双赢"，而更应研究"如何取得双赢"，包括推进企业环境绩效和经济绩效双赢的政策环境、社会氛围、行业结构、政企关系、企业内部组织结构、方式、能力等（Reinhardt，1998；Marcus and Geffen，1998）。如前所述，关于如何推进企业的环境绩效和经济绩效双赢的研究文献还相对较少。不仅如此，即便已有的研究部分涉及了这个领域，但是相关文献的研究逻辑和方法却值得商榷。如冯俊华等（2011）在研究中只考虑了环境管理的成本，而忽视了由此带来的效益；显而易见，这样将其直接与总体效益相联系，可能产生问题；不仅如此，用简单的相关分析方法处理时间序列数据得到的结果，难以保证其精度和可信度。这也显示出该领域研究还较为薄弱。

4. 研究思路和方法有待拓展

关于企业环境绩效与经济绩效关系实证研究的方法，Jaffe 等（2002）、Palmer 等（1995）曾指出相关研究过分依赖案例研究，多用在应对环境规制压力时创新成功的案例来支持他们关于环境规制能激励企业环境绩效和经济绩效双赢的观点，这不免偏颇。因此，关于企业环境绩效与经济绩效是否能双赢还缺乏系统的、深入的统计分析证据（López – Gamero et al.，2010）。López – Gamero 等（2010）指出，已有研究很少考虑企业环境管理方面事先拥有的一些资源可能促进企业适应的情况。不仅如此，已有研究也没有关注企业环境管理措施的类型对企业竞争优势的影响；并且，在很多情况下都是检验末端技术的影响，而不是检验积极环境管理的作用。比如，Triebswetter 和 Wackerbauer（2008）对德国企业进行的案例研究表明，由环境规制压力驱动的综合环境产品创新与企业自愿采取的创新一样能促进企业的竞争优势。因此，考虑到环境规制所要求的技术性质不同，它们对企业环境管理的影响可能也就不同,在研究不同环境规制(行政命令式和自愿计划)与企业竞争优势的关系时,有必要考虑企业环境管理的调节作用。

已有研究都只是部分地检验了环境规制、环境管理、企业竞争优势和财务绩效的关系,没有在一个模型中系统考虑这些变量之间的关系,大部分研究未对企业实施环境行为产生的综合效应进行评价(秦颖等,2008)。

第三章　中国工业企业环境绩效的现状调查与评价

企业环境绩效现状调查与评价不仅是所有研究的基础，而且影响甚至决定着后续关于企业环境绩效分析的合理性和精确性。同时，随着环境保护成为影响和决定人类社会可持续发展的关键因素以及公众环境意识的普遍提高，使企业利益相关者不仅关注企业经济绩效，而且关注企业环境绩效（Corporate Environmental Performance，CEP）。虽然许多企业为了满足各种利益相关者的需要已经通过环境报告、战略广告或市场营销等途径披露其环境信息（Gray and Stone，1994；Gray et al.，1995；Ilinitch et al.，1998），但这些企业自己披露的环境信息在内容、界定、风格和全面程度等方面都有很大差异（Kokubu，2002），因此，基于这些环境信息，各利益相关者难以判断哪家企业的环境绩效更好或更坏；而且，通过各种不同渠道收集、整理和比较这些环境信息也是一件费时、费力的事情；这些都使企业环境绩效评价尤其是独立于各个企业的第三方评价成为必要。因此，本章在前述对国内外企业环境绩效评价相关研究进行全面归纳和总结的基础上，借鉴相关评价理念、思路和框架，并结合中国实际，构建适合且具有操作性的我国工业企业的环境绩效评价指标体系；而后，以此指标体系为指导，开展对我国工业企业环境绩效的调查和评价，并与日本企业进行比较分析。

第一节　企业环境绩效评价指标体系的构建

企业环境绩效评价的关键是建立合理的评价指标体系，即明确作为为广大社会公众以及政府部门提供具有可比性评价结果的第三方评估机构应该从哪些方面来评价企业的环境绩效。本节将在总结国内外企业环境绩效评价实践经验的基础上,借鉴已有研究的框架体系,在明确相关概念界定及要求的基础上,构建企业环境绩效评价的指标体系。

一 企业环境绩效评价的实践

(一) 国外企业环境绩效评价的实践

企业环境绩效评价在国际上虽然历时不到30年,但受到许多国家层面的高度重视。1986年美国国会通过法律创建了毒物排放清单(TRI),强制要求工业企业汇报清单所列毒物的排放情况,并由国家环保局将信息公布,这是强制性企业环境绩效评价和信息公开制度的雏形,对企业自发减排产生了很大的促进作用。但是,TRI 无法为企业之间的环境绩效比较提供依据,因为其仅提供了单一的污染物排放量信息,并未考虑企业的规模以及所排废物的危险性或环境负荷。1999年美国国家环保局提出国家环境绩效跟踪计划 (National Environmental Performance Track Program, NEPT),并于2002年正式启动,在企业自愿加入的基础上引入激励和开除机制。2001年欧盟委员会资助了"工业环境绩效测量项目"(Measuring Environmental Performance of Industry, MEPI),在英、德、奥、荷、意、比六个国家的化肥、染印、印刷、计算机、制浆造纸、发电6个工业行业的280家公司430家工厂提供的定量数据基础上发展出企业环境绩效指标体系,主要包括物理指标(产品制造和使用过程的材料和能源的输入、输出)、商业/管理指标(经济效益、管理投入)、影响指标(污染排放及潜在环境影响)三大类别。日本环境省2003年发布了《组织环境绩效指标指南(2002年版)》(MOE, 2003);英国的环境、食品与农村事务部(DEFRA)2005年发布了《环境关键绩效指标:英国企业报告指南》;加拿大政府的环境与经济国家圆桌会(NRTEE) 2001年发布了《计算生态效率指标:工业手册》(钟朝宏, 2008)。

同时,欧美、日本、加拿大等国还有许多非政府机构评价企业的环境绩效(见表3-1、表3-2)。如加拿大特许会计师协会(CICA)在《环境绩效报告》中列举了7大行业15个类别的企业环境绩效指标;

国际标准化组织（ISO）于1999年11月发布了《ISO14031：1999环境管理环境绩效评价指南》，提出了一套包含管理绩效指标（MPIs）、操作绩效指标（OPIs）和所在地环境状况指标（ECIs）三个维度的企业环境绩效评价指标体系；世界企业可持续发展委员会（WBCSD）于2000年8月提出了全球首个用于企业环境绩效评价的生态效率评价标准，将企业的环境绩效与经济绩效相结合，要求企业以最小的环境影响实现最大的商业价值，最终实现可持续发展（Verfaillie and Bidwell, 2000）；全球报告倡议组织（Global Reporting Initiative, GRI, 2006）发布的《可持续发展报告指南》（2000版及其后修订的2002版）中建立了包括经济、环境和社会三个类别的16个核心指标和19个附加指标的企业环境绩效指标体系；联合国贸易与发展会议（UNCTAD, 2000, 2004）分别于2000年、2004年发布了两项关于生态效率指标的标准。

表3-1　　　　　　　　欧美评价企业环境绩效的机构

机构	国家	评价	参考文献
财富	美国	环境领导者，落后者，最有进步者；指标：20个绩效指标	Rice, 1993
富兰克林研发公司	美国	根据企业的守法记录、花费以及为了满足新要求、减排废弃物等的创新来对企业评级	Ilinitch et al., 1998
经济优先协会	美国	4个标准：有毒物质的排放量，环境管理系统的范围，自愿信息披露，参与自愿环境倡议、项目和守法情况	Gerde 和 Logsdon, 2001
IRRC	美国	提供从政府、非政府组织、企业等方面收集的关于企业社会绩效的信息，包括环境绩效	Gerde 和 Logsdon, 2001
Innovest展露价值咨询	美国	开发了一个定制的评价模型，即"Innovest生态价值21"，指标包括环境风险、机会和战略等50多个方面	Dixon 和 Whittaker, 1999
Oekom研究AG	德国	从环境管理、产品和服务、环境标志等方面来评价，而且根据行业给指标赋予权重	Haβler 和 Reinhard, 2000
环境中的商业	英国	为了激励企业改善其环境绩效，从环境管理和绩效等方面来评价企业的环境绩效	BiE, 2001

续表

机构	国家	评价	参考文献
SAM Group Holding AG	瑞典	根据对企业的经济、环境和社会标准对企业的评价发布道琼斯可持续世界指数	Cerin 和 Dobers，2001

表 3-2　　　　　日本评价企业环境绩效的机构

类型	机构	时间	特征
提供信息	NTT 管理咨询公司数据研究所	1999	汇总并向消费者和投资者提供企业环境努力的信息
购买指南	绿色消费者网（GCN）	1994	评价超市和消费者协作联盟的环境活动和政策
	绿色消费者网（GPN）	1996	在主页提供产品的环境信息
评级并排名	朝日新闻与文化基础	1990	评价企业关于家庭、女性、环境保护以及与当地社区关系等方面
	日本经济新闻有限公司	1997	评价企业的环境管理努力
	东阳经济新报社	1998	从 5 个角度评价企业
评级	可持续管理评级机构	2001	评价企业在环境管理和伦理方面的战略、体系和成果
	NTT 管理咨询公司数据研究所	2001	评价企业的环境展露、体系、风险、事业和利润机会
	托马斯评价和认证组织	2002	根据企业在报告和主页上公布的信息从 7 个方面来评价企业
生态基金	日兴财产管理有限公司	1999	在选择投资项目时同时考虑经济和环境绩效；关注企业的保护环境的努力，而不是成果
	Sompo 日本财产管理		
	UFJ 伙伴财产管理有限公司	2000	
	三井 Kaijyo 财产管理有限公司	2000	关注企业环境管理的成果
	大和 SB 投资有限公司	2001	
	查日生命财产管理有限公司	2000	主要评价企业的环境、消费者政策、雇佣、社区等方面
	日兴财产管理有限公司	2001	从经济、环境和社会等方面评价企业

资料来源：笔者从各个机构的主页获得。

在发展中国家，印度尼西亚于 1995 年建立了一个"污染控制、评价和评级计划"（Pollution Control, Evaluation and Rating Program, PROPER），这是发展中国家首创的企业环境绩效信息公开制度，它在现场监测、抽查及自主汇报的数据基础上对企业的环境绩效进行评级，并用金、绿、蓝、红、黑 5 种颜色表示评级结果，而且在媒体上公开。

（二）国内企业环境绩效评价的实践

中国出台有关企业环境绩效评价的法规还是进入 21 世纪之后。根据钟朝宏（2008）的总结，在 2002 年财政部等部委联合发布的《企业绩效评价操作细则（修订）》都只在"综合社会贡献"这一指标中，包含了对企业环境绩效的评价。自 2003 年以来，国家环境保护总局发布的相关文件包括《关于开展创建国家环境友好企业活动的通知》及其附件——《"国家环境友好企业"指标解释》（2003 年）、《关于对申请上市的企业和申请再融资的上市企业进行环境保护核查的规定》（2003 年）、《关于企业环境信息披露的公告》（2003 年）、《关于加快推进企业环境行为评价工作的意见》（2005 年）、《企业环境行为评价技术指南》（2005 年）、《环境信息披露办法（试行）》（2007 年 4 月 11 日发布）。

中国企业环境绩效评价的实践工作开展得也较晚。江苏省镇江市政府最早开展此项工作，于 2000 年 7 月对市区主要工业企业实施与上述印度尼西亚相似的工业企业环境行为信息公开化制度，根据企业是否达标排放、是否屡次不达标、是否实施总量控制等为判断依据（见图 3-1），将企业环境行为分为五个优劣等级——很好、好、一般、差、很差，并分别用绿色、蓝色、黄色、红色、黑色来表示。首次向社会公布了市区 91 家工业企业 1999 年环境行为评价结果。结果公布后，被评为黑色、红色和黄色的企业受到较大震动，纷纷采取措施改进其环境行为（陈沨，2008），可见，这一评价取得了较好的成果。正因如此，这一企业环境行为信息公开化制度迅速在江苏省全省范围内开展，同时，该做法引起了国家环保局的重视，并于 2004 年起开始在重庆、安徽的淮北市等地开始推广试点。经过几年的推广试点后，国家环保局 2005 年发布《关于加快推进企业环境行为评价工作的意见》（以下简称《意见》），决定将江苏等各试点省市的经验在全国推广，推进企业环境行为评价工作。《意见》要求从 2006 年起，各省、自治区、直辖市要选择部分地区开展试点工作，有条件的地区要全面推行企业环境行为评价；到 2010 年前，全国所有城市全面推行企业环境行为评价，并纳入社会信用体系建设（陈汍，2008）。

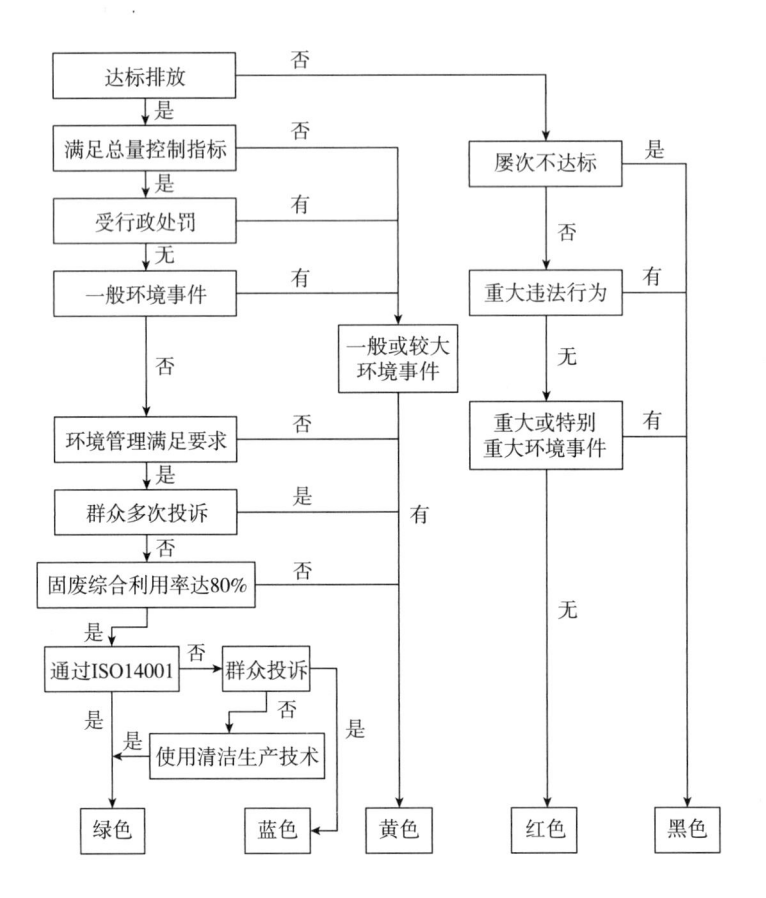

图 3-1　中国环保总局企业环境行为评价制度的判定逻辑

该企业环境绩效评价体系和制度的最大优点是不仅容易实施，而且较好地结合了中国企业的实际，即中国企业尤其是重污染行业企业的环境管理还处于初级、被动阶段，达标排放、不违法等是企业环境绩效改进首先要达到的目标；这也正是该评价体系和制度的不足，即存在以末端治理为主、以遵守环境保护法规为导向的总体特点，不能激励受评企业实施"超守法"的环境管理实践和取得"超守法"的环境操作绩效，也就难以激励企业通过创新解决环境问题。

二 企业环境绩效评价的体系

（一）企业环境绩效的界定

目前，关于什么是"绩效"，有三种不同的观点（李冰，2008）。第一种观点认为"绩效"是结果，如 Banerjee（2001）认为，"绩效应该定义为工作的结果，因为这些工作结果与组织的战略目标、顾客满意感及所投资金的关系最为密切"。第二种观点认为"绩效"是行为，如 Jaggi 和 Freedman（1992）给绩效下的定义是："绩效是与一个人在其中工作的组织或组织单元的目标有关的一组行为。"第三种观点则认为"绩效"既包括结果又包括行为，如 Campbell 和 McCloy［1998，转引自李冰（2008）］指出："绩效是行为的同义词，绩效不是行为后果或结果，而是行为本身"；温素彬（2006）认为，"企业绩效包括行为和结果两个方面，两者互为条件，行为是实现结果的过程，又是下一次行为的基础"。

因此，关于什么是"环境绩效"，有不同的观点也就不足为奇了，以致 Ilinitch 等（1998）感叹："定义环境绩效不是一件简单的工作"，而且，直到1995年关于企业环境绩效及其测量维度的研究都很少，即使有少量的研究，他们也多关注企业环境管理体系有效的原因，而很少关注如何定义和测量环境绩效（Metcalf et al.，1995），这与那时已经较为常见的（至少在国外）企业环境绩效评判实践十分不相符。国际标准化组织将"环境绩效"定义为"组织对其环境因素进行管理所取得的可测量结果"；刘德银（2007）也将"环境绩效"理解为"是人们进行环境管理的成绩或效果，反映的是环境管理的结果，而不是环境管理过程或行为本身"，虽然随后又称"环境绩效是根据环境方针、政策、目标和指标的要求，通过控制环境因素得到的。因此环境的绩效可通过对环境方针、目标、指标的完成程度来描述，并体现在具体某一或某类环境因素的控制上"，出现了自相矛盾，但是在关于"企业环境绩效评价的界定"中，他明确指出"环境绩效反映的是环境管理所产生的效果，如果说环境管理本身是'投入'，其产生的效果则是'产出'。

因此，环境绩效评价应从这种结果上来进行评价，而不是看企业进行环境管理的过程或行为，据此，反映环境管理过程和行为情况的指标，如有无环境管理制度、环保投资是多少等就不应作为环境绩效评价的依据"；显然，这是沿用了第一种"绩效观点"。

而李冰（2008）虽然将"企业绿色管理绩效"定义为"绿色管理活动在企业发展、生态环境和社会影响等方面所达到的现实状态，是在绿色管理过程中所获得的全部经济性收益（如利润的增加）、非经济性收益（如企业绿色形象的提高、生态环境的改善）同全部支出（如环保产品的设计、废弃物的处理）的对比关系"，但却又将"企业绿色管理绩效评价"界定为"评价者运用一定的技术和方法对企业绿色管理活动的过程和结果进行的一种价值判断"，不仅没有专注于"绿色"管理绩效，而且"绿色管理绩效评价"中"绩效"与"绿色管理绩效"中定义的"绩效"不同，自相矛盾。

上述关于"绩效""环境绩效"的界定都有一定道理，但只强调"结果"的第一种观点，虽然能够较纯粹地把握企业环境管理实践的效果和结果，能够较好地消除企业"做做样子给人看"的形式主义对评价结果的影响，但难以把握企业之所以取得这一"结果"的原因，也就难以给企业提供环境绩效的改进方案；同时，只强调"过程"的第二种观点，虽然能较好地把握各个企业从事环境管理实践的过程，能通过比较分析为企业找到差距并提供可资借鉴的经验，但难以消除企业"做做样子给人看"的形式主义对评价结果的影响，致使评价结果难以令人信服。因此，笔者认为把"结果"和"过程"结合起来的第三种观点比较可取，将"企业环境绩效"界定为企业为降低其生产过程和产品、服务的环境影响所做出的努力及其结果的总和，即既包括企业的环境管理绩效，也包括其环境操作绩效。

（二）企业环境绩效评价维度

如表2-2及相关分析所示，国内已有研究运用供应链理论、产品生命周期理论、可持续发展理论、循环经济理论等构建了很多企业环境绩效评价的指标体系。这些指标体系都各有侧重，都是为了突出作者的主要意图而提出的，在特定背景下具有合理性。但本书试图建立的是具有相对统一性的且适宜于不同类型企业比较的环境绩效评价指标体系，以保证企业环境绩效评价工作的实践价值。

1. 总体维度

根据上述对企业环境绩效的界定，企业环境绩效评价就是利用适当的评价指标体系，对企业的环境管理绩效和环境操作绩效转化为一系列直观信息，并运用适当的评价方法对这些信息进行综合和整合的过程。因此，总体上来看，企业环境绩效评价的维度主要是两大方面，即环境管理绩效和环境操作绩效。这一构建吸收了国际标准化组织制定的《ISO14031 环境绩效评价》的合理部分，即管理绩效指标和操作绩效指标；同时，摒弃了其中的不合理部分，即环境状况指标，因为环境状况指标反映的是组织外围从当地到全球性的环境条件状况，这虽然与所评企业的环境绩效相关，但它是区域范围内所有企业甚至事业单位、居民生活共同作用的结果，因此，不能纳入对各个企业的环境绩效评价中。这一构建不仅逻辑结构清晰，而且能够反映企业环境绩效取得的过程和结果的全貌，不失偏颇；同时，这一构建与国际标准化组织推荐的框架保持一致，具有较强的普适意义和推广应用价值。

2. 环境管理绩效的维度

企业环境管理绩效是指企业在面临政府规制、市场、社会公众等外界压力时所采取的管理措施，即在降低环境影响方面所做出的努力，它反映的是企业环境管理的过程，即企业从事环境管理的相关结构和程序特点，包括环境方针、内部控制机制、信息交流、公共关系、环境教育与培训、激励措施等（Ilinitch et al., 1998）。企业采取这些具体措施进行环境管理是企业取得较好的操作绩效（结果）的先决条件和基础，没有付出，肯定不会有收获；企业环境管理绩效的评价，能促进企业确认组织的风险、机会以及导致环境绩效不佳的原因，从而采取相应的措施，以达到环境政策与预期目标（陈璇和淳伟德，2009）。如第三章的文献研究所示，虽然有研究质疑甚至在一定范围内证实积极的环境管理并不一定伴随着更好的环境操作绩效，而只是企业为了取得"环境友好的身份和形象"，从而免受对其环境绩效感兴趣的利益相关者的质疑（King and Lenox, 2000；Bansal, 2002；Jiang and Bansal, 2003）。但是，笔者认为如果企业连"做做样子"都不做的话，更不用说实质性的环境操作绩效改善了，因此，即使只是"做做样子给人看"也是很重要的一个开始，只有这样，才有可能有实质性的环境操作绩效的改善。因此，在检查企业是否取得理想的环境操作绩效之前，我们应该首先检查企业为此做了些什么，即是否有适宜的环境管理体系（Wells et al.，1992；Wolfe and Howes，1993）。可见，企业环境管理绩效的评价不仅十分必要，而且具有很重要的意义。可能也正因如此，许多学者都曾强调企业环境管理绩效的重要性（Wells，1992；Ilinitch et al.，1998；Jung et al.，2001；Tyteca et al.，2002）。

关于企业环境管理绩效的维度，本书以组织行为学、环境管理学理论为指导，并综合借鉴 Ilinitch 等（1998）的矩阵式模型、Wood（1991）的过程—结果模型以及 Lober（1991）的环境有效模型，提出企业环境管理绩效应包括相互联系的四个维度，即组织结构、利益相关者关系、环境监测和环保措施。

首先，组织结构是管理人员用来达到组织目标的一种手段，是关于工作任务如何进行分工、分组和协调合作的安排，是组织战略的体现和实施路径（罗宾斯和贾奇，2012）。组织结构不仅可以解释和预测员工的行为，还会对员工的态度和行为具有重要影响（罗宾斯和贾奇，2012）。环境组织结构是指为了应对环境问题而设计的环境管理体系，是企业环境管理的基础支撑（谢双玉等，2008）。虽然，即使制定了明确的环境战略的企业也不可能从根本上改变其围绕企业经济绩效目标而设置的组织结构，但是，环境组织结构的建立以及嵌入对于企业环境管理过程的实施及其效果都必不可少，既是企业环境管理实践实施的组织体现，也是环境管理实践实施得以依赖的路径。关于组织结构的形式、特征等方面的测量工具有很多，但为了调查的方便以及直接反映企业环境管理的组织结构，笔者选择"取得 ISO14001 认证""制订环保方针和计划""设置具体的环境目标""设立专门的环境管理部门""开展环境教育、培训"等方面的情况作为"组织结构"的观测指标。环境方针的制定和环境目标的设立能够清晰地表明企业的环境态度以及对一些基本问题（如企业应对环境问题的水平、履行社会责任的程度）的立场，而且能够将企业的态度和立场传达给各个部门、所有员工以及外部利益相关者，相当于企业做出的环境承诺，具有统领企业环境管理实践的意义和作用；环境组织，作为企业组织结构体系的重要组成部分，应该设有由专业人士组成的专门的管理部门,并由支持环境保护的人员来领导(Metcalf et al.,1995);环境培训、教育也十分重要,因为环境管理实践的实施有赖于企业员工的认识和行动,如果员工培训到位的话,他们都能够在各自的岗位上有效地识别并解决环境问题(Metcalf,1995)。

其次,利益相关者关系是指企业与其外部利益相关者(包括股东、社区、政府、顾客、供给商等)之间的相互作用,这里主要是指企业为了履行社会责任而进行的慈善活动、社会环保活动以及环境信息披露活动等。如第三章的文献综述所示,目前,中国也已经有很多企业自觉地在财务年报、网站甚至专门的环境报告中披露其环境信息。企业是否积极地处理利益相关者关系,取决于企业对这些利益相关者尤其是投资者以外的其他利益相关者的重视程度(Cornell and Shapiro,1987)。重视利益相关者关系不仅是企业社会责任的具体表现,也是企业环境管理的重要环节,而且会给企业无形的压力促进企业改善其绩效。无论是参与社会环保活动,还是披露环境信息,企业都需要在环境保护方面做出突出的成绩(或者至少不能太糟糕),才能得到社会、公众的认可。但 Ilinitch 等(1998)曾指出,利益相关者关系维度是最难准确测量的,因为企业处理利益相关者关系的行为或活动既可能促进企业环境绩效的改善,如参加社会环保活动,但也有可能不利于企业环境绩效的改善,如企业披露对新环保技术的投资可能是为了阻碍新的更严格的环境规制的出台或者是给产品涨价做铺垫。因此,笔者只关注作为积极应对环境问题的企业应该如何处理利益相关者关系,并结合中国的实际,选择"参与社会环保活动""披露环境信息"作为利益相关者关系的观测指标。同样,尽管企业可能出于各种不同的目的(如为了获得好的声誉、为了降低压力、为了表明社会责任态度,或者甚至可能为了经济利益)而参加社会环保活动,但企业参与社会环保活动不仅客观上能改善地方环境,而且有助于提高地方居民的环保意识,因此,可以被认为是处理利益相关者关系的积极因素;一个企业环境信息披露水平越高,表明该企业越愿意对其利益相关者交流其环境相关活动和信息(Ilinitch et al.,1998),同时,为了披露环境信息而进行的环境监测、数据收集、整理和编辑等也有助于企业认识其成功和不足,另外,披露的环境信息在一定程度上会影响企业的声誉，因此也能够在一定程度上激励企业改进其环境绩效，因此，也可以被作为衡量企业利益相关者关系的观测变量。

再次，环境监测是企业对其环境影响进行跟踪、监测、审计的过程，是企业了解其环境影响的必要手段。环境监测、审计等相关管理体系和制度的建立，不仅表明企业对其产生的环境负荷的重视，而且只有通过环境监测、审计等，企业才能向外披露准确、可靠的环境信息（谢双玉等，2008），企业的环境决策也才有据可依（James，1994），正因如此，Tyteca 等（2002）认为，要想对企业的环境绩效进行高质、可比较的评价，就必须引导企业监测、编辑环境信息。因此，笔者选择"监测自身能耗和污染排放"和"实施环境审计"的情况作为环境监测维度的观测变量。

最后，环保措施是指企业为了减少其环境负荷而采取的具体行动和措施。这一维度在已有的环境绩效评价模型中很少被纳入，前述国外研究中只有 Curkovic（2003）考虑了环境友好生产过程或产品设计以及检查供应商的环境绩效，国内将此维度纳入评价模型的研究也不多，只有鞠芳辉等（2002）、孙金花（2008）、谢双玉等（2008）（见表 2-2）。但是，企业环境操作绩效的改善（环境负荷的降低）有赖于企业采取切实可行的环保措施，因此，笔者认为企业环境管理绩效评价有必要纳入"环保措施"维度，同时，结合中国目前的实际，选择企业在整个生产过程中（或产品生命周期的各个环节中）可能使用的节能减排、生态设计、清洁生产等措施作为"环保措施"的观测指标。

3. 环境操作绩效的维度

环境操作绩效是指企业环境管理的结果，也就是企业通过上述一系列环境管理实践和努力后所取得的成果（ISO，1999）。由于上述一系列环境管理努力都只是企业达成改进环境绩效这一最终目标的途径和手段，因此，在纳入环境管理绩效维度的基础上，还必须纳入环境操作绩效维度，尤其是如前所述有的企业可能只是"做做样子给人看"。环境操作绩效维度是要测量企业的环境管理努力是否真正地影响了其环境负荷（Wells et al.，1992）。

环境操作绩效也是一个多维变量，不同行业甚至是统一行业中的不同企业（如处于原材料供给的上游企业与处于产品组装的下游企业）

之间的环境负荷都涉及不同的方面，如使用不同的原材料、能源，排放不同的污染物质等。因此，如何合理地、科学地衡量企业的环境操作绩效也值得深入研究。为了使环境操作绩效评价在不同企业甚至行业间具有可比性，Ditz 和 Ranganathan（1997）建议从企业基本资源的输入和输出的角度构建 4 类关键环境操作绩效指标（OPIs）：原材料使用量，能源消耗量，非产品输出量，污染排放量；这一测量框架能够反映不同行业企业环境负荷的共同方面，具有较强的合理性。因此，笔者借鉴这一框架，并结合 ISO14031 从"输入"和"输出"两个维度来测量环境操作绩效的思路，用两个次一级维度来测量企业的环境操作绩效，即输入、输出。

输入是指企业使用的资源（如水、原材料、纸、包装物、有毒化学物质等）和消耗的能源（如石油、电力、天然气等）。企业使用的资源或消耗的能源越多，不仅表明企业产生的废弃物和排放的污染物可能越多，而且表明企业的资源利用效率可能越低，这对于资源短缺、化石能源枯竭的现代社会来说是十分重要的，将其纳入企业环境操作绩效的评价，能够激励企业提高其资源利用效率（也就是生产效率）。同时，结合我国目前"两型社会"建设对企业的要求，笔者选择"单位工业产值综合能耗""废弃物综合利用率"作为"输入"维度的观测变量。

输出是指企业活动（主要是生产活动）产生的废弃物和污染物，包括总废弃物以及废水、有毒化学物质、大气污染物（CO_2、SO_x 和 NO_x）、水污染物等。这些企业制造的废弃物或排放的污染物都会对区域环境甚至人们健康、生活质量等产生影响，但是，如果考虑这些影响的话，输出维度的衡量基本上就不可能实现了（Fiksel，1996；Ilinitch et al.，1998）；而除了水污染以外，所有废弃物和污染物都是企业环境影响的直接"肇事者"或源头；因此，笔者采用"单位工业产值 SO_2 排放量""单位工业产值 COD 排放量"来测度"输出"维度，而不对这些废弃物或污染物的潜在影响进行测度。另外，值得注意的是，本书并未将企业的守法情况作为衡量指标纳入评价体系，而 Ilinitch 等（1998）考虑了这个指标，但 Kolk 和 Mauser（2002）认为，他们考虑这个指标主要是基于美国的背景；虽然中国企业现在可能还处在环境管理的初级阶段，守法还可能是企业实施环境管理的重要目标之一，但笔者认为守法是企业为了经营的"合法性"理所当然应该做到的最低要求，如果将其纳入企业环境绩效评价体系的话，难以激励企业取得更好的环境绩效，即实施"超守法"实践。

另外，如上所述，环境操作绩效尽量选择不同企业都共通的维度来测量，以便不同企业间的评价具有可比性，但是，如前所述，由于行业本身的性质不同（或者说企业所处的生态位不同），在创造同样经济价值的条件下，上游企业的环境集约度（或生态效率指数）必然大于（或小于）下游企业，从而使在以环境集约度（或生态效率指数）为基准的环境绩效评价中，上游企业相对于下游企业必然处于不利地位（谢双玉等，2007）。因此，本书将采用谢双玉等（2007）提出的环境集约度变化指数（EICI）作为 OPIs 的评价基准，这也是从严格意义上对企业环境管理成果（企业经过一系列努力后所达成的"环境负荷"降低的程度）的反映。

综上所述，本书构建起如图 3-2 所示的中国工业企业环境绩效评价指标体系。

第二节 中国工业企业环境绩效现状调查

一 调查问卷的设计

由于目前我国尚未出台强制性的规范或标准要求企业公开其环境信息，因此，即使是上市公司，其年度报告中也较少涉及环境管理及绩效方面的情况及相关信息，以致很难依据公开的信息获取较为准确的数据，因此，本书采取问卷调查的方法收集数据。

为了研究的需要，本书设计了包含五大板块内容的调查问卷，这五大板块分别为（详见附录）：企业基本信息，包括企业名称、企业从业人员数、企业所有制、企业所在区位；个人的环境态度；实施节能减排等环保措施的情况；实施节能减排等环保措施的影响因素；实施节能减排等环保措施带来的效应。其中，"个人的环境态度""实施节能减排等环保措施的影响因素""实施节能减排等环保措施带来的效应"三个板块是为后面几章研究需要所设计的，而"实施节能减排等环保措施

第三章 中国工业企业环境绩效的现状调查与评价 | 155

的情况"以及"实施节能减排等环保措施带来的效应"中的部分内容是为本章需要所设计的。

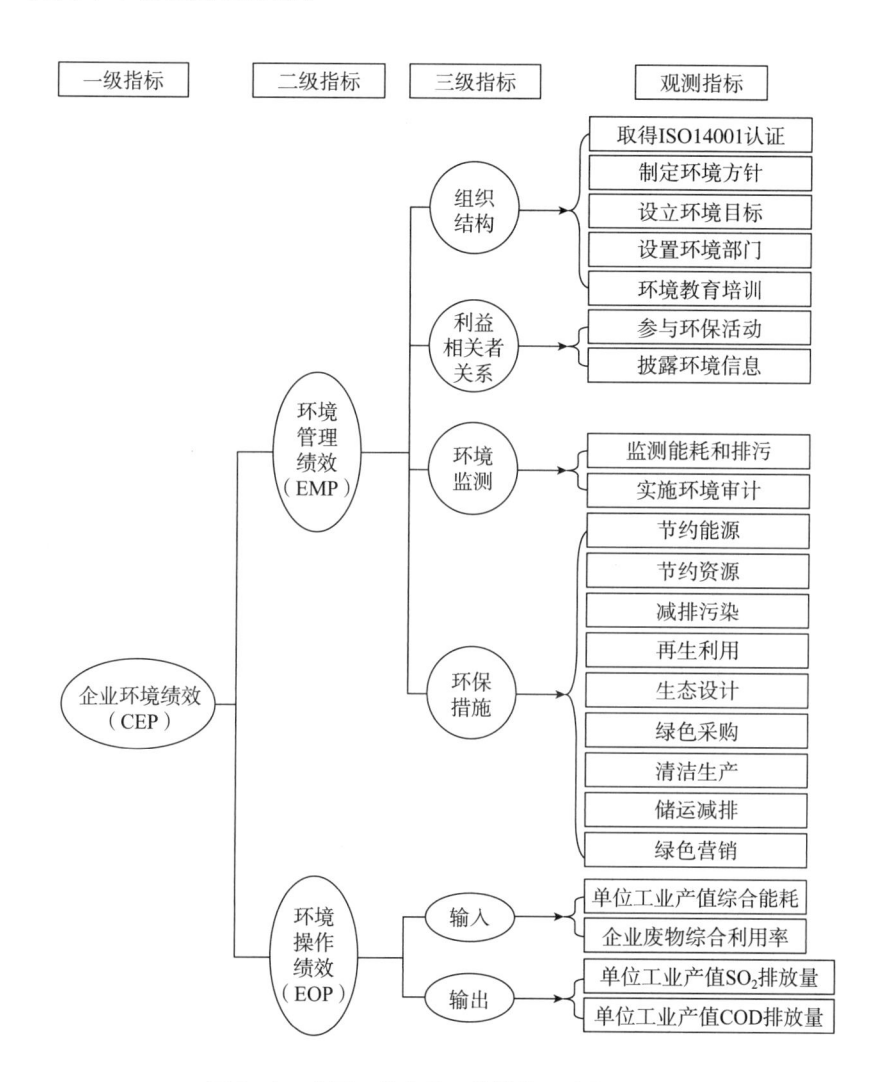

```
一级指标        二级指标      三级指标       观测指标
                                        ┌─ 取得ISO14001认证
                                        ├─ 制定环境方针
                           ┌─ 组织结构 ──┼─ 设立环境目标
                           │            ├─ 设置环境部门
                           │            └─ 环境教育培训
                           │
                           │            ┌─ 参与环保活动
              ┌─ 环境管理 ──┼─ 利益相关者──┤
              │   绩效     │   关系      └─ 披露环境信息
              │  (EMP)    │
              │            │            ┌─ 监测能耗和排污
              │            ├─ 环境监测 ──┤
              │            │            └─ 实施环境审计
              │            │
              │            │            ┌─ 节约能源
              │            │            ├─ 节约资源
              │            │            ├─ 减排污染
              │            │            ├─ 再生利用
  企业环境绩效─┤            └─ 环保措施 ──┼─ 生态设计
    (CEP)    │                         ├─ 绿色采购
              │                         ├─ 清洁生产
              │                         ├─ 储运减排
              │                         └─ 绿色营销
              │
              │            ┌─ 输入 ──┬─ 单位工业产值综合能耗
              └─ 环境操作 ──┤         └─ 企业废物综合利用率
                  绩效     │
                 (EOP)    └─ 输出 ──┬─ 单位工业产值SO₂排放量
                                    └─ 单位工业产值COD排放量
```

图 3-2　中国工业企业环境绩效评价指标体系

调查问卷设计的依据为前节所构建的企业环境绩效评价指标体系，包含了构建中所选择的所有观测变量。对于测量企业环境管理绩效的观测变量，都采取李克特五分法，根据问题情况，要求被调查者选择其环境管理实施的情况，如"无此计划""正在商讨中""正在申请/制定"

"刚刚取得""5年前取得"等,来反映企业环境管理实施的程度;对于测量企业环境操作绩效的观测变量,要求企业填写2005—2009年每年的实际数据。

二 问卷调查的实施

(一)调查对象的选取

本书选取上海证券交易市场2010年9月20日公布的采掘业,制造业,电力、煤气及水的生产和供应业,建筑业,交通运输、仓储业5大行业共605家企业为样本,开展"中国企业环境行为现状及相关情况的调查"。此调查对象的选取是基于上市公司信息透明度高、基本信息获取难度低的考虑,且选取的6个行业均是环境影响程度相对较高的行业,如2008年制造业能源消耗量为12.1亿吨,占终端能源消耗的66%,占全国能源消耗总量的44%,CO_2排放量39.4亿吨,占全国与能源相关CO_2排放总量的62%,能源消费结构以煤为主,能源消费结构中煤合计占64.9%,油合计占7.6%,天然气占3.4%,热力占4.1%,电力占20%,因此,这些行业也是我国"十一五"期间重点关注其能耗的行业;同时,这6大类行业也涵盖了我国环保部办公厅2008年公布的《上市公司环保核查行业分类管理名录》(环办函〔2008〕373号)中的重污染行业(沈洪涛和冯杰,2012),也涵盖了《关于深入推进重点企业清洁生产的通知——重点企业清洁生产行业分类管理名录》(国家环境保护部发布的环发〔2010〕54号文件)所列出的21类行业类型;因此,对其环境管理实践等进行调查,更具有针对性和典型性。而对于其他工业企业和服务型企业,低碳政策的激励和约束对企业的影响较弱,企业可能仍以赢利为主要目标,缺乏采取具体节能行动的紧迫感,致使节能减排等环境管理实践不充分,因此,不作为本书的调查对象。

对于这些企业中的具体被调查者的选择,考虑到环境管理问题较为复杂,而且只有企业管理层对企业整体环境信息的把握更为准确,因此,选择的具体调研对象主要定位为熟悉企业环境管理实践的中高级企业管理人员,包括副总经理、宣传部负责人、环境事务负责人等。而且,为了提高问卷反馈率,并最小化潜在的单信息源偏差,我们从每个企业中选择 3 位中高级管理人员，作为对象进行问卷调查。

（二）调查过程和步骤

为了保证调查问卷的质量，在正式进行问卷调查之前，本书邀请华中师范大学的 7 位教授对调查问卷进行试填并对问卷提出修改建议。根据他们提出的建议，对问卷做了少量调整和修改。

调查于 2010 年 11 月底至 2011 年 8 月分两个阶段进行。第一阶段（2010 年 11 月底至 2011 年 2 月初）：邮寄式问卷调查。采取两种途径发放问卷：一是邮寄方式，即将问卷邮寄给企业的相关管理人员[①]，并附带回信信封及邮票，以此方式，共发放问卷 1815 份；二是电子邮件方式，即通过网络给各个企业发送电子邮件，共发放问卷 605 份。同时，在等待回复阶段，以电话或邮件督促收件人反馈问卷信息，以此提高问卷回收率，保障问卷的可信度。

第二阶段（2011 年 7—8 月）：入户式问卷调查，即对第一阶段未反馈问卷信息的企业中的 260 家企业实施入户问卷调查。首先通过华中师范大学 BBS 招聘分布有较多企业的省市的志愿调研员；然后对调研员进行培训，并明确各个调研员的志愿地区的调研企业及企业的基本信息和联系方式；而后，志愿调研员利用暑假时间对其负责的企业进行入户式问卷调查，要求有详细的调查日志，并有被调查者的联系方式，以便核实调查情况；最后，调研员返校时将调查问卷及调查日志一并提交。

三 调查结果及样本信息

通过上述两个阶段的调查，共回收 182 家企业的问卷（第一阶段回收 101 家，第二阶段回收 81 家），其中有效问卷 168 份（第一阶段 89 份，第二阶段 79 份），有效回收率为 27.77%。这一回收率虽然不高，但相对于邮寄式和入户式问卷调查方式来看，这一回收率还是较高的，如刘蓓蓓等（2009）的问卷回收率只有 16.3%，因此，可以接受这一回收率。

如表 3-3 所示，从调查所收集的样本企业所属的行业来看，绝大

---

① 企业地址及相关部门负责人信息，通过各个企业网站获取。

多数为制造业，有 129 家，占样本总数的 76.79%；制造业中又主要是机械、设备、仪表，金属、非金属，医药、生物制品，石油、化学、塑胶、塑料，纺织、服装、皮毛行业企业为主，占制造业企业样本的比例都达到 10% 以上，尤其是机械、设备、仪表企业占比达到 31.78%；其次，交通运输、仓储业企业和采掘业企业样本较多，分别有 15 家和 11 家，占样本总数的 8.93% 和 6.55%。

表 3-3　　　　　　　　　　样本企业基本信息统计

项目	分类	数量（家）	所占百分比（%）
行业类型	采掘业	11	6.55
	制造业	129	76.79
	食品、饮料	4	3.10
	纺织、服装、皮毛	13	10.08
	木材、家具	1	0.78
	造纸、印刷	5	3.88
	石油、化学、塑胶、塑料	14	10.85
	电子	9	6.98
	金属、非金属	23	17.83
	机械、设备、仪表	41	31.78
	医药、生物制品	15	11.63
	其他	4	3.10
	电力、煤气及水的生产和供应业	6	3.57
	建筑业	7	4.17
	交通运输、仓储业	15	8.93
企业规模[a]	大型企业	78	46.43
	中型企业	32	19.05
	小型企业	7	4.17
	缺失值	51	30.36
所有制性质	国有企业	70	41.67
	集体企业	2	1.19
	合资企业	39	23.21

续表

项目	分类	数量（家）	所占百分比（%）
所有制性质	外资企业	5	2.98
	民营企业	34	20.24
	其他企业	18	10.71
企业所属地区[b]	东部地区	108	64.29
	中部地区	34	20.24
	西部地区	26	15.47
企业主体位置	经济开发区	41	24.40
	工业区	35	20.83
	商业区	24	14.29
	商业及工业混合区	14	8.33
	住宅及商业混合区	13	7.74
	住宅、商业及工业混合区	19	11.31
	住宅区	1	0.60
	其他	4	2.38
	缺失值	17	10.12

注：a. 企业规模划分依据《统计上大中小型企业划分办法（暂行）》（国统字〔2003〕17号），从业人员数大于等于2000人为大型企业，介于300—2000人为中型企业，少于300人为小型企业；b. 对我国东、中、西部三大区域的划分如下：东部地区包括黑龙江、吉林、辽宁、北京、天津、河北、上海、江苏、浙江、福建、山东、广东和海南13个省市；中部地区包括山西、安徽、江西、河南、湖北和湖南6个省；西部地区包括内蒙古、广西、重庆、四川、贵州、云南、西藏、陕西、甘肃、新疆、宁夏、青海12个省区市。

从样本企业的规模来看，从业人员大于等于2000人的大型企业最多，有78家，占样本企业总数的46.43%；从业人员在300—2000人的中型企业较多，占比为19.05%；而小型企业则较少，占比不到5%；但是，还有51家样本企业（占30.36%）没有填写相关数据。

从样本企业的所有制性质来看，样本企业多为国有企业，有70家，占比达到41.67%，其次是合资企业和民营企业，所占比例分别为23.21%和20.24%，而外资企业和集体企业都很少，占比都不到3%。

从企业所处的宏观区位来看，位于东部地区的企业最多，有108

家，占比达到64.29%，位于中部、西部地区样本企业数基本相当，分别为34家（占20.24%）和26家（占15.47%）；从企业所处的微观区位来看，位于经济开发区、工业区和商业区的企业较多，分别有41家（占24.40%）、35家（占20.83%）和24家（占14.29%），同时，也还有47家（占27.98%）企业位于工业、商业、住宅等混合区。

这些样本企业及其数据就是本书相关分析的基础。

四 非回应偏差的检验

当问卷调查的回收率小于100%时，需要检查是否存在非回应偏差（non-response bias）。检查非回应偏差的可能方法是比较先反馈的样本和后反馈的样本，看两者之间是否存在明显的差异，也可以检验反馈的样本和没有反馈的样本之间是否存在差异，如通过比较样本企业与非样本企业的总资产、年销售额、从业人员规模等方面的差异，来反映是否存在显著的非回应偏差（Kassinis，2001）。

为此，本书利用t-检验（双样本异方差）比较第一阶段反馈的样本企业与第二阶段反馈的样本企业是否存在规模（从业人员数）差异。结果显示，第一阶段反馈的样本企业从业人员的平均值为9093人，第二阶段反馈的样本企业从业人员的平均值为6503人，有较大差异，但这一差异在统计上并不显著，t值=0.88（P=0.19）；这表明本样本不存在非回应偏差，具有一定的代表性。

第三节 中国工业企业环境绩效现状评价

一 评价方法比较与选择

如表2-2所示，已有企业环境绩效评价研究和实践中所采用的评价方法主要包括：层次分析法、模糊综合评价法、主成分分析法、验证性因子分析法、数据包络分析法等，这些方法都有各自的优势，同时也有一定的局限和相应的适用范围。

（一）层次分析法

层次分析法（AHP）是由美国运筹学家萨迪（Saaty, T. L.）在20

世纪 70 年代提出的，是一种将定性与定量分析相结合的决策分析方法，它对各种问题的决策分析具有较广泛的实用性。在一般评价中，对一些无法测量的因素只要引入合理的标度就可采用这种方法来度量各因素的相对重要性，从而为决策提供依据（金声琅和曹利江，2007）。同时，AHP 法所需要的数据量少，能够克服一般评价方法要求样本点多、数据量大的特点，可靠度比较高，误差小，从而使企业环境绩效评价系统指标的量化分析成为可能（孙金花，2008），因此"较好地实现了定性与定量的结合，提高了环境绩效评估结果的合理性，比完全凭领导个人经验和知识来主观确定更科学、更合理，并通过计算机编程可将复杂的矩阵计算轻易地实现，可以提高环境绩效评估效率，减少主观因素的干扰，从而为环境绩效指标权重的确定找到了一条可行的途径"（彭婷和姜佩华，2007）。

但是，当某一指标的下一层直属分指标超过 9 个时，其有效性降低，判断矩阵往往难以满足一致性要求；同时，企业环境绩效的评价指标体系一般很难满足 AHP 法对各评价指标之间严格独立的要求，这也限制了 AHP 法在企业环境绩效评价中的应用（孙金花，2008）。

（二）模糊综合评价法

基于企业环境绩效评价指标体系的多目标、多层次结构以及各指标的模糊性，即亦彼亦此性或中介过渡性，很多相关研究采用了模糊综合评价方法。模糊综合评价法是运用模糊变换原理，通过采用层次分析方法、德尔菲法、隶属度法等确定影响企业环境绩效的各目标因素的相对权重，从而将定性分析转化为定量分析，能顺利解决传统综合评价方法难以解决的"模糊性"评判与决策问题，是一种行之有效的辅助决策方法（金声琅和曹利江，2007；涂爱玲，2007），可以基本解决对企业的环境绩效难以进行"量化"的问题，使"量化"结果更能直观地反映企业环境绩效的优劣（陈浩和薛声家，2006；刘丽敏和底萌妍，2007）。由于模糊综合评价法具有坚实的数学基础和良好结构的概念及技术系统，可以克服传统数学方法中"唯一解"的弊端，根据不同可能性得出多个层次的问题题解，具备可扩展性，符合现代绩效管理中"柔性管理"的思想，因而应用广泛（孙金花，2008）。

但在模糊综合评价法中，需要采用层次分析法或德尔菲法确定评价指标的相对权重，因此，也会具有层次分析法或德尔菲法所固有的不足。另外，以最大隶属度原则为识别准则过于简单，有时会出现分类不清和结果不合理，不能解决评价指标间相关造成的信息重复问题，而且隶属函数、模糊相关矩阵等的确定方法还有待进一步研究（孙金花，2008）。

（三）主成分分析法

主成分分析法是因子分析法的一种。因子分析法是利用降维的思想，从研究原始变量相关矩阵内部的依赖关系出发，把一些具有错综复杂关系的变量降维为少数几个综合因子的一种多变量评价方法。其最大优点是可以根据实际情况确定权数比重，剔除了主观影响因素，计算的数据较为客观、准确，而且适宜于像企业环境绩效评价指标彼此相关程度较大的这类系统的综合评价（刘永祥和潘志强，2006；孙金花，2008）。

但是，主成分分析法的技术性较强，计算复杂，收集数据的难度较大，因而可以适用于上市公司（刘永祥和潘志强，2006），而且，在选择主因子时往往会造成部分信息的损失（李从欣等，2008），同时，主成分命名也较困难或具有较大的主观性（Mulaik，1972）。

（四）验证性因子分析法

验证性因子分析法是测试一个潜在变量与相对应的观测变量之间的关系是否符合研究者所设计的理论关系的统计分析方法。相对于上述主成分分析的"资料推导型"（或"靠数据说话"）的探索性因子分析性质，验证性因子分析法是基于统计检验的，能够评价所有关键构建的属性，非常适合测量模型构建的检验，即评估测量工具的因素构建是否恰当。它不仅能检验理论模型构建的合理性，还能检验构建的单维和收敛效度（unidimensionality and convergent validity）、区别效度（discriminant validity）、理论效度（nomological validity）、信度（reliability）等（Mulaik，1972），同时，验证性因子分析还能克服探索性因子分析法完全依赖数据、命名困难等不足，这也是越来越多的研究开始运用验证性因子分析法的原因。

但验证性因子分析结果的稳定性受到观测变量是否正态分布以及误差项是否独立等条件的影响。在正态分布条件不能满足的情况下，虽然用最大似然法（maximum likelihood）和一般化最小二乘法（general least squares）来估计参数，但要求样本规模必须在 2500 以上，否则参数估计就不稳定（Hu et al.，1992）；在样本数少于 2500 的情况下，渐进分配自由法（asymptotic distribution free）表现得不理想（邱皓政，2003）；而在误差项独立条件不满足的情况下，最大似然法和一般化最小二乘法在任何样本规模下的估计效果都不理想，渐进分配自由法也只有在样本数大于 2500 的情况下表现理想；即使在正态分布条件满足的情况下，如果使用最大似然法估计参数的话，也需要样本数达到 500 以上，样本数达不到 500 时，只能使用一般化最小二乘法（Hu et al.，1992）。可见，验证性因子分析对样本规模及其分布都有较严格的要求，增大了数据收集的难度。

（五）数据包络分析法

数据包络分析法是美国的查恩斯（Charnes, A.）等于 1978 年提出的。它是一种以线性规划技术为基础的多指标综合评价方法，主要用于对具有多项输入和输出从而难以比较的决策单元的相对绩效的评价（Jung et al.，2001）；该方法建议每一个决策单元（在企业环境绩效评价中即是每一个企业）应被允许采用一套权重，这套权重能够为其输入和输出提供与其他决策单元相比最优的组合，也就是说该方法强调每个评价对象的整体效果最优，为未来决策提供大量的经验信息（Jung et al.，2001；孙金花，2008）。与其他评价方法相比，数据包络分析方法的长处就在于它不仅能够判断决策单元的相对有效性，而且还能有针对性地给出企业环境绩效评价单元的改进信息（孙金花，2008）；而且，数据包络分析法求解的最终变量为权重，可以避免事先人为设定企业环境绩效指标权重的困难，使评价结果更具有客观性；另外，数据包络分析法不必要事先假定自变量与因变量之间的函数关系；因此，它被广泛用于解决环境绩效这类多因素、多对象的评价问题（陈静等，2007；李从欣等，2008；孙金花，2008）。

数据包络分析法是根据一组多输入和多输出的观察值来确定有效生产前沿面，以评价其对象系统的相对有效性，虽然被广泛应用于多种方案之间的有效性评价，但其仅限于具有多输入和多输出的对象系统的相对有效性评价，并且该方法只表明评价单元的相对发展指标，无法表示出实际发展水平（孙金花，2008）；而且，其结果受变量的选择、被考虑因素的多少和样本大小的影响很大，这个方法也限于比较同行业企业（Callens and Tyteca，1999；Olsthoorn et al.，2001；Jung et al.，2001），另外，数据包络分析法可能只适宜于评价具有明确的输入、输出量的企业环境操作绩效，而难以适应企业管理绩效的评价，更难以对两者进行综合评价；这些都使得其应用存在一定的局限性。

（六）平衡计分卡方法

平衡计分卡（Balance Score Card，BSC）是由卡普兰和诺顿于1992年提出的一种综合绩效评价方法（孙金花，2008），其基本思想是用一套与战略相关的多层次指标来综合、及时地评价企业业绩（刘建胜和廖珍珍，2010），它既包括传统的财务评价指标，也包括非财务指标，比较适合全面考核企业的环境绩效。虽然该方法能将企业的财务指标与非财务指标有机结合起来，从而有效地实现企业内外部之间、财务结果及其执行动因之间的平衡（孙金花，2008），并已被广大企业应用于绩效的综合评价中（刘建胜和廖珍珍，2010），但是，该方法主要是用于企业的内部管理，要求企业经理人员从财务测评指标和顾客满意度、内部流程及企业创新与学习能力等方面来观察企业，建立有助于企业在产品、流程、顾客和市场开发等关键领域取得突破性进展的管理体系（刘建胜和廖珍珍，2010）。因此，虽然如刘建胜和廖珍珍（2010）所指出的那样，可以将企业的环境绩效纳入该评价体系中，但也难以将其作为专门的企业环境绩效评价工具；同时，这一方法实施的工作量极大，在对环境战略的深刻理解外，需要消耗大量精力和时间把它分解到部门，并找出恰当的环境绩效指标，对部分指标进行量化；此外，同样涉及如何合理分配权重的问题，由于不同的层面以及同一层面的不同指标的权重分配不同，可能会导致评价结果的不同，这也使该方法在企业环境绩效评价领域存在一定的局限性（孙金花，2008）。

综上所述，各个方法都具有优势和特色，同时也都有一定的缺陷和局限性，因此，不存在具有绝对优势的方法，只有相对适宜的方法。根据本书数据规模特征以及评价要求，笔者将运用主成分分析法对前述企业环境绩效评价指标体系的理论构建进行检验，而后根据检验结果对理论构建进行修正，最后利用修正后的评价指标体系对收集的样本企业的环境绩效进行定量评价。

二 评价指标体系构建的检验

选择 SPSS20.0 软件作为分析工具，以上述样本企业的数据为基础，采用因子分析法中的主成分分析法，检验前述企业环境绩效评价指标体系构建（维度及各维度所解释的观测项目）的合理性，即看图 3-2 所示的指标体系及其结构是否能得到"数据说话"的证实。

（一）检验方法与步骤

第一步：确立评价指标。

根据第二节构建的企业环境绩效评价指标体系以及第三节据此设计的问卷，选取调查问卷中"二、实施节能减排等环保措施的情况"[1] 的调查项目以及"四、实施节能减排等环保措施带来的效应"中的 Q18（贵公司近 5 年的环境绩效）作为企业环境绩效评价的指标和数据，即纳入本书企业环境绩效评的是如图 3-2、表 3-4 所示的 22 个观测指标。这些评价指标的描述性统计如表 3-4 所示。

如表 3-4 所示，环境管理绩效观测指标的缺失值较少，能较好地满足分析需要，但环境操作绩效观测指标的缺失值很多，四个观测变量都只有约 30 家企业给出了具体数据，而且全部数据都完全的样本企业只有 14 家。缺失值中大多数是因为企业没有填写，没有填写可能是由于两种原因：一是企业虽然掌握了相关数据，但由于种种原因被调查者不愿意提供相关信息；二是企业根本就没有掌握相关数据，被调查者无法提供相关数据。进一步分析调查问卷发现，在 Q7（监测能耗与排污）中选择了"监测且做出统计报表"或"监测、统计并上报管理层"的 113 家企业中有 72 家企业完全没有填写环境操作绩效的数据，占样本企业总数的 42.86%，比选择了"在商讨中"或"有监测但未统计"的企业数（56 家）还多，可见，缺失值主要是由第一种原因造成的；这表明我国工业企业披露环境信息的意愿和自觉性还很不够。而笔者

---

[1] 其中的 Q2、Q9 和 Q10 不作为企业环境绩效现状评价的指标；因为 Q2 不是测量企业环境绩效的指标，只是一个可能影响企业环境绩效的因素；Q9 是为了了解企业环保投入的强度；Q10 是一个多选题，主要是为了了解企业环保投入的用途，并不反映企业环境绩效的好坏。

表3-4 企业环境评价指标及其观测项的描述性统计和信度

一级指标	二级指标	三级指标	观测指标	样本数	极小值	极大值	均值	标准差	Cronbach's α
企业环境绩效	环境管理绩效	组织结构	Q3 取得ISO14001认证	158	1	5	3.84	1.18	0.85
			Q4 制定环境方针	161	1	5	4.16	1.09	
			Q5 设立环境目标	160	1	5	3.86	1.05	
			Q6 设置环境部门	163	1	5	3.64	1.05	
			Q11 环境教育培训	164	1	5	3.66	1.07	
		利益相关者	Q12 参与环保活动	165	1	5	3.60	0.97	0.56
			Q13 披露环境信息	160	1	5	3.59	0.97	
		环境监测	Q7 监测能耗和排污	163	1	5	4.01	1.12	0.61
			Q8 实施环境审计	161	1	5	3.42	1.20	
		环保措施	Q14.1 节约能源	167	1	5	4.53	0.62	0.88
			Q14.2 节约资源	167	2	5	4.58	0.59	
			Q14.3 减少排污	168	2	5	4.55	0.70	
			Q14.4 再生利用	167	1	5	4.28	0.82	
			Q14.5 生态设计	163	1	5	3.80	1.17	
			Q14.6 绿色采购	165	1	5	3.90	1.11	
			Q14.7 清洁生产	167	2	5	4.32	0.79	
			Q14.8 储运减排	165	1	5	3.99	0.97	
			Q14.9 绿色营销	163	1	5	3.78	1.13	
	环境操作绩效	输入	Q18.1 单位工业产值综合能耗（吨标准煤/万元）	33	0	6445.41	340.43	1373.47	
			Q18.4 单位工业产值废物综合利用率（%）	21	0.07	100.00	78.98	33.28	
		输出	Q18.2 单位工业产值 SO_2 排放量（千克/万元）	31	0	14.24	1.22	3.06	
			Q18.3 单位工业产值COD排放量（千克/万元）	29	0	12860.00	445.22	2387.71	

2004年针对日本东京证券1部949家企业所做的调查中，有200多家企业填写了具体的环境操作绩效数据，比较起来，我国企业在环境信息披

露、履行社会责任方面还存在很大差距。

由于环境操作绩效观测指标的缺失值太多,难以满足因子分析对样本量的要求,因此,笔者只能非常遗憾地放弃对整体评价模型的检验,只能对环境管理绩效的指标体系构建进行检验,并在后面的环境绩效评价中只考虑环境管理绩效。

第二步:检验量表信度。

量表信度检验是检验评价模型中的潜在变量(如本书中的组织结构等)的观测变量的内部一致性。目前最常用的量表信度检验方法是 Cronbach's α 信度系数法。Cronbach's α 系数值介于 0—1,一般 $\alpha > 0.7$,表示量表信度高,可以接受;若 $0.7 > \alpha > 0.6$,则表示量表信度较好,也可接受;若 $\alpha < 0.6$,则表示信度较低,难以接受。

运用 SPSS20.0 软件对环境管理绩效的 18 个观测变量进行信度分析的结果,α 达到 0.90,表明该测量量表可靠。同时,环境管理绩效评价指标体系的四个维度的观测变量(见表 3-4)分别进行"信度分析"的结果,除了"利益相关者关系"维度的 α 较小外,其余三个维度的 α 都大于 0.60(见表 3-4),可以接受;这表明各个维度的量表信度较高,可以接受。

第三步:计算相关系数矩阵。

用相关系数矩阵来初步反映环境管理绩效的所有观测变量之间的相关性。相关系数表现的是各个观测变量与其他观测变量之间的关联度,相关系数越大,且显著性越高,表示此观测变量与其他观测变量间关联度越大、越显著。因此,各个维度的观测变量之间的相关系数越大且越显著,而与其他维度的观测变量之间的相关系数越小且越不显著,则表明该维度的构建可能越合理。

如表 3-5 所示,本书所构建的企业环境管理绩效的四个维度的观测变量之间相关系数都较大且在 0.001 水平上显著,进一步表明各个维度的观测变量的选择具有一定的合理性。同时,笔者也注意到,不同维度的观测变量之间也有很多相关系数较大且十分显著,这可能降低各个维度之间的区别效度,导致观测变量与构建维度间的对应关系发生变化。

表 3－5　企业环境管理绩效观测指标的相关系数

	Q3	Q4	Q5	Q6	Q7	Q8	Q11	Q12	Q13	Q14.1	Q14.2	Q14.3	Q14.4	Q14.5	Q14.6	Q14.7	Q14.8	Q14.9
Q3	1																	
Q4	0.63***	1																
Q5	0.51***	0.75***	1															
Q6	0.43***	0.69***	0.63***	1														
Q7	0.45***	0.63***	0.56***	0.58***	1													
Q8	0.45***	0.41***	0.34***	0.37***	0.41***	1												
Q11	0.34***	0.45***	0.44***	0.49***	0.43***	0.40***	1											
Q12	0.24***	0.28***	0.26***	0.29***	0.31***	0.22**	0.43***	1										
Q13	0.35***	0.40***	0.40***	0.37***	0.34***	0.26***	0.43***	0.43***	1									
Q14.1	0.32**	0.38***	0.32***	0.39***	0.34***	0.11	0.35***	0.17*	0.25*	1								
Q14.2	0.38***	0.41***	0.33***	0.49***	0.35***	0.21***	0.45***	0.25***	0.29***	0.76***	1							
Q14.3	0.36***	0.57***	0.43***	0.52***	0.47***	0.31***	0.47***	0.32***	0.45***	0.51***	0.61***	1						
Q14.4	0.35***	0.33***	0.32***	0.49***	0.25***	0.23***	0.37***	0.35***	0.37***	0.42***	0.54***	0.53***	1					
Q14.5	0.20**	0.13*	0.12*	0.22**	0.02	0.13	0.23**	0.29**	0.20**	0.28***	0.33***	0.27***	0.50***	1				
Q14.6	0.13*	0.16*	0.19**	0.30***	0.04	0.09	0.19**	0.27**	0.19**	0.44***	0.36***	0.26***	0.44***	0.72***	1			
Q14.7	0.29***	0.37***	0.30***	0.45***	0.21**	0.08	0.21**	0.21**	0.22**	0.31***	0.43***	0.41***	0.35***	0.36***	0.43***	1		
Q14.8	0.18**	0.21**	0.20**	0.31***	0.13	0.06	0.20**	0.32**	0.23**	0.25***	0.38***	0.29***	0.55***	0.56***	0.57***	0.36***	1	
Q14.9	0.20**	0.13	0.19**	0.27**	0.02	0.11	0.11	0.31**	0.22**	0.28***	0.32***	0.22***	0.44***	0.72***	0.72***	0.38***	0.71***	1

注：*** 表示变量的相关系数在 0.001 水平上显著，** 表示变量的相关系数在 0.01 水平上显著，* 表示变量的相关系数在 0.05 水平上显著（单尾检验）。

第四步：检验因子分析适宜性。

因子分析对样本量有一定要求，Gorsuch（1983）认为调查的题项与被调查者的比例最好为1∶5，且总样本数不少于100，才能确保因子分析结果的可靠性（转引自吴明隆，2003）。本书包含18个观测指标，没有缺失值的有效样本量为142，完全满足因子分析对样本量的要求。

同时，按照因子分析的惯例，做因子分析之前，运用KMO和Bartlett检验全部评价因素是否适合做因子分析。检验结果合理的话，才能进行因子分析。根据Kaiser（1974）的观点，KMO（kaiser - meyer - olkin）值越大，表示变量间共同因素越多，越适合进行因子分析；一般KMO > 0.80，表示适宜进行因子分析；0.60 < KMO < 0.80，表示可以进行因子分析；而KMO < 0.60，则意味着不适宜进行因子分析（转引自吴明隆，2003）。

如表3-6所示，KMO值为0.86，接近1.00，表示取样足够合理，适合进行因子分析；另外，Bartlett球形度检验的近似卡方值为1409.09（自由度为153），且在0.000水平上显著，表明相关矩阵不是一个单位矩阵，适宜进行因子分析。

表3-6　企业环境管理绩效评价量表的KMO和Bartlett检验结果

KMO 值		0.86
Bartlett 球形度检验	近似卡方值	1409.09
	自由度	153
	显著性	0.000

第五步：因子分析。

运用SPSS20.0软件中的因子分析工具（主成分抽取方法、具有Karser标准化的正交旋转法）进行因子分析，得到总方差解释表（见表3-7）和旋转后的主成分载荷矩阵（见表3-8）。

如表3-7所示，采用Kaiser准则，可以提取4个特征值大于1的主成分因子。这4个主成分因子的累计方差解释率达到了66.57%，表明本问卷的结构效度达到了要求［一般为55%（陈浩，2006）］。同时，提取4个主成分因子，与指标体系构建的环境管理绩效的维度数正好一致；但是，在各个主成分上载荷值大的观测变量是否正好与指标体系构建的各个维度的观测变量一致，还需要检查旋转后的主成分载荷矩阵。

表3－7　　　　　　　　　　　总方差解释量

主成分	初始特征值			旋转平方和载入		
	特征值	方差解释量/（%）	累计方差解释量/（%）	特征值	方差解释量/（%）	累计方差解释量/（%）
1	6.99	38.84	38.84	3.82	21.21	21.21
2	2.71	15.04	53.88	3.57	19.84	41.04
3	1.24	6.90	60.78	2.58	14.33	55.37
4	1.04	5.79	66.57	2.02	11.20	66.57
5	0.84	4.67	71.24			
6	0.65	3.63	74.87			
7	0.64	3.56	78.43			
8	0.63	3.47	81.90			
9	0.57	3.14	85.04			
10	0.49	2.72	87.76			
11	0.42	2.31	90.07			
12	0.39	2.17	92.24			
13	0.37	2.05	94.29			
14	0.27	1.52	95.82			
15	0.26	1.42	97.23			
16	0.20	1.13	98.36			
17	0.16	0.89	99.25			
18	0.14	0.75	100			

表3－8　　　　　　　　旋转后的主成分载荷矩阵

观测变量代码	观测变量名称	主成分1	主成分2	主成分3	主成分4
Q3	取得ISO14001认证	0.71	0.14	0.13	0.13
Q4	制定环境方针	0.86	0.07	0.25	0.13

续表

观测变量代码	观测变量名称	主成分1	主成分2	主成分3	主成分4
Q5	设立环境目标	0.81	0.11	0.15	0.13
Q6	设置环境部门	0.70	0.22	0.34	0.15
Q7	监测能耗和排污	0.70	-0.10	0.24	0.27
Q8	实施环境审计	0.57	0.03	-0.10	0.36
Q11	环境教育培训	0.34	0.03	0.34	0.64
Q12	参与环保活动	0.13	0.27	0.03	0.75
Q13	披露环境信息	0.30	0.13	0.15	0.65
Q14.1	节约能源	0.17	0.20	0.84	0.05
Q14.2	节约资源	0.22	0.25	0.83	0.17
Q14.3	减少排污	0.39	0.14	0.61	0.34
Q14.4	再生利用	0.20	0.50	0.42	0.35
Q14.5	生态设计	0.01	0.83	0.11	0.17
Q14.6	绿色采购	0.04	0.83	0.22	0.05
Q14.7	清洁生产	0.34	0.47	0.36	-0.12
Q14.8	储运减排	0.09	0.78	0.14	0.16
Q14.9	绿色营销	0.07	0.90	0.04	0.09

表3-8反映了各观测变量在提取的4个主成分上的因子载荷，可以据此分析、判断各个主成分主要是替代哪些观测变量的，可根据其替代的观测变量对其进行命名，并与原有指标体系构建进行对照来判断原有指标体系构建的合理性。

（二）检验结果与理论构建修正

根据表3-8所示的结果，进行如下分析：

在主成分1上载荷值较大（>0.50）的观测变量分别是Q3（取得ISO14001认证）、Q4（制定环境方针）、Q5（设立环境目标）、Q6（设置环境部门）、Q7（监测能耗和排污）、Q8（实施环境审计），不仅包括"组织结构"维度中的4个观测变量，还包括"环境监测"维度中的2个观测变量，同时，这个主成分排除了原来"组织结构"维度中的"环境教育培训"；这个组合也是合理的，一方面，从严格意义上来说，企业实施"环境教育培训"不必在"组织结构"上有所改变，可以将其作为一项任务来执行，所以，这一主成分解释的变量中不包括"环境教育培训"完全合理；而另一方面，企业要实施"环境监测"，尤其是其中的"实施环境审计"，在某种程度上需要组织结构的配置和调整，需要有专业的人员负责，甚至需要设置专业的设备，还要设计监测数据上报、公开渠道和程序，环境审计也要被纳入企业已有的会计体系等，因此，这一主成分对"环境监测"维度中的两个观测变量——"监测能耗和排污""实施环境审计"的解释也具有充分的理论依据。可见，仍然可以将主成分1命名为"组织结构"，与指标体系构建相呼应。

在主成分2上载荷值较大（≥或接近0.50）的观测变量分别是Q14.4（再生利用）、Q14.5（生态设计）、Q14.6（绿色采购）、Q14.7（清洁生产）、Q14.8（储运减排）、Q14.9（绿色营销），而在主成分3上载荷值较大（＞0.50）的观测变量分别是Q14.1（节约能源）、Q14.2（节约资源）、Q14.3（减少排污）；可见，原有指标体系构建的"环保措施"维度中的9个观测变量拆分为两组分别被主成分2和主成分3解释，而且十分有趣的是，拆分出来的两组观测变量具有较强的内部一致性和外部差异性，即主成分2解释的6个观测变量都反映的是企业在生产的全过程中实施环境保护的情况，在很多情况下，这些环保措施都没有直接的环保目标，达到的环境保护效果也难以直接测量，因此可以命名为"间接环保措施"，而主成分3解释的3个观测变量则测量的是企业针对明确的环境保护目标（如节能减排、两型社会建设等）而实施的环保措施的情况，因此可以命名为"直接环保措施"。可见，以本书收集的样本企业数据为基础的分析表明，原有指标体系构建的"环保措施"维度被分解为两个维度，即"间接环保措施"和"直接环保措施"，这进一步细化了"环保措施"的类型，有助于从不同角度把握企业实施环保措施的情况，具有合理性。

最后，在主成分4上载荷量较大的观测变量为Q11（环境教育培训）、Q12（参与环保活动）、Q13（披露环境信息），包括了原有指标体系构建的"利益相关者关系"维度中的2个观测变量以及上述在主成分1中被排除了的"环境教育培训"。实际上，"环境教育培训"可能更适合测量企业对待环境问题的"利益相关者关系",反映企业如何将环境方针、目标以及相关态度、战略和要求等传达给其内部利益相关者。因此,这一组合也具有理论合理性。

综上所述,第二节构建的企业环境管理绩效评价指标体系基本上得到了本书收集的数据的验证,同时,探索性因子分析这一"让数据说话"的过程真正起到了"说话"的作用,据其结果可以将企业环境管理绩效的评价指标体系调整得更为合理(见图3-3)。如图3-3所示,可以从四个维度对企业的环境管理绩效进行测量,这四个维度分别为组织结构、利益相关者关系、直接环保措施和间接环保措施,各个维度的观测变量如图所示,不再赘述。这即是后面对样本企业进行环境绩效评价的指标体系结构。

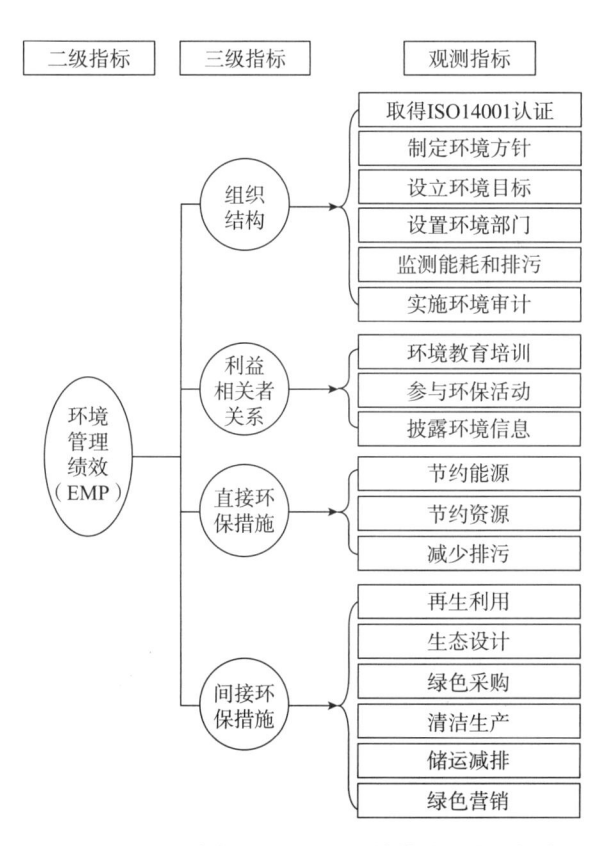

图3-3 修正后的中国工业企业环境绩效评价指标体系

三 企业环境绩效评价与分析

(一)评价方法及结果

虽然可以利用如表3-9所示的主成分得分系数矩阵赋予企业环境管理绩效各个维度的观测变量的权重来计算得到样本企业在各个维度上的得分,而后利用表3-7所示的各个维度的方差解释量作为权重,计算出样本企业的环境管理绩效得分,但是,这种将各个评价维度的观测变量信息进行综合后的评价结果难以清楚地表明这个结果到底意味着什么,也不能明确地告诉各个企业其优势和劣势,也就难以有针对性地提出改进建议。因此,笔者利用前述修正后的模型,采用最原始、最简单也最明了的方法——求各个维度的观测变量的算术平均来对样本企业的环境管理绩效的各个维度进行评价,最后,对各个维度的得分求和,作为对企业环境管理绩效的综合评价。

表3-9 主成分得分系数矩阵

	组织结构	间接环保措施	直接环保措施	利益相关者关系
Q3	0.27	0.03	-0.11	-0.10
Q4	0.31	-0.01	-0.04	-0.14
Q5	0.30	0.02	-0.11	-0.12
Q6	0.21	0.02	0.02	-0.11
Q7	0.20	-0.09	0.00	0.02
Q8	0.19	0.00	-0.23	0.15
Q11	-0.08	-0.11	0.09	0.38
Q12	-0.13	0.02	-0.12	0.53
Q13	-0.06	-0.04	-0.04	0.41
Q14.1	-0.11	-0.07	0.48	-0.10
Q14.2	-0.12	-0.07	0.45	-0.02
Q14.3	-0.04	-0.08	0.27	0.10
Q14.4	-0.08	0.08	0.12	0.13
Q14.5	-0.04	0.27	-0.09	0.03
Q14.6	-0.02	0.26	-0.01	-0.08

续表

	组织结构	间接环保措施	直接环保措施	利益相关者关系
Q14.7	0.12	0.13	0.09	-0.26
Q14.8	-0.01	0.25	-0.08	0.01
Q14.9	0.02	0.32	-0.15	-0.05

采用上述方法，对本书收集的样本企业的环境管理绩效进行评价，得到评价结果如表3-10所示。即无论从环境管理绩效综合得分，还是从各个维度的得分来看，样本企业的环境管理绩效都处于中上水平。其中，综合得分的平均值为16，占满分20分的80%；组织结构、利益相关者关系和间接环保措施三个维度得分的平均值均为4，也处于中上水平，而直接环保措施得分的平均值达到5，处于优秀水平，这可能与我国这些年一系列节能减排政策和措施的推出有关。

表3-10　　　　中国工业企业环境管理绩效评价结果

二级指标	三级指标	观测指标	样本数	极小值	极大值	均值	标准差
环境管理绩效			168	8	20	16	2.47
组织结构			164	2	5	4	0.88
		Q3 取得ISO14001认证	158	1	5	4	1.18
		Q4 制定环境方针	161	1	5	4	1.09
		Q5 设立环境目标	160	1	5	4	1.05
		Q6 设置环境部门	163	1	5	4	1.05
		Q7 监测能耗和排污	163	1	5	4	1.12
		Q8 实施环境审计	161	1	5	3	1.20
利益相关者关系			165	1	5	4	0.79
		Q11 环境教育培训	164	1	5	4	1.07
		Q12 参与环保活动	165	1	5	4	0.97
		Q13 披露环境信息	160	1	5	4	0.97
直接环保措施			168	2	5	5	0.56
		Q14.1 节约能源	167	1	5	5	0.62
		Q14.2 节约资源	167	2	5	5	0.59
		Q14.3 减少排污	168	2	5	5	0.70

续表

二级指标	三级指标	观测指标	样本数	极小值	极大值	均值	标准差
间接环保措施			168	2	5	4	0.79
		Q14.4 再生利用	167	1	5	4	0.82
		Q14.5 生态设计	163	1	5	4	1.17
		Q14.6 绿色采购	165	1	5	4	1.11
		Q14.7 清洁生产	167	2	5	4	0.79
		Q14.8 储运减排	165	1	5	4	0.97
		Q14.9 绿色营销	163	1	5	4	1.13

(二) 总体评价结果分析

为了深入分析企业环境管理绩效各个维度的实施现状，本书对各个维度及其观测变量进行频率分析。

1. 组织结构方面：环境方针的制定以及能耗和排污的监测做得较好，而环境管理部门的设置以及环境审计的实施做得较差

组织结构及其观测变量的频率分析（见图3-4）表明：113家企业（占67.26%）组织结构的整备处于中上水平，其中，还有52家企业（占30.95%）达到了优秀水平，当然，同时也要看到，还有51家企业（占30.36%）组织结构的整备还处于中等及中下水平，需要进一步完善和改进。

比较组织结构的各个观测变量的选择频率可知：样本企业在环境方针的制定以及能耗和排污的监测方面做得比较好，分别有88家企业（占52.38%）五年前即制定了环境方针，78家企业（占46.43%）监测、统计其能耗和排污情况并上报管理层，同时，还分别有29家企业（17.26%）已制定环境方针，33家企业（占19.64%）监测其能耗和排污情况，并做出统计报表；相对而言，样本企业在环境管理部门的设置以及环境审计的实施方面做得比较差，分别只有38家企业（占22.62%）设置了专门的环境管理部门，并由总裁或总经理负责，或者实施全公司定期第三方审计；而ISO14001认证的取得以及环境目标的设立情况介于上述两者之间，有65家企业（占38.69%）五年前即取得ISO14001认证，有59家企业（占35.12%）不仅设立了具体的目

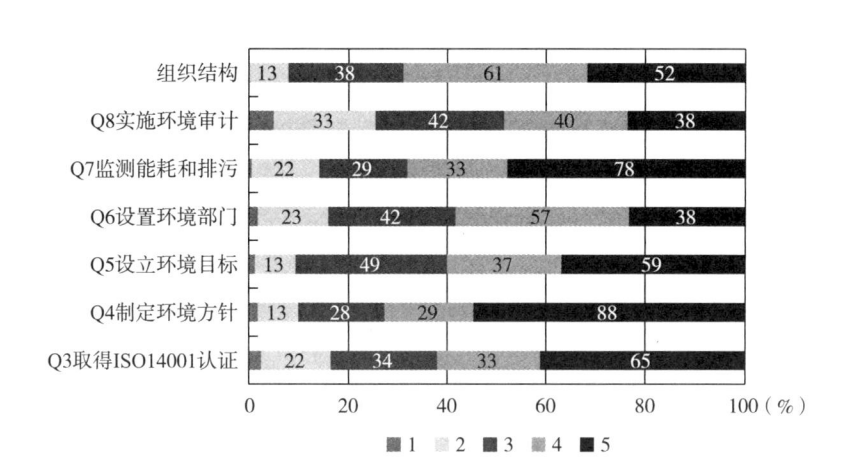

标，而且五年来都根据年度目标进行考核。

组织结构	13	38	61	52
Q8实施环境审计	33	42	40	38
Q7监测能耗和排污	22	29	33	78
Q6设置环境部门	23	42	57	38
Q5设立环境目标	13	49	37	59
Q4制定环境方针	13	28	29	88
Q3取得ISO14001认证	22	34	33	65

图3-4 中国工业企业环境组织结构的整备现状

注：图中图例数字分别对应附录中各个题项的选项，从左至右依次为"1""2""3""4""5"。

2. 利益相关者关系方面：做得十分到位的企业不多，尤其是面向公众披露环境信息的企业较少

利益相关者关系及其观测变量的频率分析（见图3-5）表明：104家企业（占61.90%）利益相关者关系的整备处于中上水平，但是其中只有20家企业（占11.90%）达到了优秀水平，还有较大提升空间。

比较利益相关者关系维度的各个观测变量的选择频率状况可知：样本企业中，在环境教育培训的开展、社会环保活动的参与以及环境信息的披露三个方面做到最好的（定期对全体职员开展环境教育培训、有计划地参与社会环保活动、面向公众发行环境报告书）都不多，分别只有35家、31家和20家，所占比例都只有20%左右，尤其是面向公众发行环境报告书的企业只占样本企业总数的11.90%。

3. 直接环保措施方面：全面实施直接环保措施的企业达到六成以上

直接环保措施及其观测变量的频率分析（见图3-6）表明：162家企业（占96.43%）已部分或全面实施直接环保措施，其中，已全面

实施直接环保措施的企业达到101家（占60.12%），只有极少数企业（6家）刚开始或还没有实施直接环保措施。

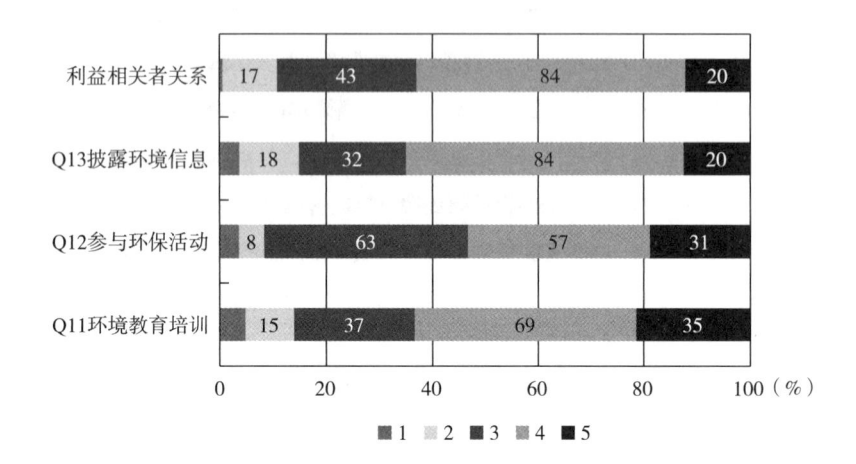

	1	2	3	4	5
利益相关者关系		17	43	84	20
Q13披露环境信息		18	32	84	20
Q12参与环保活动		8	63	57	31
Q11环境教育培训		15	37	69	35

图3-5 中国工业企业利益相关者关系的整备现状

注：图中图例数字分别对应附录中各个题项的选项，从左至右依次为"1""2""3""4""5"。

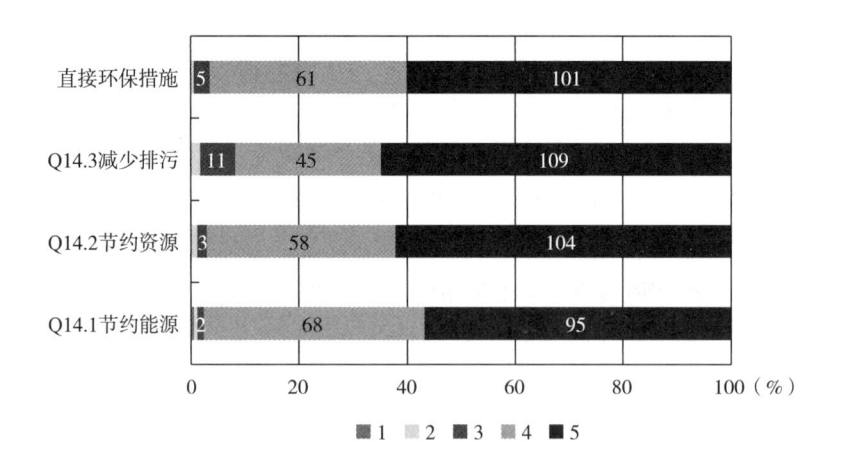

	1	2	3	4	5
直接环保措施		5	61		101
Q14.3减少排污		11	45		109
Q14.2节约资源		3	58		104
Q14.1节约能源		2	68		95

图3-6 中国工业企业直接环保措施的实施现状

注：图中图例数字分别对应附录中各个题项的选项，从左至右依次为"1""2""3""4""5"。

比较直接环保措施维度的各个观测变量的选择频率可知：已全面或部分实施节约能源、节约资源和减少排污的企业占样本企业总数的比例都达到90%以上，尤其是前两者所占比例都达到96%，占绝大多数；在这方面"减少排污"虽然稍逊一筹，但已全面实施减少排污的企业却最多，达到109家（占64.88%）。

4. 间接环保措施方面：清洁生产和废弃物再生利用表现最为突出，生态设计、绿色营销和绿色采购略微逊色

间接环保措施及其观测变量的频率分析（见图3-7）表明：130家企业（占77.38%）已部分或全面实施各种间接环保措施，其中，已全面实施间接环保措施的企业有64家（占38.10%），与直接环保措施相比还有很大差距；同时，还有38家企业（22.62%）刚开始或还没有实施间接环保措施。

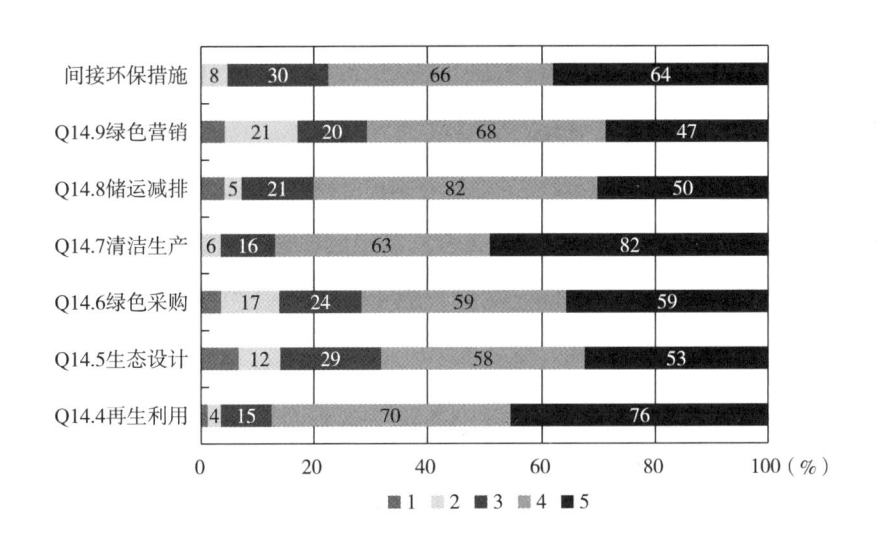

类别	1	2	3	4	5
间接环保措施		8	30	66	64
Q14.9绿色营销		21	20	68	47
Q14.8储运减排		5	21	82	50
Q14.7清洁生产		6	16	63	82
Q14.6绿色采购		17	24	59	59
Q14.5生态设计		12	29	58	53
Q14.4再生利用	4	15	70		76

图3-7 中国工业企业间接环保措施的实施现状

注：图中图例数字分别对应附录中各个题项的选项，从左至右依次为"1""2""3""4""5"。

比较间接环保措施维度各观测变量的选择频率发现：样本企业在清洁生产和废弃物再生利用方面表现最为突出，已全面或部分实施清洁生产、废弃物再生利用的企业分别达到145家（占86.31%）、146家

（占 86.91%），而且，其中已全面实施清洁生产和废弃物再生利用的企业也分别有 82 家（占 48.81%）和 76 家（占 45.24%）；而已全面或部分实施生态设计、绿色营销和绿色采购的企业分别只有 111 家（占 66.07%）、115 家（占 68.45%）和 118 家（占 70.24%），而且其中已全面实施这些措施的企业也只有不到或略多于 50 家，占比都不到 40%。

另外，这里让笔者感到有些意外的是，实施储运减排的企业的数量和比例，虽然已全面实施储运减排的企业数不多，只有 50 家，占比不到 30%，但已部分实施储运减排的企业数达到 82 家，占比达到 48.81%，从而使储运减排的实施状况总体上好于生态设计、绿色营销和绿色采购。

（三）不同类型企业评价结果分析

为了从更多的侧面反映中国工业企业环境管理绩效的现状，本书运用方差分析法，对不同行业、规模、所有制性质和区位的企业的环境管理绩效进行比较分析。

1. 不同行业企业的环境管理绩效比较

比较不同行业企业环境管理绩效各个维度的平均得分，得到图 3-8、表 3-11 所示的结果。组织结构方面，制造业和交通运输、仓储业企业的得分最高，分别为 3.90 和 3.79，而电力、煤气及水的生产和供应业企业得分最低，只有 2.86；同时，方差分析结果表明，不同行业企业的组织结构均值存在显著差异（F = 2.64，P = 0.036 < 0.05），而且，成对多重比较检验结果表明，这个差异主要来源于制造业以及交通运输、仓储业与电力、煤气和水的生产和供应业企业之间的差异。

利益相关者关系方面，建筑业企业的得分最高，达到 3.81，同样，电力、煤气及水的生产和供应业企业的得分最低，只有 3.00，其他三个行业企业的得分介于两者之间，差别不大；同时，方差分析结果表明，不同行业企业的利益相关者关系均值不存在显著差异（F = 1.17，P = 0.328 > 0.05）。

直接环保措施方面，交通运输、仓储业和制造业企业的得分最高，分别为 4.67 和 4.58，而采掘业企业的得分最低，为 4.08；同时，方差分析结果表明，不同行业企业的直接环保措施均值存在显著差异（F =

2.45，P=0.048<0.05），而且，成对多重比较检验结果表明，这个差异主要来源于交通运输、仓储业以及制造业与采掘业企业之间的差异；但是，这里值得注意的是，由于方差齐性检验结果显示各个行业企业的直接环保措施的总体方差可能不齐（显著性水平为0.043），所以，行业间直接环保措施均值的差异也有可能是由此产生的，而不一定是因为行业不同所致。

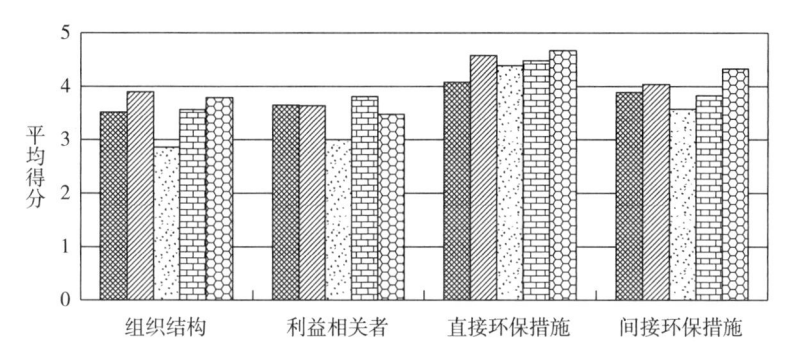

图3-8 不同行业企业环境管理绩效各维度的平均得分

表3-11 不同行业企业环境管理绩效各维度得分的方差分析

	平方和	df	均方	F	显著性		平方和	df	均方	F	显著性
组织结构						直接环保措施					
组间	7.87	4	1.97	2.64	0.036	组间	3.02	4	0.76	2.45	0.048
组内	118.30	159	0.74			组内	50.14	163	0.31		
总数	126.17	163				总数	53.16	167			
利益相关者						间接环保措施					
组间	2.93	4	0.73	1.17	0.328	组间	3.06	4	0.76	1.24	0.297
组内	100.56	160	0.63			组内	100.60	163	0.62		
总数	103.49	164				总数	103.66	167			
环境管理绩效											
组间	33.97	4	8.49	1.41	0.233						
组内	981.94	163	6.02								
总数	1015.91	167									

间接环保措施方面，交通运输、仓储业企业的得分最高，为4.33，而电力、煤气和水的生产和供应业企业的得分最低，只有3.58；但是，方差分析结果表明，不同行业企业的间接环保措施均值不存在显著差异（F = 1.24，P = 0.297 > 0.05）。

另外，从环境管理绩效综合得分来看，制造业企业的得分最高，为16.02，而电力、煤气及水的生产和供应业企业的得分最低，只有13.83；虽然方差分析结果表明，不同行业企业间不存在显著差异（F = 1.41，P = 0.233 > 0.05），但是，成对多重比较检验结果显示，制造业与电力、煤气及水的生产和供应业企业的环境管理绩效间存在显著的差异。

综上所述，得到的有意义的结论为：制造业企业的环境管理绩效显著优于电力、煤气及水的生产和供应业企业；制造业和交通运输、仓储业企业的组织结构整备显著优于电力、煤气和水的生产和供应业企业；交通运输、仓储业和制造业企业的直接环保措施实施可能显著优于采掘业企业。

此外，由于制造业样本企业较多，有129家，而且涉及10个不同部门，不同制造业部门企业间的环境管理绩效也有可能存在明显差异。因此，本书采用同样的方法和思路对不同制造业部门企业①的环境管理绩效及其维度进行了比较（见图3-9、表3-12）。结合分析图3-9和表3-12所示的结果以及成对多重比较检验结果，可知：从企业环境管理绩效的综合得分来看，制造业不同部门间具有显著的差异，但显著性水平不高，只在0.10水平上显著（F = 1.95，P = 0.092 < 0.10），而且具体表现为金属/非金属企业的环境管理绩效显著优于医药/生物制品、机械/设备/仪表企业；从企业环境管理绩效的各个维度的平均得分来看，制造业不同部门间只在间接环保措施的实施方面具有显著的差异（F = 2.59，P = 0.03 < 0.05），而且这个差异主要来源于纺织/服装/皮毛、石化/塑胶/塑料企业间接环保措施的实施状况显著好于机械/设备/仪表企业，金属/非金属企业间接环保措施的实施状况显著好于机械/设备/仪表、医药/生物制品企业。

---

① 方差分析只考虑了样本企业数多于5家的制造业部门。

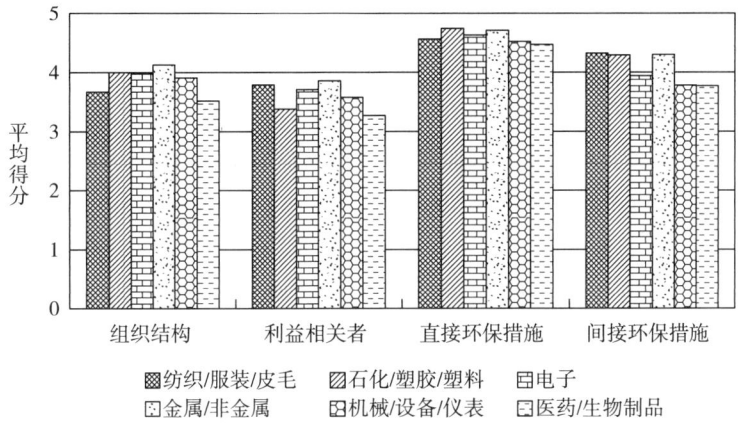

图 3-9 制造业各部门企业环境管理绩效各维度的平均得分

表 3-12 制造业不同部门企业环境管理绩效及其各维度的方差分析

		平方和	df	均方	F	显著性		平方和	df	均方	F	显著性
组织结构							直接环保措施					
	组间	4.22	5	0.84	1.20	0.314	组间	1.09	5	0.22	0.87	0.506
	组内	74.46	106	0.70			组内	27.37	109	0.25		
	总数	78.66	111				总数	28.46	114			
利益相关者							间接环保措施					
	组间	4.44	5	0.89	1.49	0.199	组间	7.46	5	1.49	2.59	0.03
	组内	63.69	107	0.60			组内	62.82	109	0.58		
	总数	68.13	112				总数	70.28	114			
环境管理绩效												
	组间	49.06	5	9.81	1.95	0.092						
	组内	549.07	109	5.04								
	总数	598.13	114									

2. 不同规模企业的环境管理绩效比较

比较不同规模企业环境管理绩效及其各个维度的平均得分，得到如图 3-10、表 3-13 所示的结果。图 3-10 显示，组织结构、利益相关者关系、直接环保措施三个维度，都是大型企业的平均得分最高，中型企业其次，而小型企业最低，表现出企业规模越大，环境管理绩效越好的趋势，环境管理绩效综合得分也表现出同样的趋势。但是，表 3-13 的方差分析结果显示，不同规模企业只在利益相关者关系方面的差异是十分显著的（F=7.47，P=0.001<0.05），而且，成对多重比较检验结果表明，这个差异主要来源于大型企业、中型企业与小型企业之间的差异。虽然不同规模企业间组织结构、环境管理绩效综合得分的差异也在 0.10 水平上显著，但方差齐性检验结果拒绝了这两个方面的总体方差齐性的假设，因此，难以借此断定不同规模企业间组织结构、环境管理绩效综合得分的差异是因为企业规模不同而引起的。

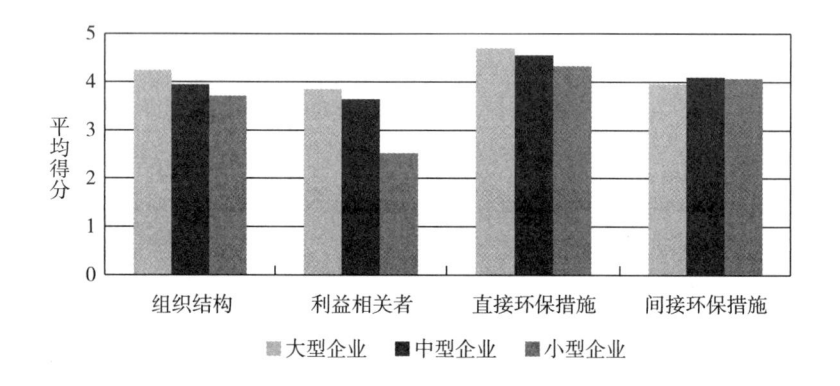

图 3-10 不同规模企业环境管理绩效各维度的平均得分

表 3-13 不同规模企业环境管理绩效及其各维度的方差分析

		平方和	df	均方	F	显著性		平方和	df	均方	F	显著性
组织结构							直接环保措施					
	组间	2.96	2	1.48	2.80	0.065	组间	1.02	2	0.51	2.23	0.113
	组内	60.43	114	0.53			组内	26.14	114	0.23		
	总数	63.39	116				总数	27.16	116			
利益相关者							间接环保措施					
	组间	8.58	2	4.29	7.47	0.001	组间	0.53	2	0.27	0.40	0.669
	组内	65.47	114	0.57			组内	75.17	114	0.66		
	总数	74.05	116				总数	75.70	116			

续表

		平方和	df	均方	F	显著性		平方和	df	均方	F	显著性
环境管理绩效												
	组间	24.23	2	12.11	2.69	0.072						
	组内	513.34	114	4.50								
	总数	537.57	116									

综上所述，得到的有意义的结论为：大型企业、中型企业的利益相关者关系显著优于小型企业。

3. 不同所有制企业的环境管理绩效比较

比较不同所有制企业①环境管理绩效及其各个维度的平均得分，得到如图 3-11、表 3-14 所示的结果。如图 3-11 所示，环境管理绩效的四个维度基本上都表现为国有企业的平均得分最高，而其他所有制企业的平均得分都比较低（除了其他企业的组织结构得分较高外）。同时，表 3-14 所示的方差分析结果显示，不同所有制企业在企业环境管理绩效、组织结构、直接环保措施、间接环保措施方面都存在显著差异，而且显著性水平较高，分别为 0.000、0.001、0.006 和 0.041；同时，成对多重比较检验结果表明：在组织结构方面，国有企业、其他企业显著优于合资企业、民营企业；在直接环保措施的实施方面，国有企业显著优于合资企业、民营企业；在间接环保措施的实施方面，国有企业显著优于合资企业、其他企业；在环境管理绩效综合得分方面，国有企业显著优于合资企业、民营企业。

表 3-14　不同所有制企业环境管理绩效及其各维度的方差分析

		平方和	df	均方	F	显著性		平方和	df	均方	F	显著性
组织结构							直接环保措施					
	组间	12.10	3	4.03	5.73	0.001	组间	3.93	3	1.31	4.27	0.006
	组内	107.72	153	0.70			组内	48.24	157	0.31		
	总数	119.82	156				总数	52.17	160			

---

① 方差分析只考虑了样本企业数多于 5 家的所有制类型。

续表

		平方和	df	均方	F	显著性		平方和	df	均方	F	显著性
利益相关者							间接环保措施					
	组间	3.06	3	1.02	1.63	0.184	组间	5.14	3	1.71	2.82	0.041
	组内	96.32	154	0.63			组内	95.53	157	0.61		
	总数	99.38	157				总数	100.67	160			
环境管理绩效												
	组间	110.62	3	36.87	6.50	0.000						
	组内	890.72	157	5.67								
	总数	1001.34	160									

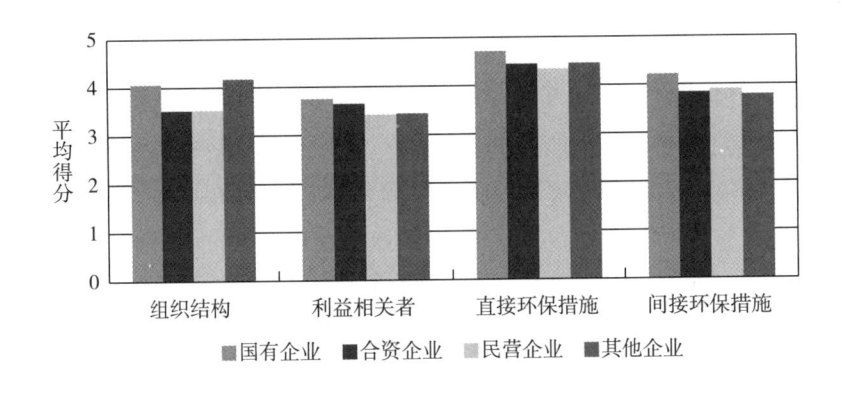

图 3-11 不同所有制企业环境管理绩效各维度的平均得分

综上所述，得到的有意义的结论为：不同所有制企业的环境管理绩效存在显著的差异，而且，国有企业显著优于合资企业和民营企业。

4. 不同区域企业的环境管理绩效比较

比较不同区域企业环境管理绩效及其各个维度的平均得分，得到如图3-12、表3-15所示的结果。如图3-12所示，环境管理绩效的四个维度基本上都表现为西部企业的平均得分最高，而东部和中部企业的平均得分较低，且相差不大，环境管理绩效综合得分也表现出同样的规律。但是，表3-15所示的方差分析结果显示，只有组织结构和环境管理绩效综合得分存在显著的区域差异，显著性水平分别为0.013和

0.058；同时，成对多重比较检验结果表明：在组织结构方面，西部企业显著优于东部和中部企业；在环境管理绩效综合得分方面，西部企业显著优于东部企业。

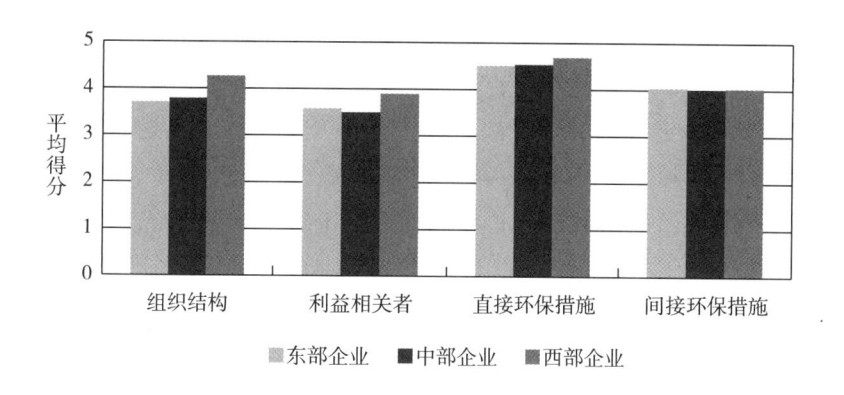

图 3-12　不同区域企业环境管理绩效各维度的平均得分

表 3-15　不同区域企业环境管理绩效及其各维度的方差分析

		平方和	df	均方	F	显著性		平方和	df	均方	F	显著性
组织结构							直接环保措施					
	组间	6.60	2	3.30	4.44	0.013	组间	0.67	2	0.34	1.05	0.352
	组内	119.56	161	0.74			组内	52.49	165	0.32		
	总数	126.16	163				总数	53.16	167			
利益相关者							间接环保措施					
	组间	2.67	2	1.34	2.15	0.120	组间	0.11	2	0.06	0.09	0.916
	组内	100.82	162	0.62			组内	103.54	165	0.63		
	总数	103.49	164				总数	103.65	167			
环境管理绩效												
	组间	34.42	2	17.21	2.89	0.058						
	组内	981.49	165	5.95								
	总数	1015.91	167									

综上所述，得到的有意义的结论为：西部企业环境管理绩效总体上

最优，尤其在组织结构方面。但这里需要注意的是，这可能是由于西部样本企业较少所致。

5. 不同省份企业的环境管理绩效比较

比较不同省份企业环境管理绩效及其各个维度的平均得分，得到如图3-13、表3-16的结果。如图3-13所示，不同省份的环境管理绩效及其四个维度都有较大的差异。从环境管理绩效综合得分来看，新疆企业的平均得分达到19.11，而北京、安徽、上海企业的平均得分都在16.00左右；其中，从组织结构来看，新疆、陕西、浙江、江苏企业的平均得分达到4.00以上，而北京企业的平均得分只有2.86；从利益相关者关系来看，平均得分在4.00以上的省份只有新疆，而北京、安徽企业的平均得分都只刚刚达到3；从直接环保措施来看，所有省份企业的平均得分都达到了4.00以上，其中，河南企业表现得最为突出，平均得分达到4.95，而北京企业表现最差，平均得分只有4.05；从间接环保措施来看，新疆企业表现最为突出，平均得分达到4.86，而北京和陕西企业表现较差，平均得分都不到4.00。同时，如表3-16所示的方差分析结果显示，企业环境管理绩效及其维度都存在十分显著的省域差异。

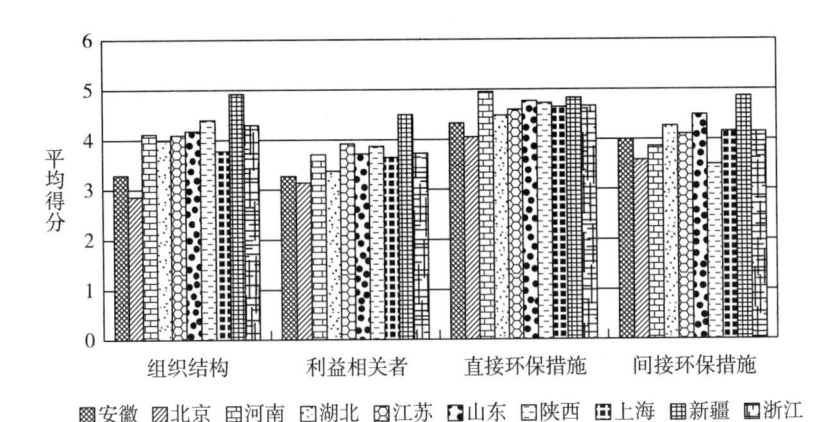

图3-13 不同省份企业环境管理绩效各维度的平均得分

注：只考虑了样本企业数不少于5家的省份。

表 3-16　不同省份企业环境管理绩效及其各维度的方差分析

		平方和	df	均方	F	显著性		平方和	df	均方	F	显著性
组织结构							直接环保措施					
	组间	37.75	10	3.775	6.532	0.000	组间	9.05	10	0.91	3.22	0.001
	组内	88.42	153	0.58			组内	44.12	157	0.28		
	总数	126.17	163				总数	53.17	167			
利益相关者							间接环保措施					
	组间	13.23	10	1.32	2.26	0.017	组间	15.46	10	1.55	2.75	0.004
	组内	90.26	154	0.59			组内	88.19	157	0.56		
	总数	103.49	164				总数	103.65	167			
环境管理绩效												
	组间	234.64	10	23.46	4.72	0.000						
	组内	781.28	157	4.98								
	总数	1015.92	167									

注：只考虑了样本企业数不少于5家的省份。

综上所述，得到的有意义的结论为：企业环境管理绩效及维度都存在显著的省域差异。

总结上述分析可知：不同行业、不同规模、不同所有制、不同区域（省份）企业的环境管理绩效存在一定的差异，主要表现为制造业企业、交通运输、仓储业企业、大型企业、中型企业、国有企业、西部企业的环境管理绩效总体上更优。

第四章　中国工业企业环境绩效的驱动机制

理解企业组织进行积极环境管理并改善其环境绩效的驱动机制是十分必要的。一方面，对驱动机制的理解有助于组织研究者预测企业的相关行为，并为环境规制的制定等提供决策依据；另一方面，对驱动机制的理解有助于揭示培育生态可持续组织的机理，为研究者、管理者和政策制定者判别不同环境规制手段（如行政命令型、市场激励型、自愿项目型等）的有效性并做出相关决策提供参考依据（Bansal and Roth, 2000）。张嫚（2005）甚至认为对"环境规制能否像波特假说所提出的那样促进企业竞争力的提升"这一问题的回答，有赖于对"环境规制传导机制的探求"，即对"从环境规制的制定与实施到对企业的决策与行为产生影响的作用过程及其中的影响因素"的探求。正因如此，企业环境行为及其绩效的驱动机制一直是企业环境管理领域的研究热点。

第一节　中国工业企业环境绩效驱动机制理论分析

遵循实证研究的范式，在进行实证分析之前，从理论上演绎推理中国工业企业环境管理绩效的驱动因素及作用机制，并提出待检验的理论假说。主要是借鉴国内外相关研究，综合运用利益相关者理论、资源基础观、组织社会学的制度理论、权变理论等的相关理论观点和结论，结合中国工业企业所处的经营环境（包括历史传统环境、政策环境、市场环境、文化环境、社会舆论环境）等以及企业自身特点，分析阐明中国工业企业环境管理绩效受到哪些因素的影响？这些因素是如何影响中国工业企业的环境管理行为和绩效的？并最终建立基于"压力—状态—响应"的企业环境管理驱动模型，作为后续实证分析的理论基础和依据。

对于企业为何采取积极的环境管理行为或取得好的环境绩效机制的解释，只关注外部压力的驱动或只关注内部动力的驱动都是不充分的（Prakash，2001），因此，本书试图将两者结合起来，既关注其外部压力，也关注其内部动力。而且先分别分析阐明外部压力因素、内部动力因素的作用，而后，将内外因素结合起来，分析构建外部压力因素、内部动力因素对企业环境管理绩效的作用机制和路径。

一 影响因素分析

（一）外部压力因素

"利益相关者"这个概念是由斯坦福于1963年首次提出来的，他将其界定为"那些如果没有他们的支持企业组织将不复存在的群体"。之后，很多学者对其进行了完善和补充。Freeman（1984）在其经典著作——《战略管理：利益相关者管理的分析方法》中明确提出了利益相关者管理理论，指出利益相关者是"任何一个能够影响公司使命或目标的实现并且受公司目标影响的群体和个人，包括雇员、客户、投资人、政府、供应商、合作伙伴、媒体等，以及能够帮助或损害公司的其他团体"（Freeman，1984）。在此基础上，Savage等（1991）将利益相关者定义为"对组织的行动感兴趣，并有能力影响它的群体或个人"。20世纪90年代初利益相关者理论开始挑战"股东利益至上"理论，对其进行批评，并从企业战略、企业伦理等角度探讨利益相关者对企业的影响作用，推进了利益相关者理论的发展。Mitchel等（1997）总结多种利益相关者定义，归纳出三种定义：利益相关者指在企业中投入了专用性资产的人或团体；利益相关者指凡与企业有直接关系的人或团体；利益相关者指凡能影响企业行为或被企业行为所影响的人或团体。

企业本质上是一种受产品市场影响的实体，股东的利益要依赖于股票市场、产品市场和经理人市场，企业行为就会受到股东、债权人、债务人、供应商、客户、合作企业、竞争企业、消费者、企业管理人员、企业员工的影响，同时也会对他们产生影响。企业作为社会的一个单位，企业行为会受到政治、经济、宗教文化等方面的影响，包括政党、各级政府机构、职能部门、工会组织、社会公众、社会团体、媒体、宗教群体等，同样企业行为也会对他们产生影响。任何一个企业的发展都离不开各利益相关者的投入或参与，这些利益相关者的区别在于有的是直接提供资金，有的是提供人力资源，有的是提供政策、物质、文化等的支持，有的分担了企业的经营风险，有的对企业进行监督和制约，有的为企业的经营活动付出了代价。因此，企业做出任何的行为选择都要基于对各利益相关者利益要求的慎重考虑（Bowie，1991），而且，有人认为企业正是为了满足不同利益相关者的要求而制定不同的发展战略，从而也导致企业的绩效存在差异（Harrison and Freeman，1999）。

同理，企业的环境绩效在很大程度上受到企业的环境利益相关者的影响。Banerjee 等（2003）借鉴 Freeman（1984）对利益相关者的定义，将企业的环境利益相关者定义为"影响企业环境目标的实现并被其影响的个人或群体"，包括规制利益相关者、社区利益相关者、组织利益相关者和媒体（Fineman，1996；Henriques and Sadorsky，1999）。

与效率导向理论特别关注市场和政府的作用不同，组织社会学的制度理论关注外部力量对企业决策的影响，认为企业决策或经营成果未必基于管理者的理性经济分析（DiMaggio and Powell，1983；Oliver，1991），除了经济效益上的细致计算外，政府管制、市场需求和社会期望等外部因素对企业环境绩效的驱动和影响作用也十分重要（Hoffman，1999；King and Lenox，2000；Delmas，2002），因此，Henriques 和 Sadorsky（1996）将外部利益相关者压力视为影响企业环境绩效的第三类驱动因素，即除经济动力和合同激励以外的驱动因素。这种观点认为，企业组织的决策不是追逐利润最大化的，而是反映要求企业合法化（合理化）的外部压力。根据这种理论解释，可以认为，企业之所以采取"超守法"环境政策，是为了应对来自关键外部力量的压力。而企业经理在这方面没有任何自主权（Prakash，2001）。根据制度理论，在具有相同的规范、价值观和条件的社会框架中经营的组织，为了得到社会认同，常常会具有一致的行为（Meyer and Rowan，1977）。该理论对认为组织只是追逐利益的观点提出质疑，而认为组织也能认识到获得社会认可（legitimacy）对其长期生存和竞争力的重要性（Suchman，1995）。合法的组织是指那些在一定的规范、价值观、信念和定义体系构建的社会体系中被认为是合适的和恰当的。这个合法性的决定超出了公司或工厂的范围,但由公司或工厂所在的更广阔的社区决定(Hoffman, 1997)。关于这方面的研究,有学者强调外部合理化和给组织创造接近能为组织的长期生存做出贡献的资源机会的关系的重要性(Meyer and Rowan, 1977)。在组织间的水平上,制度压力来自外部,如政府、市场和社会(如选区、行业协会等)(Hoffman, 2000)。在组织水平,制度压力也来自文化、共享信念体系和政治过程(DiMaggio and Powell, 1983)以及股东(Henriques and Sadorsky, 1996, 1999)。因此,制度因素能给经理们带来胁迫的、模仿的和规范的压力。胁迫压力主要由政府指令带来的权威压力或威胁(Oliver, 1991);模仿压力是在组织的制度领域模仿或模拟规范或实践过程中产生的压力;规范压力产生于行业或部门成员的职业化,他们试图界定各自使其行为符合其职业自治要求的条件和方法(Oliver, 1997)。

Thornton 等(2003)建立了企业环境行为的"许可模型"(license model)来分析企业"超守法"的驱动机制,认为企业经理们(至少是那些备受关注的企业中的经理们)是在多样化的运营许可证内运营的,每个运营许可证就代表一类利益相关者(如环境规制者、环保组织、社区居民、投资者等)的要求,某个企业(工厂)的环境绩效就是在与这些外部利益相关者的要求的博弈中形成的。

基于上述分析,本书认为驱动企业环境管理的外部压力主要包括环境规制压力、市场环境压力、社区公众压力以及区位条件因素。

1. 环境规制压力

规制利益相关者包括制定环境规制的政府、收集现行和未来立法相关信息的贸易协会、作为重要技术信息源泉的非正式网络(Porter and van der Linde, 1995),甚至还包括特定企业的竞争者,因为它们有可能成为环境管理领域的领袖,从而使它们使用的技术成为行业规范或法律规定(Barret, 1992)。环境规制压力主要指政府通过法律法规(比如颁布各种法律法规,设立各种规范、标准,采取政策引导,开展周期性检查和监管,技术资金等支持,奖惩措施等手段),对企业环境行为实行的干预和干涉。制度约束的主体主要指各国政府和国际间政府组织，我国目前实行的省市县的地方划分制度，各级地方政府也会制定相关条令规定对企业环境行为加以约束。规制就是以奖惩措施引导企业关注环境保护，改善环境行为，对其进行监督管理。环境规制具有引导性和强制性，是企业行为的底线，企业若违背了相关的法规将失去生存的合法性，将冒受到法律制裁的风险，包括被取消经营许可证或被罚款、处罚。因此，企业的环境行为受到各级政府的管制和监督。

组织变革的制度主义模型认为，企业组织会根据他们所处的制度环境构建其组织结构并进行相关的实践活动，因此，组织可能尽量适应诸如规制体系、公众和规制者的期望（Pfeffer，1982，转引自 Ransom 和 Lober，1999）。这种适应会给企业带来很多潜在好处，如创造一个更稳定而较少风险的运营环境，从制度环境中获得额外资源，或者获得更强的合法性（Ransom and Lober，1999）。

根据利益相关者理论，企业组织也会对各种外部和内部利益相关者（包括政府、社区、债权人、供应商、竞争者、员工等）的要求做出响应，而且该理论强调，企业的这种响应是利益相关者控制企业所需要资源的一个结果（Donaldson and Preston，1995），因此，企业是否对某个利益相关者的要求作出响应取决于：第一，企业对该利益相关者控制资源的依赖程度；第二，该利益相关者的要求与其他利益相关者的要求的冲突程度（Pfeffer，1982，转引自 Ransom and Lober，1999；Doyle，1994）。而环境规制者正好是企业的关键利益相关者，是重要的发挥外部政治和经济力量的企业利益相关者。因为他们有可能通过环境立法和执法给企业增加大量成本。

因此，很多人认为企业唯恐受到法律制裁是其采取积极环境行为的主要原因（Hoffman，1997）。面临压力下的组织为了获得生存的合宜性，不得不向制度领域的主流成员看齐，从而表现出组织形态或者商业模式方面的趋同（DiMaggio and Powell，1983；路江涌等，2014），同样，面临环境规制压力，企业必须及时对环境规制者的要求和动态做出响应，甚至是制定比环境规制者更严格的环境目标（Ransom and Lober，1999）。尤其是在发展初期，企业开始关注环境或实施环境管理实践，主要是应对政府的环境规制要求，表现为遵从政府制定并颁布的各项环境法规和政策。很多学者的研究都表明制度压力与企业环境责任之间存在关系（Campbell，2007；Laine，2009），制度压力影响企业环境责任行为，迫于制度压力的企业会通过环境治理和信息披露等相应的策略获得合法性，从而继续进行经营活动（姜雨峰和田虹，2014）。

同时，环境规制也可以通过引导公众的消费方式和消费习惯，采取市场手段推动企业生产绿色产品，改善环境行为，环境规制的运行及实施对企业环境成本补偿机制产生影响以达到推动企业环境行为的目的。环境规制也可能通过影响企业环境资源等环境要素的使用价格，从而影响企业的生产成本，进入到企业的利润最大化决策之中（张嫚，2005）。因此，制度环境被认为"不仅组成了组织分析的背景条件，还可以直接决定公司的战略方向"（Peng，2009），同样地，环境规制也是影响企业的环境战略的重要因素之一（Reinhardt，1999）。

此外，通过采取积极的态度管理环境影响，企业组织可以与政府间保持良好关系，从而获得政治资本。例如，可以和政府之间更容易建立合作关系，并挖掘更多的政府鼓励更大的环境改善的非规制方式。这种合作也能促进环境学习、能力建设（Darnall and Edwards，2006）以及组织与规制者间的相互信任（Hoffman，2000）；这种增强的信任以及与规制者的接近有可能给企业组织创造更多的机会来影响环境政策的制定。

如表2-4和表2-8所示，国内外许多实证研究都表明环境规制压力能促进企业的环境管理实践和环境绩效，包括企业污染防治行为和企业守法行为。Andersson和Bateman（2000）的调查和分析结果甚至表明，相对于企业内部环境（环境典范），企业外部压力（包括环境规制、市场竞争）在推动企业积极应对环境问题方面的作用更明显。

但是，面对环境规制压力，企业是选择守法还是违规，可能在很大程度上取决于企业对守法成本和违规利益的权衡，如果违规利益大于守法成本，企业作为理性经济人的选择肯定是违规（Becker，1968）。而违法利益的大小取决于环境规制的严厉程度，一般地，环境规制越严，相应的罚款力度也就会越大，在执行力度一定的情况下，就会降低企业的违法利益，促进企业守法，因此，一般认为，环境规制越严，越有助于促进企业改进其环境绩效。在我国，政府主要是通过自上而下的手段给企业施加节能减排压力，各级政府通过对不同企业采取目标责任制、行政强制和行政许可等方式，对工业企业的节能减排行为进行规制。而且，环境规制压力的大小还取决于企业的感知和认识，也就是说，环境规制压力只对关注政府的相关规制，并认为其十分重要的企业才起作用。

综上所述，我们提出如下假说：

假说1（H1）：企业感受到的环境规制压力越大，企业环境管理绩效越好。

2. 市场环境压力

企业会对给它们的交易（Suchman，1995）和生存（Mitchell et al.，1997）等方面起到关键作用的主要的、明确的利益相关者的要求做出快速反应，这一点已经达成共识。企业的交易和生存都有赖于市场，尤其是市场中的股东、消费者和竞争对手。

企业股东是对企业的运营和生存起到关键作用的利益相关者之一，因为企业必须争取股东的资金支持，即必须考虑董事会、贷款方以及投资者对企业降低成本和增加收益的诉求，也就是获得所谓的"经济许可"（Kagan et al.，2003；Thornton et al.，2003），为此，企业可能会顾及他们的环境要求。投资者对企业施加的环境压力可能来源于：不满因环境罚款等造成的利润降低，环境目标的幻灭，进行新的融资方面的困难等（Henriques and Sadorsky，1996），即企业股东由于不愿意因环境处罚或环境债务而受到经济损失，在进行投资决策时，会越来越注意考察企业的环境绩效；同时，对于投资者来说，环境管理积极的企业可能显得风险较小，因此能够获得较优惠的保险或商业贷款（Anton et al.，2004）。另一方面，有的股东本身就具有较强的环境意识，有一定的环境偏好，对投资对象有一定的环境要求，因此，他们在做出投资决策时除了考虑自己的经济收益外，还会考虑自己的环境偏好，要权衡所投资的企业污染处罚和污染责任赔偿等守法成本带来的潜在损失，而且通常环境行为差的企业可能会给股东一个该企业生产效率不是很高的不良印象。因此，本书认为，企业认为其股东的环保要求越高的话，其环境管理绩效可能就会越好。

消费者也是市场中影响企业的关键利益相关者之一，可以说，消费者是企业的衣食父母，其消费偏好决定了企业生产发展的方向。消费者会通过购买企业的产品或者交流他们对企业的满意度等来支持企业的行为，他们也可能通过抵制企业产品或对企业提起诉讼等来表达对一个企业的不满（Greenno and Robinson，1992）。近年来兴起的绿色消费潮流能对企业的环境管理实践和绩效产生驱动和引导作用，美国的民意调查表明，从1988年11月到1989年5月，因产品环境友好而购买该产品的被调查者比例从19%提高至42%；由一个英国产品开发咨询公司于1989年所做的调查也表明，53%的被调查者倾向于购买环境友好的产品，75%的被调查者愿意购买材料可降解的、包装可回收利用的产品，而且，约有同样比例的被调查者愿意为这样的产品支付更多（转引自Arora and Gangopadhyay，1995）。在我国，随着居民生活水平的日益提高，消费者的绿色消费认同感也在不断提高，如2005年对武汉居民的调查显示，80%以上的人认为有必要进行绿色消费（韩艳宾，2006），尤其是作为消费主要力量的中青年居民绿色消费水平较高（夏少敏等，2012）。在这样的背景下，企业不能不考虑绿色消费者显现出来的对环境友好企业的"绿色"产品的偏好，满足绿色消费者对绿色环保产品需求的增加。不少文献发现拥有越多的国外客户的企业，越倾向于采取积极主动的环保措施（Bansal and Hunter，2003；Arimura et al.，2008），在很大程度上也是因为国外客户更关注环境保护。同时，由于有关工业企业环境实践的信息可获得性的改善，消费者环境意识的增强，促进企业组织采取环境管理体系的市场压力也开始随之增强。一方面，环境信息影响企业组织的声誉（Marshall and Mayer，1991；Konar and Cohen，1997）及其市场促销的能力（Klassen and McLaughlin，1996）。例如，已有研究表明，消费者不愿意购买有过较大化学泄漏企业的产品（Klassen and McLaughlin，1996）。另一方面，市场也有可能通过吸引有意从已经实施环境管理体系的企业购买产品和服务来奖励采取了环境管理体系的企业（Darnall et al.，2001）。而且，根据Arora和Cangopadhyay（1995）的分析，消费者购买力的提高会促进企业减少污染排放，消费者购买环境友好产品意识的提高，还有可能改变环境规制对企业环境绩效的作用。因此，笔者认为，如果企业认为消费者的环保要求高的话，会提高其环境管理绩效，尤其是通过制定竞争环境战略来让企业通过绿色产品获得更多市场份额，或者通过生产环境友好产品来维护已有消费群，或者通过减少废弃物处理等降低成本等（Ransom and Lober，1999）。

企业在市场中面临的另外一个重要的利益相关者是竞争者。同行带来的竞争压力也可能成为促进企业实施环境管理实践的因素之一。这一方面可能因为企业都会向同行学习、靠拢，另一方面企业也可能不想成为同行的"另类"（环境落后者）而被孤立（Anton et al.，2004）；这对于比较偏向于从众的中国企业来说更有可能，尤其是当竞争企业通过污染预防等环境管理实践而实现了成本节约或企业形象提升，甚至率先占领绿色市场等切实好处的话，更能刺激其他企业的效仿；即使因环境风险事件等而使企业声誉受损、使企业处于竞争劣势的竞争对手，会对其他企业起到警示的作用。所以，认为竞争者都在实施环境管理实践的企业可能环境管理绩效更好。

在这些市场压力下，企业可能会做出让步，实施环境管理实践，并从中获得更多的道德合理性。因此，可以说这些市场压力对企业经理们施加着胁迫和模仿的双重压力，促使他们采取更综合的环境管理体系（Darnall et al.，2008）。同时，如表2-4和表2-6所示，已有很多研究也证实了这一论断。所以，提出如下假说：

假说2（H2）：认为市场环境压力越大的企业，其环境管理绩效越好。

3. 社区公众压力

根据利益相关者理论，企业等组织一般会为了满足利益相关者的要求而从事相关活动，并借此获得利益相关者的支持和资源，从而得以长远发展（Freeman，1984；Donaldson and Preston，1995）。企业会估量各方面压力的合法性和紧迫性之后再做出决策（Mitchell et al.，1997）。只要环境是一个"共有物品"（common good），就可以认为企业的所有利益相关者都有权提环境要求（Argandoña，1998），而且他们往往会通过提供奖赏或技术支持等形式来表达环境要求，能让企业察觉到这些要求的重要性和紧迫性（Gil et al.，2001）。但是，企业要满足的是很多不同的且可能相互冲突的利益相关者的要求，因此，企业只能选择性地满足部分利益相关者的要求（Oliver，1991），而且，根据资源依赖理论，企业会选择满足有影响力的利益相关者的要求，而忽视那些影响不大的利益相关者（Clarkson，1995）。因此，只要利益相关者采取一些措施让企业感受到其环境要求，就有可能促进企业实施环境管理或改善环境绩效。

自20世纪80年代公众认识到企业组织的环境活动以来，尤其是当媒体披露了那些具有毁灭性的环境灾难（如三哩岛核事故、Bhopal 毒气泄漏事故、埃克森瓦尔迪兹漏油事故等）后，社会压力引起了人们广泛的关注，促进了公众环境意识的迅速提高，并对企业的环境绩效提出要求和监督。企业要想长期生存并获得社会的认可，就必须考虑企业所处的社区成员，这些社区成员一般包括环境组织、社区团体、劳动工会和商会（Hoffman，2000）。社区体系中的这些成员可调动公众意识，引导公众舆论（Henriques and Sadorsky，1999），改变已被接受的规范，改变人们关于环境的认识，迫使企业降低他们对自然环境的影响（Huffman，2000，转引自 Darnall，2003），他们甚至能通过向环保部门或法院投诉来强化环境规制压力（Morag - Levine，1994；Sonnenfeld，1998a，1998b），环保活动分子还能够通过引导对污染企业的负面宣传和组织消费者抗议活动等给企业带来经济压力，根据 Kagan 等（2003）的调查，有企业甚至认为这种社会公众压力给企业带来的威胁在某种程度上比环境规制还强。

也是随着环境信息可获得性的增强，特别是媒体对埃克森瓦尔迪兹石油泄漏等事件的报道，社区成员的环境意识增强了。环境和社区团体常要求企业改善其环境管理，他们通过组织抗议和抵制等活动来关注企业的环境违法。劳动工会也通过关注工会成员的安全和伤害工会成员的环境事件来给企业施加环境压力。商会也开始在管理其成员的环境行为方面起到更积极的作用。

除了企业员工外，社区居民尤其是企业周边的社区居民对企业环境影响的感知最为直接。社区居民基于对环境的感知及保护自身身体健康的考虑会对企业有一定的环境要求，企业做出决策时需要对其加以考虑并做出响应，否则会导致企业与周边社区产生矛盾冲突。社区居民具有很大的主观能动性，能通过社会舆论推动企业环境行为，社会舆论的非强制性决定了他们的作用稍弱，不过他们还能通过非政府组织、社会团体、政治等途径，以社会环保运动的形式引发影响企业经营活动的外部性联合行动，最终以法律或市场的力量表现出实质性的强势作用，促使企业控制污染，改善环境绩效。

在公众面前树立良好的绿色企业形象也是企业做出环境管理实践选择的一个动机，因为一个企业的环境责任声誉是企业的一种战略性无形资产，也是能给企业带来竞争优势的潜在资源（Russo and Fouts，1997）。社会公众对企业减少污染排放的期望也会促进企业采取环境行为以寻求获得公众支持，提升企业形象。企业的公众声誉显著地受到企业的环境特点（包括环境政策、对公众环境意识的响应程度、环境自治、减少废弃物产生的项目等）的影响（Greeno and Robinson，1992）。公众和环境组织的压力甚至还能推动政府环境规制的制定（Dunlap，1991；Hoffman，1999），甚至是随着人们环境意识的提高，社区居民倾向于成为实际的规制者，在某种程度上会削弱环境规制及其执行的重要性（Kagan et al.，2003）。最后，社区的媒体还能够通过向公众披露一个企业的环境信息来影响社会对一个企业的看法，尤其是当环境危机发生的时候（Sharbrough and Moody，1995）。因此，提出如下假说：

假说3（H3）：认为社区公众环保意识越高的企业，其环境管理绩效越好。

4. 区位条件因素

区位论是人文地理学的重要理论之一。区位不仅指某事物所处的位置，而且指该事物与所在空间中其他事物之间的联系，还包括在此空间中谋求发展所能利用或者享有的客观有利条件或优越地位，包括自然资源、地理位置、社会、经济、科技、管理、政治、文化、教育、旅游等自然和社会环境条件。因此，区位条件是一个发展的概念，会随着有关条件的变化而变化。一方面，企业会在综合分析多种影响因素的基础上，做出区位选择；另一方面，区位条件也会对企业的生产经营活动产生一定影响和制约作用，这种影响或许不是直接的，而是间接的、潜在的，但却是不可忽视的。

区位条件之所以能对企业的环境管理实践和绩效产生影响，主要是因为区位不同而引起的自然和社会环境条件不同。区位条件引起的自然环境条件和社会环境条件的不同，也会由于空间尺度的不同而不同，因此，本书分别从宏观区位条件和微观区位条件两个空间尺度阐述区位条件的作用。

从宏观区位条件来分析，我国一直以来都存在东、中、西部的区域差异，东、中、西部由于地理位置、社会经济发展历史的差异，致使其经济发展水平也存在显著的差异。其中，东部地区背陆面海，地势平缓，气候适宜，水资源、石油、铁矿等资源丰富，有良好的农业发展条件，同时，开发历史悠久，地理位置优越，交通网络发达，劳动者的文化素质较高，技术管理水平较高，工农业基础雄厚，因此，长期以来都是我国经济最发达的地区；中部地区位于内陆，北有高原，南有丘陵，众多平原分布其中，属粮食生产基地，能源和各种金属、非金属矿产资源丰富，其中煤炭资源最丰富，其储量占全国煤炭储量的80%，重工业基础较好，地理上承东启西，区位条件也很优越，因此，已经发展成为我国经济较发达的地区；而广大的西部地区，虽然面积广阔，矿产资源丰富，但由于地势较高，地形复杂，高原、盆地、沙漠、草原相间分布，交通网络建设难度高，资源开采难度大，大部分地区高寒、缺水，农业发展受到很大制约，且因开发较晚，因此，经济发展和技术管理水平都较低，整体区位条件较差。

宏观区位条件不同所带来的这些自然环境条件和社会经济发展水平之间的差异，会作用于企业的环境管理实践和绩效。自然环境条件优越、社会经济发展水平高的东部、中部地区，一方面，由于社会经济发展水平高，居民收入高，从而对生活质量要求高，也就会更关注环境保护，有更好的环保意识，如前所述，这可能激励企业实施积极的环境管理，并取得较好的环境绩效；另一方面，随着社会经济的发展，自然生态环境的破坏和环境质量的下降也是最明显的，因此，社会经济发展水平较高的地区，往往也是环境污染最严重的地区，这不仅会促进当地居民提高对环境质量的要求，而且会促进国家或地方政府进一步加强环境规制，如《国家环境保护"十二五"规划》（2011）即明确指出，地方政府应因地制宜，在不同地区和行业之间实施有差别的环境政策，可见，空间异质性和行业异质性都可能影响政府的环境管制路径（沈能，2012；唐国平等，2013；路江涌等，2014）。一般环境污染最严重的地区也都是环境规制最严格的地区，如前所述，环境规制的加强可能会促进企业实施环境管理实践；同时，企业实施环境管理实践的过程也是环保资金、设备、人员、信息、技术等生产元素的投入与运营过程，不仅企业自身需要耗费大量的财力、人力和物力，而且还需要企业所处区域在资金、交通运输、文化教育、信息、金融、法律服务等方面提供配套支持和服务，从而满足企业环境管理实践对资金、人才、信息、技术等方面的需求，从这个方面来看，也是社会经济发展水平越高的区域，能够为企业环境管理实践提供的支持和服务越多。这足以支持笔者提出以下假说：

假说4（H4）：中国企业环境管理绩效存在区域差异，而且可能表现为东部地区优于中部地区、中部地区优于西部地区。

微观区位条件对企业环境管理实践和绩效的影响，主要体现在社区居民以及周边组织的影响和作用。关于社区居民的作用，已经在"3. 社区公众压力"中详细阐述，这里就不再赘述，而这里主要关注企业所处社区所拥有的周边组织带来的影响。一般地，城市存在工业区、商业区、住宅区、混合区以及较为特别的经济开发区、行业集聚园区等功能分区，这种功能分区是城市发展历史和经济区位选择以及行政和社会因素共同作用的结果。位于城市不同功能区的企业，拥有不同的周边组织及与其之间的交流合作关系。经济开发区或高科技园区等集聚的多是新兴的或者是已具备一定实力的同行业或相关行业的企业，专门化程度高，现有资源丰富，新事物、新理念传播较快，企业相互之间接触并交流学习的机会多，因此，位于经济开发区的企业能够获得聚集经济，包括因经济活动在空间上聚集而获得的正外部经济、规模经济和范围经济（Smith and Florida, 1994），因为空间聚集有助于企业分享劳动力市场、原材料供给、基础设施配套和信息、知识传播等（Krugman, 1991），有助于促进企业专业技术和知识的发展以及观念和经验的交流（Kaldor, 1970），而这些又都有助于企业提高生产效率，从而获得竞争优势（Porter, 1998a, 1998b），也就有助于企业实施积极的环境管理实践。

另外，空间聚集也有助于企业社会网络的形成（Scott, 1988a, 1998b），而企业社会网络的形成又有助于企业获得聚集经济（Jaffe et al., 1993）。一个企业能够与其他企业通过各种社会和经济关系而联系起来，这种联系就形成社会网络（Gulati, 1998），因此，社会网络被定义为"具有互补资源、技术或市场关系以及相似的环境管理问题的企业之间的正式的或非正式的联系"（Kassinis，2001）。社会网络的形成受到"战略资源需求和社会资源机会"的驱动（Eisenhardt and Schoonhoven，1996），或者是企业"对竞争不确定性和资源相互依赖性的战略响应"（Nohria，1992）。由此形成的社会网络能让企业获得更多资源（包括信息和知识），从而使企业可能获得规模经济、范围经济、信息和知识的外溢效益以及完善的投入和基础设施等方面的优势，从而促进企业尤其是中小企业提高生产力，并增强竞争优势，也使企业更有能力从事环境管理活动（Kassinis，2001）；企业尤其是同行业企业在空间上的聚集，能够增强企业与其他企业之间的联系，这也可能有助于主流思潮的形成，从而降低不确定性，或者成为企业间纽带发展的基础，因此，社会网络可能有助于企业环境管理和可持续发展（Roome，2001），或者企业可能被迫通过建立行为规范来统一规范它们的行为，以避免共同的威胁或提供共同的良好形象（King and Lenox，2000）。另外，根据制度理论，环境友好行为主要是企业寻求规范的统一性和外部合理性的结果，为此，企业之间会相互施加压力来防止非统一的行为（Gladwin，1993），因此，同一集群或组织领域中的企业最终会形成类似的组织结构和实践活动，这都能帮忙解释为什么、怎样或什么时候社会网络中的企业可能采取更友好的环境姿态（Kassinis，2001）。而位于其他功能区（如工业区、商业区、住宅混合区等）内的企业，多是传统行业，新生事物传播较慢，相关联的行业间接触的可能性尚可，但不便捷，区位条件稍差。据此，笔者提出如下假说：

假说5（H5）：位于经济开发区的企业，其环境管理绩效比位于其他功能区的企业好。

如上所述，企业的规制利益相关者、市场利益相关者、社会利益相关者都给企业环境管理绩效的改善施加各种压力，但Henriques和Sharma（2005）指出，不同的利益相关者对企业施加的影响和压力是不同的。这主要是因为，不同利益相关者与企业的关系不同。有的利益相关者是能够直接影响企业运营的，如消费者、投资者、供应商、规制者等，即使是这一类利益相关者，也有不同的目的，消费者、投资者和供应商可能只关注企业的经济绩效（Freeman and Reed，1983），即使他们关注企业的环境绩效，也是因为企业的环境绩效可能会影响企业的经济绩效（Hillman and Keim，2001），而规制者则主要关注企业的环境绩效是否符合法律要求。对于这一类利益相关者，由于企业对他们存在资源依赖（resource dependent）关系，因此，他们能够直接影响企业的环境管理实践，而且，企业对其依赖程度越高的利益相关者，其直接影响也将越大（Clarkson，1995；Mitchell et al.，1997；Frooman，1999）。有的利益相关者则是受到企业影响的，如环保组织；这类利益相关者虽然不能直接影响企业的环境管理行为，但他们能够间接影响企业的行为，如通过对直接影响企业的利益相关者来影响企业的行为（Frooman，1999），如环保组织可以通过引导消费者的环境意识来迫使企业改善其环境绩效，还可以通过参与公共环境评价等给环境规制者施加压力，或通过影响媒体来给企业施加压力。

企业组织的生存和成功取决于通过满足利益相关者的需求和期望并创造价值的能力（姜雨峰和田虹，2014）。由于企业的资源有限，企业往往需要考虑优先处理利益相关者的需求，把有限的资源投入给更加重要的利益相关者，特别是企业感知较强的利益相关者。因此，这些利益相关者是否对企业的环境管理实践和绩效产生作用，都有赖于企业怎么感知和认识他们。

（二）内部动力因素

如上所述，企业可能受到来自企业外部多方压力的驱动，被动地实施环境管理实践并改善环境管理绩效。但是根据辩证唯物主义内外关系原理，事物的发展是内因和外因共同起作用的结果，内因是事物变化发展的根据，外因是事物变化发展的条件，而且外因通过内因起作用，因此，要让企业自觉、主动地实施环境管理实践并改善环境绩效（尤其是环境操作绩效），还必须要企业自身认识到环境管理的重要性，并从内部产生原动力，否则，企业总是会处于被动应付的状态从事环境管理，难以起到实际的减少其环境影响的效果。正如很多政策分析家和组织理论学者认为的那样，在面临外界新变化的威胁时，企业经理们和企业组织都会试图保持现状，经理们会将对于新变化的责任限制在组织边界内，员工们会力图维持现行的惯例、结构和关系，也就是说，在面对外界变化或新的需求（如环境保护）时，企业只是改变一些表面的东西，而保持其内部过程、战略或结构的稳定性（转引自 King，2000）。有的学者甚至认为，运用利益相关者理论来理解企业环境管理行为的驱动机制有其局限性。Sternberg（1997）指出，利益相关者的界定太广泛而对企业组织没有什么实践意义，不是所有的利益相关者对企业组织都很重要；Banerjee（2001）认为，利益相关者理论最多是规范性的，它为组织的环境管理决策提供的道德和伦理框架对企业战略制定的意义十分有限，因为很少企业会认识到绿色利益相关者（Fineman and Clarke，1996）。虽然外部压力（因素）激励或者逼迫企业经理们积极对待环境管理和改善环境绩效，但企业内部因素决定着经理们如何看待或者理解外部压力并采取相应的对策。而企业和工厂都是动态的并且是不断演化的，他们会基于自身长期形成的资源和能力来以各种不同的方式应对外部压力（Oliver，1997）；内部资源和能力较少或弱的企业可能就不能尽快或有效地对外部压力做出应对，只有内部资源多且能力强的企业才能做到。这可能也就是即使是处于同一区位的同一行业的企业（面临相同的规制、社会公众、社区、消费者等外部压力的企业），其环境绩效仍然有很大差异的原因。这些都表明，企业环境绩效的内部驱动机制十分重要（Prakash，2001）。

虽然如第一节所述，很多研究都没有区分内部动力因素和企业自身特点对企业环境管理实践作用，但笔者认为两者之间是有差异的。"动力"泛指事物运动和发展的推动力量，所以，这里所谓的企业环境管理实践的内部动力因素就是指能推动企业实施关键管理实践并改善环境绩效的推动力量，也就是"来自企业内部的促使其主动改善环境行为的各种因素"（王宜虎和陈雯，2007），是真正推动企业环境行为的原动力；而企业自身特征因素只是可能会影响企业环境管理实践的难易程度、效果和效率等方面的客观因素，只能作为影响企业环境绩效的控制变量。因此，本书严格区分内部动力因素与企业自身特点。

从企业内部来考察"企业为什么要实施环境管理？企业为什么要实现好的环境绩效？"这些问题，笔者认为只能从企业实施环境管理的动机的视角去寻找答案。循着这个方向寻找的结果，发现履行高管承诺、承担社会责任、追求经济利益是可能推动企业实施积极的环境管理实践并取得较好的环境管理绩效的内部动力。

1. 履行高管承诺

利益相关者理论认为，企业决策的制定或采用应该考虑任何影响该决策或受到该决策影响的不同利益相关者的偏好（Freeman，1984）。企业的任何决策都是企业高层管理者（以下简称"高管"）做出的，是高管的态度和行为形成企业的行为（Hoffman，1993），组织的战略举措是由管理层对外部环境变化的认知和解释形成的（Draft and Weick，1984），同理，在面临复杂的环境问题时，企业的环境管理决策也是通过管理者对外部环境变化的认知和"消化"（尤其是对来自规制者、环保组织等外部压力的内部化）而形成的（Banerjee，2001），他们必须对前述各种不同甚至冲突的外部利益相关者的要求和重要性进行综合权衡后，做出既满足关键利益相关者的主要诉求，又不威胁到企业的生存和发展甚或有利于企业发展的战略决策；在一些企业，正是企业的高管促进企业制定并执行环境管理战略的（Starik and Rands，1995），因此，在理解企业环境管理实践形成的动力机制时，除了 Mitchell 等（1997）确定的权力、合法、要求和利益相关者等因素外，考察经理们如何在他们的决策中整合外部压力也很重要（Prakash，2001），可以说，企业管理者尤其是高管的领导将起到决定性的作用。

根据计划行为理论，一个人的行为倾向是其行为的前提，而一个人对某件事的行为倾向受到这个人对这件事的态度、主观规范（subjective norms）和感知行为控制（perceived behavioral control）的影响，态度越友好、主观规范越宽松、感知行为控制越强，行为倾向也就越强（Cordano and Frieze，2000）。据此可以推论，如果企业高管具有很强的环境意识，而且十分重视环境问题给企业带来的环境影响的话，企业实施环境管理实践的倾向也就越强。也就是说，高管对企业的内部和外部压力影响的看法和认识以及相应的内部化可能影响其环境战略的层次，他们认为影响越大，而且认为规制压力是一个主要威胁，或者感觉到他们的顾客的环境意识比较高，或者认识到环境友好可能给企业带来成本节约或形象提升的话，则企业的环境战略水平越高，并能从企业层面或业务层面切实实施环境管理实践；相反，如果高管认为企业环境影响不大的话，则企业的环境战略水平可能就较低，就只是从功能层面满足环境规制要求，而且一般都只是减少污染的排放以达到环境规制的要求（Banerjee，2001）。高管的态度和反应可能影响甚至左右企业是否制定积极的（或者"超守法"的）环境方针，即使这一环境方针的制定和执行不需要企业有较大的额外投入，也需要高管的支持，而对于设有专门的环境管理部门并且由高管（副总及以上）分管的企业，如果支持企业积极环境方针的经理在公司中有实权或者能左右高管意志的话，该公司有可能制定积极的环境方针，更进一步，如果积极环境方针的支持者具有环境相关的专业知识、技术和经验，他们则能通过重新阐释该方针、建立多目标评价标准等措施来改变反对者的立场，促使该方针的制定（Prakash，2001）。Kagan 等（2003）认为，企业管理者的观点和态度及其对各种外部压力的理解是一个重要的"过滤器"，通过这个"过滤器"后的关于各种外部压力的信息会指导甚至左右管理者对这些常常是相互冲突的外部压力的应对思路和策略。这都表明高管的认识和态度对于企业环境管理实践的实施十分重要。由此，可以认为，只有企业管理者认识到环境问题的重要性以及企业应该承担的责任后，才能从根本上领导企业实现从"利润至上"到"以人为本"的转变，正如很多研究（Hoffman，1993；Taylor and Welford，1993；Räsänen et al.，1995；Starik and Rands，1995；Rondinelli and Vastage，1996；Catasús et al.，1997；Maxwell et al.，1997；Banerjee，1998）已经表明的那样，企业的高管在设计、制定和执行企业环境决策中起着关键的、明显的作用，这也符合新制度主义在承认外部制度的关键作用的基础上，认为企业代理人（经理）在影响企业决策制定方面具有自主性的主张（Child，1972；Granovetter，1985），当然，自主性水平的高低会受到行业结构、规制者以及其他利益相关者带来的压力、企业内部的政治以及经理们在企业中的权力的影响（Prakash，1999）。Prakash（2001）甚至从本体论视角强调企业中的经理作为个体是分析的最终（不是唯一）单元，企业不能被具象化，其决策的制定取决于作为个体的经理们的偏好、权力和战略意识，因此，企业经理们的偏好、权力和战略在企业环境决策的取向中起着关键的作用。

对社会负责任的企业环境管理决策是企业具有奉献精神和利他性动机最直接的体现，不仅是企业外部约束的影响，同时还是企业内部主观能动性思考的结果，而企业内部起决定作用的因素仍是高管的价值取向

(姜雨峰与田虹，2014）。根据行为地理学，不同的个人或群体对社会的各种问题会有不同的态度，从而产生不同的行为偏好，做出不同的行为选择，这取决于他们所处的政治、经济、文化等社会背景和自然环境的差异，另外还有心理因素的影响，特别是管理决策者制定发展策略的行为更是综合了各种因素的影响（潘霖，2011）。企业是一个具有一定结构和共同目标的，在心理上相互影响、行为上相互作用的人群集合体，其整体的行为可以通过个体行为的总和表现。企业有特定的组织结构，企业成员尤其是企业领导决策层的环境意识不同，会产生不同的环境行为偏好，做出不同的环境行为决策，导致企业形成不同的环境行为选择（潘霖，2011）。只有具有爱心和慈善价值观（这里可以说是具有较强的环境意识）的企业管理者，才会对企业破坏自然和社区环境的行为感到内疚和自责，才会主动要求企业承担环境责任，不仅是通过个体特征进行合乎这一价值取向的决策，而且还会采取影响组织道德观和行为的决策策略（Trevino et al.，2000）。因此可以说，管理层的注意力将直接影响组织的战略方向（Ocasio，1997）。

和企业其他方面的创新一样，企业的环境创新也常常是由工作在企业核心岗位上的单个个体形成和促进的（Morrison，1991；Winn，1995），相信环境问题很重要而且拥有环境知识和技术的企业个体是企业中调动支持企业正视和解决环境问题的关键因素（Starik and Rands，1995），也被认为对企业的环境管理项目有很大影响（Winn，1995）。尤其是企业高管承诺是能够培养企业环境主义的重要内部政治力量（Taylor and Welford，1993；Drumwright，1994；Starik and Rands，1995）。企业高管的承诺一般是通过委派高级经理分管企业的环境战略和事务来体现的，但也有像杜邦、3M、柯达等企业，其高管直接参与环境问题的解决（Coddington，1993，转引自 Banerjee 等，2003），这种高管的直接参与有助于营造企业环境战略实施的氛围，如果进一步能得到企业员工的支持的话，将促进企业改善环境绩效。Kagan 等（2003）的调查表明，环境意识高（尤其是认为环境管理具有战略意义）的企业愿意进行环境投资，更愿意去寻求"双赢"的措施，而且，更愿意将环境管理纳入日常管理中，在管理企业声誉方面也能做得更好。可见，履行高管承诺是驱动企业实施环境管理并改善环境绩效的关键变量。因此，可以很有信心地提出如下假说：

假说6（H6）：领导层环境意识越高的企业，环境管理绩效越好。

2. 承担社会责任

企业逐利的前提是要能够得以生存。目前社会对环境保护越来越关注，如果企业不注重改善自身环境行为，回避承担社会责任会导致企业社会权利的丧失，社会对企业形象的厌恶，产品竞争力的下降，最终企业无法在市场竞争中生存。这又决定了企业要将环境问题的外部性成本内部化，采取环保措施承担社会责任和企业生产经营活动所产生的社会成本，维护社会福利，企业会基于承担社会责任的动机采取环境行为。同时，一个企业如果具有强烈的社会责任感，把自身生存和长远发展视为最终目标，自觉地承担包括污染防治在内的各种社会职责，平衡协调自身利润与环境公益的关系，也可以树立良好的企业形象，获得相对竞争优势。曹景山（2007）、丁鑫和古桂琴（2008）指出，企业具有强烈的社会责任感，自觉承担社会责任是企业环境行为的主要动力，周群艳（2000）认为，利润和承担社会责任两种动力共同驱动着企业的环境行为。

企业社会责任观的支持者们认为企业有责任为社会做贡献（Wood，1991），他们的社会目标除了使股东的财富最大化外，还有其他的社会责任，包括经济的、法律的、道德的和慈善的，他们还应考虑其他利益相关者（Turban and Greening，1997）。企业制定"超守法"环境政策（Prakash，2001）、建立环境管理体系（Bansal and Hunter，2003）、改善其环境绩效（Russo and Fouts，1997）等都是表明企业有社会责任的行为，而且，企业的社会责任感越强，其满足不同利益相关者要求的意愿也就越强，也就越有可能积极进行环境管理，并取得更好的环境绩效（Prakash，2001；Bansal and Hunter，2003）。据此，提出以下假说：

假设7（H7）：承担社会责任动机越强烈的企业，环境管理绩效越好。

3. 追求经济利益

企业作为一个理性经济人，其首要目标是生存，第二目标就是实现剩余收入的最大化，即实现利润最大化。所以企业从事一切生产经营活动的动机是要在保证第一目标实现的前提下，努力达到第二目标。企业从本质上来说是逐利的，企业做出的任何行为选择目的都是为了获得经济利益。获取经济利益的途径有"开源"和"节流"两种。"开源"即提高产品销售量，扩大产品市场份额，"节流"即降低生产成本、守法成本等。

企业在面对环境压力做出应对时，会先考虑实施环境管理等行为是否会降低企业成本或者提高经济利益，若进行预算和成本效益分析以后，认为会有这种效果，就会从这个动机出发作出环境行为选择。当前社会日益发展壮大的绿色消费市场及大有发展前景的绿色产业，都预示着企业可能通过环境管理获得极佳的市场机会及相应的丰厚利润回报。企业通过开展适当的环保项目，采用技术革新、资源回收利用等措施，一方面可能减少资源使用量及浪费，从而实现成本节约（Porter and van der Linde，1995），另一方面可能提高产品质量及功能，甚至创造新的市场机会或者维护现有市场份额（Banerjee et al.，2003），从而给企业创造更多的经济收益，这些都会使企业在竞争中占据优势地位。例如3M、杜邦、AT&T、IBM、宝洁等企业都有通过环境保护降低成本的经历，尤其是3M公司，通过实施强调源头污染控制措施的"3P"项目节约了大约10亿美元，大大改善了企业的地位；还有很多企业通过使用更便宜的再生原材料、节约能源或改进生产过程等实现成本节约；美国早在20世纪90年代初的调查就显示，当时有25%的消费者具有较强的环境意识，这就为那些注重环境保护并提供"绿色"产品的企业（如The Body Shop和Patagonia等）提供了"绿色"市场机会。

已有研究认为，企业从环境管理实践或改善环境操作绩效中可能获得的经济利益主要来源于两个方面。一是相关成本的降低。企业在实施环境管理和改善环境绩效的过程中，可能会认识到在生产过程中存在各种各样的减少物资和能源废弃物的技术和管理机会（Gray et al.，1996；Fielding，1998；Khanna and Damon，1999；Schaltegger and Burritt，2000；Alberini and Sergerson，2002），从而通过减少物质消耗和废弃、降低环境债务等带来成本的降低（Lampe et al.，1991；Porter and van der Linde，1995；Khanna and Damon，1999）。二是市场竞争优势的获得。一方面，企业通过改善其环境绩效，提升企业整体形象和声誉，从而有助于其绿色差异化战略的实施，通过促进生产过程和产品创新，制造出满足绿色消费者的需求，从而扩大市场份额或获得先入优势（first mover advantages）（Williams et al.，1993；Arora and Cangopadhyay，1995；Hart，1995；Shrivastava，1995a；Russo and Fouts，1997；Khanna and Damon，1999；Wagner et al.，2001；Alberini and Sergerson，2002；Khanna and Anton，2002a）；另一方面，由于企业都知道，政府一般是根据同一时期同行业环境绩效最好的企业的排放水平来确定环境标准的，因此，企业有动力采取创新的方法和手段降低其污染排放，争取成为未来环境标准的依据，从而降低未来的环境守法成本，甚至相对于竞争对手获得比较竞争优势（Khanna and Anton，2002a）。可见，企业实施环境管理实践可能带来的好处既包括金钱的也包括非金钱的，包括市场份额的获得或维护、生产或管理效率的提高以及企业形象的提升等（Henriques and Sadorsky，1996）；同时，实施环境管理实践也可能带来成本，如环境管理实践本身的花费、环境守法成本以及相关的机会成本等。因此，追求经济利益是影响企业环保主义强大的内部动因（Taylor and Welford，1993；Lee and Green，1994）。据此，提出如下假说：

假设 8（H8）：追求经济利益动机越强烈的企业，环境管理绩效越好。

（三）企业自身特征因素

企业在面对上述外部压力和内部动力双重作用的情况下，是否能将其转化为实际行动，还与企业组织自身的许多特点有关，甚至在某种程度上还受到这些特点的制约（Banerjee et al.，2003）。这些特点主要包括企业规模、所有制性质、经济实力等。Earnhart（2004a，2004b）就认为，在检验环境规制对企业（工厂）环境绩效影响的时候，企业（工厂）的自身特点是关键的系统控制因素。企业的资源基础观认为，一个企业依据其拥有的资源发展其特有的能力，并利用这些能力来获得竞争优势（Barney and Zajac，1994），而且，这些能力是这个企业所特有的，特别是在快速变化和复杂的环境中会随着外部环境的变化而不断调整（Wernerfelt，1984）。考虑到数据的可获得性和研究的可操作性，本书主要考虑企业规模、企业所有制性质、企业所属行业类型的作用和影响。实际上，企业规模也反映了企业的经济实力。一般地，企业规模越大，用于生产经营活动的资源越多，企业利润也会越丰厚，企业经济实力就越强（林存友和朱清，2009）。同时，由于笔者认为企业自身的这些特征主要是作为控制变量起作用的，并非本书要考察的主要影响因素，因此，不像前述影响因素一样提出待检验的理论假说，只说明其可能起到的作用。

1. 企业规模

如前所属，绝大多数研究都将企业规模作为控制变量来考虑，但也有研究认为企业规模是驱动企业环境绩效的因素之一，并且特别关注大企业（如 Fineman and Clarke，1996；Aragón – Correa，1998；Henriques and Sadorsky，1996，1999）。根据制度理论，企业越大，不仅环境影响大，而且因此而面临更大的环境压力，越有可能对外部制度压力做出反应，因为它们更容易受到外界环境规制和公众的关注和期待（Patten，2002；Anton et al.，2004；Elsayed，2006）。例如我国"十一五"期间针对企业节能治理的政策大都针对高耗能企业，而且规模越大受到的制约程度越高；《中华人民共和国节约能源法》规定年耗能量在 5000 吨标准煤以上的企业为重点用能单位，"十一五"期间的节能目标也是主要针对此类企业展开的，财政资金对于企业的节能奖励也分别是超过 1 万吨标准煤的项目才能申请国家资金（齐晔，2010）。因此，企业规模越大，越有可能认为他们如果不在社会责任等方面表现突出的话，他们的形象和声誉会受到损害，更注重他们的形象和名声，因而会认真对待环境管理（Moore and Manring，2009），会公开更多的环境信息（Patten，2002），或者常常被统一到他们所在的社区中，因此，大企业常常是那些迎合制度压力的环境管理实践或组织结构的较早采用者（Meyer and Rowan，1977；Tolbert and Zucker，1983；Goodstein，1994；Greening and Gray，1994），并且取得更好的环境绩效（Kagan et al.，2003）。同时，大企业一般被视为行业领袖，被期望在各个方面都作出表率（Henriques and Sadorsky，1996；Ghobadian et al.，1998），因此，大企业的受关注度更高，会增加外部利益相关者（如政府、地方社区、环保主义者）对其进行监视的可能性，也会提高企业自身希望得到外界认知的需求，外界对企业良好环境绩效的认知对于企业赢得合法性和交易伙伴很重要（Arora and Cason，1996；Jiang and Bansal，2003），还会增强企业减排污染的紧迫性，从而受到企业的快速应对（Ginsberg and

Venkatraman，1995）。如很多研究（如 Cowen et al.，1987；Patten，1992；Gray et al.，1995；Deegan and Gordon，1996；Hackston and Milne，1996；Patten，2002）表明企业规模与其环境信息披露度有显著的关系。但是，Bowen（2002b）强调，并不是企业规模本身促进企业的环境责任感，而是由于与企业规模导致的企业的显示度和可调用的资源促进企业进行环境管理。

公司越大，越有冗余资源（Bansal，2002）。根据 Bourgeois（1981）和 Bowen（2002a），组织冗余资源的作用主要体现在两个方面：一方面是维护组织内部结构，包括通过高工资、额外收入或股息等将组织人员组合在一起，协调组织内不同部门间的竞争关系，将组织核心与外部环境变化隔离；另一方面是促进组织的战略行为，包括为组织提供实验或创新所需的机会和资金，允许经理们寻找新的产品、市场或生产过程，甚至鼓励经理们在竞争新资源的时候采取政治行为。企业拥有冗余资源的话，能够让企业在遭遇外部压力的情况下，能够维持稳定，如通过建立一些缓冲器（如废弃物处理系统、环境管理部门、公共关系简报或关于企业的良好环境绩效的讲座等）来避免这一外部压力对企业其他部分的影响和冲击（Clarke，1996；King，2000；Prakash，2001）。Sharma（2000）讨论了组织冗余资源在解释企业的环境管理决策中的重要性，发现决策资源与经理们将环境问题视为机遇而非威胁、积极的环境管理战略具有显著的正相关关系。Maxwell 等（1997）也同样强调组织冗余资源的促进作用："增强的财务绩效允许企业经理们有闯劲地对环境问题做出承诺。"

一般都认为，企业实施环境管理对企业来说是一个成本负担，尤其是环保节能设施和污染防治部分需要投入大量的资金，且运行成本高，投资的回报期长，因此，需要企业有足够的经济实力来保证环保资金的投入、环保技术的开发、环境成本的承担等，如果企业没有雄厚的经济实力作支撑，企业就不会或很少采取环境管理行为。大型企业经济实力强，更能承担环保投资和技术创新成本，有更强的承受政府环境管制的能力，更便于采取环境行为（林存友和朱清，2009）。只有大企业才可能有这个经济实力和闲置的冗余资源，用于设置专业环境管理部门和人员（Arora and Cason，1996；Bowen，2002a），从事环境技术开发研究，而且进行环境立法、舆论方面的研究；才有能力进行环境保护投资（Sharma and Vredenburg, 1998），能比较没有负担地分担环境管理（如取得 ISO14001 认证）的固定成本（King and Lenox, 2001；Nakamura et al., 2001），并采用较正式的管理（Merritt, 1998），越有能力或余地来承担环境战略的风险和不可预测的情况（López - Gamero et al., 2010），有能力雇用或培训环境管理人员；也才有实力允许企业开发不能立即带来确定收益的项目，支持企业进行创新实验。而积极的环境管理正是不能立即给企业带来确定收益的活动，因此，如果企业具有较多的且可自由支配的冗余资源，企业越有可能着眼于长期效益，开发清洁生产技术、绿色产品或物质（Bowen, 2002a），并且减少将来可能被严格控制的污染物的排放（Anton et al., 2004）。

企业规模越大，越有可能获得资源重复使用、再生利用等方面的规模经济（Andersen, 1997）。大型企业在生产上有一定的规模效应，具有较强的技术优势，在排污治理上，也有一定的规模效应；中型企业虽然有一定的技术特点，针对某一地域市场或特定市场生存，但在排污治理上，成本较高，基本上没有规模效应；而小型企业针对某一地域市场或特定市场生存，规模较小，排污治理会使其负担较大的成本，限制其生存（林存友和朱清，2009）。同时，一般大企业也是经济实力最强的企业，因此有能力既承担技术创新所需要的较高固定成本，又有能力把技术创新作为利益最大化的手段（林存友和朱清，2009）。因此，大企业相较于分散的小企业更容易控制污染，达到减排污染的效果（Arora and Cason, 1996；Dobers, 1997）。另外，由于高耗能企业投资规模大、固定成本高，企业生产规模增大能够提高能源的利用效率而降低单位产品成本，因此，对大型企业而言，能耗水平与企业的经济利益也是紧密联系在一起的，企业节能降耗的内在动力较大（齐晔，2010）。

还有很多学者认为企业越大，组织能力越强，越有能力参与外部政治或活动，如贸易委员会、环境协会、政府组织、选举委员会等，也就越有能力影响政府制定环境规制（Arora and Cason, 1995）。因此，笔者也与很多其他学者一样，认为规模越大的企业的环境绩效越好。

2. 所有制性质

企业所有制性质，即企业经济性质，是指一定生产资料归谁所有，由此明确企业的资产增值及收益归谁所有，即企业的所有制性质决定着企业生产材料的分配与归属。不同的生产资料拥有者会有不同的价值取向，会基于不同利益方的考虑，在企业发展过程中对环境问题的关注程度不同，进而对外部因素做出不同的反应行为，采取不同的环境战略。因此，环境经济学强调，所有制结构是影响企业追求价值最大化战略的动因。

国有企业的投资主体是政府，代表的是纳税人的投资。因此，从所有权来说国有企业属于全民所有，理应更多地承担提供公共产品和服务的责任，在追求盈利的同时，应当考虑公共利益（刘儒昶，2012）；尤其是在我国，可以说国有企业从一开始就并非单纯的是为"经济目标"而建立的，而是为非经济目标的实现服务的，承担社会责任便是非经济目标的重要组成部分，环境保护责任又是社会责任的重要方面和组成部分，因此，承担环境保护责任也就是我国国有企业要实现的目标之一。国资委2008年第1号文件即明确指出："中央企业要增强社会责任意识，积极履行社会责任，成为依法经营、诚实守信的表率，节约资源、保护环境的表率，以人为本、构建和谐企业的表率，努力成为国家经济的栋梁和全社会企业的榜样。"（刘儒昶，2012）可见，国有企业特别是中央企业，在追求利润的同时，还要承担节能减排、保护环境等方面的社会责任。

同时，所有制性质决定了国家对企业干预的方式。国家委托国务院国有资产监督管理委员会对国有企业领导者的经营绩效进行考核，来激励和约束企业的行为，对企业领导者的考核指标既包括经济绩效方面的，也包括节能考核等环境方面的（齐晔，2010）。从节能减排方面的监督管理来看，国务院国有资产监督管理委员会不仅提出了明确的目标，而且制订了具体的操作方案——对企业节能减排实行分类管理，即依据中央企业实际能耗、污染物排放水平以及所处行业，将中央企业分为重点类、关注类和一般类，而后要求企业建立与分类相适应的节能减排组织管理体系。尤其是国务院国有资产监督管理委员会对节能考核实行的"一票否决"制和地方各级政府制定的各种考核压力，都可能促使国有企业积极响应节能、环保的要求（齐晔，2010）。相反，非国有企业由于受政府直接干预较少，往往会根据自身的经营状况，采取相应的对策。经济绩效好、需要通过扩大规模发展空间的企业，一般会通过主动节能技改的方式积极完成节能目标；而对于受能源价格冲击带来经营困难的企业，则可能会根据政府引导的补偿情况选择是否淘汰落后产能退出市场（齐晔，2010）。

除了政府干预机制的差异外，国有企业、非国有企业在内部管理模式方面也存在根本差异。为了方便政府部门的监督和考核，国有企业的内部制度仍然带有计划经济时代的特征，规范化程度较高，一般都建有专门的环境管理组织机构，对企业的节能减排、环境保护等工作进行规划、管理、统计（齐晔，2010）；这有助于企业实施环境管理实践并取得较好的环境管理绩效。相比之下，在非国有企业中，由于专门的环境管理组织机构不能给企业带来直接的利润，反而会增加企业的运营和管理成本。因此，一般很难配置业务素质较高的人员，不利于节能目标在企业内部的落实和分解；这都无助于企业环境管理实践的实施，更谈不上环境绩效的提升。因此，我们认为，国有企业的环境管理绩效比非国有企业好。

3. 行业类型

由于企业所属的行业不同，其受到的环境规制压力、消费者压力等可能会不同，企业的投资决策及行为将不可避免地受到行业环境和行业特性的影响，因此，企业所属行业类型对企业是否实施环境管理实践或是否取得较好的环境管理绩效起着重要作用（Chiasson and Davidson，2005）。

不同行业通常面临着不同的市场环境与政府管制强度，这必然造成行业间存在市场竞争程度与业绩水平方面的差异，进而影响到企业的投资决策及行为（刘星等，2008；唐国平等，2013）。由于重污染行业引发环境问题的可能性和破坏环境的程度均比非重污染行业要高。因此，重污染行业可能受到更严格的环境管制和社会监督，更有可能更积极、更广泛地公开其环境信息（Patten，2002），而且，有研究提供了实证依据，如 Cowen 等（1987）、Deegan 和 Gordon（1996）、Walden 和 Schwartz（1997）、Patten（2002）等。

近年来，我国环保部发布了《关于进一步规范重污染行业生产经营公司申请上市或再融资环境保护核查工作的通知》（2007年8月）、《关于重污染行业生产经营公司IPO申请申报文件的通知》（2008年1月）等环境政策文件，明确要求地方环保部门和监管部门加强对重污染行业企业的环境管制力度，如企业主要污染物需达到国家或地方规定的排放标准、单位主要产品的主要污染物排放量应达到国内同行业先进水平、按规定需要缴纳环境税费、IPO申请文件中应当提供国家环保局的核查意见等（唐国平等，2013）。可见，重污染行业比非重污染行业面临更加严格的环境管制与行业管制。在这种情况下，重污染行业可能会承担着更多的社会责任与环保责任，投入更多的环保资金用于环保设施的购置、环保技术及系统的改进以及污染排放物的治理，从而取得较好的环境管理甚至环境操作绩效。王建明（2008）研究发现，受制于政府的行业监管制度压力，重污染行业比非重污染行业具有更高的环境信息披露水平。因此，笔者也认为重污染行业的企业的环境管理绩效优于非重污染行业。

二 驱动机制分析

如上所述，本书赞同Kagan等（2003）的观点："只关注企业环境行为的某个方面的驱动因素，不管是规制方面的、经济方面的，还是企业领导态度方面的，都是不完善、不充足的。企业的环境行为似乎是由一系列相互作用的因素共同作用下而形成的。"如第一节所述，许多研究在考虑企业环境管理行为或绩效的驱动因素和机制的时候，都同时考虑了外部压力和内部动力的作用，但关注外部压力和内部动力之间的相互作用关系及其对企业环境管理决策的共同作用机制的研究相对较少，只有少量研究在这方面做出了一些有益的探索，值得借鉴。

（一）经验借鉴

Agle等（1999）指出，企业的其他利益相关者要想成功影响或作用于企业战略，都需要接近并引起企业高管的注意，因此，Banerjee等（2003）认为，企业高管的环境意识不仅是直接驱动企业环保主义的关键因素之一，而且是影响其他因素的作用的重要中间变量；Kagan等（2003）也有同样的观点，认为驱动企业环境行为的因素有两类：第一类是"外部变量",包括规制、经济、社会和政治方面的;第二类是企业管理者的态度与这些外部因素的相互作用。这已经是对外部压力和内部动力的作用机制的关注。

Rivera - Camino(2001)认为,企业是否采用环境管理体系是主要由外部和内部经济—政治动力相互作用的结果,并基于政治经济学的概念和原则提出企业环境管理体系实施过程图(见图4-1),反映出外部压力(国家的环境规制、企业的董事长等、国际环境规制、消费者等)和内部动力(主要是企业经理对环境问题的看法和对经济利益的追求)是通过影响企业组织系统(包括管理机制和组织障碍,前者如环境方针、环境审计、环境规划等,后者如目标不明确、技术水平低下、分配的资源不足、信息交流不畅等)来影响企业采用环境管理体系的决策。但笔者认为,从对企业环境管理实践(见图4-1中的"组织体系")驱动的机制来看,Rivera - Camino(2001)还是只表明企业环境管理实践是受到外部压力和内部动力共同作用的,并没有说明外部压力和内部动力之间的相互作用关系。

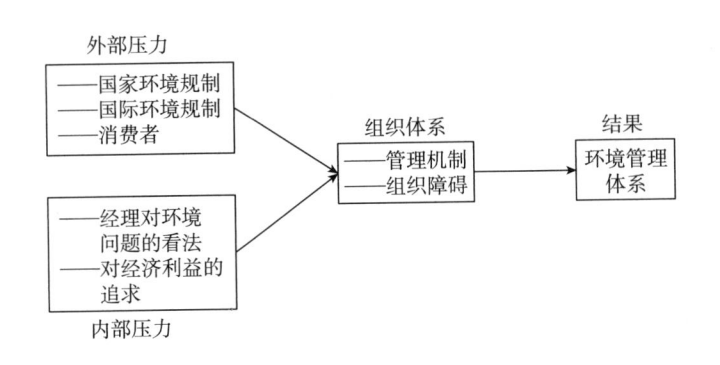

图4-1 Rivera - Camino 的企业环境管理体系实施过程

张志鹏和胡平(2002)认为,政府规制、市场和企业内部三种驱动因素并不是相互独立的,而是相互影响、相互作用的(见图4-2)。但他们主要关注的是各种外部因素之间的相互作用关系,而将企业整体作为灰箱处理,忽视了企业内部因素的作用。

李富贵等(2007)指出,企业形成不同的环境行为,是由于企业虽然受到同一制度压力，但不同企业的管理者将这种客观制度压力转化成感知压力的不同而造成的（见图 4-3），并认为企业之所以感知压力不同，是由于母公司的组织结构、战略位置、财政状况及以前的环境行为等不同而造成的。这已经明确外部制度压力需要通过内部管理者的感知才能起作用的路径和过程，而且认为企业内部管理者之所以对外部压力的感知不同，是受到组织特点作用的结果；但忽视了企业内部的其他动力因素，只关注了管理者对压力的应对，有失偏颇。

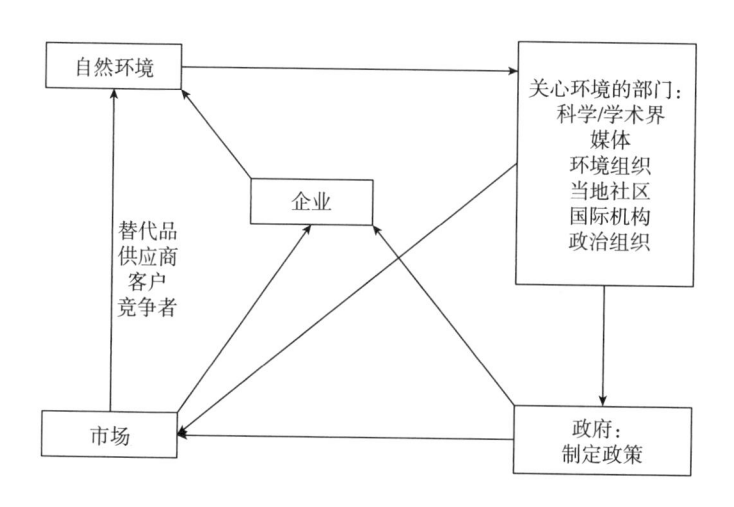

图 4-2　张志鹏和胡平的驱动因素关系

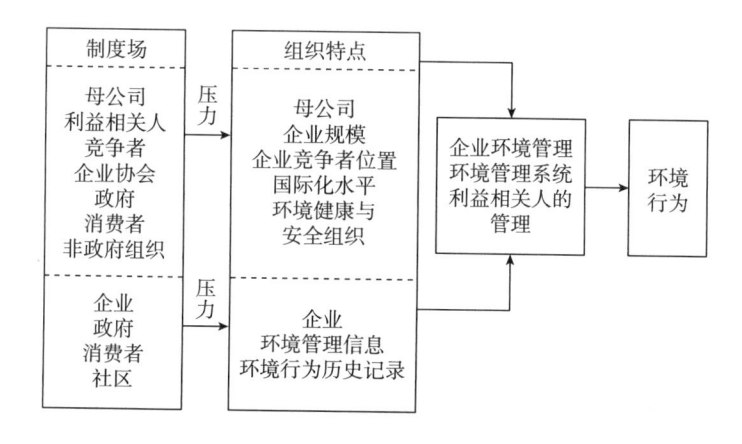

图 4-3　李富贵等的母公司及企业对制度压力减缓的模型

王宜虎和陈雯（2007）提出如图4-4所示的工业绿色化的驱动机制概念模型，明确指出：尽管不同层面绿色的企业对应着不同的主导环境驱力，各种环境驱力之间仍然存在密切的相互作用关系。首先，社会、政府和市场将自然生态环境恶化对人类生存带来的压力转变为社会、政府和市场的环境压力施加给企业；施加给企业的这些外部环境驱力在对企业改善环境行为的作用上，均有自己的优势和局限，因此，需要各种驱力之间密切配合、相互补充，才能更好地促进企业环境行为的改善。这一概念模型对于外部压力、内部动力之间的作用关系已经表达得比较充分和清晰了，但只是概念模型，还不具有实证检验的可操作性，尤其是政府压力、社会压力和市场压力之间相互作用的检验尤其困难。

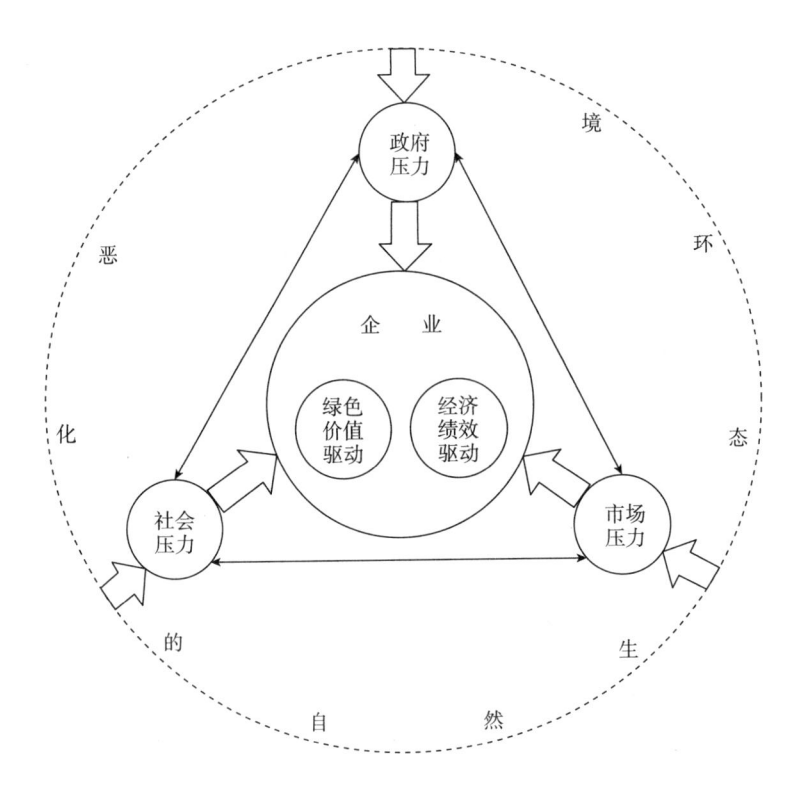

图4-4　王宜虎和陈雯的工业绿色化驱动机制概念模型

López-Gamero 等（2010）构建了一个系统考虑环境规制、管理者认识、环境管理、企业竞争优势以及企业财务绩效关系的模型（见图4-5），认为环境规制促进积极的企业环境管理和管理者环境认识的提高，而且管理者的环境认识起到调节环境规制与企业环境管理关系的作用。这个模型比较清楚地反映了外部压力、内部动力的相互作用关系及其对企业环境管理的作用机制，但在外部压力中只考虑了环境规制因素、在内部动力中也只考虑了管理者的环境认识，有些片面。

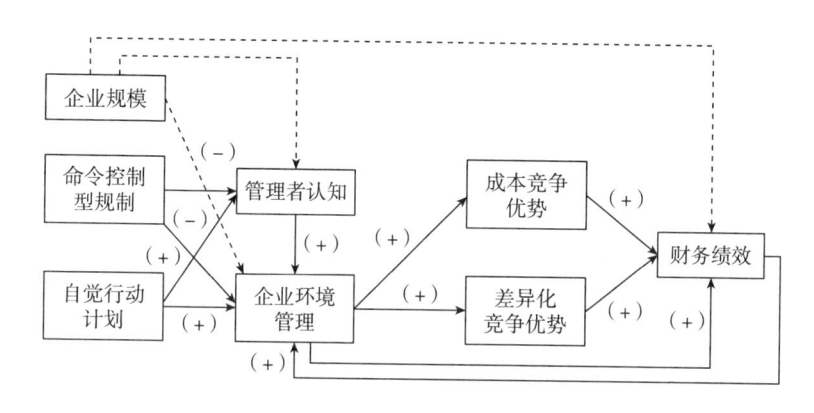

图4-5 López-Gamero等构建的理论模型

苗泽华等（2012）构建了制药企业实施生态工程的形成动力与激励机制框架。这个框架虽然综合考虑了各种外部动力、内部动力因素（见图4-6），但没有明确外部动力与内部动力之间的相互作用关系，只是笼统地表明"外力与内力相互作用形成整合力"，但并未明确它们是如何相互作用的。

李永波（2012）以"压力—状态—响应"模型为基础，提出如图4-7所示的企业环境战略、环境行为形成机制分析路线图。并提出了如下原则："为从理论上全面系统地分析不同环境驱动力对企业环境行为的作用机制，应根据比较静态的分析思路，遵循由外部驱动到内部驱动、由简单到复杂的基本原则，逐步放松假设条件以逼近现实。"较好地把握了外部驱动、内部驱动之间的关系，但在考虑内部驱动因素时，除了重视企业高层管理人员的环境态度和环境激励外，还包括了企业的股权结构、财务状况等企业自身特征因素；不够严谨。

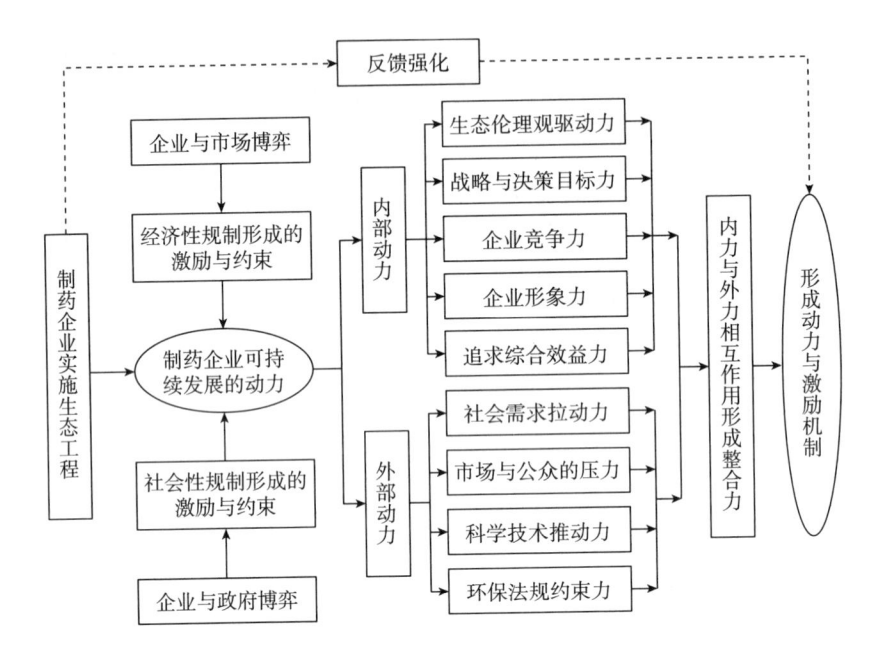

图 4-6　苗泽华等的制药企业实施生态工程的动力与激励机制框架

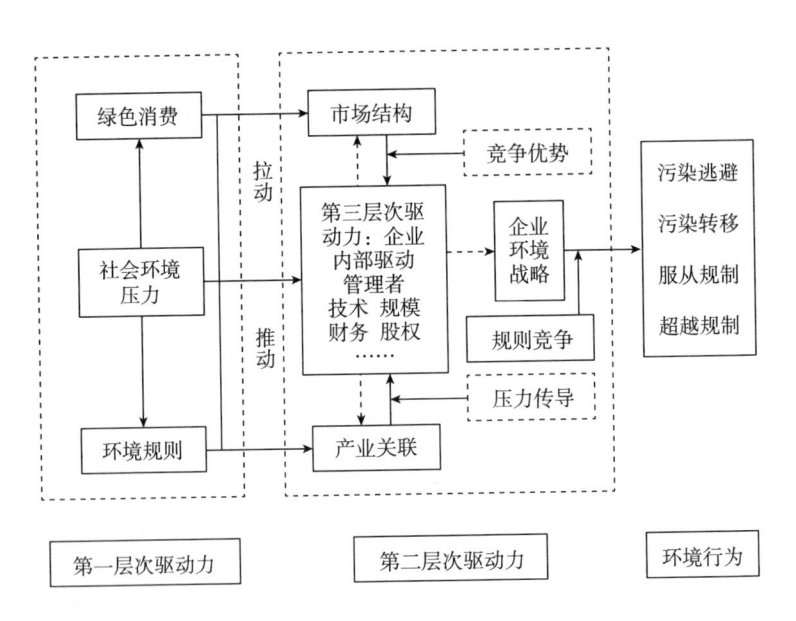

图 4-7　李永波的企业环境战略形成机制分析路线

邹伟进等（2014）构建的企业环境行为影响因素模型（见图4-8）也没有考虑外部压力与内部动力之间的相互作用关系。

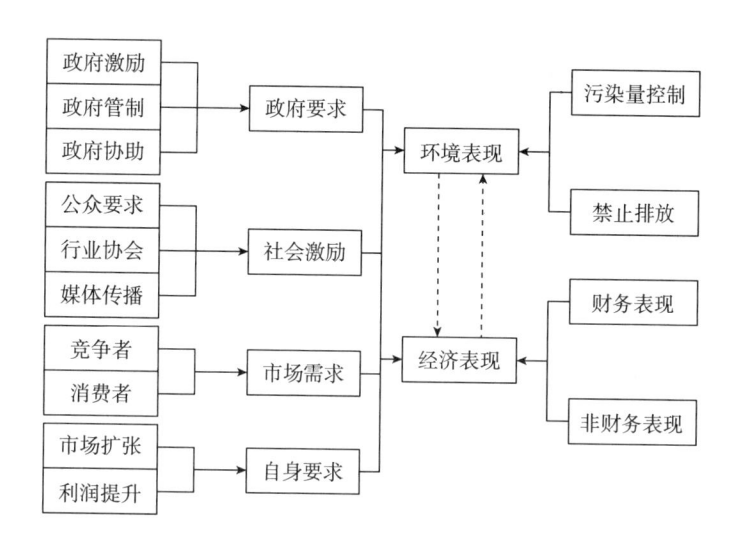

图4-8 邹伟进等的各影响因素与企业行为的传导模型

姜雨峰和田虹（2014）认为，环境压力作为企业外因，伦理领导作为企业内因，企业环境责任作为结果，从外因到内因的转换，再从内因到行动的执行，这一路径过程符合企业决策过程和行为方式（见图4-9）。框架虽然简单，但比较明了地表达出了外因、内因的关系及其对企业环境责任的作用路径，不仅强调企业管理者的伦理领导在外部压力对企业环境责任的作用中的中介作用，而且认为企业管理者的利他性价值观和绿色创新对伦理领导的中介作用的调节作用。

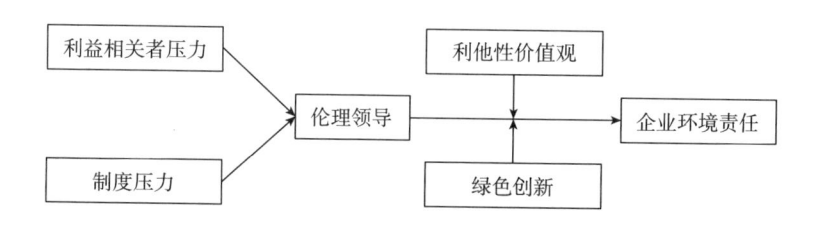

图4-9 姜雨峰和田虹的外部压力与企业环境责任关系框架

(二) 驱动机制

遵循辩证唯物主义关于内外因关系的论述——"事物的发展是内因和外因共同起作用的结果,内因是事物变化发展的根据,外因是事物变化发展的条件,而且外因通过内因起作用",结合国际经济合作与发展组织(OECD)所倡导的"压力—状态—响应"(PSR)经典企业环境行为分析框架,借鉴上述学者提出的理论模型或分析框架,笔者提出中国工业企业环境管理绩效的驱动机制为:企业环境管理绩效是外部压力因素(环境规制压力、市场环境压力、社区公众压力、区位条件因素)和内部动力因素(履行高管承诺、承担社会责任、追求经济利益)共同作用的结果,而且,外部压力因素通过内部动力因素起作用(见图4-10)。这一模型既表明了主要的外部压力因素和内部动力因素,也反映了它们之间的相互作用关系,即外部压力因素通过内部动力因素起作用,一方面需要企业管理者确实感受到这些外部压力的作用,另一方面还需要企业管理者有应对这些外部压力的内部动力;外部压力因素、内部动力因素共同作用,推动企业实施环境管理实践,并取得环境管理绩效,这是本书后续将重点实证检验的部分。虽然由于数据获取的困难和不理想,本书难以进行实证检验,但企业环境管理的最终目的是要改善企业的环境操作绩效。

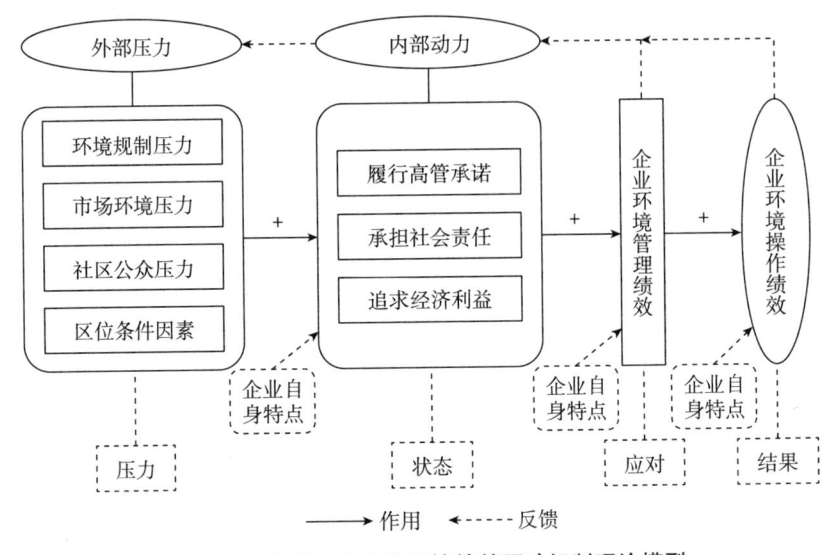

图4-10 中国工业企业环境绩效驱动机制理论模型

第二节　中国工业企业环境绩效驱动机制实证分析

前一节提出的关于中国工业企业环境管理绩效影响因素的理论假设和驱动机制的理论模型都需要得到实证数据的检验，才能得到确证。因此，本书利用收集的相关数据，运用因子分析、回归分析等方法，对这些理论假设和理论模型进行实证分析。

一　研究方法

（一）分析变量的确定

1. 环境管理绩效变量

（1）综合环境管理绩效。在企业环境管理绩效影响因素和驱动机制的实证分析中，环境管理绩效是因变量。如前笔者已经指出，由于企业环境管理实践行为之间具有互补性，因此只检验企业环境管理某个方面的驱动机制，是有失偏颇的。因此，本书将采用第三章评价所得到的中国工业企业环境管理绩效作为环境管理绩效的代理变量。如第三章评价时所选择的观察变量（见表3-10）所示，本书评价所得到的综合环境管理绩效得分（EMP）是对四个维度、18个观测指标的综合，能够描述企业环境管理的全貌，能够克服已有研究较多只考虑企业环境管理某个方面的不足。

（2）取得ISO14001认证。为了与上述综合环境管理绩效驱动机制的分析结果进行对照，本书与许多已有研究一样，也选择ISO14001认证取得的情况来再进行一次驱动机制模拟。

ISO14001认证是国际标准化组织于1996年颁布的环境管理体系的国际标准。取得ISO14001认证的企业，要求系统考虑它们与环境之间的关系，需要制定环境方针，评估其环境影响，设置环境目标，实施实现环境目标的战略，建立监测和改进程序。虽然一个企业（或单位）是否能取得ISO14001认证，是由独立第三方机构经过严格审查后决定的，但ISO14001认证还是属于企业自我规制（self-regulation）的一种，并不是政府部门强制要求实施的，而是企业自愿的。不仅如此，ISO14001认证取得的代价是很大的，因为它要求有系统的档案材料

(一般要花两年时间来准备),多样化的环境评估以及企业经理们、主管人员和员工召开多次会议等(Alberti et al., 2000),还需要建立环境管理部门,指派专门的环境管理人员,还需要进行员工培训、环境监测、环境会计和审计以及为了减小环境负荷而从事的产品重新设计、生产过程改造等(Khanna and Anton, 2002a),这些都既费人力也费财力;甚至还可能因要求公开的环境信息而遭遇法律诉讼(Delmas, 2002)。据估计,ISO14001认证取得的花费根据取得认证的单位大小和环境管理体系的复杂程度不同而有所区别,但一般需要花费1.0万—12.8万美元,而且认证取得后每年的维护费为0.5万—1.0万美元(Bansal and Hunter, 2003),这在某种程度上会打消企业取得ISO14001认证的积极性(Darnall, 2003)。但是越来越多的企业取得了ISO14001认证,如福特公司到1998年让其分布于26个国家的140个加工厂都取得了ISO14001认证,而且到1999年,它要求所有的供应商和零配件工厂也取得ISO14001认证,否则不能继续合作(Wilson, 2001);通用汽车公司、戴姆勒—奔驰、丰田以及其他汽车制造企业都要求其所有加工厂取得ISO14001认证,同时也帮助他们的供给商取得ISO14001认证(Sabatini, 2000,转引自Morrow and Rondinelli, 2002);IBM自1997年第一次取得覆盖其总部和11家工厂的具有全球性的ISO14001认证后,又于1998年将剩下的17个工厂也取得认证,并于1999年让位于泰国和爱尔兰的工厂取得认证;等等。有数据显示,截至2011年12月31日,中国通过ISO14001认证并保持有效的有72124家。但是,本书调查获得的168家样本企业中,仍有68家企业当时没有取得ISO14001认证,为我们进行相关分析提供了可能性。因此,本书采用"是否取得ISO14001认证(ISO)"作为因变量,模拟其驱动机制。

值得注意的是,有研究结果表明,环境管理积极的企业或工厂并不一定就有好的环境操作绩效(如Russo and Harrison, 2005)。关于ISO14001认证的取得与工厂的TRI排放量成正比的原因,Russo和Hirrison(2005)认为,一方面可能是因为大多数工厂都是在2000年前刚取得认证,还没来得及完全执行ISO14001体系,另一方面也可能是由于ISO14001体系不要求减少污染排放,工厂可能将其视为环境绩效差的"挡箭牌"(provide cover)来取得认证,向外界表示工厂在朝着正确的方向努力。但是，由于缺乏环境操作绩效相关的数据，所以这方面的实证分析无法进行，但在对分析结果进行解释或判断 ISO14001 认证或环境管理绩效的实际价值的时候，都必须考虑到这种可能性。

2. 外部压力因素变量

在前面所总结的实证研究中，有不少研究采用了相对客观的代理变量来衡量各种外部压力变量，如 Khanna 和 Anton（2002b）、Anton 等（2004）、秦颖等（2008）利用环境检查的次数，Shimshack 和 Ward（2005）用罚款额度，唐国平等（2013）用地区环境综合指数来衡量环境规制压力，Khanna 和 Anton（2002b）、秦颖等（2008）、李锐和侯菁（2014）采用是否生产终端产品、销售资产率来衡量企业的市场压力，Stafford（2002）用加入环保组织居民的比例、张彦和关民（2009）用公众环保意识、Shimshack 和 Ward（2005）用县人均收入来衡量社区公众压力，李锐和侯菁（2014）采用所在地 GDP 来衡量区位条件因素，等等。这些指标相对客观，可能更能反映现实情况，但一方面数据难以获取，另一方面即使这种客观情况存在，如果企业管理者感受不到其存在或者企业管理者的感受与客观现实不一致的话，对于企业管理者来说这种"客观情况"也就相当于不存在，难以起到应有的作用。因此，本书采取问卷调查的方式，直接调查企业管理者对各种外部压力因素的感知。所以，这里只能先交代本书为各种外部压力所选择的观测变量，至于这些观测变量是不是能够衡量相应的潜在变量（主要是环境规制压力、市场环境压力），还有待数据检验。

（1）环境规制压力。为了调查中国工业企业管理者对国家、地方环境规制方面的感知，本书询问被调查者是否同意下列说法：国家环保制度、法规完善，地方政府重视环境保护，地方环保部门执法公正严格，地方政府出台了环保优惠政策，近 5 年环境政策、法规变化较大，环境政策、法规的变化可以预见，环境政策、法规对企业要求多；希望能从多个角度反映被调查者对环境规制压力的感知，被调查者越同意这些说法的话，表明他们感受到的相关压力越大。如果这些观测变量通过量表信度检验的话，就用它们的平均得分来度量环境规制压力（Regulation）。

（2）市场环境压力。为了调查中国工业企业管理者对主要市场利益相关者的环境要求的感知，本书询问被调查者是否同意下列说法：企业股东具有很高的环保要求，客户消费者环保要求高，竞争者都在实行节能减排；希望能从多个角度反映被调查者对市场环境压力的感知，被调查者越同意这些说法的话，表明他们感受到的相关压力越大。如果这些观测变量通过量表信度检验的话，就用它们的平均得分来度量市场环境压力（Market）。

（3）社区公众压力。关于被调查者对社区公众压力的感知，本书只设计了一个相关问题，即询问被调查者是否同意这个说法：周边社区要求企业减少污染排放。因此，只能用被调查者对该问题的回答作为社区公众压力（Community）的代理变量。

（4）区位条件因素。区位条件因素包括两个方面，一是宏观区位条件，二是微观区位条件。对于宏观区位条件，本书与陈璇和 Lindkvist（2013）一样，通过企业注册地所在省份判断企业所处宏观区位，即东部地区、中部地区或西部地区，并用一组虚拟变量来反映各个企业所处的宏观区位。当企业处于东部地区时，虚拟变量 Zone1 取值为"1"，否则取值为"0"；当企业处于中部地区时，虚拟变量 Zone2 取值为"1"，否则取值为"0"；为了避免完全共线性问题，处于西部地区的企业作为对照组。

为了获取反映各个企业所处社区所拥有的周边组织带来影响的微观区位条件，问卷调查中，要求企业选择其主体所在的区位，包括经济开发区，工业区，商业区，商业及工业混合区，住宅及商业混合区，住宅、商业及工业混合区，住宅区以及其他。如前所述，由于本书主要认为位于"经济开发区"能促进企业改善其环境绩效，因此，用一个虚拟变量反映企业的微观区位条件，即如果企业位于经济开发区，则虚拟变量 EDistrict 取值为"1"，否则，取值为"0"。

3. 内部动力因素变量

对于内部动力因素，除了有一批外国学者（Arora and Cason，1995，1996 等）用企业某种污染物排放量来衡量"提升企业形象"以外，已有研究都比较一致地利用问卷调查来获取内部动力因素变量的数据，如 Nakamura 等（2001）、杨东宁和周长辉（2005）用环境管理意识和战略、Henriques 和 Sadorsky（1996）、López – Gamero 等（2010）、

Liu等（2010）、王凯等（2012）用环境问题意识、环境问题解决意愿，Banerjee等（2003）用高管承诺来衡量企业管理者的环境意识和态度，Nakamura等（2001）、周曙东（2011）用社会责任驱动力来衡量企业管理者对社会责任的认知，戈爱晶和张世秋（2006）用降低环境风险，戈爱晶和张世秋（2006）、李锐和侯菁（2014）用提升企业形象，叶强生和武亚军（2010）用优化经济利益，王凯等（2012）用利润动机来衡量企业管理者对经济利益的追求。因此，本书采用问卷调查的方式收集企业管理者对履行高管承诺、承担社会责任和追求经济利益的态度和认知。

（1）履行高管承诺。为了调查中国工业企业管理者的环境意识和态度，本书询问被调查者是否同意下列说法：环保是每个公民应尽的义务，我十分在意周边环境的质量，我非常关注各种环境问题，我了解我国现行的环保政策和法规，我在平时生活中注重节能减排，我在工作中积极推行节能减排；希望能从多个角度反映被调查者的环境意识、态度和行为，被调查者越同意这些说法的话，表明他们的环境意识越高、环境态度越好。如果这些观测变量通过量表信度检验的话，就用它们的平均得分来度量履行高管承诺（Commitment）。

（2）承担社会责任。为了调查中国工业企业管理者是否具有承担社会责任的动机，本书询问被调查者是否同意下列说法是其实施节能减排等环保措施的动机：为了改善与政府的关系，为了满足利益相关者的要求，为了规避环境风险，为了打破绿色贸易壁垒，为了履行企业的社会责任；希望能从多个角度反映被调查者的认知，被调查者越同意这些说法的话，表明他们承担社会责任的动机越强烈。如果这些观测指标通过量表信度检验的话，就用它们的平均得分来度量承担社会责任（SRespons）。

（3）追求经济利益。为了调查中国工业企业管理者是否为了追求经济利益而进行环境管理，本书询问被调查者是否同意下列说法是其实施节能减排等环保措施的动机：为了降低罚款、排污费等成本，为了降低生产成本，为了获得经济效益，为了增强企业竞争力；希望能从多个角度反映被调查者的认知，被调查者越同意这些说法的话，表明他们追求经济利益的动机越强。如果这些观测变量通过量表信度检验的话，就用它们的平均得分来度量追求经济利益（EBenefit）。

4. 企业自身特征因素（控制变量）

（1）企业规模。企业规模包括企业的经营范围和经营规模，一般用企业从业人员数、资产额、营业额的数据来衡量（林存友和朱清，2009）。本书在调查中让企业填写了"企业从业人员数"，所以，本书采用企业从业人员数作为企业规模（Size）的代理变量。对于缺失值，采用非缺失值的平均值替代。

（2）所有制性质。本书调查中让企业选择了企业所有制性质，包括国有、集体、合资、外资、民营以及其他。同时，本书主要关注是否国有企业的环境管理绩效有别于其他所有制企业，因此，采用一个虚拟变量来反映企业的所有制性质（Owner）。如果企业属于国有，则 Owner 取值为"1"，否则 Owner 取值为"0"。

（3）行业类型。首先，本书通过企业的公司代码判断其所属行业，包括采掘业，制造业，电力、煤气及水的生产和供应业，建筑业，交通运输、仓储业；其次，对于制造业企业，通过各个企业的官网查得其主要业务，并根据其主要业务确定其所属行业部门。样本企业所属行业类型基本情况如表3-3所示。由于本书主要关注重污染行业企业与非重污染行业企业环境管理绩效的差异，因此，采用一个虚拟变量来反映企业所属的行业类型（PIndustry）。根据《关于对申请上市的企业和申请再融资的上市企业进行环境保护核查的通知》（环发〔2003〕101号文件），重污染行业包括：冶金、化工、石化、煤炭、火电、建材、造纸、酿造、制药、发酵、纺织、制革和采矿业，因此，如果企业属于这些行业的话，虚拟变量 PIndustry 取值为"1"，否则取值为"0"。

（二）数据收集及处理

在第三章所述的问卷调查中，我们也收集了本章分析所需的数据，包括由 Q1 所调查的企业管理者的环境意识与态度、由 Q15 所调查的企业环境管理的动机以及由 Q17 所调查的企业感受到的外部压力。样本企业数同样为168家，样本企业信息见表3-3。

同样运用 Cronbach's α 检验调查问卷的信度，即上述主要分析变量（潜在变量）：环境规制压力（Regulation）、市场环境压力（Market）、履行高管承诺（Commitment）、承担社会责任（SRespons）和追求经济利益（EBenefit）选择的观测变量的合理性，结果如表 4-1 所示。从中可以看出，Cronbach's α 基本上都大于 0.70，表明各分析变量的观测指标具有较高的内部一致性，相关度较大，因此，可以用各分析变量的观测指标的平均值来作为分析变量的得分。

表 4-1　主要分析变量的观测指标及其基本描述统计

分析变量	观测指标	样本数	极小值	极大值	均值	标准差	Cronbach's α
环境规制压力							0.82
	国家环保制度、法规完善	162	2	5	4.09	0.76	
	地方政府重视环境保护	162	2	5	4.10	0.73	
	地方环保部门执法公正严格	162	1	5	3.92	0.82	
	地方政府出台了环保优惠政策	162	2	5	3.90	0.76	
	近5年环境政策法规变化较大	162	2	5	3.85	0.68	
	环境政策法规的变化可以预见	162	2	5	3.65	0.75	
	环境政策、法规对企业要求多	162	2	5	3.86	0.74	
市场环境压力							0.72
	企业股东具有很高环保要求	164	2	5	3.79	0.70	
	客户消费者环保要求高	164	2	5	3.91	0.69	
	竞争者都在实行节能减排	164	2	5	3.68	0.84	
履行高管承诺							0.90
	环保是每个公民应尽的义务	167	1	5	4.82	0.47	
	十分在意周边环境的质量	167	1	5	4.65	0.56	
	非常关注各种环境问题	167	1	5	4.49	0.64	
	了解现行的环保政策和法规	167	1	5	4.16	0.80	
	平时生活中注重节能减排	167	1	5	4.40	0.70	
	工作中积极推行节能减排	167	1	5	4.49	0.65	
承担社会责任							0.76
	为了改善与政府的关系	163	1	5	3.46	0.98	

续表

分析变量	观测指标	样本数	极小值	极大值	均值	标准差	Cronbach's α
	为了满足利益相关者的要求	163	1	5	3.50	1.07	
	为了规避环境风险	163	2	5	3.80	1.01	
	为了打破绿色贸易壁垒	163	1	5	3.74	0.89	
	为了履行企业的社会责任	163	2	5	4.45	0.56	
追求经济利益							0.68
	为了降低罚款、排污费等	167	1	5	3.35	1.15	
	为了降低生产成本	167	1	5	3.93	0.94	
	为了获得经济效益	167	1	5	3.92	0.97	
	为了增强企业竞争力	167	2	5	4.35	0.64	

另外，因子分析结果也表明，本书数据不存在因为所利用的数据是由同一个人自我填报的共同方法变异（common method variance）问题，因为除了 Q1 的所有观测指标在进行因子分析时只出现一个公因子外，Q17、Q15 的观测指标在因子分析中都出现了三个特征根大于 1.0 的公因子，而且第一个公因子解释的方差都不到 30%。

最后，对所有分析变量进行频率统计，得到表 4-2、表 4-3。对变量进行相关分析，得到表 4-4。后续分析就以此数据为基础展开。

表 4-2　中国工业企业环境管理绩效驱动机制分析变量的频率统计

变量名称	变量代码及等级	综合环境管理绩效（EMP）				合计
		EMP=13	EMP=15	EMP=17	EMP=19	
环境规制压力	Regulation=3	9	7	8	7	31
	Regulation=4	23	19	45	30	117
	Regulation=5	1	3	5	19	28
市场环境压力	Market=2	4		1		5
	Market=3	7	7	16	12	42
	Market=4	20	11	35	26	92
	Market=5	2	1	6	9	18

续表

变量名称	变量代码及等级	综合环境管理绩效（EMP）				
		EMP=13	EMP=15	EMP=17	EMP=19	合计
社区公众压力	Community=2	1	2	3	1	7
	Community=3	5	2	6	6	19
	Community=4	23	12	37	26	98
	Community=5	4	3	11	14	32
宏观区位条件	Zone=1 位于东部	23	20	40	25	108
	Zone=2 位于中部	5	8	12	8	33
	Zone=3 位于西部	5	1	6	14	26
微观区位条件	EDistrict=0 位于非经济开发区	32	20	41	33	126
	EDistrict=1 位于经济开发区	1	9	17	14	41
履行高管承诺	Commitment=3	1	1	1	1	4
	Commitment=4	14	11	30	13	68
	Commitment=5	17	17	27	33	94
承担社会责任	SRespons=2		1	2	1	4
	SRespons=3	10	14	18	15	57
	SRespons=4	23	12	29	20	84
	SRespons=5		3	9	11	23
追求经济利益	EBenefit=2			2	2	4
	EBenefit=3	3	3	14	11	31
	EBenefit=4	27	15	28	23	93
	EBenefit=5	3	1	14	11	29
企业规模	Size	6146	6218	5876	6635	
所有制性质	Owner=0 非国有企业	25	22	34	17	98
	Owner=1 国有企业	8	7	25	30	70
行业类型	PIndustry=0 非重污染行业企业	19	10	29	16	74
	PIndustry=1 重污染行业企业	14	19	30	31	94

注：(1) 为了后续分析的方便和合理，将 EMP 的等级进行了合并：8、9、12 合并到 13；14 合并到 15；16 合并到 17；18、20 合并到 19；(2) 除了"企业规模"为从业人员的平均值外，其他变量都表示的是相应级别出现的频率。

表4-3 中国工业企业取得ISO14001认证驱动机制分析变量的频率统计

变量名称	变量代码及等级	ISO=0 未取得认证	ISO=1 已取得认证	合计
环境规制压力	Regulation=3	14	17	31
	Regulation=4	51	65	116
	Regulation=5	5	15	20
市场环境压力	Market=2	3	2	5
	Market=3	17	25	42
	Market=4	47	55	102
	Market=5	3	15	18
社区公众压力	Community=2	4	3	7
	Community=3	8	11	19
	Community=4	50	58	108
	Community=5	8	24	32
宏观区位条件	Zone=1 位于东部	49	59	108
	Zone=2 位于中部	13	21	34
	Zone=3 位于西部	8	18	26
微观区位条件	EDistrict=0 位于非经济开发区	62	65	127
	EDistrict=1 位于经济开发区	8	33	41
履行高管承诺	Commitment=3	3	2	5
	Commitment=4	25	43	68
	Commitment=5	42	53	95
承担社会责任	SRespons=2	1	3	4
	SRespons=3	33	24	57
	SRespons=4	32	51	83
	SRespons=5	4	20	24
追求经济利益	EBenefit=2	1	3	4
	EBenefit=3	9	22	31
	EBenefit=4	49	54	103
	EBenefit=5	11	19	30

续表

变量名称	变量代码及等级	取得 ISO14001 认证（ISO）		合计
		ISO = 0 未取得认证	ISO = 1 已取得认证	
企业规模	Size	6926	5629	6278
所有制性质	Owner = 0 非国有企业	48	50	98
	Owner = 1 国有企业	22	48	70
行业类型	PIndustry = 0 非重污染行业企业	29	47	76
	PIndustry = 1 重污染行业企业	41	51	92

注：（1）为了后续分析的方便和合理，将 EMP 的等级进行了合并：8、9、12 合并到 13；14 合并到 15；16 合并到 17；18、20 合并到 19；（2）除了"企业规模"为从业人员的平均值外，其他变量都表示的是相应级别出现的频率。

（三）分析方法的确定

首先，根据图 4-10 所构建的企业环境管理绩效驱动机制模型，我们需要实证分析外部压力因素是否通过内部动力因素起作用，来共同影响企业的环境管理绩效，也就是说，需要检验内部动力因素是不是在这里起到中介作用。为此，最好能用结构方程分析中的路径分析方法，但结构方程分析对样本量要求较高，而本书的样本企业只有 168 家，涉及的变量又较多，所以难以满足这一要求。因此，本书采用 Baron 和 Kenny（1986）提出的检验中介变量的方法，即通过比较多个回归路径的回归系数，如果一个假设变量同时满足以下四个条件，则可以判断这个假设变量为中介变量：第一，在用自变量对假设变量的回归中，自变量显著影响假设变量；第二，在用自变量对因变量的回归中，自变量显著作用于因变量；第三，在用自变量、假设变量同时对因变量的回归中，假设变量显著作用于因变量，而自变量的作用变得不显著或者其回归系数小于其单独与因变量回归时的系数。同时，应注意，运用这种方式时，有两个条件需要满足：一是中间变量没有测量误差；二是因变量不是中介变量的前因。

其次，由于综合环境管理绩效为非负的有序整数，因此，对综合环境管理绩效进行回归时，不适合采用常规的最小二乘回归分析方法，借

表4-4　中国工业企业环境管理绩效驱动机制分析变量相关系数

	EMP	ISO	Regu	Mark	Commu	Zone	EDis	Commi	SRes	EBen	Size	Owner	PIndu
EMP	1.00												
ISO	0.49***	1.00											
Regulation	0.18*	0.09	1.00										
Market	0.13	0.09	0.37***	1.00									
Community	0.14	0.14	0.32***	0.28***	1.00								
Zone	0.15*	0.11	-0.11	-0.08	-0.03	1.00							
EDistrict	0.17*	0.26***	-0.08	-0.02	-0.06	0.07	1.00						
Commitment	0.12	-0.05	0.13	0.34***	0.20**	-0.14	-0.11	1.00					
SRespons	0.12	0.25***	0.27***	0.10**	0.12	-0.10	-0.06	0.02	1.00				
EBenefit	-0.02	-0.06	0.16*	0.22**	-0.02	-0.26***	-0.17*	0.07	0.41***	1.00			
Size	-0.04	-0.13	0.09	0.09	-0.16	-0.20*	-0.17*	0.14	-0.01	0.11	1.00		
Owner	0.31***	0.18*	0.05	-0.03	0.16*	0.12	-0.09	-0.01	0.06	-0.12	0.05	1.00	
PIndustry	0.12	-0.07	0.11	-0.02	0.18*	0.17*	-0.21*	0.09	0.07	0.07	-0.02	-0.03	1.00

注：表中为Speaman的rho相关系数；*** 表示在0.001水平上显著，** 表示在0.01水平上显著，* 表示在0.05水平上显著。

鉴 Xie 等（2007）采用有序回归模型，并运用 SPSS20.0 中的有序回归来实现；而且，由于数据分布具有等级越高可能性越大的趋势，因此，选择"补充对数—对数"链接。

有序回归模型由两部分组成：第一部分是用因变量（如这里的 EMP 等）对一个非观察的联系变量 EMP^* 回归：

$$EMP = \begin{cases} 20 & if \quad EMP^* \geqslant \mu_{19} \\ 19 & if \quad \mu_{18} \leqslant EMP^* < \mu_{19} \\ 18 & if \quad \mu_{17} \leqslant EMP^* < \mu_{18} \\ \vdots \\ 9 & if \quad \mu_8 \leqslant EMP^* < \mu_9 \\ 8 & if \quad EMP^* < \mu_8 = 8 \\ and \\ \mu_{20} > \mu_{19} > \cdots > \mu_9 > 0 \end{cases} \quad (4-1)$$

式中，μ_i 是阈值参数。

第二部分是将联系变量 EMP^* 对自变量进行回归：

$$EMP^* = \beta X + \beta_0 + \varepsilon \quad (4-2)$$

式中，X 是自变量集，β、β_0 为待估计的参数集，ε 是没有考虑的变量的随机误差项。

最后，在以取值为 1 或 0 的二分类变量"取得 ISO14001 认证"为因变量的回归分析中，我们采用 Logistic 回归。并且，由于笔者选用的有些自变量（如环境规制压力、市场环境压力等）是多分类有序自变量（或等级变量），对于这种等级变量，如果其等级分组与 Logit P 呈线性关系的话，则可以作为一个数值型变量引入模型，否则，只能作为分类无序变量（虚拟变量）引入模型。但是，为了与综合环境管理绩效的分析进行比较，在此都将其作为虚拟变量引入模型。

另外，从表 4-4 可知，本书重点考察的外部压力变量环境规制压力、市场环境压力和社区公众压力之间，以及内部动力变量承担社会责任与追求经济利益之间具有显著的较强的相关性，如果同时纳入回归模型的话，会引起共线性问题。因此，本书决定分别检验这些外部压力、内部动力的作用及其作用机制。

二 综合环境管理绩效的实证分析结果

(一) 综合环境管理绩效的影响因素

运用 SPSS 软件的有序回归模型,在控制企业自身特征因素的情况下,分别将第一节影响因素分析中提出的外部压力因素、内部动力因素对企业的综合环境管理绩效 (EMP) 进行回归,得到如表 4-5 所示的结果。从模型显著性来看,表 4-5 中的所有模型都在 0.01 水平上显著,表明模型具有统计意义,而且拟合效果很好。

表 4-5　　中国工业企业综合环境管理绩效 (EMP) 影响因素的回归分析结果

变量	Model1	Model2	Model3	Model4	Model5	Model6	Model7	Model8
Size	0.00	0.00	0.00	0.00	0.00	0.00	0.00	0.00
Owner	0.81***	0.77***	0.77***	0.78***	0.97***	0.81***	0.82***	0.76***
PIndustry	0.34*	0.37**	0.36*	0.31*	0.57***	0.34*	0.38**	0.38**
Regulation = 3	-0.77**							
Regulation = 4	-0.55*							
Market = 2		-1.94***						
Market = 3		-0.64*						
Market = 4		-0.71***						
Community = 2			-0.42					
Community = 3			-0.27					
Community = 4			-0.36					
Zone = 东部				-0.64**				
Zone = 中部				-0.62*				
EDistrict = 0					-0.74***			
Commitment = 3						-0.56		
Commitment = 4						-0.25		
SRespons = 2							-0.35	
SRespons = 3							-0.58*	
SRespons = 4							-0.72**	
EBenefit = 2								0.49

续表

变量	Model1	Model2	Model3	Model4	Model5	Model6	Model7	Model8
EBenefit = 3								−0.15
EBenefit = 4								−0.54**
−2 对数似然值	343.15	342.60	347.32	343.83	334.07	350.58	354.76	351.64
卡方	25.09	30.17	22.66	25.50	31.42	23.06	27.07	28.27
显著性	0.00	0.00	0.00	0.0	0.00	0.00	0.00	0.00

注：表中省略了 EMP 的阈值的参数估计；*** 表示在 0.01 水平上显著，** 表示在 0.05 水平上显著，* 表示在 0.10 水平上显著。

（1）控制变量的作用。从三个控制变量的分析结果来看，企业规模（Size）在所有的模型中都不显著，这与多数研究结果不一致；这可能是由于 60 多家企业的从业人员数是用其他企业的从业人员数的平均值来替代的，致使该变量的变差较小所致；也可能是由于其量纲与其他变量完全不同所致。在表 4 - 5 所示的所有模型中，企业所有制性质的回归系数都为 0.80 左右，且都在 0.01 水平上显著，表明国有企业的综合环境管理绩效显著优于非国有企业，这与前述理论分析相符。关于重污染行业企业（PIndustry）的作用，在所有模型中其回归系数都是显著的，但显著性水平不高，只在 0.10 或 0.05 水平上显著，而且回归系数不大，约为 0.30，表明重污染行业企业的综合环境绩效较显著地优于非重污染行业企业。

（2）外部压力因素的作用。从五个外部压力因素的分析结果来看，环境规制压力、市场环境压力不仅回归系数显著，而且不同等级的回归系数的变化趋势基本一致，即一方面各感知等级的回归系数都为负，而且等级越低，回归系数的绝对值越大，表明企业感知的环境规制压力、市场环境压力越大，其综合环境管理绩效越好，证实了假说 1、假说 2；微观区位条件［EDistrict = 0（位于非经济开发区）］的回归系数为 −0.74，且在 0.01 水平上显著，表明位于经济开发区的企业的综合环境管理绩效比位于非经济开发区的企业好，假说 5 得到证实；对于宏观区位条件，虽然［Zone = 东部］、［Zone = 中部］的回归系数都显著，但为负，表明与位于西部的企业相比，位于东部、中部的企业的综合环境管理绩效较差,这虽然证实了企业环境管理绩效存在宏观区域差异,但差异的方向与假说 4 所谓的"可能表现为东部地区优于中部地区、中部地区优于西部地区"不相符;对于社区公众压力,其三个感知等级都不显著,表明假说 3 未得到证实。

(3) 内部动力因素的作用。从三个内部动力因素的分析结果来看,履行高管承诺的不同水平的回归系数都不显著,表明履行高管承诺的动机对企业的综合环境管理绩效没有起到驱动作用,假说 6 未得到证实;承担社会责任因素的 [SRespons = 3]、[SRespons = 4] 两个等级的回归系数都显著,而且这两个等级的回归系数都为负,表明与承担社会责任的动机水平为 5 的企业相比,动机水平为 3 和 4 的企业的综合环境管理绩效显著较低,而且动机水平为 4 的企业的综合环境管理绩效更低,而动机水平为 2 的企业的综合环境管理绩效却与动机水平为 5 的企业没有多大区别。因此,难以从中得到与假说 7 完全一致的结论,所以只能说,假说 7 得到了部分证实;追求经济利益因素中,[EBenefit = 4] 显著且为负,表明与追求经济利益动机水平为 5 的企业相比,动机水平为 4 的企业的综合环境管理绩效更差,但是动机水平为 2 或 3 的却没有显著差别,因此,假说 8 只得到部分证实。

综上所述,对综合环境管理绩效的影响因素的实证分析结果表明:

假说 1(H1)得到证实,感受到环境规制压力越大的企业,其环境管理绩效越好。

假说 2(H2)得到证实,认为市场环境压力越大的企业,其环境管理绩效越好。

假说 3(H3)未得到证实,认为社区公众环保意识高的企业,其环境管理绩效不比认为社区公众环保意识不高的企业好。

假说 4(H4)得到证实,中国企业环境管理绩效存在区域差异,但具体表现为西部地区企业的综合环境管理绩效优于东部、中部地区企业。

假说 5(H5)得到证实,位于经济开发区的企业,其环境管理绩效比位于其他功能区的企业好。

假说 6(H6)未得到证实,领导层环境意识越高的企业,环境管理绩效不一定越好。

假设7（H7）得到部分证实，承担社会责任动机越强烈的企业，其环境管理绩效比承担社会责任动机较强的企业好，但并不比承担社会责任动机弱的企业好。

假设8（H8）部分得到证实，追求经济利益动机强烈的企业，其环境管理绩效比动机较强的企业好。

(二) 综合环境管理绩效的驱动机制

如前所述，本书主要关注各种外部压力因素、内部动力因素是如何驱动企业环境管理绩效的，即各种外部压力因素是否通过本书所确定的三个内部动力因素（履行高管承诺、承担社会责任、追求经济利益）的中介作用驱动企业的环境管理绩效的。

表4-6、表4-7和表4-8分别是对"履行高管承诺""承担社会责任"和"追求经济利益"三个内部动力因素的中介作用检验的结果。根据前述中介作用的判断标准对此结果进行分析，得到如下结论：

(1) 环境规制压力不通过履行高管承诺起作用。如表4-6所示，在检验环境规制压力对履行高管承诺的 Model 1 中，模型的显著性水平为0.11，表明模型拟合效果较差，同时，环境规制压力的两个感知等级也都不显著，因此，判断标准的第一条不满足。根据上述对表4-5的 Model 1 的分析，环境规制压力对综合环境管理绩效有显著作用，判断标准的第二条部分满足。同时，在检验环境规制压力和履行高管承诺对综合环境管理绩效的共同作用的 Model 6（表4-6）中，虽然［环境规制压力=4］变得不显著了，［环境规制压力=3］的系数仍然显著，其绝对值比单独作用时也有所减小，但履行高管承诺的作用不显著。因此，判断标准的第三条也不满足。因此，可以说，在环境规制压力对企业环境管理绩效的作用中，履行高管承诺没有起到中介作用。但是，这里还不能认为环境规制压力是直接驱动企业的环境管理绩效，因为，还有可能是通过其他两个内部因素产生作用的。

(2) 市场环境压力不通过履行高管承诺起作用。如表4-6所示，在检验市场环境压力对履行高管承诺的 Model 2 中，模型显著，市场环境压力的三个感知等级也都显著，满足判断标准的第一条。根据上述对表4-5的 Model 2 的分析，市场环境压力对综合环境管理绩效也有显著影响，判断标准的第二条也满足。但是，在检验市场环境压力、履行

表 4-6　中国工业企业环境管理绩效驱动机制的回归分析结果（履行高管承诺）

变量	履行高管承诺（Commitment）					综合环境管理绩效（EMP）				
	Model1	Model2	Model3	Model4	Model5	Model6	Model7	Model8	Model9	Model10
Size	0.00*	0.00*	0.00*	0.00	0.00	0.00	0.00	0.00	0.00	0.00
Owner	-0.05	-0.06	-0.22	0.00	-0.07	0.80***	0.76***	0.77***	0.76***	0.96***
PIndustry	0.26	0.28	0.20	0.33	0.24	0.30	0.35*	0.33*	0.27	0.54***
Regulation = 3	-0.62					-0.75**				
Regulation = 4	-0.04					-0.54				
Market = 2		-2.99***					-2.50***			
Market = 3		-2.96***					-0.56			
Market = 4		-2.26**					-0.65*			
Community = 2			-1.60***					-0.32		
Community = 3			-1.16**					-0.21		
Community = 4			-0.88**					-0.29		
Zone = 东部				0.40					-0.66**	
Zone = 中部				-0.04					-0.62*	
EDistrict = 0					0.28					
Commitment = 3						-0.50	0.73	-0.49	-0.54	-0.79***
Commitment = 4						-0.24	-0.17	-0.21	-0.28	-0.47
										-0.34*
-2 对数似然值	210.25	197.59	206.31	212.53	211.10	365.11	354.12	362.47	366.29	351.76
卡方	8.97	28.40	14.73	8.11	6.22	27.12	31.80	24.23	28.10	34.80
显著性	0.11	0.00	0.02	0.15	0.18	0.00	0.00	0.00	0.00	0.00

注：表中省略了 Commitment 和 EMP 的阈值的参数估计；*** 表示在 0.01 水平上显著，** 表示在 0.05 水平上显著，* 表示在 0.10 水平上显著。

表4-7 中国工业企业环境管理绩效驱动机制的回归分析结果（承担社会责任）

变量	承担社会责任（SRespons）							综合环境管理绩效（EMP）		
	Model1	Model2	Model3	Model4	Model5	Model6	Model7	Model8	Model9	Model10
Size	0.00	0.00	0.00	0.00	0.00	0.00	0.00	0.00	0.00	0.00
Owner	0.13	0.22	0.03	0.20	0.18	0.81***	0.77***	0.80***	0.76***	1.00***
PIndustry	0.00	0.15	0.07	0.18	0.12	0.37***	0.34*	0.36*	0.30	0.59***
Regulation=3	-1.43***					-0.65				
Regulation=4	-0.83***					-0.45				
Market=2		-0.11					-2.29			
Market=3		-0.97***					-0.38			
Market=4		-0.55*					-0.61*			
Community=2			-1.25**					-0.17		
Community=3			-0.60*					-0.10		
Community=4			-0.66***					-0.18		
Zone=东部				0.28					-0.68**	
Zone=中部				0.13					-0.65*	
EDistrict=0					0.15					-0.88***
SRespons=2						-0.11	-0.48	-0.48	-0.44	-0.65
SRespons=3						-0.47	-0.82***	-0.63*	-0.68**	-0.76**
SRespons=4						-0.64*	-0.92***	-0.75***	-0.74**	-0.92***
-2对数似然值	275.95	283.90	285.80	287.66	287.30	371.40	359.77	366.56	369.38	355.71
卡方	18.04	11.36	11.00	2.98	2.14	29.91	38.68	28.24	32.43	41.58
显著性	0.00	0.08	0.09	0.70	0.71	0.00	0.00	0.00	0.00	0.00

注：表中省略了SRespons和EMP的阈值的参数估计；*** 表示在0.01水平上显著，** 表示在0.05水平上显著，* 表示在0.10水平上显著。

表 4-8　中国工业企业环境管理绩效驱动机制的回归分析结果（追求经济利益）

变量	追求经济利益（EBenefit)					综合环境管理绩效（EMP)				
	Model1	Model2	Model3	Model4	Model5	Model6	Model7	Model8	Model9	Model10
Size	0.00	0.00	0.00	0.00	0.00	0.00	0.00	0.00	0.00	0.00
Owner	-0.03	-0.11	-0.04	0.10	-0.07	0.75***	0.72***	0.73***	0.73***	0.92***
PIndustry	0.08	0.15	0.08	0.30	0.08	0.36*	0.35*	0.34*	0.30	0.56***
Regulation = 3	-0.84**					-0.72*				
Regulation = 4	-0.45					-0.47				
Market = 2		-0.40					-1.83***			
Market = 3		-1.07***					-0.61			
Market = 4		-0.39					-0.72*			
Community = 2			-0.50					-0.20		
Community = 3			0.24					-0.53		
Community = 4			-0.04					-0.28		
Zone = 东部				1.09***					-0.66**	
Zone = 中部				0.99***					-0.74**	
EDistrict = 0					0.38*					-0.77***
EBenefit = 2						0.69	0.56	0.63	0.45	0.34
EBenefit = 3						-0.09	-0.17	-0.18	-0.37	-0.37
EBenefit = 4						-0.45	-0.52*	-0.58	-0.61	-0.62**
-2 对数似然值	283.09	283.31	289.16	284.53	279.52	362.17	353.87	360.67	360.10	352.02
卡方	6.38	12.55	2.26	13.84	3.71	32.82	37.18	30.24	33.44	39.17
显著性	0.27	0.05	0.90	0.02	0.45	0.00	0.00	0.00	0.00	0.00

注：表中省略了 EBenefit 和 EMP 的阈值的参数估计；*** 表示在 0.01 水平上显著，** 表示 0.05 水平上显著，* 表示在 0.10 水平上显著。

高管承诺对综合环境管理绩效的共同作用的 Model 7（表4-6）中，虽然市场环境压力的三个感知等级要么变得不显著了，要么系数的绝对值有较大幅度降低，但是，履行高管承诺的作用不显著。因此，不满足判断标准的第三条。所以说，在市场环境压力对企业环境管理绩效的作用中，履行高管承诺没有起到中介作用。但是，这里同样还不能认为市场环境压力是直接驱动企业的环境管理绩效，因为，还有可能是通过其他两个内部因素产生作用的。

（3）社区公众压力不通过履行高管承诺起作用。如表4-6所示，在检验社区公众压力对履行高管承诺的 Model 3 中，模型显著，社区公众压力的三个感知等级也都显著，满足判断标准的第一条。根据上述对表4-5的 Model 3 的分析，社区公众压力对综合环境管理绩效没有显著影响，因此，判断标准的第二条不满足。同时，在检验社区公众压力、履行高管承诺对综合环境管理绩效共同作用的 Model 8 中，履行高管承诺、社区公众压力的作用都不显著。因此，判断标准的第三条也不满足。所以说，在社区公众压力对企业环境管理绩效的作用中，履行高管承诺也不起中介作用。

（4）无论宏观还是微观区位都不通过履行高管承诺起作用，而是直接作用于企业环境管理绩效。如表4-6所示，在检验宏观区位、微观区位压力对履行高管承诺的 Model 4 和 Model 5 中，不仅模型都不显著，而且宏观区位、微观区位的作用也都不显著，表明判断标准的第一条不满足。根据上述对表4-5的 Model 4、Model 5 的分析，判断标准的第二条满足。但是，在检验宏观区位压力或微观区位压力与履行高管承诺对综合环境管理绩效的共同作用的 Model 9 或 Model 10 中，不仅履行高管承诺的作用不显著，而且宏观区位压力、微观区位压力的系数的绝对值不仅没有减小，反而略有增大。因此，不满足判断标准的第三条。所以说，无论是宏观区位压力还是微观区位压力都是直接作用于企业环境管理绩效，履行高管承诺没有起到中介作用。

（5）环境规制压力部分通过承担社会责任起作用。如表4-7所示，在检验环境规制压力对承担社会责任的作用的 Model 1 中，不仅模型显著，而且环境规制压力的两个感知等级也都显著，且为负，并且感知等级越低的系数绝对值越大，表明环境规制压力感知越大，承担社责任的动机越强,同时这满足判断标准的第一条。根据上述对表 4 - 5 的 Model 1 的分析,环境规制压力对综合环境管理绩效有显著作用,判断标准的第二条部分满足。同时,在检验环境规制压力、承担社会责任对综合环境管理绩效的 Model 6 (表 4 - 7) 中,[SRespons = 4] 显著,而且,环境规制压力的两个感知等级不仅系数减小了,而且变得不显著了。因此,满足判断标准的第三条。所以可以说,在环境规制压力对企业环境管理绩效的驱动作用中,承担社会责任起到了一定中介作用,或者说,环境规制压力至少在一定程度上通过承担社会责任起作用。

(6) 市场环境压力大部分通过承担社会责任起作用。如表 4 - 7 所示,在检验市场环境压力对承担社会责任作用的 Model 2 中,不仅模型十分显著,而且市场环境压力的三个等级都显著,都为负且基本上随着等级的降低,系数的绝对值增大,表明市场环境压力感知越少,承担社会责任的动机也越弱;满足判断标准的第一条。根据上述对表 4 - 5 的 Model 2 的分析,市场环境压力对综合环境管理绩效有显著影响,判断标准的第二条也满足。同时,在检验市场环境压力、承担社会责任对综合环境管理绩效的共同作用的 Model 7 (表 4 - 7) 中,不仅 [SRespons = 3]、[ERespons = 4] 都十分显著,而且 [Market = 2]、[Market = 3] 都变得不显著了,[Market = 4] 虽然显著,但回归系数的绝对值从 0.71 (表 4 - 5 中的 Model 2) 减小到了 0.61;满足判断标准的第三条。所以说,在市场环境压力对企业环境管理绩效的作用中,承担社会责任在很大程度上起到了中介作用,或者说,市场环境压力大部分通过承担社会责任起作用。

(7) 社区公众压力不通过承担社会责任起作用。如表 4 - 7 所示,在检验社区公众压力对承担社会责任的作用的 Model 3 中,模型在 0.10 水平上显著,而且社区公众压力的三个感知等级都显著且为负,表明相较于 [Community = 5] 的企业,其他社区公众压力感知等级的企业承担社会责任的动机较弱;满足判断标准的第一条。根据上述对表 4 - 5 的 Model 3 的分析,社区公众压力对综合环境管理绩效没有显著影响。因此,判断标准的第二条不满足。而在检验社区公众压力、承担社会责任对综合环境管理绩效的共同作用的 Model 8 (表 4 - 7) 中,承担社会责任的两个等级的作用显著,而且社会公众压力的三个等级都不显著;

满足判断标准的第三条。所以说，在社区公众压力对企业环境管理绩效的作用中，承担社会责任没有起到中介作用，而且这主要是由于社区公共压力对综合环境管理绩效缺乏直接的驱动作用。

（8）无论宏观还是微观区位都不通过承担社会责任起作用，而是直接作用于企业环境管理绩效。如表4-7所示，在检验宏观区位、微观区位压力对承担社会责任的 Model 4 和 Model 5 中，虽然模型都显著，但是宏观区位、微观区位的作用都不显著，这一方面表明承担社会责任的动机没有宏观、微观区位差异，另一方面也表明判断标准的第一条不满足。同时，在检验宏观区位压力或微观区位压力与承担社会责任对综合环境管理绩效的共同作用的 Model 9 或 Model 10（表4-7）中，虽然承担社会责任的作用显著，但宏观区位压力、微观区位压力的回归系数十分显著，而且其绝对值不仅没有减小，反而增大了。因此，也不满足判断标准的第三条。所以可以说，承担社会责任在宏观区位条件、微观区位条件对企业环境管理绩效的作用中，没有起到中介作用。

（9）环境规制压力不通过追求经济利益起作用。如表4-8所示，在检验环境规制压力对追求经济利益的作用的 Model 1 中，虽然 [Regulation = 3] 显著，但模型不显著。因此，很难说这满足判断标准的第一条。根据上述对表4-5的 Model 1 的分析，环境规制压力对综合环境管理绩效有显著作用，判断标准的第二条部分满足。而且，在检验环境规制压力、追求经济利益对综合环境管理绩效的共同作用的 Model 6（表4-8）中，虽然环境规制压力两个等级的显著性降低或变得不显著了，而且回归系数的绝对值也减小了，但是追求经济利益的三个等级都不显著。因此，也不满足判断标准的第三条。所以说，在环境规制压力对企业环境管理绩效的驱动作用中，追求经济利益没有起到中介作用，或者说，环境规制压力不通过追求经济利益起作用。

（10）市场环境压力部分通过追求经济利益起作用。如表4-8所示，在检验市场环境压力对追求经济利益的作用的 Model 2 中，模型在 0.01 水平上显著，而且 [Market = 3] 显著，部分满足判断标准的第一条。根据上述对表4-5的 Model 2 的分析，市场环境压力对综合环境管理绩效有显著影响，判断标准的第二条也满足。同时，在检验市场环境压力、追求经济利益对综合环境管理绩效的共同作用的 Model 7（表

4-8）中，追求经济利益的［EBenefit=4］显著，而且［Market=2］的回归系数的绝对值从1.94（表4-5中的Model 2）减小到这里的1.83，［Market=3］变得不显著了，［Market=4］的显著性有所降低；部分满足判断标准的第三条。所以说，在市场环境压力对企业环境管理绩效的作用中，追求经济利益起到了部分中介作用，或者说，市场环境压力部分通过追求经济利益起作用。

（11）社区公众压力不通过追求经济利益起作用。如表4-8所示，在检验社区公众压力对追求经济利益的作用的Model 3中，虽然模型在0.10水平上显著，但社区公众压力的三个感知等级都不显著，不满足判断标准的第一条。同时，在检验社区公众压力、追求经济利益对综合环境管理绩效的共同作用的Model 8（表4-8）中，追求经济利益以及社区公众压力的各个等级都不显著；也不满足判断标准的第三条。因此，在社区公众压力对企业环境管理绩效的作用中，追求经济利益没有起到中介作用，或者说，社区公众压力不通过追求经济利益起作用。

（12）无论是宏观区位还是微观区位都不通过追求经济利益起作用，而是直接作用于企业环境管理绩效。如表4-8所示，在Model 4中，宏观区位压力的两个感知等级都显著，满足判断标准的第一条；根据上述对表4-5的Model 4的分析，宏观区位条件对综合环境管理绩效有显著影响；但是，在检验宏观区位压力、追求经济利益对综合环境绩效共同作用的Model 9（表4-8）中，不仅追求经济利益的三个等级都不显著，而且宏观区位压力的两个感知等级不仅显著，而且回归系数的绝对值与Model 4（表4-5）中的相比都增大了，不满足判断标准的第三条。因此，宏观区位压力没有通过追求经济利益起作用，而是直接作用于企业环境管理绩效。

在表4-8的Model 5中，虽然微观区位压力显著，但模型不显著，不满足判断标准的第一条；同时，在Model 10中，虽然［EBenefit=4］显著，但微观区位压力的作用不仅显著，而且回归系数的绝对值与Model 5（表4-6）相比有所增大。因此，也不满足判断标准的第三条。所以说，在微观区位压力对企业环境管理绩效的作用中，追求经济利益也没有起到中介作用。

综上所述，如图 4-11 所示，利用本书收集的数据进行实证分析表明，中国工业企业环境管理绩效的驱动机制主要表现为：环境规制压力、市场环境压力在直接驱动企业环境管理绩效的基础上，还部分通过承担社会责任、追求经济利益作为中介变量而对企业环境管理绩效起作用；宏观、微观区位条件则不通过任何内部动力因素起作用，而是直接作用于企业环境管理绩效；社区公众压力虽然对履行高管承诺、承担社会责任都有显著影响，但对企业环境管理绩效没有显著影响。而履行高管承诺没有在外部压力因素对企业环境管理绩效的作用中起到中介作用；通过比较分析可以发现，这主要是因为履行高管承诺还没有成为促进企业环境管理绩效的有效因素。

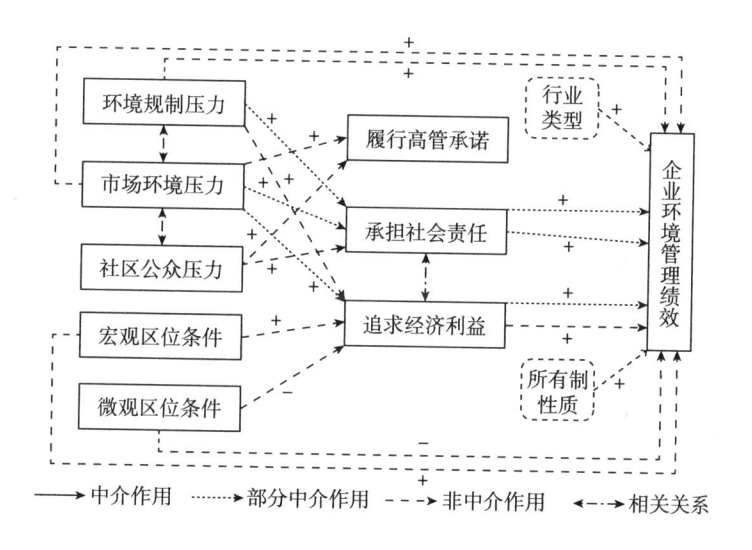

图 4-11 中国工业企业环境绩效驱动机制的实证结果示意

从外部压力因素对企业内部动力因素的作用关系来看：环境规制压力成为促进企业承担社会责任的因素，也部分转化为了企业追求经济利益的动力，但尚未成为促进企业履行高管承诺的因素；市场环境压力对三个内部动力因素都起到了促进作用，这也从另外一个侧面表明提高消费者、投资者或企业竞争者的环保意识和要求可能是促进企业实施环境管理并取得良好环境管理绩效的更有效手段。

三 取得 ISO14001 认证的实证分析结果

（一）取得 ISO14001 认证的影响因素

运用 SPSS 软件的 Logistic 回归模型，在控制企业自身特征因素的情况下，分别将第一节影响因素分析中提出的外部压力因素、内部动力因素对企业是否取得 ISO14001 认证 (ISO) 进行回归，得到表 4-9 所示的结果。从模型的显著性来看，表 4-9 中的所有模型都在 0.10 水平上显著，表明模型具有统计意义，而且拟合效果很好。

表 4-9　中国工业企业取得 ISO14001 认证 (ISO) 影响因素的回归分析结果

变量	Model1	Model2	Model3	Model4	Model5	Model6	Model7	Model8
Size	0.00**	0.00*	0.00	0.00	0.00	0.00*	0.00*	0.00
Owner	0.83**	0.80**	0.69**	0.76**	0.94***	0.82**	0.75**	0.71**
PIndustry	-0.36	-0.27	-0.33	-0.31	-0.04	-0.23	-0.33	-0.25
Regulation = 3	-1.05							
Regulation = 4	-1.04*							
Market = 2		-1.98*						
Market = 3		-1.15						
Market = 4		-1.38**						
Community = 2			-1.08					
Community = 3			-0.62					
Community = 4			-0.81*					
Zone = 东部				-0.48				
Zone = 中部				-0.22				
EDistrict = 0					-1.43***			
Commitment = 3						-0.84		
Commitment = 4						0.21		
SRespons = 2							-0.77	
SRespons = 3							-1.97***	
SRespons = 4							-1.16**	
EBenefit = 2								0.40

续表

变量	Model1	Model2	Model3	Model4	Model5	Model6	Model7	Model8
EBenefit = 3								0.18
EBenefit = 4								-0.36
-2 对数似然值	213.97	211.79	213.66	218.05	207.58	217.86	205.88	217.21
卡方	13.15	15.34	12.38	10.16	20.6	10.35	22.33	11.00
显著性	0.02	0.02	0.05	0.07	0.00	0.07	0.00	0.09

注：表中省略了 EMP 的阈值的参数估计；*** 表示在 0.01 水平上显著，** 表示在 0.05 水平上显著，* 表示在 0.10 水平上显著。

（1）控制变量的作用。从三个控制变量的分析结果来看，如表 4-9 所示，企业规模（Size）在几个模型中虽然显著，但回归系数都等于 0.00，表明企业规模对企业是否取得 ISO14001 几乎没有影响；这与前述综合环境管理绩效的情况一致。在表 4-9 所示的所有模型中，企业所有制性质的回归系数都为 0.80 左右，且都在 0.05 或 0.01 水平上显著，表明国有企业取得 ISO14001 认证的概率显著大于非国有企业，这与前述理论分析相符。关于重污染行业企业（PIndustry）的作用，在所有模型中其回归系数都不显著，表明企业是否取得 ISO14001 认证与企业是否属于重污染行业没有关系。

（2）外部压力因素的作用。从五个外部压力因素的分析结果来看，如表 4-9 所示，只有微观区位条件［EDistrict = 0（位于非经济开发区）］的回归系数为 -1.43，且在 0.01 水平上显著（Model 5），表明位于经济开发区的企业取得 ISO14001 认证的概率要显著大于非经济开发区的企业，这与综合环境管理绩效的结果是一致的；而环境规制压力（Model 1）、市场环境压力（Model 2）、社区公众压力（Model 3）都只有部分等级的回归系数显著，难以得到一致的结果；宏观区位条件的回归系数都不显著（Model 4），这些都与综合环境管理绩效的结果不一致。

（3）内部动力因素的作用。从三个内部动力因素的分析结果来看，如表 4-9 所示，履行高管承诺不同水平的回归系数也都不显著（Model 6），与综合环境管理绩效的结果一致；承担社会责任因素中也是

[SRespons＝3]、[SRespons＝4]两个等级的回归系数十分显著，而且这两个等级的回归系数都为负（Model 7），表明与承担社会责任的动机水平为 5 的企业相比，动机水平为 3 和 4 的企业取得 ISO14001 认证的概率显著较低，但这里是动机水平为 3 的企业取得 ISO14001 认证的概率更低，基本与综合环境管理绩效的结果一致；但是追求经济利益的三个水平都不显著（Model 8），与综合环境管理绩效的结果不一致。

（二）取得 ISO14001 认证的驱动机制

与综合环境管理绩效一样，检验各种外部压力因素是否通过本研究所确定的三个内部动力因素（履行高管承诺、承担社会责任、追求经济利益）的中介作用来驱动企业取得 ISO14001 认证。表 4－10、表 4－11 和表 4－12 分别是对"履行高管承诺""承担社会责任"和"追求经济利益"三个内部动力因素的中介作用检验的结果。

与前述对综合环境管理绩效驱动机制的判断一样，结合表 4－9、表 4－10 的结果进行分析可知，环境规制压力、市场环境压力、社区公众压力都不通过履行高管承诺起作用，而是部分直接作用于取得 ISO14001 认证；微观区位条件也不通过履行高管承诺起作用，而是直接作用于取得 ISO14001 认证，而宏观区位条件则对取得 ISO14001 认证没有影响。

同理，结合表 4－9、表 4－11 的结果进行分析可知，环境规制压力、市场环境压力部分通过承担社会责任起作用，社区公众压力完全通过承担社会责任起作用，微观区位条件不通过承担社会责任起作用，宏观区位条件则对取得 ISO14001 认证没有影响。

同理，结合表 4－9 和表 4－12 的结果进行分析可知，由于在各种外部压力和追求经济利益共同作用的模型中，追求经济利益的作用都不显著，因此，各种外部压力都不通过追求经济利益起作用。

综上所述，如图 4－12 所示，利用本书收集的数据进行的实证分析表明，中国工业企业取得 ISO14001 认证的驱动机制主要表现为：环境规制压力、市场环境压力在直接驱动企业取得 ISO14001 认证的基础上，还部分通过承担社会责任的动机作为中介变量而起作用；微观区位条件则不通过任何内部动力因素起作用，而是直接作用于企业取得 ISO14001 认证；这都与综合环境管理绩效一致；社区公众压力则完全

表4-10　中国工业企业取得ISO14001认证（ISO）驱动机制的回归分析结果（履行高管承诺）

变量	履行高管承诺（Commitment）					取得ISO14001认证（ISO）				
	Model1	Model2	Model3	Model4	Model5	Model6	Model7	Model8	Model9	Model10
Size	0.00*	0.00*	0.00*	0.00	0.00	0.00*	0.00	0.00	0.00	0.00
Owner	-0.05	-0.06	-0.22	0.00	-0.07	0.83**	0.80**	0.66*	0.76**	0.95***
PIndustry	0.26	0.28	0.20	0.33	0.24	-0.33	-0.23	-0.30	-0.30	-0.02
Regulation=3	-0.62					-1.09				
Regulation=4	-0.04					-1.10*				
Market=2		-2.99***					-1.84			
Market=3		-2.96***					-1.36*			
Market=4		-2.26**					-1.53**			
Community=2			-1.60***					-1.33		
Community=3			-1.16**					-0.72		
Community=4			-0.88**					-0.92*		
Zone=东部				0.40					-0.55	
Zone=中部				-0.04					-0.25	
EDistrict=0					0.28					
Commitment=3						-0.94	-0.51	-0.77	-1.05	-1.42***
Commitment=4						0.27	0.42	0.41	0.17	-0.86
-2对数似然值	210.25	197.59	206.31	212.53	211.10	212.15	209.93	211.29	216.38	206.59
卡方	8.97	28.40	14.73	8.11	6.22	14.97	17.20	14.74	11.83	21.62
显著性	0.11	0.00	0.02	0.15	0.18	0.04	0.03	0.06	0.11	0.00

注：表中省略了Commitment和EMP的阈值的参数估计；***表示在0.01水平上显著，**表示在0.05水平上显著，*表示在0.10水平上显著。

表 4-11　中国工业企业取得 ISO14001 认证（ISO）驱动机制的回归分析结果（承担社会责任）

变量	承担社会责任（SRespons）					取得 ISO14001 认证（ISO）				
	Model1	Model2	Model3	Model4	Model5	Model6	Model7	Model8	Model9	Model10
Size	0.00	0.00	0.00	0.00	0.00	0.00**	0.00**	0.00*	0.00*	0.00
Owner	0.13	0.22	0.03	0.20	0.18	0.77**	0.73**	0.68*	0.68*	0.89**
PIndustry	0.00	0.15	0.07	0.18	0.12	-0.38	-0.34	-0.39	-0.41	-0.07
Regulation = 3	-1.43***									
Regulation = 4	-0.83***									
Market = 2		-0.11				-0.61				
Market = 3		-0.97***				-0.74				
Market = 4		-0.55*								
Community = 2			-1.25**				-2.19*			
Community = 3			-0.60*				-0.91			
Community = 4			-0.66***				-1.36**			
Zone = 东部				0.28				-0.66	-0.64	
Zone = 中部				0.13				-0.53	-0.31	
EDistrict = 0					0.15			-0.62		-1.62***
SRespons = 2						-0.53	-0.54	-0.64	-0.95	-0.96
SRespons = 3						-1.75***	-1.99***	-1.71***	-2.02***	-2.20***
SRespons = 4						-0.97	-1.16*	-0.87	-1.16*	-1.32**
-2 对数似然值	275.95	283.90	285.80	287.66	287.30	203.76	199.09	203.51	204.08	192.19
卡方	18.04	11.36	11.00	2.98	2.14	23.37	28.03	22.52	24.13	36.02
显著性	0.00	0.08	0.09	0.70	0.71	0.00	0.00	0.01	0.00	0.00

注：表中省略了 SRespons 和 EMP 的阈值的参数估计；*** 表示在 0.01 水平上显著，** 表示在 0.05 水平上显著，* 表示在 0.10 水平上显著。

表4-12　中国工业企业取得ISO14001认证（ISO）驱动机制的回归分析结果（追求经济利益）

变量	追求经济利益（EBenefit）						取得ISO14001认证（ISO）			
	Model1	Model2	Model3	Model4	Model5	Model6	Model7	Model8	Model9	Model10
Size	0.00	0.00	0.00	0.00	0.00	0.00*	0.00	0.00	0.00	0.00
Owner	−0.03	−0.11	−0.04	0.10	−0.07	0.74**	0.70**	0.62*	0.68**	0.87**
PIndustry	0.08	0.15	0.08	0.30	0.08	−0.34	−0.26	−0.33	−0.30	−0.05
Regulation=3	−0.84**									
Regulation=4	−0.45									
Market=2		−0.40				−1.02*	−2.00*			
Market=3		−1.07***					−1.19**			
Market=4		−0.39					−1.38**			
Community=2			−0.50					−1.00		
Community=3			0.24					−0.68		
Community=4			−0.04					−0.75		
Zone=东部				1.09***					−0.41	
Zone=中部				0.99***					−0.25	
EDistrict=0					0.38*					−1.42***
EBenefit=2						0.69	0.65	0.49	0.28	0.31
EBenefit=3						0.37	0.32	0.20	0.05	−0.17
EBenefit=4						−0.13	−0.21	−0.23	−0.39	−0.42
−2对数似然值	283.09	283.31	289.16	284.53	279.52	212.43	210.05	212.51	216.51	206.34
卡方	6.38	12.55	2.26	13.84	3.71	14.70	17.08	13.52	11.69	21.87
显著性	0.27	0.05	0.90	0.02	0.45	0.07	0.05	0.14	0.17	0.00

注：表中省略了EBenefit和EMP的阈值的参数估计；*** 表示在0.01水平上显著，** 表示在0.05水平上显著，* 表示在0.10水平上显著。

通过承担社会责任动机驱动企业取得 ISO14001 认证,而宏观区位条件则对企业取得 ISO14001 认证没有驱动作用,这与综合环境管理绩效的驱动机制不同。可见,综合环境管理绩效与取得 ISO14001 认证的驱动机制有一致的地方,但也存在显著的差异。

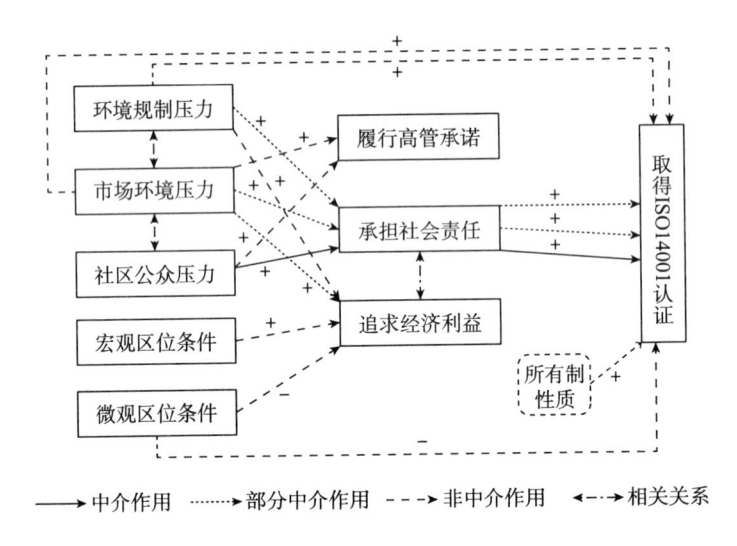

图 4-12 中国工业企业取得 ISO14001 认证驱动机制的实证结果示意

第五章 中国工业企业环境绩效与经济绩效的双赢机制

如前所述，工业企业既是社会财富的创造者，也是自然环境资源的主要消耗者、环境污染的制造者与环境破坏者，生态文明建设不仅依赖于企业减少资源、能源消耗和污染排放，而且有赖于工业企业制造环境友好的产品，有赖于工业企业开发环境保护的先进技术和先进设备。但是，企业首先要求得自身生存，这不仅是企业可持续发展的必然要求，而且是社会经济可持续发展的必然要求。企业要求得生存的最重要保障就是赢利。也就是说，企业追求经济利益的最大化不仅是企业自身可持续发展的需要，而且是人类社会可持续发展的需要。而生态可持续或环境友好并不容易（Walley and Whitehead，1994；Christmann，2000），因此，节能减排等环境保护措施的实施以及企业环境绩效的改善对以追求经济利益最大化的企业来说是"福"还是"祸"，即企业能否实现环境绩效与经济绩效的双赢决定着企业能否将环境保护纳入企业的核心经营和战略管理体系。因此，20世纪70年代以来，企业的环境绩效与经济绩效的关系一直是企业环境管理领域的研究热点。

正如第二章相关文献研究总结所述，已有研究总结了很多发达国家或地区先进企业取得环境绩效与经济绩效双赢的案例，日本、德国等发达国家的发展路径也已经证明环境恶化与经济成长解耦的可能性（OECD，1994，转引自Nakamura等，2001），从20世纪70年代到80年代，日本同时取得了在七国集团中经济成长率最高，而在OECD国家中二氧化硫和氮氧化物的减排率也最高的成就。而中国是正在高速发展中的国家，在这样的背景下，企业环境绩效与经济绩效是否取得了双赢？有多大比例企业取得了双赢？为何这些企业能够取得双赢？这些问题都值得探讨。因此，本书将以调查数据为基础，通过统计计量方法分析我国工业企业环境绩效与经济绩效双赢的现状和机制。

第一节 中国工业企业环境绩效与经济绩效双赢的理论

一 企业环境管理可能带来的经济效益

为了全面把握企业环境绩效与经济绩效双赢的现状，本书在总结已有研究相关理论分析、调查结果和案例分析的基础上，认为企业环境管理可能给企业带来两方面的经济效益：一是直接经济效益，二是间接经济效益。

（一）环境管理可能给企业带来直接经济效益

虽然传统观点认为资源利用效率一般不受经理们重视，但很多实证研究都表明，"变绿"的企业能得到经济回报，环境管理技术、能力和知识是重要的企业有形和无形资产（Klassen and Mclaughlin，1996；Nehrt，1996；Russo and Fouts，1997）。

首先，由于污染是浪费的资源，因此，企业自觉减少污染排放也就是充分利用资源，能够为企业节约成本或者给企业带来额外利润（Hart，1995；Porter and van der Linde，1995；Shrivastava，1995b；Russo and Fouts，1997；Hart and Ahuja，1996）。

其次，企业采取积极的环境管理实践，能够优化企业的生产过程，提高其生产效率，并减少投入和废弃物处理成本，因此，能够让采取这些环境实践的企业通过降低成本而获得竞争优势（Porter and van der Linde，1995；Hart，1995；Russo and Fouts，1997）。正因为如此，资源节约以及其他环境相关的成本正在成为企业竞争优势的重要影响因素（Honkasalo et al.，2005；López - Gamero et al.，2010）。

再次，随着人们环保意识的提高，如果企业提供的关于其生产和产品的环境信息可靠、可行，企业还有可能因此为环境友好产品设定较高价格，从而有机会获得环境产品差异化竞争优势（Delmas and Terlaak，

2001）。而且，Russo 和 Fouts（1997）、Lindell 和 karagozoglu（2001）、López - Gamero 等（2010）的研究结果都表明，企业积极从事环境管理所带来的成本和差异化竞争优势都对企业的财务绩效有积极的影响，这表明任何因环境管理而获得的竞争优势最终都表现为财务绩效的提高（González - Benito and González - Benito，2005）。

最后，积极的以预防为主的环境管理实践，甚至还可能增强企业高级学习和整合利益相关者的能力（Hart，1995；Sharma and Vredenburg，1998；Klassen and Whybark，1999），这些创新、学习、利益相关者整合等方面能力的提高，不仅能够加强企业短期财务绩效的改善，而且能够保证企业有能力持续获得经济收益（Gilley et al.，2000）。

（二）环境管理可能给企业带来间接经济效益

首先，企业的环境管理或绩效投资在一定程度上能让企业在消费者中拥有更好的声誉，而且，虽然企业可能同时通过产品改进和生产过程优化来改善其环境绩效，但在市场营销和形象营建方面的效果更加明显（Karagozoglu and Lindell，2000；López - Gamero et al.，2010），因此，经理们有更多的机会和消费者以及其他利益相关者建立较密切的关系，他们就可以通过环境保护来增强顾客的忠诚度和经营的合法性，因此，环境管理能给企业带来差异化竞争优势（Sharma et al.，2007）。尤其是随着公众环境意识的提高，基于环境绩效的市场营销变得越来越重要。好的市场声誉意味着更多的市场份额，也就有可能增加企业产品的销售额。

其次，在我国经济转型的背景下，可持续发展、生态文明建设已逐渐成为各级政府的共识，因此，具有创新性环境战略的企业能够争取到地方政府免税、减息等方面的优惠。

最后，在我国逐步落实排污权交易的背景下，环境管理先进的企业可能在实行减排后，在市场上销售多余的排污许可证，从而可以获得排污许可证转让的收益。

综上所述，可以提出以下假说：

假说1a：综合环境管理绩效越好的企业，环境管理实践带来的经济效益也越好。

假说1b：综合环境管理绩效越好的企业，取得环境绩效与经济绩效双赢的可能性越大。

二 企业环境绩效与经济绩效双赢的机制

正如 Reinhardt（1998）等指出的那样，企业环境绩效与经济绩效的关系受到很多因素的影响，如行业结构、政企关系、组织能力等。归纳起来，可能有两大方面的因素在起作用：一是外部环境，二是内部环境。

（一）影响双赢的外部环境因素

1. 外部压力环境因素

从外部环境来看，首先，根据前述波特假说，严格的环境规制虽然可能提高企业的成本，但也可以通过激励创新、先入优势等途径为企业创新收益，部分或全部弥补企业遵循环境规制的成本，甚至会给企业带来净收益（Porter and van der Linde，1995），因此，环境规制可能是影响企业环境管理实践带来经济效益水平的因素之一。这主要是因为，在严格的环境规制环境中，企业面临更大的外部压力和违法风险，因此不得不积极实施环境管理，如果企业只是单纯地通过采取末端治理方式达到环境规制要求的话，环境管理实践肯定会给企业带来很大的成本负担。因此，企业可能从创新产品设计、改进生产工艺、加强废物循环利用或寻找替代原材料、扩大市场份额等源头出发去寻找达到环境规制要求，这不仅能让企业达到环境规制要求，而且可能让企业节约原材料成本，或者提高生产效率，或者获得新的市场机会或先入优势，甚至扩大市场份额等，如前所述，这都可能给企业带来经济效益。因此，笔者提出如下假说：

假说2a：环境规制越严格，企业环境管理实践带来的经济效益可能越高。

假说2b：环境规制越严格，企业取得环境绩效与经济绩效双赢的可能性越大。

其次，从市场、社区环境来看，企业股东的环保要求、竞争者的环境行为以及社区公众的环保要求都可能起到与环境规制类似的促进企业从源头治理环境污染的作用；而消费者的环保要求除了起到同样的促进作用外，消费者如果环保要求高的话，还可能对企业开发的环境友好产品具有较高的支付意愿，从而能让企业的环境友好产品获得差异化竞争优势（Reinhardt，1998）。据此，可以提出如下假说：

假说3a：市场环境要求越高，企业环境管理实践带来的经济效益可能越高。

假说3b：市场环境要求越高，企业取得环境绩效与经济绩效双赢的可能性越大。

假说4a：社区公众的环保要求越高，企业环境管理实践带来的经济效益可能越高。

假说4b：社区公众的环保要求越高，企业取得环境绩效与经济绩效双赢的可能性越大。

最后，根据Aragón - Correa和Sharma（2003），商业环境的特点（包括不确定性、复杂性和显现性）也会影响实施积极环境管理战略的企业动态能力的发展，从而影响企业环境管理实践对其竞争优势的影响。根据Paine和Anderson（1977）、Miles和Snow（1978）、Milliken（1987），在面临不确定性较高的环境下，企业经理们倾向于采取积极的态度来应对可能的风险，而且相较于确定性高的环境中的企业，可能更会采取创新的战略，实施预防性的措施，而不仅仅应对已经发生过的变化。他们"要寻求新的产品或过程机会来将不确定的环境变化可能带来的不利影响最小化"（Buchko，1994）。据此，如果环境规制的不确定性较大的话，企业可能采取创新的策略、预防的措施来应对这种不确定性，因此，可能给企业带来更高的经济效益。因此，提出以下假说：

假说5a：环境规制不确定性越高，企业环境管理实践带来的经济效益可能越高。

假说5b：环境规制不确定性越高，企业取得环境绩效与经济绩效双赢的可能性越大。

2. 外部区位条件因素

如第四章所述，宏观区位条件不同所带来的自然环境条件和社会经济发展水平之间的差异，可能会作用于企业的环境管理实践和绩效。同时，不同区域的市场压力环境、社区压力环境也可能会有所不同，而且一般社会经济发达地区，企业面临的环境压力可能会更大，因此，企业环境管理实践带来经济效益的能力可能存在区域差异，而且可能是东部强于中西部。同样根据前述分析，位于经济开发区或高科技园区的企业，可能获得更多的相互交流学习的机会，可能能够分享劳动力市场，原材料供给，基础设施配套和信息、知识传播（Krugman, 1991）等方面的好处，既有助于企业实施积极的环境管理实践，也有助于企业提高生产效率，从而获得竞争优势（Porter, 1998a, 1998b）。据此，提出如下假说：

假说 6a：位于社会经济发达地区的企业，环境管理实践带来的经济效益可能越高。

假说 6b：位于社会经济发达地区的企业，取得环境绩效与经济绩效双赢的可能性越大。

假说 7a：位于经济开发区的企业，环境管理实践带来的经济效益可能越高。

假说 7b：位于经济开发区的企业，取得环境绩效与经济绩效双赢的可能性越大。

(二) 影响双赢的内部组织因素

从内部环境来看，主要是基于资源基础观所做的解释。资源基础观认为企业组织内部资源和能力是影响企业通过环境管理或战略实践获得竞争优势的关键因素，企业组织的这种内部资源和能力是企业在应对外界压力和变化的过程中形成的（Wernerfelt, 1984）。据此，Hart（1995）提出环境资源基础观，认为企业的内部组织能力（如全面质量管理能力、部门整合能力、建立信息分享机制的能力等）会影响企业创新性环境战略（污染预防、环境友好产品、可持续发展）的建立和发展，从而影响企业的竞争优势。也就是说，根据环境资源基础观，在环境管理实践的过程中建立并发展了核心内部能力的企业，能够取得环境绩效与经济绩效的双赢（Christmann, 2000; Hart, 1995; Majumdar and Marcus, 2001; Russo and fouts, 1997; Shrivastava, 1995b）。Reinhardt（1998）在强调前述外部条件和因素的重要性的同时，也认为企业组织的创造或者发现这些外部条件的能力也很重要。Sharma 和 Vredenburg（1998）从另外一个视角解读 Hart（1997）的环境资源基础观，认为"创新性的环境战略能促进企业特定的内部组织能力的获得和发展，从而增强企业的竞争优势"。笔者基于如下分析认同这种可能性的存在。

首先，先进的企业环境管理实践可能增强企业的持续创新能力。这主要是随着环境债务的不断增加，污染控制和废弃物处理成本的不断攀升，可能会促使企业寻找更有效的预防污染的方法，而对这种有效污染预防方法的寻找就可能促进创新（Cairncross，1993；Berry and Rondeinelli，1998）。因为污染预防通常要求企业引进或自行开发新的技术，如替代原材料的使用技术、市场过程改进技术、废弃物再利用或再生利用技术等，这些技术一般都不是市场上贩卖的成熟的技术，而需要企业根据自身已有的生产过程和产品以及技术水平重新开发和设计，因此能促进企业进行技术创新。尤其是当企业将污染预防视为获得成本节约，或抢占市场先机的机会的情况下，企业更会自行开发污染预防技术，并使其具有唯一性和不可仿制性（Shrivastava，1995a；Sharma and Vredenburg，1998；Berry and Rondinelli，1998），这些都会给企业带来竞争优势。同时，在实施环境管理的过程中，尤其是污染预防的过程中，企业经理会认识到以前忽略的非效率因素，从而进一步鼓励企业通过技术创新来消除这些非效率因素；另外，全面质量管理、全面质量环境管理等环境管理实践本身就强调持续改进（Shrivastava，1995b）；这些都会促进企业的持续创新。

其次，先进的企业环境管理实践可能会增强企业的高级学习能力。企业组织的学习被 Fiol 和 Lyles（1985）定义为"从过去的行动、这些行动的有效性以及将来的行动中建立并发展洞察力、知识和联系"的过程，而且他们认为，一个组织的学习能力部分是由其战略态度决定的，因为战略态度决定了决策制定的边界以及对环境的看法和解释，也为组织学习创造动力。实施环境管理战略或实践的企业，必须学习环境法规、绿色市场机会、变化中的公众环境意识、消费者需求等及其自身活动的环境影响、减少这些影响的方法和能力。通过学习获得的这些知识，尤其是基于这些知识而形成的战略认识，必须传达至整个企业的各个部门、各个方面（Maxwell et al.，1997；Fernández et al.，2003）并应用到产品升级或生产过程改进中去（Goldstein，2002）。这一战略认识又会激发进一步的组织学习。环境问题的解决需要整合从各种利益相关者获取的知识，需要将这些知识在整个组织内传播，需要组织保持不断学习的动力，需要反馈知识应用的情况和效果（Sharma and Vredenburg，1998）。例如，新的环境友好产品的开发，需要广泛的跨部门的知识整合，涉及产品设计、材料筛选和供应、制造工艺、市场营销、分销、使用和废弃处理等，这不仅需要某个特定环境的个人或部门必须学习并创造新的思想和基于任务的关键能力，而且需要这些关键能力被整合为部门能力甚至跨部门能力。这种高级学习过程涉及环境相关知识的获取、储存、检索以及分享；这些都需要企业组织建立畅通的信息共享渠道、知识分享机制（包括环境培训）等。

最后，先进的企业环境管理实践可能增强企业的利益相关者整合能力。如前所述，与环境管理相关的利益相关者包括环境规制相关者（如政府、贸易协会）、市场利益相关者（如消费者、供应商、股东、竞争者）、社区利益相关者（如社区团体、环保组织以及其他潜在游说者）（Henriques and Sadorsky, 1999）。在处理环境相关问题时，很有必要将这些利益相关者纳入进来（Groenewegen and Vergragt, 1991）。首先，环境管理实践，尤其是污染预防，是一个比守法更综合和更复杂的过程，需要跨部门间员工的参与、合作和整合（Hart, 1995; Shrivastava, 1995a; Fernández et al., 2003）。其次，为了达到环境目标，企业必须考虑很多不同利益相关者的期望和兴趣并满足他们的需要和要求，如消费者的绿色消费、环境规制者的更严守法要求、社区居民对企业参与社区建设和活动的要求、公众对社会和环境负责任商业的要求（Buysse and Verbeke, 2003）。一方面，如第四章分析所示，这些利益相关者的需要和要求可能是促使企业将环境问题整合到其发展战略的驱动因子（Arora and Cason, 1995; Henriques and Sardorsky, 1996; Bansal and Roth, 2000; Buysse and Verbeke, 2003）；另一方面，在整合环境问题的过程中考虑这些利益相关者也可能加强企业应对这些利益相关者的能力。例如，环境管理实践的实施和成功一般都要求较高的员工参与度以及完整的环境教育培训（Hart, 1995; Nehrt, 1998; Sharma and Vredenburg, 1998; Morrow and Rondinelli, 2002），要求环境部门、市场部门员工以及消费者、供应商等紧密协作（Hart, 1995）。另外，采取先进的环境战略的企业常常与政府规制者、非政府环保组织合作，来制定环境标准或自愿型计划协议，甚至为了应对一些复杂的环境问题，可能与竞争对手结成战略联盟（Buysse and Verbeke, 2003）。也就是说，在环境管理实践中，企业不仅要协调内部各个部门之间的合作，而且要在产品设计与开发、栖息地保护、资源管理、废弃物减排、能源节约等活动中整合各种外部利益相关者的需求和利益（Sharma and Vredenburg，1998）。

上述分析也凸显了一个问题，即在企业环境管理绩效与经济绩效的关系中，上述企业组织能力（如组织学习能力）到底是像 Hart（1995）等所述及的调节变量（moderating variable）？还是像 Sharma 和 Vredenburg（1998）以及笔者所述及的中介变量（mediatiing variable）？从上述理论分析来看，这两种可能性都存在，所以究竟如何，还需要实证数据的检验。但笔者更倾向于调节作用，因此，提出如下假说，并重点检验组织内部环境对企业环境管理实践带来的经济效益的调节作用。

假说 8a：企业内部环境管理氛围越好的话，企业环境管理实践带来的经济效益可能越高。

假说 8b：企业内部环境管理氛围越好的话，企业取得环境绩效与经济绩效双赢的可能性越大。

假说 9a：企业内部组织结构越合理，资源越充足的话，企业环境管理实践带来的经济效益可能越高。

假说 9b：企业内部组织结构越合理，资源越充足的话，企业取得环境绩效与经济绩效双赢的可能性越大。

假说 10a：企业内部组织学习能力越强的话，企业环境管理实践带来的经济效益可能越高。

假说 10b：企业内部组织学习能力越强的话，企业取得环境绩效与经济绩效双赢的可能性越大。

第二节　中国工业企业环境绩效与经济绩效双赢的现状

一　双赢现状调查

（一）调查内容

根据上述理论分析以及研究需要，在第三章所述的问卷调查中，我们也收集了本章分析所需的数据，主要包括：

第一，企业实施节能减排等环保措施带来的直接经济效益。即问卷中的Q19，其观测变量包括降低了原料、能源等成本，提高了生产效率、降低了生产成本，降低了排污费、罚款等守法成本，降低了环保投资及运营成本，降低了税负、利息等成本，获得了转让排污许可证的收益，增加了产品销售额。

第二，企业实施节能减排等环保措施带来的间接经济效益。即问卷中的Q20，其观测变量包括降低了环境违法、诉讼等风险，提升了产品品质和企业形象，提高了员工士气及忠诚度，提升了企业的创新能力，提高了顾客满意度及忠诚度，改善了与社区居民的关系，改善了与地方政府的关系。

第三，企业实施节能减排等环保措施的外部环境。即问卷中的Q17，包括规制压力环境（其观测变量包括国家环保制度、法规完善，地方政府重视环境保护，地方环保部门执法公正严格，地方政府出台了环保优惠政策）、市场压力环境（其观测变量包括企业股东具有很高的环保要求，客户、消费者环保要求高，竞争者都在实行节能减排）、社区压力环境（周边社区要求企业减少污染排放）以及规制不确定性（其观测变量包括近5年环境政策、法规变化较大，环境政策、法规的变化可以预见，环境政策、法规对企业要求多）。

第四，企业实施节能减排等环保措施的内部环境。即问卷中的Q16，包括环境管理氛围（其观测变量包括领导层十分重视并支持环保，企业员工积极参与环保）、组织结构及资源（其观测变量包括企业组织结构合理、工作效率高，管理体制灵活、有利于创新，经济实力雄厚、能提供环保资金，技术水平高、创新能力强，培训制度健全、激励机制完善）和组织学习能力（其观测变量为设立了员工意见反映渠道，员工经常进行总结提升，容易接受新观念、新做法，有健全的信息收集、处理机制，决策制定时进行充分讨论，常从专家、供应商等处获取信息）三个维度。

（二）调查方式

调查时，写出了各个方面的可能状况，然后询问被调查者的看法，即是否也这样认为或是否同意这些说法；详见附录。数据采集方式见第三章第一节。

同样，收集到了 168 家样本企业数的相关信息，样本企业信息见表 3-3。

二 量表信度与维度构建检验

（一）量表信度检验

运用 SPSS20.0 软件中的可靠性分析，分别对调查问卷设计的各个问题及其观测变量进行描述统计和可靠性分析，得到表 5-1。

表 5-1　双赢现状及机制分析变量及其观测指标的基本描述统计和可靠性检验

分析变量	观测指标	样本数	极小值	极大值	均值	标准差	Cronbach's α
直接经济效益							0.82
	降低了原料、能源等成本	163	2	5	4.12	0.74	
	提高了生产效率、降低了生产成本	162	2	5	4.07	0.76	
	降低了排污费、罚款等守法成本	161	2	5	4.10	0.58	
	降低了环保投资及运营成本	161	1	5	3.74	0.88	
	降低了税负、利息等成本	158	1	5	3.27	0.96	
	获得了转让排污许可证的收益	159	1	5	3.09	0.94	
	增加了产品销售额	159	1	5	3.48	0.92	
间接经济效益							0.86
	降低了环境违法、诉讼等风险	161	1	5	4.16	0.72	
	提升了产品品质和企业形象	162	2	5	4.38	0.59	
	提高了员工士气及忠诚度	161	2	5	3.98	0.75	
	提升了企业的创新能力	161	1	5	4.03	0.78	
	提高了顾客满意度及忠诚度	161	1	5	4.10	0.76	
	改善了与社区居民的关系	162	2	5	4.23	0.67	
	改善了与地方政府的关系	159	2	5	4.16	0.68	
规制压力环境							0.88
	国家环保制度、法规完善	162	2	5	4.09	0.76	

续表

分析变量	观测指标	样本数	极小值	极大值	均值	标准差	Cronbach's α
	地方政府重视环境保护	162	2	5	4.10	0.73	
	地方环保部门执法公正严格	162	1	5	3.92	0.82	
	地方政府出台了环保优惠政策	162	2	5	3.90	0.76	
市场压力环境							0.72
	企业股东具有很高的环保要求	164	2	5	3.79	0.70	
	客户、消费者环保要求高	164	2	5	3.91	0.69	
	竞争者都在实行节能减排	164	2	5	3.68	0.84	
社区压力环境	周边社区要求企业减少污染排放	166	2	5	3.99	0.69	
规制不确定性							0.69
	近5年环境政策、法规变化较大	162	2	5	3.85	0.68	
	环境政策、法规的变化可以预见	162	2	5	3.65	0.75	
	环境政策、法规对企业要求多	162	2	5	3.86	0.74	
环境管理氛围							0.78
	领导层十分重视并支持环保	168	3	5	4.51	0.51	
	企业员工积极参与环保	168	3	5	4.35	0.60	
组织结构及资源							0.86
	企业组织结构合理、工作效率高	168	2	5	4.23	0.63	
	管理体制灵活、有利于创新	168	2	5	4.18	0.67	
	经济实力雄厚、能提供环保资金	165	2	5	4.10	0.73	
	技术水平高、创新能力强	168	2	5	4.10	0.69	
	培训制度健全、激励机制完善	168	2	5	4.07	0.66	
组织学习能力							0.87
	设立了员工意见反映渠道	167	1	5	3.35	1.15	
	员工经常进行总结提升	167	1	5	3.93	0.94	
	容易接受新观念、新做法	167	1	5	3.92	0.97	

续表

分析变量	观测指标	样本数	极小值	极大值	均值	标准差	Cronbach's α
	有健全的信息收集、处理机制	167	2	5	4.35	0.64	
	决策制定时进行充分讨论	168	2	5	4.21	0.59	
	常从专家、供应商等处获取信息	165	2	5	4.06	0.65	

如表5-1所示，几乎所有维度的Cronbach's α值都大于0.70，可以接受；表明各个维度的量表信度较高，可以接受。因此，除了"直接经济效益""间接经济效益"进行进一步的维度构建检验外，其他维度都直接利用其观测变量的算术平均值作为各个维度的得分进行后续分析。

(二) 维度构建检验

为了进一步验证本研究在前述理论分析中所构建的企业环境管理带来的经济效益维度的合理性，运用SPSS20.0软件的因子分析工具，对调查问卷的Q19、Q20的14个观测变量进行因子分析，得到表5-2、表5-3、表5-4和表5-5。

如表5-2所示，本书所构建的两个企业环境管理的经济效益——直接经济效益和间接经济效益的观测变量之间相关系数都较大且几乎全部在0.001水平上显著，表明各个维度的观测变量的选择具有一定的合理性。同时，笔者也注意到，不同维度的观测变量之间也有很多相关系数较大且较显著，这可能降低各个维度之间的区别效度，导致观测变量与构建维度间的对应关系发生变化。

如表5-3所示，KMO值为0.81，接近1，表示取样足够合理，适合进行因子分析；另外，Bartlett's球形度检验的近似卡方值为1205.05（自由度为91），且在0.000水平上显著，表明相关矩阵不是一个单位矩阵，适宜进行因子分析。

如表5-4所示，采用Kaiser准则，抽取特征值大于1的主成分因子，可以提取3个特征值大于1的主成分因子。这3个主成分因子的累计方差解释率达到了62.80%，表明本问卷的结构效度达到了要求。但是，提取3个主成分因子，与前述理论构建的环境管理经济效应的两个维度不一致；进一步表明观测变量与构建维度间的对应关系肯定发生了变化。

表 5-2　企业环境管理绩效观测指标的相关系数

	Q19.1	Q19.2	Q19.3	Q19.4	Q19.5	Q19.6	Q19.7	Q20.1	Q20.2	Q20.3	Q20.4	Q20.5	Q20.6	Q20.7
Q19.1	1.00													
Q19.2	0.72***	1.00												
Q19.3	0.47***	0.46***	1.00											
Q19.4	0.44***	0.60***	0.42**	1.00										
Q19.5	0.34***	0.43***	0.39***	0.59***	1.00									
Q19.6	0.11	0.21**	0.17*	0.34***	0.49***	1.00								
Q19.7	0.29***	0.35***	0.24**	0.41***	0.44***	0.45***	1.00							
Q20.1	0.25***	0.19	0.30***	0.18*	0.11	0.03	0.16*	1.00						
Q20.2	0.16*	0.29***	0.35***	0.33***	0.15	0.05	0.27***	0.47***	1.00					
Q20.3	0.19***	0.34***	0.25***	0.37***	0.33***	0.19***	0.41***	0.30***	0.46***	1.00				
Q20.4	0.18**	0.23**	0.30***	0.28***	0.24***	0.21***	0.43***	0.27***	0.36***	0.71***	1.00			
Q20.5	0.21***	0.24***	0.24***	0.31***	0.23***	0.19***	0.43***	0.31***	0.50***	0.70***	0.70***	1.00		
Q20.6	0.18**	0.17	0.27***	0.19	0.20***	0.18	0.23*	0.56***	0.42***	0.47***	0.48***	0.60***	1.00	
Q20.7	0.23***	0.20**	0.41***	0.17	0.13	0.09	0.18*	0.43***	0.28***	0.40***	0.35***	0.42***	0.64***	1.00

注：*** 表示变量的相关系数在 0.001 水平上显著，** 表示变量的相关系数在 0.01 水平上显著，* 表示变量的相关系数在 0.05 水平上显著（单尾检验）。

表 5 – 3　企业环境管理效应量表的 KMO 和 Bartlett 检验结果

KMO 值		0.81
Bartlett 球形度检验	近似卡方值	1205.05
	自由度	91
	显著性	0.000

表 5 – 4　中国工业企业环境管理带来的经济效益的因子分析的总方差解释量

主成分	初始特征值			旋转平方和载入		
	特征值	方差解释量/（%）	累计方差解释量/（%）	特征值	方差解释量/（%）	累计方差解释量/（%）
1	5.31	37.96	37.96	3.57	25.52	25.52
2	2.05	14.67	52.62	2.68	19.14	44.67
3	1.43	10.18	62.80	2.54	18.13	62.80
4	0.96	6.88	69.68			
5	0.79	5.65	75.33			
6	0.65	4.61	79.94			
7	0.56	4.02	83.96			
8	0.46	3.29	87.25			
9	0.45	3.20	90.45			
10	0.37	2.61	93.06			
11	0.34	2.43	95.49			
12	0.24	1.74	97.23			
13	0.21	1.49	98.72			
14	0.18	1.28	100			

表 5 – 5　中国工业企业环境管理效应因子分析的旋转后的主成分载荷矩阵

观测变量代码	观测变量名称	主成分 1	主成分 2	主成分 3
Q19.1	降低了原料、能源等成本	0.11	0.82	0.08
Q19.2	提高了生产效率、降低了生产成本	0.10	0.81	0.27
Q19.3	降低了排污费、罚款等守法成本	0.30	0.68	0.08

续表

观测变量代码	观测变量名称	主成分1	主成分2	主成分3
Q19.4	降低了环保投资及运营成本	0.10	0.62	0.51
Q19.5	降低了税负、利息等成本	0.00	0.47	0.64
Q19.6	获得了转让排污许可证的收益	-0.05	0.11	0.72
Q19.7	增加了产品销售额	0.21	0.20	0.71
Q20.1	降低了环境违法、诉讼等风险	0.67	0.30	-0.17
Q20.2	提升了产品品质和企业形象	0.63	0.24	0.10
Q20.3	提高了员工士气及忠诚度	0.66	0.06	0.50
Q20.4	提升了企业的创新能力	0.66	-0.02	0.50
Q20.5	提高了顾客满意度及忠诚度	0.74	0.00	0.45
Q20.6	改善了与社区居民的关系	0.81	0.10	0.10
Q20.7	改善了与地方政府的关系	0.70	0.24	-0.05

表5-5反映了各观测变量在提取的3个主成分上的因子载荷，可以据此分析、判断各个主成分主要解释了哪些观测变量，并据此对其进行命名，并与原有指标体系构建进行对照来判断原有指标体系构建的合理性。

如表5-5所示，在主成分1上载荷值较大的观测变量分别是Q20.1（降低了环境违法、诉讼等风险）、Q20.2（提升了产品品质和企业形象）、Q20.3（提高了员工士气及忠诚度）、Q20.4（提升了企业的创新能力）、Q20.5（提高了顾客满意度及忠诚度）、Q20.6（改善了与社区居民的关系）、Q20.7（改善了与地方政府的关系），这正好与理论构建的"间接经济效益"的观测变量完全吻合，因此，将其命名为"间接经济效益"。

但是，理论构建的"直接经济效益"的7个观测变量分别在后面的两个主成分上因子负荷较大。其中，前4个观测变量（Q19.1、Q19.2、Q19.3和Q19.4）在主成分2上因子负荷较大，而后3个观测变量（Q19.5、Q19.6、Q19.7）在主成分3上因子负荷较大，而且，其中的Q19.5（降低了税负、利息等成本）在主成分2和主成分3上的因子负荷都较大；对比分析这两个主成分解释的变量可以发现，主成分2解释的4个观测变量都反映的是企业环境管理带来的成本节约，而主成分3解释的 2 个观测变量都反映的是企业环境管理带来的收益增加，因此，分别将主成分 2 和主成分 3 命名为"成本节约效益"和"收益增加效益"。另外，由于 Q19.5（降低了税负、利息等成本）与主成分 2 的其他观测变量一样反映的是企业环境管理带来的成本节约，而且其在主成分 2 上的因子负荷也较大，所以也将其纳入"成本节约效益"之中。

上述分析表明，中国工业企业实施节能减排等环保措施带来的经济效应集中在三个方面，即成本节约效益、收入增加效益和间接经济效益。因此，同样利用各个维度的观测变量的算术平均值来衡量三个效应维度，并对各个维度的得分求和，作为对企业环境管理经济效应的综合评价，以此作为后续环境绩效与经济绩效双赢现状分析和机制分析的数据基础。

三 双赢现状分析

（一）环境管理带来的经济效益水平

1. 总经济效益：处于中等略偏上水平，且间接经济效益水平最高

根据上述构建的企业环境管理带来的经济效应的三个维度（成本节约效益、收入增加效益和间接经济效益），分别计算样本企业各个维度的观测变量的算术平均值，得到样本企业三个维度的现状得分，而后，对三个维度的得分求和，得到样本企业环境管理带来的总经济效益。对总经济效益及其三个维度的得分进行描述统计，得到表 5-6。

表 5-6 中国工业企业环境管理带来的经济效益的基本描述统计

分析变量	观测指标	样本数	极小值	极大值	均值	标准差
总经济效益		164	6	15	11.23	1.55
成本节约效益		164	2	5	3.93	0.63
	降低了原料、能源等成本	163	2	5	4.12	0.74
	提高了生产效率、降低了生产成本	162	2	5	4.07	0.76
	降低了排污费、罚款等守法成本	161	2	5	4.10	0.58
	降低了环保投资及运营成本	161	1	5	3.74	0.88
	降低了税负、利息等成本	158	1	5	3.27	0.96

续表

分析变量	观测指标	样本数	极小值	极大值	均值	标准差
收入增加效益		160	1	5	3.39	0.83
	获得了转让排污许可证的收益	159	1	5	3.09	0.94
	增加了产品销售额	159	1	5	3.48	0.92
间接经济效益		163	2	5	4.21	0.571
	降低了环境违法、诉讼等风险	161	1	5	4.16	0.72
	提升了产品品质和企业形象	162	2	5	4.38	0.59
	提高了员工士气及忠诚度	161	2	5	3.98	0.75
	提升了企业的创新能力	161	1	5	4.03	0.78
	提高了顾客满意度及忠诚度	161	1	5	4.10	0.76
	改善了与社区居民的关系	162	2	5	4.23	0.67
	改善了与地方政府的关系	159	2	5	4.16	0.68

如表5-6所示，样本企业认为其环境管理带来的总经济效益的平均值为11.23，占满分15分的74.87%，处于中等略偏上水平；样本企业认为其环境管理绩效带来的成本节约效益、收入增加效益和间接经济效益的平均值分别为3.93、3.39和4.21，分别处于中等偏上、中等和较优水平。

同时，如图5-1所示，环境管理带来的总经济效益得分为11、12和10的企业最多，分别占样本企业总数的26.19%、23.81%和19.64%，合计占69.64%；表明多数企业较认同其环境管理实践带来了各个方面的经济效益。但同时也要看到，总经济效益得分为15的企业只有5家，占样本企业总数的比例不到3%；表明完全认同其环境管理实践带来了各个方面经济效益的企业还很少。

为了深入分析企业环境管理带来的各个维度经济效益的水平，本书对各个维度经济效益及其观测变量进行频率分析。

2. 成本节约效益：多数处于中上水平，守法成本节约最显著，利税成本节约最弱

成本节约效益及其观测变量的频率分析（见图5-2）表明：132家企业（占78.57%）的成本节约效益处于中上水平，但其中，只有24家企业（占14.29%）达到了优秀水平；同时，还有32家企业（占

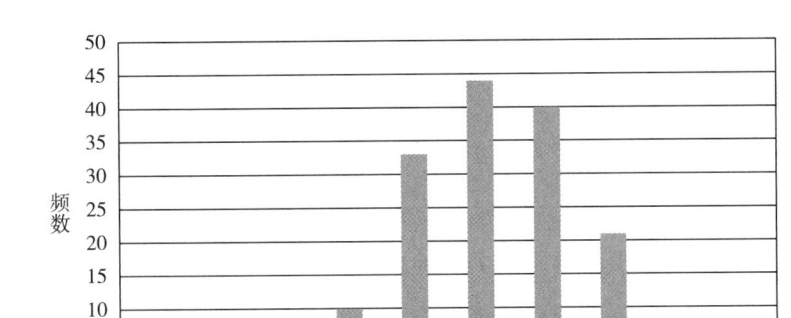

19.05%）的成本节约效益还处于中等及偏下水平，有较大提升空间。

图 5－1　中国工业企业环境管理带来的总经济效益得分的频数

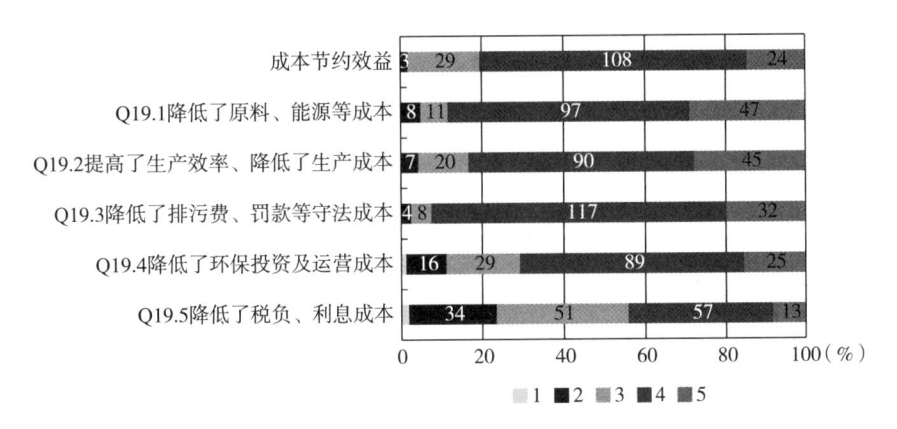

图 5－2　中国工业企业环境管理带来的成本节约效益得分的频数

注：图中图个列数字分别对应附录中各个题项的选项，从左至右依次为"1""2""3""4""5"。

比较成本节约效益的各个观测变量的选择频率可知：认为环境管理实践降低了守法成本的样本企业最多，达到了 149 家（占 88.69%）；其次认为环境管理实践降低了原料/能源成本、生产成本以及环保投资和运营成本的企业也较多，分别有 144 家、135 家和 114 家，占样本企业的比例都超过 60%；而认为环境管理实践降低了税负/利息成本的企业最少，只有 70 家，占样本企业比例只有 41.67%，这表明政府在税收、利息方面给予环境管理先进企业的优惠还很不够。

3. 收入增加效益：近一半处于中上水平，销售额增加收益相对较多，排污许可证转让收益十分有限

如图5-3所示，只有76家企业（占45.24%）的收入增加效益处于中上水平，而且其中，只有10家企业（占5.95%）达到了优秀水平，这与成本节约效益相比，有很大差距；相反，有84家企业（占50.00%）的收入增加效益处于中等及偏下水平；这都表明，企业环境管理实践带来的收入增加效益还很不明显，有很大提升空间。

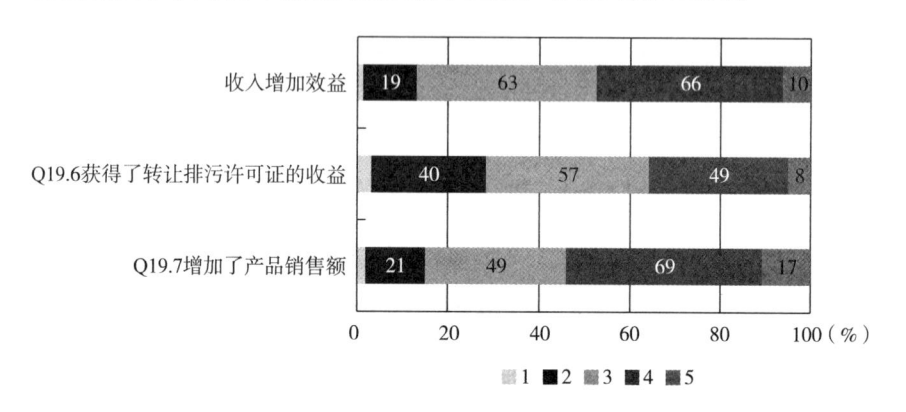

图5-3 中国工业企业环境管理带来的收入增加效益得分的频数

注：图中图个列数字分别对应附录中各个题项的选项，从左至右依次为"1""2""3""4""5"。

比较收入增加效益的两个观测变量的选择频率可知：认为环境管理实践增加了产品销售额的样本企业相对较多，有86家（占51.19%）；而认为环境管理实践获得了排污许可证转让收益的很少，只有57家，占比只有34.93%，而且，有45家（26.79%）企业不认为或完全不认为获得了排污许可证转让的收益；这一方面可能是由于排污权交易政策的实施还不到位，也可能是由于排污许可证交易市场发育不充分。

4. 间接经济效益：绝大多数处于中上水平，产品质量和企业形象提升表现尤为突出

如图5-4所示，152家企业（占90.48%）的间接经济效益处于中上水平，在经济效益的三个维度中水平最高。

第五章　中国工业企业环境绩效与经济绩效的双赢机制 | 277

```
间接经济效益              10    106          46
Q20.1降低了环境违法、诉讼等风险  13    93           50
Q20.2提升了产品品质和企业形象   16    85           70
Q20.3提高了员工士气及忠诚度    23    94           36
Q20.4提升了企业的创新能力     22    92           41
Q20.5提高了顾客满意度及忠诚度   18    90           47
Q20.6改善了与社区居民的关系    19    84           58
Q20.7改善了与地方政府的关系    23    84           51
                    0 10 20 30 40 50 60 70 80 90 100（%）
                        1  2  3  4  5
```

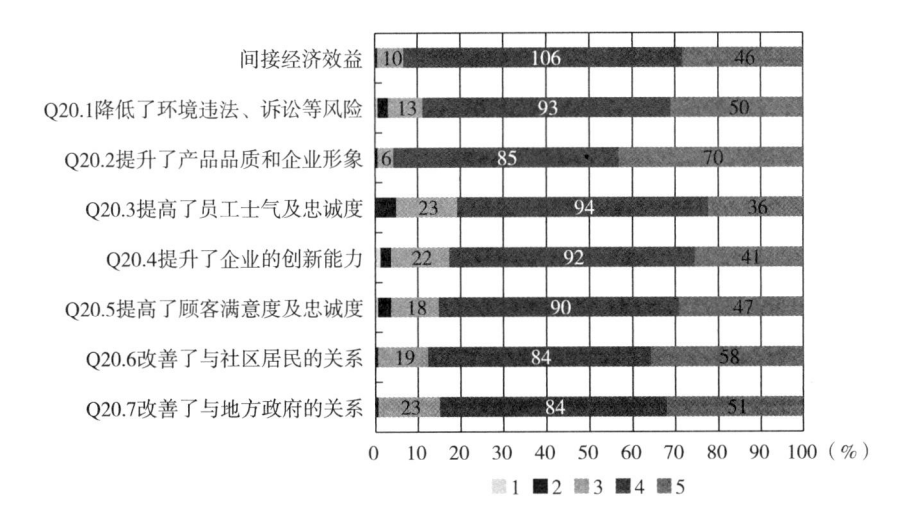

图 5-4　中国工业企业环境管理带来的间接经济效益得分的频数

注：图中图个列数字分别对应附录中各个题项的选项，从左至右依次为"1""2""3""4""5"。

比较间接经济效益的各个观测变量的选择频率可知：认为环境管理实践提升了产品品质和企业形象，降低了环境违法、诉讼等风险的企业最多，分别达到155家（占92.27%）和143家（占86.31%）；认为环境管理实践带来了其他间接经济效益的企业也都较多，所占比例都达到80%以上。

（二）环境绩效与经济绩效双赢水平

虽然如第二章研究现状所述，很多研究阐述或分析了企业环境管理实践或操作绩效是否是促进企业经济绩效改进的因素之一，但即使证明了企业环境管理实践或操作绩效是企业经济绩效的显著影响因素之一，也难以准确表达一个区域在一定时期内企业环境绩效与经济绩效双赢的现状，即有多少、多大比例的企业取得了双赢。因此，为了弄清中国工业企业在调研期间环境管理绩效与经济绩效双赢的现状，本书利用第三章企业环境绩效评价所得到的各个企业的综合环境绩效得分以及本章前述获得的各个企业的总经济效益得分，并根据这两个得分的匹配情况将企业分为四种类型，即环境—经济双优型企业、环境单优型企业、经济单优型企业以及环境—经济非优型企业。其中，环境—经济双优型企业是综合环境管理绩效得分≥16（环境管理绩效的 4 个维度的平均得分≥4）且总经济绩效得分≥12（企业环境管理实践带来的经济绩效的 3 个维度的平均得分≥4）的企业，也就是所谓的"双赢"企业；环境单优型企业是综合环境管理绩效得分≥16 而总经济绩效得分却＜12 的企业；经济单优型企业是总经济绩效得分≥12 而综合环境管理绩效得分却＜16 的企业；环境—经济非优型企业是综合环境管理绩效得分＜16 和总经济绩效得分＜12 的企业。利用散点图将分类结果呈现在四象限图中，得到图 5-5，并对各种类型企业数进行统计并作图得到图 5-6。

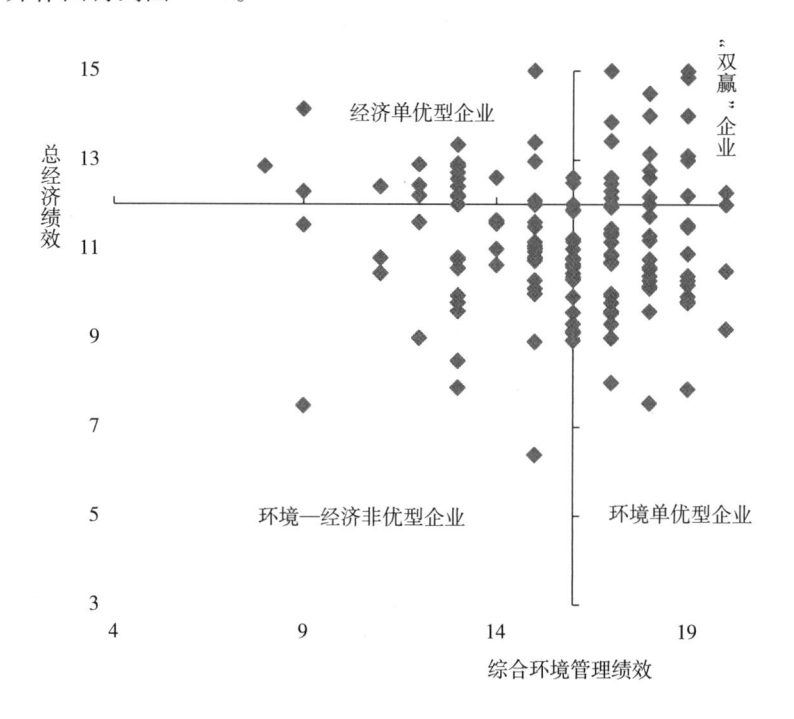

图 5-5 中国工业企业环境管理绩效与经济绩效匹配

如图 5-6 所示，在样本企业中，"双赢"企业并不太多，只有 36 家企业，占样本企业总数的 21.43%；而环境—经济非优型企业也不太多，只有 27 家，占样本企业总数的 16.07%；经济单优型企业数与"双赢"企业数相当；而环境单优型企业最多，达到 67 家，占样本企业总数的 39.88%。这表明中国工业企业环境管理绩效与经济绩效双赢的现状不太乐观,不仅"双赢"企业较少,而且环境单优型企业较多,说明较多企业的环境管理实践还没有为其带来经济效益。

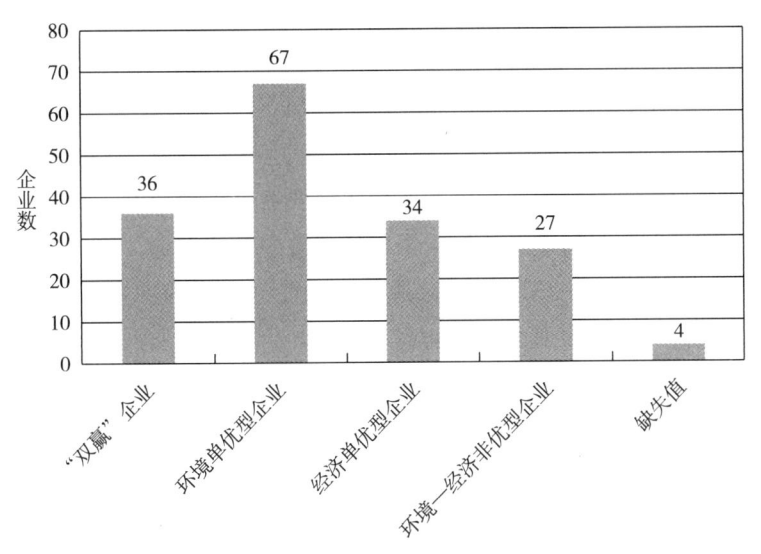

图 5-6 中国工业企业环境管理绩效与经济绩效匹配类型的频率

第三节 中国工业企业环境绩效与
经济绩效双赢的机制

中国工业企业环境绩效与经济绩效双赢的机制主要回答两个方面的问题:一是环境管理实践带来经济效益的机制?包括环境管理实践是否能促进企业的经济效益?如果是的话,其作用是否受到各种外部环境、内部环境的调节?二是为何有的企业能取得环境绩效与经济绩效的双赢,而有的企业则不能?这又受到哪些因素的影响?

一 研究方法

(一)分析变量的确定

1. 因变量

(1)企业环境管理带来的经济效益水平。企业环境管理带来的经济效益水平是检验环境管理实践带来经济效益机制时使用的因变量,本研究用前述"环境管理带来的经济效益水平"中的"总经济效益"（TotalB）作为其代理变量，如前所述，该变量是由三个组成维度（成本节约效益、收入增加效益和间接经济效益）整合而成的，囊括了企业环境管理可能带来的各个方面的经济效益，因此，能克服已有研究"未对企业实施环境行为产生的综合效应进行评价"的不足。

（2）环境绩效与经济绩效双赢的企业。环境绩效与经济绩效双赢的企业是检验企业取得环境绩效与经济绩效双赢机制的因变量，即上述企业环境绩效与经济绩效双赢水平现状评价中的"双赢"企业（Win-win），当一个企业是"双赢"企业时，此变量取值为"1"；反之，则取值为"0"，即该变量为一个虚拟变量。

2. 自变量

这里的自变量就是第三章环境绩效评价所获得的综合环境管理绩效（EMP）。在第三章对其进行评价（关注怎么样？）、第四章对其进行解释（关注为什么？）的基础上，这里要关注的是"会怎么样？"即企业环境管理实践是否会促进企业从中获得经济效益。

3. 控制变量

与第三章关于综合环境管理绩效的影响因素分析一样，将公司规模（Size）、所有制性质（Ownership）和行业类型（PIndustry）作为控制变量，因为这些因素不仅是影响企业环境管理实践的重要因素，而且会影响企业经济效益的获取。实际上，这些控制变量同时可能也是调节变量。

4. 调节变量

第一节提出的假说所涉及的变量，包括规制压力环境、市场压力环境、社区压力环境、规制不确定性、宏观区位条件、微观区位条件、环境管理氛围、组织结构与资源、组织学习能力，都可能在企业环境管理绩效影响其带来的经济效益的过程和作用中，起到调节的作用，因此都是调节变量。

对上述所有分析变量进行频率统计，得到表5-7、表5-8。对变量进行Speaman相关分析，得到表5-9。后续分析就以此数据为基础展开。

表 5-7　　　中国工业企业环境管理带来经济效益机制的分析变量的频率统计

变量名称	变量代码及等级	TB = 7	TB = 9	TB = 11	TB = 13	TB = 15	合计
环境管理绩效	EMP = 13	3	5	4	20	1	33
	EMP = 15	1	4	10	12	1	28
	EMP = 17	1	19	21	15	2	58
	EMP = 19	2	15	9	14	5	45
规制压力环境	RegulP = 3	5	12	6	0	0	23
	RegulP = 4	2	22	29	44	5	102
	RegulP = 5	0	9	9	17	4	39
市场压力环境	Market = 3	5	23	13	5	0	46
	Market = 4	2	15	28	49	6	100
	Market = 5	0	5	3	7	3	18
社区压力环境	Community = 3	4	6	11	4	1	26
	Community = 4	2	27	27	47	4	107
	Community = 5	1	9	6	10	4	30
规制不确定性	RUncertain = 3	5	15	10	1	0	31
	RUncertain = 4	2	22	31	52	7	114
	RUncertain = 5	0	6	3	8	2	27
宏观区位条件	Zone = 1 位于东部	3	21	26	50	7	107
	Zone = 2 位于中部	3	11	10	8	1	33
	Zone = 3 位于西部	1	11	8	3	1	24
微观区位条件	EDistrict = 0 位于非经济开发区	6	29	30	53	6	124
	EDistrict = 1 位于经济开发区	1	14	14	8	3	40
环境管理氛围	EMAtmos = 4	4	18	19	36	1	78
	EMAtmos = 5	3	25	25	25	8	96
组织结构与资源	OStructure = 3	3	5	5	2	0	15
	OStructure = 4	2	29	31	48	3	113
	OStructure = 5	2	9	8	8	6	36

续表

变量名称	变量代码及等级	总经济效益（TB）					合计
		TB = 7	TB = 9	TB = 11	TB = 13	TB = 15	
组织学习能力	OLearning = 3	4	4	4	1	0	13
	OLearning = 4	2	30	32	49	2	115
	OLearning = 5	1	9	8	11	7	36
企业规模	Size	2693	9046	7511	5910	5542	
所有制性质	Owner = 0 非国有企业	3	23	21	44	4	95
	Owner = 1 国有企业	4	20	23	17	5	69
行业类型	PIndustry = 0 非重污染行业企业	4	19	22	27	4	76
	PIndustry = 1 重污染行业企业	3	24	22	34	5	88

注：①为了后续分析的方便和合理，各个变量中频数很小的等级与相邻等级进行了合并；②除了"企业规模"为从业人员的平均值外，其他变量都表示的是相应级别出现的频率。

表 5-8　中国工业企业环境绩效与经济绩效双赢机制的分析变量的频率统计

变量名称	变量代码及等级	"双赢"企业（Win-win）		合计
		Win-win = 1	Win-win = 0	
环境管理绩效	EMP = 13	0	33	33
	EMP = 15	0	28	28
	EMP = 17	17	41	58
	EMP = 19	19	26	45
规制压力环境	RegulP = 3	0	23	23
	RegulP = 4	19	83	102
	RegulP = 5	17	22	39
市场压力环境	Market = 3	3	43	46
	Market = 4	26	74	100
	Market = 5	7	11	18
社区压力环境	Community = 3	3	23	26
	Community = 4	23	84	107
	Community = 5	10	20	30

续表

变量名称	变量代码及等级	"双赢"企业（Win-win）		
		Win-win=1	Win-win=0	合计
规制不确定性	RUncertain=3	0	31	31
	RUncertain=4	29	85	114
	RUncertain=5	7	12	19
宏观区位条件	Zone=1 位于东部	30	77	107
	Zone=2 位于中部	4	29	33
	Zone=3 位于西部	2	22	24
微观区位条件	EDistrict=0 位于非经济开发区	27	97	124
	EDistrict=1 位于经济开发区	9	31	40
环境管理氛围	EMAtmos=4	14	64	78
	EMAtmos=5	22	64	86
组织结构与资源	OStructure=3	2	13	15
	OStructure=4	18	95	113
	OStructure=5	16	20	36
组织学习能力	OLearning=3	1	12	13
	OLearning=4	21	94	115
	OLearning=5	14	22	36
企业规模	Size	4840	6626	11466
所有制性质	Owner=0 非国有企业	21	74	95
	Owner=1 国有企业	15	54	69
行业类型	PIndustry=0 非重污染行业企业	16	75	93
	PIndustry=1 重污染行业企业	20	54	74

注：①为了后续分析的方便和合理，各个变量中频数很小的等级与相邻等级进行了合并；②除了"企业规模"为从业人员的平均值外，其他变量都表示的是相应级别出现的频率。

284 | 中国工业企业环境绩效与经济绩效的双赢

表 5-9　中国工业企业环境管理带来经济效益机制的分析变量的相关系数

	TotalB	Win	EMP	RegulP	Mark	Commu	RUncer	Zone	EDis	EMAto	OStru	OLear	Size	Owner	PIndu
TotalB	1.00														
Win-win	0.58***	1.00													
EMP	-0.12	0.41***	1.00												
RegulP	0.33***	0.33***	0.24**	1.00											
Market	0.42***	0.25***	0.11	0.21	1.00										
Community	0.14	0.16*	0.14	0.20	0.26***	1.00									
RUncertain	0.35***	0.26***	0.18*	0.73	0.36***	0.31	1.00								
Zone	-0.30***	-0.20**	0.15**	-0.15	-0.08	-0.03	-0.11	1.00							
EDistrict	-0.12	0.01	0.17**	-0.10	-0.03	-0.06	-0.08	0.07	1.00						
EMAtmos	-0.04	0.09	0.35***	0.04	0.10	0.08	-0.02	-0.01	0.14	1.00					
OStructure	0.16**	0.26***	0.30***	0.25	0.38***	0.20**	0.27***	-0.05	-0.04	0.36***	1.00				
OLearning	0.22**	0.22***	0.35***	0.29	0.36***	0.30***	0.25***	-0.05	-0.01	0.42***	0.58	1.00			
Size	0.15	-0.09	-0.04	0.05	0.07	-0.16	0.09	-0.20**	-0.17*	0.10	0.12	0.05	1.00		
Owner	-0.14	0.00	0.31**	0.12	0.02	0.16	0.06	0.12	-0.09	0.04	-0.09	0.03	0.05	1.00	
PIndustry	0.03	0.02	0.12	0.08	-0.02	0.10	0.11	0.17*	-0.21**	0.11	0.08	0.16	-0.02	-0.03	1.00

注：表中为 Speaman 的 rho 相关系数；*** 表示在 0.001 水平上显著，** 表示在 0.01 水平上显著，* 表示在 0.05 水平上显著。

（二）分析方法

1. 企业环境管理带来经济效益机制的分析方法

由于企业环境管理带来的经济效益的代理变量（因变量）——"总经济效益水平"是按照第二节所述方法所获得的非负有序整数，因此，需要与第四章第二节所述综合环境管理绩效驱动机制的分析一样，采用 SPSS20.0 软件中的有序回归来实现。并且根据第一节关于企业环境绩效与经济绩效双赢机制的理论分析及相关假说，需要在考虑控制变量的基础上检验综合环境管理绩效（EMP）对总经济效益（TotalB）的影响，同时，还需要检验综合环境管理绩效与调节变量的交互项的影响，如果增加交互项后的模型与没有交互项的模型相比，对数似然比的减小显著的话，则表明该调节变量对综合环境管理绩效对其带来的经济效益起到了调节作用（Baron and Kenny，1986）。

2. 企业环境绩效与经济绩效双赢机制的分析方法

由于企业环境绩效与经济绩效双赢的代理变量（即因变量）——"双赢"企业是一个非"1"即"0"的虚拟变量，因此，需要采用 SPSS20.0 软件中的 Logistics 分析工具回归来实现。同时，同企业环境管理带来经济效益机制的分析一样，还需要检验综合环境管理绩效与调节变量的交互项的影响。

二 环境管理带来经济效益机制的分析结果

（一）环境管理绩效的作用

根据前述分析方法，在控制企业规模（Size）、所有制性质（Ownership）和行业类型（PIndustry）的基础上，用综合环境管理绩效（EMP）对总经济效益（TotalB）进行回归，得到表 5-10 中 Model 1 所示的结果。

表 5-10　　　中国工业企业环境管理带来经济效益的
机制（外部压力环境的作用）

变量	Model1	Model2	Model3	Model4	Model5	Model6	Model7	Model8	Model9
Size	0.00	0.00	0.00	0.00	0.00	0.00	0.00	0.00	0.00
Owner = 0	0.43	0.48	0.31	0.47	0.28	0.45	0.36	0.49	0.40

续表

变量	Model1	Model2	Model3	Model4	Model5	Model6	Model7	Model8	Model9
PIndustry = 0	-0.04	0.10	0.12	-0.15	-0.22	0.03	0.03	-0.05	-0.01
EMP = 13	0.43	0.58	-0.23	0.59	-0.05	0.43	0.49	0.59	0.46
EMP = 15	0.14	0.14	-1.09	0.20	-0.03	0.22	3.26**	0.32	1.71
EMP = 17	-0.34	-0.61	-1.51**	-0.32	-2.26	-0.28	-0.24	-0.45	-0.33
RegulP = 3		-3.14***	-3.21***						
RegulP = 4		-0.41	-1.71**						
[EMP = 13] × [RegulP = 3]			-1.32						
[EMP = 13] × [RegulP = 4]			2.18						
[EMP = 15] × [RegulP = 3]			1.07						
[EMP = 15] × [RegulP = 4]			2.20**						
[EMP = 17] × [RegulP = 3]			1.43						
[EMP = 17] × [RegulP = 4]			1.62*						
Market = 3				-2.31***	-3.63***				
Market = 4				-0.22	-1.39*				
[EMP = 13] × [Market = 3]					-0.13				
[EMP = 13] × [Market = 4]					1.41				
[EMP = 15] × [Market = 3]					1.12				
[EMP = 15] × [Market = 4]					0.19				
[EMP = 17] × [Market = 3]					2.68**				
[EMP = 17] × [Market = 4]					2.06*				

续表

变量	Model1	Model2	Model3	Model4	Model5	Model6	Model7	Model8	Model9
Community =3						-1.16**	-1.10		
Community =4						-0.18	0.18		
[EMP=13] × [Communi=3]							-2.05		
[EMP=13] × [Communi=4]							0.38		
[EMP=15] × [Communi=3]							-2.30		
[EMP=15] × [Communi=4]							-3.44**		
[EMP=17] × [Communi=3]							0.96		
[EMP=17] × [Communi=4]							-0.36		
RUncertain=3								-2.30***	-2.12**
RUncertain=4								0.07	0.27
[EMP=13] × [RUncer=3]									-1.41
[EMP=13] × [RUncer=4]									0.71
[EMP=15] × [RUncer=3]									-1.04
[EMP=15] × [RUncer=4]									-1.65
[EMP=17] × [RUncer=3]									0.71
[EMP=17] × [RUncer=4]									-0.33
-2对数似然值	404.66	381.30	367.42	375.95	365.80	410.89	395.28	383.90	373.41
卡方	7.13	46.47	60.36	46.41	56.56	12.81	28.42	43.88	54.37
自由度	6	8	14	8	14	8	14	8	14
显著性	0.31	0.00	0.00	0.00	0.00	0.12	0.01	0.00	0.00

注：表中省略了 TotalB 的阈值的参数估计以及各个参照项；*** 表示在 0.01 水平上显著，** 表示在 0.05 水平上显著，* 表示在 0.10 水平上显著。

如表 5-10 所示，在只有三个控制变量和综合环境管理绩效的 Model 1 中，不仅整个模型不显著（卡方 = 7.13，显著性 = 0.31 > 0.10），而且综合环境管理绩效的三个等级没有一个显著。表明环境管理绩效的高低并不是影响企业环境管理带来经济效益的重要因素；假说 1 没有得到验证。

（二）外部压力环境因素的作用机制

同样，在控制企业规模（Size）、所有制性质（Ownership）和行业类型（PIndustry）的基础上，用综合环境管理绩效（EMP）分别与四个外部压力环境调节变量及其交互项一起对总经济绩效（TotalB）进行回归，得到表 5-10。

1. 规制压力环境具有调节作用，也具有直接作用：认为环境规制较严格的企业从环境管理中获得更高的经济效益；环境规制严格能促进企业的环境管理能带来更高的经济效益

如表 5-10 所示，在同时纳入综合环境管理绩效（EMP）、规制压力环境（RegulP）及其交互项的 Model 3 中，不仅整个模型在 0.01 水平上显著，而且 Model 3 与没有考虑交互项的 Model 2 相比，-2 对数似然值差为 $13.88 > \chi^2_{(df=6, P=0.05)}$（12.59），表明考虑交互项的 Model 3 在 0.05 显著性水平上具有统计意义；表明规制压力环境具有显著的调节作用。进一步分析各个交互项的显著性可以发现，规制压力环境的调节作用主要表现在［RegulP = 4］对［EMP = 15］、［EMP = 17］有正向调节作用，即综合环境管理绩效同为"15"（中等水平）的企业中，认为环境规制较严格的企业的总经济效益（TotalB）显著高于认为环境规制严格的企业，综合环境管理绩效同为"17"（较高水平）的企业中，认为环境规制较严格的企业的总经济效益（TotalB）显著高于认为环境规制严格的企业；据此，得到的结论可以是：认为环境规制较严格的企业从环境管理中获得更高的经济效益；假说 2a 部分得到证实。

同时，从只加入规制压力环境变量（RegulP）的 Model 2 来看，不仅该变量的纳入具有十分显著的统计意义（与 Model 1 相比，$\chi^2_{(df=2)}$ = 13.36，P < 0.01），而且，［RegulP = 3］的回归系数为 -3.14，且在 0.01 水平上显著，表明与认为环境规制压力中等的企业相比，认为环境规制严格（［RegulP = 5］）的企业的环境管理能带来更高的经济

效益。

2. 市场压力环境不具有调节作用，但具有正向的直接作用：市场环保要求促进企业环境管理带来更高的经济效益

如表5-10所示，在同时纳入综合环境管理绩效（EMP）、市场压力环境（Market）及其交互项的Model 5 中，虽然整个模型在0.01水平上显著，但是Model 5 与没有考虑交互项的Model 4 相比，-2对数似然值差为 10.15 < $\chi^2_{(df=6,p=0.10)}$（10.65），表明考虑交互项的 Model 5 在0.10显著性水平上不具有统计意义；表明从总体上来看，市场压力环境不具有显著的调节作用；假说3a 没有得到证实。

但是，从只加入市场压力环境变量（Market）的 Model 4 来看，不仅该变量的纳入具有十分显著的统计意义（与 Model 1 相比，$\chi^2_{(df=2)}$ = 28.71，P < 0.001），而且，[Market = 3] 的回归系数为 -2.31，且在0.01水平上显著，表明与认为市场环保要求中等的企业相比，认为市场环保要求高（[Market = 5]）的企业的环境管理能带来更高的经济效益。

3. 社区压力环境具有调节作用：认为社区环保要求较高的企业从环境管理中获得更高的经济效益；但不具有直接作用

如表5-10所示，在同时纳入综合环境管理绩效（EMP）、社区压力环境（Community）及其交互项的 Model 7 中，不仅整个模型在 0.01 水平上显著，而且 Model 7 与没有考虑交互项的 Model 6 相比，-2对数似然值差为 15.61 > $\chi^2_{(df=6,p=0.05)}$（12.59），表明考虑交互项的 Model 7 在0.05 显著性水平具有统计意义；表明社区压力环境具有显著的调节作用。进一步分析各个交互项的显著性可以发现，社区压力环境的调节作用主要表现在 [Community = 4] 对 [EMP = 15] 有正向调节作用，即综合环境管理绩效同为"15"（中等水平）的企业中，认为社区环保要求较高的企业的总经济效益（TotalB）显著高于认为社区环保要求高的企业；据此，得到的结论可以是：认为社区环保要求较高的企业从环境管理中获得更高的经济效益；假说4a 部分得到证实。

但是，从只加入社区压力环境变量（Community）的 Model 6 来看，虽然 [Community = 3] 的回归系数在 0.05 水平上显著，但是该变量的纳入不具有显著的统计意义（与 Model 1 相比，-2对数似然值不仅没

有减小，反而增大了），而且，整个模型不显著；表明社区压力环境对企业的环境管理是否能带来经济效益没有影响。

4. 规制不确定性不具有调节作用，但具有直接作用：规制不确定性促进企业环境管理带来更高的经济效益

如表 5-10 所示，在同时纳入综合环境管理绩效（EMP）、规制不确定性（RUncertain）及其交互项的 Model 9 中，虽然整个模型在 0.01 水平上显著，但是，Model 9 与没有考虑交互项的 Model 8 相比，-2 对数似然值差为 $10.49 < \chi^2_{(df=6, p=0.10)}$（10.65），表明考虑交互项的 Model 9 在 0.10 显著性水平上不具有统计意义；表明规制不确定性不具有显著的调节作用；假说 5a 没有得到证实。

但是，从只加入规制不确定性变量（RUncertain）的 Model 8 来看，不仅该变量的纳入具有十分显著的统计意义（与 Model 1 相比，$\chi^2_{(df=2)} = 20.76$，$P < 0.001$），而且，[RUncer = 3] 的回归系数为 -2.30，且在 0.01 水平上显著；表明与认为环境规制不确定性为中等的企业相比，认为环境规制不确定性为高（[RUncertain = 5]）的企业的环境管理带来了更高的经济效益。

（三）外部区位条件因素的作用机制

同样，在控制企业规模（Size）、所有制性质（Ownership）和行业类型（PIndustry）的基础上，用综合环境管理绩效（EMP）分别与两个区位条件调节变量及其交互项一起对总经济绩效（TotalB）进行回归，得到表 5-11。

表 5-11　　中国工业企业环境管理带来经济效益的机制

（区位条件因素的作用）

变量	Model1	Model2	Model3	Model4	Model5
Size	0.00	0.00	0.00	0.00	0.00
Owner = 0	0.43	0.28	0.33	0.50	0.36
PIndustry = 0	-0.04	-0.21	-0.28	0.08	0.07
EMP = 13	0.43	0.26	-0.13	0.25	-2.47
EMP = 15	0.14	-0.08	22.55	0.10	-1.25

续表

变量	Model1	Model2	Model3	Model4	Model5
EMP=17	-0.34	-0.52	-0.01	-0.36	-1.36
Zone=东部		1.39***	1.89***		
Zone=中部		0.38	0.28		
[EMP=13] × [Zone=东部]			0.53		
[EMP=13] × [Zone=中部]			-0.94		
[EMP=15] × [Zone=东部]			-23.25***		
[EMP=15] × [Zone=中部]			-21.93***		
[EMP=17] × [Zone=东部]			-0.91		
[EMP=17] × [Zone=中部]			0.04		
EDistrict=0 非经济开发区				0.50	-0.71
[EMP=13] × [EDistrict=0 非经济开发区]					3.20
[EMP=15] × [EDistrict=0 非经济开发区]					2.00**
[EMP=17] × [EDistrict=0 非经济开发区]					1.41*
-2对数似然值	404.66	402.33	387.81	407.13	401.28
卡方	7.13	21.29	35.81	9.05	14.90
自由度	6	8	14	7	10
显著性	0.31	0.01	0.00	0.25	0.14

注：表中省略了 TotalB 的阈值的参数估计以及各个参照项；***表示在 0.01 水平上显著，**表示在 0.05 水平上显著，*表示在 0.10 水平上显著。

1. 宏观区位条件具有调节作用：位于东部、中部的企业环境管理实践带来的经济效益越低；但不具有直接作用

如表 5-11 所示，在同时纳入综合环境管理绩效（EMP）、宏观区位条件（Zone）及其交互项的 Model 3 中，不仅整个模型在 0.01 水平

上显著，而且 Model 3 与没有考虑交互项的 Model 2 相比，-2 对数似然值差为 14.52 > $\chi^2_{(df=6,P=0.05)}$（12.59），表明考虑交互项的 Model 3 在 0.05 显著性水平上具有统计意义；表明宏观区位条件具有显著的调节作用。进一步分析各个交互项的显著性可以发现，宏观区位条件的调节作用主要表现在 [Zone = 东部]、[Zone = 中部] 对 [EMP = 15] 有显著的负向调节作用，即综合环境管理绩效同为"15"（中等水平）的企业中，位于东部、中部的企业的总经济效益（TotalB）都显著低于位于西部的企业；据此，得到的结论是：位于社会经济发达地区的企业环境管理实践带来的经济效益越低；假说 6a 得到反向证实。

但是，从只加入宏观区位条件变量（Zone）的 Model 2 来看，虽然 [Zone = 东部] 的回归系数在 0.01 水平上显著，但是该变量的纳入不具有显著的统计意义（与 Model 1 相比，$\chi^2_{(df=2)}$ = 2.33，P < 0.10）；表明宏观区位条件对企业的环境管理是否能带来经济效益没有影响。

2. 微观区位条件既不具有调节作用，也不具有直接作用

如表 5 - 11 所示，在同时纳入综合环境管理绩效（EMP）、微观区位条件（EDistrict）及其交互项的 Model 5 中，不仅整个模型在 0.01 水平上不显著，而且 Model 5 与没有考虑交互项的 Model 4 相比，-2 对数似然值差为 6.85 < $\chi^2_{(df=6,P=0.10)}$（10.65），表明考虑交互项的 Model 5 在 0.10 显著性水平上不具有统计意义；表明微观区位条件不具有显著的调节作用；假说 7a 未得到证实。

同时，从只加入微观区位条件变量（EDistrict）的 Model 4 来看，不仅该变量的纳入完全不具有显著的统计意义（与 Model 1 相比，-2 对数似然值不仅没有减小，反而增大了），而且 [EDistrict = 0 非经济开发区] 的回归系数在 0.10 水平上都不显著；表明微观区位条件对企业的环境管理是否能带来经济效益没有影响。

（四）内部组织环境的作用机制

同样，在控制企业规模（Size）、所有制性质（Ownership）和行业类型（PIndustry）的基础上，用综合环境管理绩效（EMP）分别与三个内部组织环境调节变量及其交互项一起对总经济绩效（TotalB）进行回归，得到表 5 - 12。

表 5-12　中国工业企业环境管理带来经济效益的机制（内部组织环境的作用）

变量	Model1	Model2	Model3	Model4	Model5	Model6	Model7
Size	0.00	0.00	0.00	0.00	0.00	0.00	0.00
Owner=0	0.43	0.43	0.41	0.36	0.46	0.22	0.25
PIndustry=0	-0.04	-0.04	-0.12	0.01	0.03	0.18	0.11
EMP=13	0.43	0.46	0.76	0.57	-1.48	0.90	1.52
EMP=15	0.14	0.15	0.40	0.28	0.32	0.50	1.72
EMP=17	-0.34	-0.33	-0.60	-0.24	-0.33	-0.13	0.60
EMAtmos=4		-0.05	-0.29				
[EMP=13] × [EMAtmos=4]			-0.18				
[EMP=15] × [EMAtmos=4]			-0.33				
[EMP=17] × [EMAtmos=4]			0.79				
OStructure=3				-1.67***	-2.65**		
OStructure=4				-0.33	-0.53		
[EMP=13] × [OStructure=3]					1.15		
[EMP=13] × [OStructure=4]					2.38*		
[EMP=15] × [OStructure=3]					-0.55		
[EMP=15] × [OStructure=4]					0.00		
[EMP=17] × [OStructure=3]					2.06		
[EMP=17] × [OStructure=4]					-0.17		
OLearning=3						-2.82***	-2.38
OLearning=4						-0.65*	-0.05
[EMP=13] × [OLearning=3]							-2.13
[EMP=13] × [OLearning=4]							-0.64

续表

变量	Model1	Model2	Model3	Model4	Model5	Model6	Model7
[EMP=15] × [OLearning=3]							-1.90
[EMP=15] × [OLearning=4]							-1.53
[EMP=17] × [OLearning=3]							0.92
[EMP=17] × [OLearning=4]							-1.18
-2对数似然值	404.66	419.03	416.69	412.86	402.38	403.54	394.79
卡方	7.13	7.16	9.49	15.25	25.73	23.42	32.18
自由度	6	7	10	8	13	8	14
显著性	0.31	0.41	0.49	0.05	0.02	0.00	0.00

注：表中省略了TotalB的阈值的参数估计以及各个参照项；＊＊＊表示在0.01水平上显著，＊＊表示在0.05水平上显著，＊表示在0.10水平上显著。

1. 环境管理氛围既不具有调节作用，也不具有直接作用

如表5-12所示，在同时纳入综合环境管理绩效（EMP）、环境管理氛围（EMAtmos）及其交互项的Model 3中，不仅整个模型在0.10水平上不显著，而且Model 3与没有考虑交互项的Model 2相比，-2对数似然值差仅为 $2.34 < \chi^2_{(df=6,P=0.10)}$（10.65），表明考虑交互项的Model 3在0.10显著性水平不具有统计意义；表明环境管理氛围不具有显著的调节作用；假说8a没有得到证实。

同时，从只加入环境管理氛围（EMAtmos）的Model 2来看，不仅该变量的纳入完全不具有统计意义（与Model 1相比，-2对数似然值不仅没有减小，反而增大了），而且［EMAtmos=4］的回归系数在0.10水平上都不显著；表明环境管理氛围对企业的环境管理是否能带来经济效益没有影响。

2. 组织结构与资源具有调节作用：环境管理绩效不高的企业在组织结构与资源较合理的情况下也能取得较好的经济效益；但不具有直接作用

如表5-12所示，在同时纳入综合环境管理绩效（EMP）、组织结构与资源（OStructure）及其交互项的 Model 5 中，不仅整个模型在 0.05 水平上显著，而且，Model 5 与没有考虑交互项的 Model4 相比，-2 对数似然值差为 10.48 > $\chi^2_{(df=5,P=0.10)}$（9.24），表明考虑交互项的 Model 5 在 0.10 显著性水平具有统计意义；表明组织结构与资源具有显著的调节作用。进一步分析各个交互项的显著性可以发现，组织结构与资源的调节作用主要表现在 [OStructure = 4] 对 [EMP = 13] 有显著的正向调节作用，即综合环境管理绩效同为"13"（较低水平）的企业中，组织结构较合理、资源较充足的企业的总经济效益（TotalB）显著高于组织结构合理、资源充足的企业；据此，得到的结论是：环境管理绩效不高的企业在组织结构与资源较合理的情况下也能取得较好的经济效益；假说9a 得到证实。

但是，从只加入组织结构与资源（OStructure）的 Model 4 来看，虽然 [OStructure = 3] 的回归系数在 0.01 水平上显著，但是该变量的纳入完全不具有统计意义（与 Model 1 相比，-2 对数似然值不仅没有减小，反而增大了）；表明组织结构与资源对企业的环境管理是否能带来经济效益没有影响。

3. 组织学习能力既不具有调节作用，也不具有直接作用

如表 5-12 所示，在同时纳入综合环境管理绩效（EMP）、组织学习能力（OLearning）及其交互项的 Model 7 中，虽然整个模型在 0.01 水平上显著，但是，Model 7 与没有考虑交互项的 Model 6 相比，-2 对数似然值差为 8.75 < $\chi^2_{(df=6,P=0.10)}$（10.65），表明考虑交互项的 Model 7 在 0.10 显著性水平不具有统计意义；表明组织学习能力没有显著的调节作用；假说 10a 未得到证实。

同时，从只加入组织学习能力（OLearning）的 Model 6 来看，虽然其两个等级的回归系数都分别在 0.01、0.10 水平上显著，但是该变量的纳入也不具有统计意义（与 Model 1 相比，$\chi^2_{(df=2)}$ = 1.12，P > 0.20）；表明组织学习能力对企业的环境管理是否能带来经济效益没有影响。

三 环境绩效与经济绩效双赢机制的分析结果

(一) 环境管理绩效的作用

根据前述分析方法,在控制企业规模(Size)、所有制性质(Ownership)和行业类型(PIndustry)的基础上,用综合环境管理绩效(EMP)对"双赢"企业(Win-win)进行 Logistic 回归。同时,由于综合环境管理绩效是一个多分类有序自变量,因此,先利用似然比检验确定是否可以将其作为一个数值型变量纳入"双赢"企业的分析模型中;检验结果显示,将其作为数值纳入回归模型时,其 -2 对数似然值为 131.54,将其作为分类变量纳入回归模型时,其 -2 对数似然值为 124.10,两者的对数似然值之差为 $7.44 > \chi^2_{(df=2, P=0.05)}$(5.99),因此,$P < 0.05$;表明综合环境管理绩效的等级分组与 Logit P 不具有线性关系,因此,需要将综合环境管理绩效作为一个分类变量纳入回归模型中①。回归得到如表5-13中的 Model 1 所示的结果。如表5-13的 Model 1 所示,EMP 的 Wald 卡方为 3.26,不显著,表明综合环境管理绩效水平对是否取得"双赢"没有显著影响。假说 1b 也没有得到证实。

表5-13　中国工业企业环境绩效与经济绩效"双赢"的机制
(外部压力环境的作用)

变量	Model1	Model2	Model3	Model4	Model5	Model6	Model7	Model8	Model9
Size	0.00	0.00*	0.00*	0.00	0.00	0.00	0.00	0.00	0.00
Owner = 0	0.77	0.93*	0.93*	0.85*	0.81*	0.86*	0.85*	0.87*	0.88*
PIndustry = 0	0.13	0.07	0.10	-0.09	-0.11	0.15	0.15	0.14	0.15
EMP	3.26^a	1.83^a	1.87^a	1.93^a	0.18^a	2.93^a	0.00^a	3.32^a	0.76^a
EMP = 13	-21.29	-20.84	-13.15	-21.09	-16.73	-21.25	-19.19	-21.10	-21.77
EMP = 15	-21.30	-21.09	-13.88	-21.19	-16.09	-21.22	-19.68	-21.14	-21.56
EMP = 17	-0.82*	-0.66	5.21	-0.65	1.34	-0.79*	-0.21	-0.90*	-1.04

---

① 在此后的回归分析中,也都同样地判断各有序分类变量是作为数值型变量还是作为分类变量纳入回归模型中。

续表

变量	Model1	Model2	Model3	Model4	Model5	Model6	Model7	Model8	Model9
RegulP		1.34^{b***}	2.04^{b***}						
EMP × RegulP			2.42^a						
[EMP=13] by RegulP			-1.86						
[EMP=15] by RegulP			-1.69						
[EMP=17] by RegulP			-1.36						
Market				0.95^{b**}	1.22^{b**}				
EMP × Market					0.40^a				
[EMP=13] by Market					-1.12				
[EMP=15] by Market					-1.30				
[EMP=17] by Market					-0.50				
Community						0.47	0.53		
EMP × Community							0.04^a		
[EMP=13] by Community							-0.51		
[EMP=15] by Community							-0.39		
[EMP=17] by Community							-0.14		
RUncertain								0.24^a	0.21^a
RUncertain=3								-20.11	-21.37
RUncertain=4								-0.31	-0.38
EMP × RUncertain									0.02^a
[EMP=13] by [RUncer=3]									21.10
[EMP=13] by [RUncer=4]									0.27

续表

变量	Model1	Model2	Model3	Model4	Model5	Model6	Model7	Model8	Model9
[EMP=15] by [RUncer=3]									20.86
[EMP=15] by [RUncer=4]									0.05
[EMP=17] by [RUncer=3]									0.73
[EMP=17] by [RUncer=4]									0.17
-2对数似然值	124.10	112.26	109.72	117.64	117.23	122.10	122.07	110.60	110.58
卡方	48.52	60.36	62.90	54.99	55.39	50.03	50.07	62.02	62.04
自由度	6	7	10	7	10	7	10	8	14
显著性	0.00	0.00	0.00	0.00	0.00	0.00	0.00	0.00	0.00

注：表中省略了常数估计以及各个参照项；＊＊＊表示在0.01水平上显著，＊＊表示在0.05水平上显著，＊表示在0.10水平上显著。a 不是估计系数，而是Wald检验值；b 为将有序变量作为数值变量时估计的系数。

（二）外部压力环境因素的作用机制

根据前述分析方法，在控制企业规模（Size）、所有制性质（Ownership）和行业类型（PIndustry）的基础上，用综合环境管理绩效（EMP）分别与四个外部压力环境调节变量及其交互项一起对"双赢"企业（Win-win）进行Logistic回归，得到表5-13。

1. 规制压力环境对企业的"双赢"不具有调节作用，但具有正向的直接作用

如表5-13所示，在同时纳入综合环境管理绩效（EMP）、规制压力环境（RegulP）及其交互项的Model 3中，虽然整个模型在0.01水平上显著，但是，Model 3与没有考虑交互项的Model 2相比，-2对数似然值差只有2.54 < $\chi^2_{(df=3,P=0.10)}$ （6.25），表明考虑交互项的Model 3在0.10显著性水平上不具有统计意义；表明规制压力环境不具有显著的调节作用；假说2b未得到证实。

但从Model2来看，不仅规制压力环境（RegulP）的纳入具有十分显

著的统计意义（$\chi^2_{(df=1)}=11.84$，$P<0.001$），而且，RegulP 的回归系数在 0.01 水平上显著，表明规制压力环境对企业环境绩效与经济绩效的双赢具有直接作用，具体表现为感知规制压力越大的企业，取得"双赢"的能力越强。

2. 市场压力环境对企业的"双赢"不具有调节作用，但具有正向的直接作用

如表 5-13 所示，在同时纳入综合环境管理绩效（EMP）、市场压力环境（Market）及其交互项的 Model 5 中，虽然整个模型在 0.01 水平上显著，但是，Model 5 与没有考虑交互项的 Model 4 相比，-2 对数似然值差几乎没有差异，表明考虑交互项的 Model 5 不具有统计意义；表明市场压力环境不具有显著的调节作用；假说 3b 未得到证实。

同规制压力环境一样，从只纳入市场压力环境变量的 Model 4 来看，不仅市场压力环境（Market）的纳入具有十分显著的统计意义（$\chi^2_{(df=1)}=6.46$，$P<0.05$），而且，Market 的回归系数在 0.05 水平上显著，表明市场压力环境对企业环境绩效与经济绩效的双赢具有直接作用，具体表现为感知市场压力越大的企业，取得"双赢"的能力也越大。

3. 社区压力环境对企业的"双赢"既不具有调节作用，也不具有直接作用

如表 5-13 所示，在同时纳入综合环境管理绩效（EMP）、社区压力环境（Community）及其交互项的 Model 7 中，虽然整个模型在 0.01 水平上显著，但是，Model 7 与没有考虑交互项的 Model 6 相比，-2 对数似然值差几乎没有差异，表明考虑交互项的 Model 7 不具有统计意义；表明社区压力环境不具有显著的调节作用；假说 4b 未得到证实。

另外，从只纳入社区压力环境变量的 Model 6 来看，不仅社区压力环境（Community）的纳入不具有显著的统计意义（$\chi^2_{(df=1)}=2.00$，$P>0.10$），而且，Community 的回归系数在 0.10 水平上都不显著，表明社区压力环境对企业环境绩效与经济绩效的双赢也不具有直接作用。

4. 规制不确定性对企业的"双赢"既不具有调节作用，也不具有直接作用

如表 5-13 所示，在同时纳入综合环境管理绩效（EMP）、规制不确定性（RUncertain）及其交互项的 Model 9 中，虽然整个模型在 0.01

水平上显著，但是，Model 9 与没有考虑交互项的 Model 8 相比，-2 对数似然值差几乎没有差异，表明考虑交互项的 Model 9 不具有统计意义；表明规制不确定性因素不具有显著的调节作用；假说 5b 未得到证实。

另外，从只纳入规制不确定性变量的 Model 8 来看，虽然规制不确定性（RUncertain）的纳入具有显著的统计意义（$\chi^2_{(df=2)} = 13.50$，$P < 0.01$），但是，RUncertain 两个等级的回归系数都在 0.10 水平上不显著，表明规制不确定性对企业环境绩效与经济绩效的双赢也不具有直接作用。

（三）外部区位条件因素的作用机制

根据前述分析方法，在控制企业规模（Size）、所有制性质（Ownership）和行业类型（PIndustry）的基础上，用综合环境管理绩效（EMP）分别与两个区位条件因素及其交互项一起对"双赢"企业（Win-win）进行 Logistic 回归，得到表 5-14。

表 5-14 中国工业企业环境绩效与经济绩效"双赢"的机制（区位条件因素的作用）

变量	Model1	Model2	Model3	Model4	Model5
Size	0.00	0.00**	0.00**	0.00*	0.00*
Owner = 0	0.77	0.68	0.68	1.01**	0.95**
PIndustry = 0	0.13	-0.24	-0.21	0.41	0.41
EMP	3.26[a]	5.28[a]	0.00[a]	4.02[a]	6.53[a]*
EMP = 13	-21.29	-21.58	-20.19	-21.70	-21.34
EMP = 15	-21.30	-21.77	-18.84	-21.44	-21.75
EMP = 17	-0.82*	-1.17**	-19.76	-0.95**	-2.53***
Zone		11.36[a]***	7.47[a]***		
Zone = 东部		2.54***	2.30***		
Zone = 中部		1.07	0.60		
EMP × Zone			0.11[a]		
[EMP = 13] by [Zone = 东部]			-1.72		
[EMP = 13] by [Zone = 中部]			-0.11		
[EMP = 15] by [Zone = 东部]			-3.27		

续表

变量	Model1	Model2	Model3	Model4	Model5
［EMP = 15］by ［Zone = 中部］			-1.70		
［EMP = 17］by ［Zone = 东部］			18.60		
［EMP = 17］by ［Zone = 中部］			19.03		
EDistrict = 0 非经济开发区				0.86	-0.15
EMP × EDistrict					3.71[a]
［EMP = 13］by ［EDistrict = 0 非经济开发区］					-0.06
［EMP = 15］by ［EDistrict = 0 非经济开发区］					0.49
［EMP = 17］by ［EDistrict = 0 非经济开发区］					2.13**
-2 对数似然值	124.10	109.40	108.47	121.59	117.49
卡方	48.52	63.22	64.16	51.03	55.13
自由度	6	8	14	7	10
显著性	0.00	0.00	0.00	0.00	0.00

注：表中省略了常数估计以及各个参照项；*** 表示在 0.01 水平上显著，** 表示在 0.05 水平上显著，* 表示在 0.10 水平上显著。a 不是估计系数，而是 Wald 检验值。

1. 宏观区位条件对企业的"双赢"不具有调节作用，但具有直接作用，表现为东部企业取得"双赢"的能力显著高于西部、中部企业

如表 5-14 所示，在同时纳入综合环境管理绩效（EMP）、宏观区位条件（Zone）及其交互项的 Model 3 中，虽然整个模型在 0.01 水平上显著，但是，Model 3 与没有考虑交互项的 Model 2 相比，-2 对数似然值差只有 $0.93 < \chi^2_{(df=3, P=0.10)}$（6.25），表明考虑交互项的 Model 3 在 0.10 显著性水平上不具有统计意义；表明宏观区位条件不具有显著的调节作用；假说 6b 未得到证实。

但从 Model2 来看，不仅宏观区位条件（Zone）的纳入具有十分显著的统计意义（$\chi^2_{(df=1)} = 14.70$, $P < 0.001$），而且，［Zone = 东部］的回归系数为 2.54，且在 0.01 水平上显著，表明与西部企业相比，东部企业取得环境绩效与经济绩效双赢的能力要高，其比值比 OR 值为

12.73，表明位于东部的企业取得"双赢"的能力是位于西部的企业的12.73 倍。进一步分析表明，东部企业取得"双赢"的能力也显著高于中部企业，是其 4.39 倍。

2. 微观区位条件对企业的"双赢"既不具有调节作用，也不具有直接作用

如表 5-14 所示，在同时纳入综合环境管理绩效（EMP）、微观区位条件（EDistrict）及其交互项的 Model 5 中，虽然整个模型在 0.01 水平上显著，但是，Model 5 与没有考虑交互项的 Model 4 相比，-2 对数似然值差只有 $4.10 < \chi^2_{(df=3, P=0.10)}$ （6.25），表明考虑交互项的 Model 5 在 0.10 显著性水平上不具有统计意义；表明微观区位条件不具有显著的调节作用；假说 7b 未得到证实。

另外，从只有加入微观区位条件变量的 Model4 来看，不仅微观区位条件（EDistrict）的纳入不具有统计意义（$\chi^2_{(df=1)} = 2.51$，$P < 0.10$），而且，[EDistrict = 0 非经济开发区]的回归系数也不显著，表明微观区位条件因素对企业取得"双赢"也没有直接作用。

（四）内部组织环境因素的作用机制

根据前述分析方法，在控制企业规模（Size）、所有制性质（Ownership）和行业类型（PIndustry）的基础上，用综合环境管理绩效（EMP）分别与三个内部组织环境调节变量及其交互项一起对"双赢"企业（Win-win）进行 Logistic 回归，得到表 5-15。

表 5-15　中国工业企业环境绩效与经济绩效"双赢"的机制
（内部组织环境的作用）

变量	Model1	Model2	Model3	Model4	Model5	Model6	Model7
Size	0.00	0.00	0.00	0.00	0.00*	0.00*	0.00*
Owner = 0	0.77	0.79*	0.78*	0.60	0.61	0.74	0.75
PIndustry = 0	0.13	0.06	0.05	0.11	0.12	0.14	0.14
EMP	3.26[a]	3.42[a]	2.88[a]	1.8[a]	0.05[a]	1.77[a]	0.28[a]
EMP = 13	-21.29	-21.45	-21.31	-21.00	-19.07	-21.02	-18.94
EMP = 15	-21.30	-21.39	-21.18	-20.95	-19.56	-21.08	-19.93
EMP = 17	-0.82*	-0.85*	-0.95*	-0.64	-0.73	-0.64	-1.95

续表

变量	Model1	Model2	Model3	Model4	Model5	Model6	Model7
EMAtmos = 4		0.32	0.16				
EMP × EMAtmos			0.10^a				
[EMP = 13] by [EMAtmos = 4]			-0.05				
[EMP = 15] by [EMAtmos = 4]			-0.29				
[EMP = 17] by [EMAtmos = 4]			0.29				
OStructure				0.59^b	0.58^b		
[EMP = 13] by OStructure					21.00		
[EMP = 15] by OStructure					21.12		
[EMP = 17] by OStructure					-1.15		
OLearning						0.52^b	0.39^b
EMP × OLearning							0.13
[EMP = 13] by OLearning							-0.55
[EMP = 15] by OLearning							-0.30
[EMP = 17] by OLearning							0.31
-2 对数似然值	124.10	123.62	123.52	121.71	121.71	122.53	122.40
卡方	48.52	49.00	49.10	50.91	50.91	50.10	50.22
自由度	6	7	10	7	10	7	10
显著性	0.00	0.00	0.00	0.00	0.00	0.00	0.00

注：表中省略了 TotalB 的阈值的参数估计以及各个参照项；*** 表示在 0.01 水平上显著，** 表示在 0.05 水平上显著，* 表示在 0.10 水平上显著。a 不是估计系数，而是 Wald 检验值；b 为将有序变量作为数值变量时估计的系数。

1. 环境管理氛围对企业的"双赢"既不具有调节作用，也不具有直接作用

如表 5-15 所示，在同时纳入综合环境管理绩效（EMP）、环境管理氛围（EMAtmos）及其交互项的 Model 3 中，虽然整个模型在 0.01 水平上显著，但是，Model 3 与没有考虑交互项的 Model 2 相比，-2 对数似然值几乎没有差异，表明考虑交互项的 Model 3 完全不具有统计意义；表明环境管理氛围不具有显著的调节作用；假说 8b 未得到证实。

同时，从只加入环境管理氛围变量（EMAtmos）的 Model2 来看，

不仅该变量的纳入不具有统计意义（$\chi^2_{(df=1)} = 0.48$，$P > 0.20$），而且，[EMAtmos = 4] 的回归系数在 0.10 水平上不显著，表明环境管理氛围对企业环境绩效与经济绩效的双赢也不具有直接作用。

2. 组织结构与资源对企业的"双赢"既不具有调节作用，也不具有直接作用

如表 5 - 15 所示，在同时纳入综合环境管理绩效（EMP）、组织结构与资源（OStructure）及其交互项的 Model 5 中，虽然整个模型在 0.01 水平上显著，但是，Model 5 与没有考虑交互项的 Model 4 相比，-2 对数似然值没有差异，表明考虑交互项的 Model 5 完全不具有统计意义；表明组织结构与资源完全不具有调节作用；假说 9b 未得到证实。

同时，从只加入组织结构与资源变量（OStructure）的 Model4 来看，不仅该变量的纳入不具有统计意义（$\chi^2_{(df=1)} = 2.39$，$P > 0.10$），而且，OStructure 的回归系数在 0.10 水平上不显著，表明组织结构与资源对企业环境绩效与经济绩效的双赢也不具有直接作用。

3. 组织学习能力对企业的"双赢"既不具有调节作用，也不具有直接作用

如表 5 - 15 所示，在同时纳入综合环境管理绩效（EMP）、组织学习能力（OLearning）及其交互项的 Model 7 中，虽然整个模型在 0.01 水平上显著，但是，Model 7 与没有考虑交互项的 Model 6 相比，-2 对数似然值几乎没有差异，表明考虑交互项的 Model 7 完全不具有统计意义；表明组织学习能力完全不具有调节作用；假说 10b 未得到证实。

同时，从只加入组织学习能力（OLearning）的 Model7 来看，不仅该变量的纳入不具有统计意义（$\chi^2_{(df=1)} = 1.57$，$P > 0.20$），而且，OLearning 的回归系数在 0.10 水平上不显著，表明组织学习能力对企业环境绩效与经济绩效的双赢也不具有直接作用。

四 小结

为了对第一节提出的关于企业环境绩效与经济绩效双赢的机制的一系列假说，本节利用本研究收集的数据，分别运用 SPSS20.0 中的有序回归分析和二元 Logistic 回归分析工具，实证检验了各种外部环境因素和内部组织环境因素对"企业环境管理带来经济效益的强度"以及

"企业是否取得环境绩效与经济绩效的双赢"的作用机制，得到的结果归纳起来如表5-16所示。

表5-16　中国工业企业环境管理带来经济效益、"双赢"机制的分析结果汇总

变量名称	总经济效益（TotalB）调节作用	总经济效益（TotalB）直接作用	总经济效益（TotalB）假说验证	"双赢"企业（Win-win）调节作用	"双赢"企业（Win-win）直接作用	"双赢"企业（Win-win）假说验证
环境管理绩效	-	×	假说1a 未被证实	-	×	假说1b 未被证实
规制压力环境	√正向	√正向	假说2a 被证实	×	√正向	假说2b 被证实
市场压力环境	×	√正向	假说3a 未被证实	×	√正向	假说3b 被证实
社区压力环境	√正向	×	假说4a 被证实	×	×	假说4b 未被证实
规制不确定性	×	√正向	假说5a 未被证实	×	×	假说5b 未被证实
宏观区位条件	√反向	×	假说6a 被证实	×	√正向	假说6b 被证实
微观区位条件	×	×	假说7a 未被证实	×	×	假说7b 未被证实
环境管理氛围	×	×	假说8a 未被证实	×	×	假说8b 未被证实
组织结构与资源	√正向	×	假说9a 被证实	×	×	假说9b 未被证实
组织学习能力	×	×	假说10a 未被证实	×	×	假说10b 未被证实

注："-"表示不适用；"√"表示有显著作用；"×"表示没有显著作用。

如表5-16所示，企业环境管理的好坏对其带来经济效益的强度没有直接的作用，而主要受到规制压力环境、社区压力环境、组织结构与资源的正向调节作用，即在环境管理绩效水平相当的情况下，规制压力、社区压力越大或者组织结构越完善、资源越充足，环境管理带来的经济效益越好，这为制度理论、利益相关者理论以及资源基础观提供了实证依据；另外，企业环境管理带来经济效益的强度还受到宏观区位条件的反向调节作用，即位于东部、中部的企业环境管理实践带来的经济效益越低；同时，企业环境管理带来经济效益的强度还受到规制压力环境、市场压力环境和规制不确定性的直接驱动作用。

企业环境管理绩效的好坏对企业是否取得环境绩效与经济绩效的双赢不仅没有直接作用，而且没有受到其他任何外部压力环境、外部区位条件以及内部组织环境的调节作用，而是受到规制压力环境和规制不确定性的直接驱动作用。

第六章　中国工业企业环境绩效与经济绩效双赢的政策调控

　　根据前述本书的调查和分析，我国工业企业已经开始重视环境管理，并在环境方针的制定以及能耗和排污的监测，节约能源、资源和减少废弃物排放以及清洁生产和废弃物再生利用等方面做得比较好，而在环境管理部门的设置、环境审计的实施、环境教育培训的实施、社会环保活动的参与尤其是面向公众披露环境信息以及生态设计、绿色营销和绿色采购等方面做得较差。尤其是与环境管理先进的日本企业相比，中国企业还存在很多不足，如仍有较多中国企业为了减少罚款或迫于法律压力而被动进行环境管理，较多企业未设立专业环境管理部门或负责人，企业环境信息透明度还很低，采取的环保措施主要是与生产密切相关的，还没有较多地关注非生产领域，在环境监测、记录并公开自身环境负荷方面还做得很不够。同时，不同行业、不同规模、不同所有制、不同区域（省份）企业的环境管理绩效存在一定的差异，主要表现为制造业企业、交通运输、仓储业企业、大型企业、中型企业、国有企业、西部企业的环境管理绩效总体上更优。

　　更进一步，样本企业综合环境管理绩效的驱动机制分析表明：企业环境管理绩效主要受到环境规制压力、市场环境压力的直接驱动和间接驱动（部分通过承担社会责任、追求经济利益起作用）；中国工业企业的综合环境管理绩效存在显著的宏观区域差异且主要表现为西部地区企业的综合环境管理绩效优于东部、中部地区企业，同时，也存在微观区位差异，即位于经济开发区的企业的环境绩效比位于其他功能区的企业好；而社区公众压力虽然对履行高管承诺、承担社会责任都有显著影响，却对企业环境管理绩效没有显著影响；履行高管承诺还没有成为促进企业环境管理绩效的有效因素；另外，从外部压力因素对企业内部动力因素的作用关系来看，环境规制压力成为促进企业承担社会责任的因素，也部分转化为了企业追求经济利益的动力，但尚未成为促进企业履行高管承诺的因素，而市场环境压力对三个内部动力因素都起到了促进作用，表明提高消费者、投资者或企业竞争者的环保意识和要求可能是促进企业实施环境管理并取得良好环境管理绩效的更有效手段。

企业环境管理带来的经济效益现状分析表明：中国工业企业环境管理带来的总经济效益处于中等略偏上水平，且间接经济效益水平最高，而收入增加效益相对较低；而且，成本节约效益以守法成本节约为主，而利税成本节约较少，收入增加效益则以销售额增加相对较多，而排污许可证转让收益十分有限，间接经济效益都较高，其中又以产品质量和企业形象提升表现尤为突出。

企业环境管理带来经济效益以及企业环境绩效与经济绩效双赢的机制分析表明：企业环境管理的好坏对其带来经济效益的强度没有直接的作用，而主要受到规制压力环境、社区压力环境、组织结构与资源的正向调节作用，受到宏观区位条件的反向调节作用，同时还受到规制压力环境、市场压力环境和规制不确定性的直接驱动作用；企业环境管理绩效的好坏对企业是否取得环境绩效与经济绩效的双赢不仅没有直接作用，而且没有受到其他任何外部压力环境、外部区位条件以及内部组织环境的调节作用，而是受到规制压力环境和规制不确定性的直接驱动作用。

根据这些调查与分析结果和结论，结合中国现有相关政策和措施的实际情况，并借鉴国际先进经验，参考已有研究成果，本章试图从政府和企业两个层面探讨改进我国企业环境绩效的调控措施，以期为政府决策和企业管理提供参考依据，推动我国工业企业的环境行为和环境绩效的进一步改善。

第一节　政府层面的调控措施

如前所述，工业企业既是社会财富的创造者，也是自然环境资源的主要消耗者、环境污染的制造者与环境破坏者，生态文明建设不仅依赖于企业减少资源、能源消耗和污染排放，而且有赖于工业企业制造环境友好的产品，有赖于工业企业开发环境保护的先进技术和先进设备。但是，企业首先要求得自身生存，这不仅是企业可持续发展的必然要求，而且是社会经济可持续发展的必然要求。企业要求生存的最重要保障就是盈利，也就是说，企业追求经济利益的最大化不仅是企业自身可持续发展的需要，而且是人类社会可持续发展的需要。而生态可持续或环境友好并不容易（Walley and Whitehead, 1994; Christmann, 2000），尤其由于环境是公共产品，在缺乏外部压力和有效机制的情况下，企业不会自觉实施环境管理并提高环境绩效，也就是说会出现市场失灵。因此，需要政府采取科学、合理的措施对企业的行为进行引导和调控。

　　前述企业综合环境管理绩效的驱动机制分析已经表明，环境规制压力能促进企业实施环境管理并取得较好的环境管理绩效，同时，还能促进企业承担社会责任、追求经济利益的动机。因此，环境规制仍然是政府调控企业环境行为和社会整体环境福利的基础和重要手段。赵玉民等（2009）结合环境规制定义和含义的演进以及现当代的情况，将环境规制定义为"以环境保护为目的、个体或组织为对象、有形制度或无形意识为存在形式的一种约束性力量"，并据此将环境规制分为"显性规制和隐性规制"，进而又将显性环境规制分为"命令控制型环境规制、以市场为基础的激励型环境规制和自愿型环境规制"，并将隐性环境规制定义为"指内在于个体的、无形的环保思想、环保观念、环保意识、环保态度和环保认知等"。笔者十分赞同这一分类方式，并且认为政府需要根据社会发展阶段和需要，合理、灵活地运用这些环境规制，现阶段要在以命令控制型环境规制为主的基础上，加强激励型环境规制、自愿型环境规制和隐性环境规制的力度。同时，由于本书结果表明，中国工业企业的综合环境管理绩效存在显著的宏观区域差异且主要表现为西部地区企业的综合环境管理绩效优于东部、中部地区企业，同时，也存在微观区位差异，即位于经济开发区的企业的环境管理绩效比位于其他功能区的企业好。因此，相关政策的制定和实施必须因地制宜，考虑这种区域差异，采取差异化政策，并加强企业的园区化布局规划和引导。

一 合理运用命令控制型环境规制

（一）命令控制型环境规制机理分析以及政策含义

命令控制型环境规制是指"立法或行政部门制定的、旨在直接影响排污者做出利于环保选择的法律、法规、政策和制度"（赵玉民等，2009），是传统的第一代环境规制，针对危及人类身体健康的较为严重的大气、水、固体废弃物等污染问题而诞生，明确规定了相关企事业单位应该遵守的环境污染物排放标准、生产规范以及应该采用的技术等。企业组织不仅根据经济理性来行动，而且根据制度压力来行动（Bansal，2002）。一个问题，一旦被纳入规制范畴，各社会成员（包括政府、非营利组织、社区和企业等）都会重视该问题，特别是企业更有可能重视并响应被纳入规制范畴的问题和行动。因此，必须使环境保护、可持续发展在规制、规范、人们意识以及体制、组织结构和实践中被制度化，只有当企业的利益相关者把可持续发展作为社会规范来看重和接受后，企业组织才会认同可持续发展，并为此做出努力（Bansal，2002）。因此，传统的强制性命令控制型环境规制起到了改善环境的作用，尤其是在企业、社会的环境认识和意识都不高的初期，其作用和影响是不可磨灭的，但这种环境规制也存在效率不高、不系统、不灵活等问题。首先，在命令控制型规制体制下，商业企业只会在环境法要求明确且他们相信如果不守法的话会被检查并受到处罚的情况下，才会减排环境负荷。在这种情况下，企业环境绩效的好坏取决于三个因素的相互作用（Kagan et al.，2003）：一是环境规制的严厉程度；二是违法被查处的可能性；三是违法被查后处罚的严厉程度。而这三个条件往往难以同时满足，也就较难促进企业改进其环境绩效。而且还有人认为，一味强制的法规很可能引起法规和政治抵制，因此，在政府规制者能够利用法律手段来制裁非守法企业的情况下，合作的、灵活的规制执行风格会带来更高的守法水平（转引自 Kagan 等，2003）。其次，命令控制型环境规制鼓励的是环境污染的末端治理、跨媒介替代等现在看来既不完全有利于环境保护又不经济的方式，尤其是给企业和规制者都带来了很高的成本（Khanna，2001），可能阻碍企业管理者将自然环境视为竞争机会，从而消极对待环境管理，不利于企业持续不断地改进其环境绩效

(Khanna and Anton, 2002a)。最后,"一刀切"式的纯粹命令控制型管理体制可能激发内部矛盾,导致规制的不协调和不和谐(杨昀,2017)。因此,有必要增加环境规制的灵活性,更多采用市场激励型环境规制、鼓励自愿型环境规制,让企业自己选择成本最小的方式来达到环境保护的目标。

(二) 中国政府运用命令控制型环境规制调控举措

我国政府高度重视环境保护工作,通过积极推进环境保护法律法规建设,已经逐渐建立起我国的环境保护政策体系(见表6-1)。

表6-1　　　中国政府层面命令控制型环境规制(部分)

编号	名称	施行时间	基本内容
1	《中华人民共和国煤炭法》	1996年12月1日	对煤炭生产开发规划和煤矿建设问题、煤炭生产和煤矿安全问题、煤矿矿区保护问题、监督检查工作和法律责任等做出明确的规定
2	《中华人民共和国环境噪声污染防治法》	1997年3月1日	不仅对环境噪声污染防治的监督管理问题做出了明确的规定,而且对工业噪声污染、建筑施工噪声污染、交通运输噪声污染、社会生活噪声污染的防治以及相关的法律责任进行了明确的阐述
3	《中华人民共和国水法》	2002年8月29日	对水资源规划、开发利用、水资源保护、水资源配置和节约、水事纠纷处理和执法监督检查以及相关的法律责任进行了全面的规定
4	《中华人民共和国固体废物污染环境防治法》	2005年4月1日	对固体废物污染环境防治的监督管理、防治,工业固体废弃物污染环境的防治,生活垃圾污染环境的防治,危险废物污染环境的防治,以及相关的法律责任做出了系统的规定
5	《中华人民共和国水污染防治法》	2008年6月1日	对水污染防治的标准和规划、监督管理、防治措施、饮用水水源和其他特殊水体保护、水污染事故处置以及相关方的法律责任做出明确规定
6	《中华人民共和国大气污染防治法》	2016年1月1日	对大气污染防治标准和期限达标规划、大气污染防治的监督管理、大气污染防治措施、重点区域大气污染联合防治、重污染天气应对以及相关的法律责任进行了全面的规定

资料来源:笔者根据相关方法律法规整理。

这些法律法规都对企业包括工业企业提出了很多明确的环境管理要求以及具体的措施、责任和处罚标准。比如，《中华人民共和国煤炭法》（1996年8月29日通过）[1] 要求：在开发利用煤炭资源的过程中，"防治污染和其他公害，保护生态环境"；在煤炭生产开发的规划过程中，开办煤矿的企业除了需要具备"有煤矿建设项目可行性研究报告或者开采方案"等条件之外，还需要具有"符合煤矿……环境保护要求的矿山设计"；在煤矿生产开发的建设过程中，煤矿开办企业必须保证或坚持"煤炭开发与环境治理同步进行"，环境保护设施"必须与主体工程同时设计、同时施工、同时验收、同时投入使用"；煤炭开办企业必须具备"竣工验收合格的……环境保护设施"。1996年10月29日经八届全国人大常务委员会二十次会议通过的《中华人民共和国环境噪声污染防治法》[2] 规定：产生环境噪声污染的工业企业"应当采取有效措施，减轻噪声对周围生活环境的影响"；要求在工业生产中因使用固定的设备造成环境噪声污染的工业企业"必须按照国务院环境保护行政主管部门的规定……申报拥有的造成环境噪声污染的设备的种类、数量……""造成环境噪声污染的设备的种类、数量、噪声值和防治设施有重大改变的，必须及时申报……"。《中华人民共和国水法》（2002年8月29日通过）[3] 要求：工业企业用水"应当采用先进技术、工艺和设备，增加循环用水次数，提高水的重复利用率"；对于落后的、耗水量高的工艺、设备和产品，国家坚持采用"逐步淘汰"的原则，要求对这些设备的"生产者、销售者或者生产经营中的使用者应当在规定的时间内停止生产、销售或者使用"相关的"工艺、设备和产品"。

---

[1] 全国人民代表大会常务委员会：《中华人民共和国煤炭法》，法律图书馆，1996年8月29日，http：//www.law-lib.com/law/law_view.asp? id=309，2017-04-30。

[2] 全国人民代表大会常务委员会：《中华人民共和国环境噪声污染防治法》，中华人民共和国环境保护部，1996年8月29日，http：//www.zhb.gov.cn/gzfw_13107/zcfg/fl/201605/t20160522_343372.shtml，2017-04-30。

[3] 全国人民代表大会常务委员会：《中华人民共和国水法》，中国政府门户网站，2005年8月31日，http：//www.gov.cn/ziliao/flfg/2005-08/31/content_27875.htm，2017-04-30。

《中华人民共和国固体废物污染环境防治法》（2004年12月29日通过）[①] 要求产生工业固体废物的单位"建立、健全环境防治责任制度，采取防治工业固体废物污染环境的措施"；国家将实行"工业固体废物申报登记制度"，产生工业固体废物的单位必须"……提供工业固体废物的种类、产生量、流向、贮存、处置等有关资料"；"禁止擅自关闭、闲置或者拆除工业固体废物污染环境防治设施、场所"；要求矿山企业"采取科学的开采方法和选矿工艺……""按照国家有关环境保护规定进行场封……"。2008年2月28日十届全国人大常务委员会三十二次会议修订通过的《中华人民共和国水污染防治法》[②] 规定"国家对严重污染水环境的落后工艺和设备实行淘汰制度""禁止新建不符合国家产业政策的小型造纸、制革、印染、染料、炼焦、炼硫、炼砷、炼汞、炼油、电镀、农药、石棉、水泥、玻璃、钢铁、火电以及其他严重污染水环境的生产项目"；对于"不按照规定制定水污染事故的应急方案的"以及在水污染事故已经发生的情况之下"未及时启动水污染事故的应急方案，采取有关应急措施的"企事业单位，在情节严重的情况之下，将承担"二万元以上十万元以下的罚款"。2015年8月29日十二届全国人大常委会十六次会议修订通过的《中华人民共和国大气污染防治法》[③] 要求：工业涂装企业要"使用低挥发性有机物含量的涂料，并建立台账"；石油、化工以及其他生产和使用有机溶剂的企业要"采取措施对管道、设备进行日常维护、维修，减少物料泄漏，对泄漏的物料应当及时收集处理"；钢铁、建材、有色金属、石油、化工、制药、矿产开采等企业，要"加强精细化管理，采取集中收集处理等措施，严格控制粉尘和气态污染物的排放"。

---

① 全国人民代表大会常务委员会：《中华人民共和国固体废物污染环境防治法》，法律图书馆，2004年12月29日，http://www.law-lib.com/law/law_view.asp?id=87771，2017-04-30。

② 全国人民代表大会常务委员会：《中华人民共和国水污染防治法》，中央政府门户网站，2008年2月28日，http://www.gov.cn/flfg/2008-02/28/content_905050.htm，2017-04-30。

③ 全国人民代表大会常务委员会：《中华人民共和国大气污染防治法》，中华人民共和国环境保护部，2015年9月6日，http://www.zhb.gov.cn/gzfw_13107/zcfg/fl/201605/t20160522_343394.shtml，2017-04-30。

无疑，这些环境法律法规对于规范企业的环境管理行为、减少污染排放起到了至关重要的作用，正如本书调查所反映的，很多企业都制定了环境方针和采取了很多具体的环境保护措施。但是，也有实证研究反映，严格的环境规制对环境效率的提高没有显示出明显的作用（王镝和李灿，2018）。同时，本书关于企业环境绩效与经济绩效"双赢"的分析表明，虽然近一半企业认为其环境管理实践为其带来了一定的经济收益，尤其是产品质量提升和企业形象改进方面的效果，但取得"双赢"的企业还很少。同时，其他多数研究也表明，中国近20年的环境规制既没有显著地促进工业企业的技术改进和创新，也没有提升它们的经济绩效和竞争力（陈超凡，2016；刘和旺等，2016；王镝和李灿，2018等；聂国卿和郭晓东，2018），高额的环境成本，在很多情况下还可能制约中国工业经济绩效的提升，使两者之间呈现出倒"U"形或者倒"N"形关系。也就是说，命令控制型的环境规制只有达到一定程度或者在适度的情况下，才能达到既促进企业减少污染排放又激励企业进行技术创新从而获得竞争优势的"双赢"局面（申晨等，2017；齐亚伟，2018）。而只有少数研究表明，滞后一期的命令型环境规制能激励企业进行技术创新，其作用甚至大于市场型环境规制工具（黄德春和刘志彪，2006；叶琴等，2018），而且环境规制显著促进了工业绿色全要素生产率的增长（原毅军和谢荣辉，2015）。这表明，我国现行的过于宏观、多为"要求""禁止"规定的约束性环境规制尚有较大的改进空间。

因此，要从帮助企业发展的视角出发，采取更有利于企业发展（获得竞争优势）的环境规制方式。这方面，德国经验值得借鉴。德国的环境规制是世界上最严格的，但并没有因此而危害其企业的国际竞争力，这主要源于其环境规制的制定遵循以下几个基本原则：第一，预防原则，强调采用最可获得的环境保护技术；第二，污染者付费原则，要求环境污染产生者承担污染治理费用；第三，合作原则，引导全民参与；第四，预警原则，强调预测和预防环境问题的产生。同时，德国环境规制在强调环境管理结果的同时，将具体措施及其实施留给被规制者（主要是企业），这就为企业自由发挥进行环境管理留下了很大的空间（Klassen and Angell，1998），这不仅能达到环境规制目标，而且还不影响企业的竞争优势，有时甚至还加强企业的竞争优势（Schmidheiny，1992）。如 1986 年 11 月通过废弃物管理法，明确废弃物管理的优先顺序为：减少废弃物的产生、增加循环利用和无害化处理，并试图建立起贯穿产品整个生命周期的封闭循环系统；这一不断改进的创新性环境规制体系使整个德国的污染有显著减少（Schmidheiny，1992）。也就是说，政府在制定环境规制时，要考虑企业的生存压力和困难，要让规制渐渐成为不重要的外部压力，甚至成为开发和发展能促进企业经理进行积极环境战略的意愿和组织能力的动力（Sharma et al.，2007；López - Gamero et al.，2010），同时，要让不自觉的企业付出应有的代价（Kagan et al.，2003）。

如前所述，由于企业组织在面对环境规制时，可能为了维持现状而抵制，难以做出相应改变，这就要求政府的环境规制或政策能直接规定企业内部的改变（King，2000），现行的很多环境技术规范实际上可能在一定程度上起到这样的作用，而环境技术规范常常被批评为灵活性差、没有给企业留下创新的空间。因此，环境规制要在直接规定与留有余地之间找到一个恰当的平衡点，既达到激励企业进行相应改变的目的，又让企业有创新的空间，从而促进企业实现环境绩效与经济绩效"双赢"。

二 适当运用激励型环境规制

（一）激励型环境规制机理分析以及政策含义

激励型环境规制指的是"政府利用市场机制设计的，旨在借助市场信号引导企业排污行为，激励排污者降低排污水平，或使社会整体污染状况趋于受控和优化的制度"（赵玉民等，2009），包括排污税费、使用者税费、产品税费、补贴、排污权交易、押金返还等具体形式。与命令控制型环境规制相比较，激励型环境规制最大的优势是其灵活性，给企业等被规制者自由选择减排方式和途径的权利，同时能很好地体现"污染者付费原则"；而且，在市场体系健全的情况下，如果运用得当的话，不仅能够激励企业改进生产和管理技术、效率，减少污染物的排放，达到区域环境保护的目标，而且能够降低执法成本，增强企业的竞争优势。

1. 绿色税收制度

排污收费制度是应用最早也是最广泛的市场激励环境规制，是指要求环境排放污染物或超过规定的标准排放污染物的排污者，依照国家法律和有关规定按标准交纳费用的制度。排污收费制度的理论基础是庇古在认识到环境污染的外部性的基础上所提出的用来弥补排污者的私人成本与社会成本差额的"庇古税"，收费的目的是利用经济杠杆的作用，激励排污者实施节能减排降耗等环境管理，节约和综合利用资源，减少污染排放，从而保护或者改善环境。排污收费体现了"污染者付费原则"，是将环境成本内化的重要手段之一。污染者所缴纳的排污费是对其污染和破坏环境与资源而给环境与资源的所有者——国家和社会—所造成的损失进行的赔偿，因此，如果以税收的形式收取排污费，就是环境税或者污染税或者绿色税收。在《国际税收辞汇》(*International Tax Glossary*)中，"绿色税收"被定义为"对投资于防治污染或环境保护的纳税人所给予的税收减免，或对污染行业和污染物的使用所征收的税"（转引自国家税务总局税收科学研究所课题组，2018）。一般认为，如果排污收费的费率或者环境税的税率确定合理（与企业治理污染的单位成本基本相当）的话，是能够激励企业采取污染治理措施甚至技术改进和创新措施并减少污染排放的，同时也能激励企业实行技术创新，从而降低守法成本，帮助企业实现"双赢"。排污收费或者绿色税收制度的最大困扰是费率和税率的设置。设置得过低的话，企业会宁愿缴纳排污费或税费而不减排污染，达不到减少污染物排放的环境保护目标；设置得过高的话，虽然可能将污染水平控制在较低的水平，但企业要花费很大的代价，造成高昂的守法成本。

2. 排污权交易制度

排污权交易制度也是备受关注的激励型环境规制方式，是指在一定区域内，以把控污染物排放总量为基础，通过建立排污权分配和交易机制，通过市场作用，实现控制污染和降低成本的制度安排。排污权交易是在庇古提出环境污染的外部性原理、科斯提出利用市场和产权界定的方法解决外部性问题的基础上，由 Crocker 和 Dales 于 20 世纪 60 年代分别独自提出来的（胡彩娟，2017）。排污权交易的最大优势是，不仅能够将污染物的排放总量控制在一定的范围内，而且能够给予企业最大的灵活性，它们既可以选择只排放分配的排污权（指标）允许的污染量，也可以选择通过自身的技术改造或创新等措施减少污染排放，而将多余的排污权（或者排污指标）卖给技术相对落后且排污指标不够用的企业，补偿减排成本甚至获得额外利润，它们也可以选择不减排污染，而从排污权交易市场上购买更多的排污指标然后排放更多的污染。美国等国家的实践表明，排污权交易制度不仅能够降低污染物的排放，而且还能够降低环境治理成本、交易成本，具有促进环境效益与经济效益双赢的潜力。但排污交易权制度的有效实施，需要有完善、规范的市场交易平台，需要有规范的制度保障，需要社会多元主体的积极参与，需要具有灵活性等（胡彩娟，2017）。

3. 绿色信贷制度

绿色信贷，也被称为可持续金融或环保金融，也是利用经济杠杆激励企业进行环境管理实践，从而实现经济与环境协调发展的重要方式之一，是指银行在贷款的过程中将项目及其运作公司与环境相关的信息作为考察标准纳入审核机制中，并通过该机制作出最终的贷款决定。绿色信贷，一方面可以通过调整信贷结构和手段（支持环保项目、支持环境管理和操作绩效好的企业，而提高高能耗、高污染项目信贷审批门槛，不给落后的产能和项目发放信贷，或者提前收回信贷资金，关闭政策不允许的项目的信贷通道等）激励企业实施节能减排等环境管理实践，降低污染物排放，减少环境风险；另一方面是银行通过实施绿色信贷，防范环境风险、履行社会责任。在实际操作中，目前欧美以及日本等发达国家主要参考赤道原则。赤道原则是由荷兰银行、巴克莱银行、西德意志银行、花旗银行于2002年10月在伦敦召开讨论会议后联合起草的，并于2003年6月4日在美国华盛顿特区正式发布，2006年7月经历一次修改后沿用至今。该原则规定了项目风险的分类依据、不同类项目的环境评估要求、环境评估报告应包括的主要内容、环境管理方案要求、向公众征询意见制度、有关借款人和贷款人关系的要求以及确保守约的机制以及赤道原则的适用范围。绿色信贷已成为各国金融创新和改革的重要方向和当前社会发展的趋势。美国早在1980年就颁布了《超级基金法案》，规定商业银行要对其发放信贷资金的项目的环境污染负责，"只有在保证项目不对环境产生有害威胁的前提下，商业银行才可以对其发放信贷资金，同时承担永久环境保护责任。如果项目取得信贷资金后，对环境造成了污染，那么商业银行要承担连带责任"（纪霞，2016）。日本、英国很多银行（如瑞穗实业银行、巴克莱银行、汇丰银行等）也都十分重视绿色信贷，制定了较为完善的评估企业的环境风险的指标体系、评级方法以及审批管理办法，为其绿色信贷的实施提供决策依据（纪霞，2016）。

4. 政府绿色采购制度

政府绿色采购也是激励型环境规制方式之一，是为了发挥政府作为生态文明建设的管理者和法律主体的领航作用，将生态消费理念贯穿于整个采购过程中以达到保护环境和节约资源的目的，在采购活动中选购符合国家绿色产业标准、对环境的负面影响最小的产品、工程和服务的活动，是一种有别于传统政府采购的环境友好、资源节约型的采购模式，是要通过需求侧变革，倒逼生产方式的绿色化转型（秦鹏，2007；王璐宁，2010；田婧和张忠利，2014；张亦楠等，2016；王京歌和邹雄，2017）。

政府所具有的管理主体和民事交易主体双重角色决定了政府采购的公共采购属性，同时，政府采购的规模比较大（2015年，中国政府采购规模首次突破2万亿元，达到21070.5亿元）。因此，政府采购是国民经济的重要组成部分，应将其作为国家重要的手段和工具，发挥宏观调控、保护环境等引领功能（王京歌和邹雄，2017）。根据王金秀和腾赋骋（2017）、傅京燕等（2017）、王京歌和邹雄（2017），政府绿色采购是相对有效的财政激励政策，因为政府采购规模大，需求稳定，政策影响力强，导向性作用大；能作为市场调节手段，引导绿色消费、培育绿色经济、促进产业结构调整；符合世界性潮流和国际惯例，有助于避免国际贸易争端与摩擦，同时支持国内企业的绿色发展。但是，由于绿色产品没有价格优势，因此，绿色采购的实施，尤其在初期，需要制定强制性的法令或政策作为保障（傅京燕等，2017）。

正因如此，发达国家都十分重视政府绿色采购的发展（田婧和张忠利，2014；张亦楠等，2016）。美国、日本、欧盟不仅都制定了相关法律［如《资源保护与回收法案》（美国）、《政府绿色采购法》（日本，2000年）］，明确了政府绿色采购的法律地位，明确要求政府必须要遵守国家绿色采购规定，在采购办公及其他用品时，选择环境污染小、可循环利用或可再生利用的物品或劳务，而且颁布一系列配套法规，对采购目标、产品、步骤、时间、组织机构及其职责、采购实施效果的监督检查等都做出了详细规定。同时，为了确保绿色采购的顺利实行，美国还设立了政府绿色采购专门机构，负责制订采购详细计划、出台具体标准，日本和欧盟则建立了网络平台［如日本的全国绿色采购网络联盟（GPN）、欧盟的欧洲绿色采购网络］，提供政府绿色采购指南、评价标准、产品数据库等信息，实现信息公开和资源共享。此外，它们都十分重视对政府绿色采购的监督与管理，明确了监督管理机构（如美国的预算与管理办公室、芬兰的生态顾问、英国的可持续发展和公平交易指导小组）对政府绿色采购的执行情况及其环境和经济效益进行定期评估、定期汇报（日本每年、美国每两年）。

由于绿色产品的认证、绿色产品清单的列举是政府绿色采购的关键环节，而且有一定的技术门槛，因此，发达国家在实施政府绿色采购的过程中，十分注重相关工作。例如，日本为很多产品（如纸类、办公家具类等）制定了全面的绿色采购标准，欧盟的生态标签产品认证体系则为每一种商品制定了一套生态标签标准；美国联邦政府主要从产品是否节能、节水、无毒无害、燃料代替等方面制定动态更新的标准，据此标准列出了详细的"绿色清单"，清单产品种类全面，包括节能节水产品、含可回收成分产品、清洁燃料交通工具、有毒化学品替代产品、更有利于环境的产品等（张亦楠等，2016）。

（二）中国政府运用激励型环境规制调控举措

我国政府高度重视通过采用收费、税收、信用、财政、信贷等市场激励型环境规制手段和措施提升工业企业的环境保护意识，推动工业企业践行环境保护行为，不断形成包括绿色税收制度、排污权交易制度以及绿色信用制度、绿色信贷制度和政府绿色采购制度在内的制度体系。

1. 绿色税收制度

我国的绿色税收制度经历了一个"费改税"的过程，即绿色税收是从排污收费制度开始的。排污收费制度是我国采用得最早、运用得最充分的市场激励型环境规制之一。从《环境保护工作汇报要点》

（1978年年底）提出排污收费的设想，到《中华人民共和国环境保护法（试行）》（1979年9月通过）首次从法律上确立了排污收费制度，再到国务院正式发布并施行《征收排污费暂行办法》（1982年7月），使排污收费制度在我国很快普遍实行开来。而后出台的《污染源治理专项基金有偿使用暂行办法》（1988年7月）、《环境监理工作暂行办法》（1991年7月）、修订的《大气污染防治法》（2000年4月）对当时现行的排污收费制度进行了改革和完善，实现了排污收费制度"由超标收费向排污收费转变；由单一浓度收费向浓度与总量相结合收费转变；由单因子收费向多因子收费转变；由静态收费向动态收费转变"（环境保护部环境监察局，2009）。2003年3月，国务院颁布《排污费征收使用管理条例》，更是对排污收费制度的体系、标准、费用使用和管理等方面的一次重大变革：明确实行排污即收费，很好地体现了污染物排放总量控制的理念；扩大征收范围，提高收费标准，加大处罚力度；严格执行收支两条线，保障排污费的合法合规合理使用；构建起了强有力的监督和保障体系（环境保护部环境监察局，2009）。经过近40年的实践和不断改革，我国的排污收费制度不断完善，不断普及，逐渐深化，在减少污染排放等方面起到了显著作用（李永友和沈坤荣，2008）。

但是，我国的排污收费制度在设计和执行方面都仍然存在不尽如人意的地方（白宇飞和王冠群，2011），包括排污收费标准偏低，对企业减排的激励作用还有限；由于监察和监督不到位、排污费的公示和稽查制度执行不到位、地方保护主义等原因，排污费欠缴、少缴现象较严重，使排污费的征收效率不高；仍然存在环保部门截留、挪用代收的排污费的现象。因此，应采取有效措施解决这些问题，进一步完善排污收费制度。首先，需要在科学分析各地现行排污收费标准与污染控制目标关系的基础上，确定更合理的收费标准，收费标准既不能太低，以免达不到激励企业改进技术或管理水平从而减少污染排放的目的；收费标准也不能太高，以免给企业和社会带来太大的成本负担。其次，要充分利用现代智能监测和监控技术，对排污企业实行远程实时监管，从而杜绝谎报、瞒报现象。最后，对地方政府和环境保护部门实行连带问责制度，以防范地方保护主义和"人情收费"（白宇飞和王冠群，2011）。

而 2016 年 12 月 25 日《中华人民共和国环境保护税法》经第十二届全国人民代表大会常务委员会第二十五次会议通过，这不仅使排污收费制度中存在的很多问题迎刃而解，也标志着我国绿色税收制度的一次重大突破。首先，环境税能更好地发挥杠杆作用，执行力更强，不仅起到促进减排的作用，而且能够激励企业通过技术改造、创新等方式降低污染物排放；其次，环境税是将原来的排污费改成环境税，是将政府收费改为法定的税收，使其具有了法律效应，不交税或少交税要负法律责任，更具有强制性，这能够抑制欠费、少缴费、地方政府选择性收费的现象，也能体现公平性；最后，税务机关征收环境税后，会统一上缴中央财政，而后由中央财政统筹分配和使用，拿出一定比例以专款专用的方式反哺地方，这能够杜绝排污费被挤占、被挪用的现象，也能全国统筹利用相关资金进行统一实施污染治理和环境保护①。

另外，早在 1993 年 12 月 25 日，国务院就颁布了《中华人民共和国资源税暂行条例》（以下简称《资源税条例》），要求在我国境内开采《资源税条例》规定的矿产品（包括原油、天然气、煤炭、其他非金属矿原矿、黑色金属矿原矿、有色金属矿原矿）或者生产盐（包括固体盐、液体盐）的单位和个人，应当依照《资源税条例》缴纳资源税，采取普遍征收、从量定额计征方法。2011 年 9 月 21 日又通过《国务院关于修改〈中华人民共和国资源税暂行条例〉的决定》，实行了清费立税、从价计征改革试点；2016 年 7 月 1 日，全面推进资源税改革，对大部分矿产品实行从价计征，在河北省开展水资源税改革试点；2017 年 12 月 1 日起在北京、天津、山西、内蒙古、山东、河南、四川、陕西、宁夏 9 个省（自治区、直辖市）扩大水资源税改革试点（国家税务总局税收科学研究所课题组，2018）。

同时，我国也已经开始采用减免税收的激励制度。比如，2008 年财政部和国家税务总局联合发布《关于资源综合利用及其他产品增值

---

① 无名：《从排污费改为环境税意味着什么？》，中国电器交易网，2017 年 3 月 24 日，https://www.baidu.com/link?url=7CusQYQXhCDB8sUtolMEh1GrGHnLVSPdZBuxwS8itulYK00YsUyvgjIw5v6lFnT5dfNGcZBFFZDr_15DRK_Ava&wd=&eqid=b3e496d50001ad5d000000035b81691c，2018-8-26。

税政策的通知》①，对实行免征增值税政策的自产货物清单、污水处理劳务免征增值税、实行增值税即征即退政策的自产货物清单、实行增值税即征即退50%政策的自产货物清单、实行增值税先征后退政策的自产综合利用生物柴油等进行了详细的界定和说明。实行免征增值税的包括销售再生水、以废旧轮胎为全部生产原料生产的胶粉、翻新轮胎、生产原料中掺兑废渣比例不低于30%的特定建材产品等；实行增值税即征即退的包括销售以工业废气为原料生产的高纯度二氧化碳产品、以垃圾为燃料生产的电力或者热力、以煤炭开采过程中伴生的舍弃物油母页岩为原料生产的页岩油、以废旧沥青混凝土为原料生产的再生沥青混凝土、采用旋窑法工艺生产并且生产原料中掺兑废渣比例不低于30%的水泥等资产货物政策等。再如，2009年，财政部和国家税务总局发布《关于中国清洁发展机制基金及清洁发展机制项目实施企业有关企业所得税政策问题的通知》②，对清洁发展机制基金的实施企业四个方面的收入来源免征企业所得税，这四个方面分别为"CDM项目温室气体减排量转让收入上缴国家的部分""国际金融组织赠款收入""基金资金的存款利息收入、购买国债的利息收入"以及"国内外机构、组织和个人的捐赠收入"，规定符合相应条件的CDM项目实施企业不仅能够享受"温室气体减排量的转让收入""……在计算应纳税所得额时扣除"，而且也能够享受"……第一年至第三年免征企业所得税，第四年至第六年减半征收企业所得税"的绿色税收政策。

我国消费税、增值税、所得税的改革也正朝着绿化方向发展（国家税务总局税收科学研究所课题组，2018）。比如，在消费税方面，将污染性和资源性产品纳入消费税征收范围，包括对汽油、柴油、汽车轮胎（2014年已停征）、摩托车、小汽车和鞭炮烟火、游艇、木制一次性筷子、实木地板、电池、涂料、机动车辆等；逐步提高污染性产品

---

① 财政部、国家税务总局：《关于资源综合利用及其他产品增值税政策的通知》，中国投资指南，2017年4月30日，http://www.fdi.gov.cn/1800000121_23_58343_0_7.html，20018-12-09。

② 财政部、国家税务总局：《关于中国清洁发展机制基金及清洁发展机制项目实施企业有关企业所得税政策问题的通知》，中华人民共和国财政部，2009年3月23日，http://www.mof.gov.cn/zhengwuxinxi/caizhengwengao/2009niancaizhengbuwengao/caihengwengao200903/200905/t20090518_158515.html，2018-8-26。

（如燃油）的消费税税率；对低污染产品（如低污染排放汽车，2000—2003年期间）和资源综合利用产品（利用废弃的动植物油生产的纯生物柴油；以回收的废矿物油为原料生产的润滑油基础油、汽油、柴油等工业油料，2013年11月1日至2018年10月31日期间）实施减免优惠；对扫路车、洒水车、清洗车、垃圾车等设有固定装置的非运输车辆，对城市公交企业在2012年1月1日至2020年12月31日期间购置的公共汽电车辆，对在2014年9月1日至2020年12月31日期间购置的列入规定目录的新能源汽车，免征车辆购置税；对购置1.6升及以下排量乘用车，在2015年10月1日至2017年12月31日期间，减征车辆购置税。在增值税方面，已经对纳税人生产销售和批发、零售滴灌带和滴灌管产品免征增值税，对纳税人销售自产的资源综合利用产品和提供资源综合利用劳务，按规定比例享受增值税即征即退政策，对病虫害防治、植物保护和相关技术培训等，免征营业税（2016年5月1日以前）或增值税。在所得税方面，出台了《资源综合利用企业所得税优惠目录》，实行资源综合利用的所得税优惠；对购买环保和节能节水专用设备的企业给予投资抵免；对企业从事符合条件的环境保护、节能节水项目，第一年至第三年免征企业所得税，第四年至第六年减半征收企业所得税；以及前述的减免清洁发展机制项目的所得税。还有车船税的绿化调整以及其他支持环保事业的税收措施等。

  可见，我国在税制的绿化方面已经做出了很多努力，初步建立起了绿色税收体系，但仍然存在较大的提升和完善空间（吕敏和齐晓安，2015；国家税务总局税收科学研究所课题组，2018），包括扩大环境税的征收范围（如扩大至水资源、森林资源、草原资源、土地资源、海洋资源等）；科学合理地调整税率，实行差异化税率，从而提高绿色税收在总税收中的比例；开征能源税等；调整环境税收优惠措施，使其更合理，既有意义，又简单明了，保持延续性；尤其针对调查中反映出来的中国工业企业的环境管理带来的利税减少效益还不高的问题，国家及地方政府应该出台相应的措施，对自觉实施环境管理或取得好的环境管理或操作绩效的企业，加强税收、贷款、土地、用电等方面的优惠政策；提高消费税和有关的机动车税的"绿化"程度。完善计税依据，如以按实际开采或生产的数量征税替代以应税产品的销售额或者销售数量征税等；只有这样才能够构建起全面系统的、高效公平的绿色税收体系。

2. 排污权交易制度

我国排污权交易制度的建立缘于20世纪80年代在全国和地方层面的试点。经过30多年的试点、示范、发展和完善，尽管我国统一的排污权交易机制还没有完全建立，但其建设已经在不断完善，在一定程度上推进了我国的污染减排不断取得进展。

20世纪80年代以来，我国政府推出了一系列法律、法规、条例、规范性文件等，不断推进我国排污权交易制度的试点、示范、建立、健全和完善，包括《水污染物排放许可证管理暂行办法》（1988年）、《"九五"期间全国主要污染物排放总量控制计划》（1996年）、《关于开展"推动中国二氧化硫排放总量控制及排污权交易政策实施的研究项目"示范工作的通知》（2002年）等。另外，1995年颁布的《淮河水污染防治暂行条例》明确提出要求，"在淮河流域排污总量控制计划确定的重点排污控制区域内的排污单位和重点排污控制区域外的重点排污单位，必须按照国家有关规定申请领取排污许可证，并在排污口安装污水排放计量器具""持有排污许可证的单位应当保证其排污总量不超过排污许可证规定的排污总量控制指标"。2015年修订颁布的《大气污染防治法》也明确提出，"国家对重点大气污染物排放实行总量控制""国家逐步推行重点大气污染物排污权交易"。2014年修订发布的《中华人民共和国环境保护法》明确提出"国家实行重点污染物排放总量控制制度""国家依照法律规定实行排污许可管理制度""实行排污许可管理的企业事业单位和其他生产经营者应当按照排污许可证的要求排放污染物；未取得排污许可证的，不得排放污染物"。2017年12月，国家发改委发布了《全国碳排放权交易市场建设方案（发电行业）》，正式启动全国碳排放交易体系。

在国家相关政策的指导和鼓励下，以试点为抓手，我国地方政府也积极尝试，不断结合自身实际，探索出台和施行排放权交易制度。1985年4月19日，上海市第八届人大常委会第十四次会议根据《中华人民共和国水污染防治法》等相关规定，制定并发布《黄浦江上游水源保护条例》，明确提出"在水源保护区和准水源保护区内，实行污染物排放总量控制和浓度控制相结合的管理办法",并且,"污染物排放总量控制指标可以在区、县范围内综合平衡。一切新建、扩建或改建项目的污染物排放量,必须控制在该地区的污染物排放总量控制指标内"。1987年8月29日,上海市人民政府进一步发布《上海市黄浦江上游水源保护条例实施细则》,进一步明确"污染物排放总量指标可以在地区内综合平衡,可以在企业之间有条件地调剂余缺,互相转让;但必须经环境保护部门同意"。上海市在排污权交易机制的设计中,不仅实现了排污指标在排污企业内部的调剂,而且打通了排污指标在排污企业和新建排污企业之间转让的渠道;不仅为排污权交易提供了法律保障,而且形成了排污权交易的技术基础,有效地推进了企业创新以及黄浦江上游的污染治理工作。之后,自1994年起,我国原国家环境保护局分别在包头、开远、柳州、太原、平顶山、贵阳6个城市开展大气排污权交易试点工作。2007年,国务院有关部门又不断组织天津、河北、内蒙古等11个省(区、市)开展排污权使用和交易试点。在此基础上,2014年8月25日,国务院办公厅发布《关于进一步推进排污权有偿使用和交易试点工作的指导意见》,明确提出"建立排污权有偿使用制度""加快推进排污权交易"。其中,"建立排污权有偿使用制度"要求"严格落实污染物总量控制制度""合理核定排污权""实行排污权有偿取得""规范排污权出让方式""加强排污权出让收入管理"等;"加快推进排污权交易"明确要求"规范交易行为""控制交易范围""激活交易市场""加强交易管理"等,为我国排污权有偿使用制度的建立以及排污权交易制度的加快推进做出了顶层设计,促进排污权有偿使用和交易工作向规范化、制度化方向快速发展。

  在国家层面对排污权交易制度做出顶层设计的基础上,地方层面也不断进行排污权有偿使用和交易的法规体系建设。江苏省陆续发布了《江苏省太湖流域主要水污染物排放权有偿使用和交易试点方案细则》(2008年)、《江苏省二氧化硫排污权有偿使用和交易管理办法(试行)》(2013年)、《江苏省排污权有偿使用和交易价格管理暂行办法》(2016年)以及《江苏省排污权有偿使用和交易管理暂行办法》(2017年);浙江省发布了《浙江省人民政府关于开展排污权有偿使用和交易试点工作的指导意见》(2009年)、《浙江省排污权有偿使用和交易试点工作暂行办法》（2010年）、《浙江省排污权抵押贷款暂行规定》（2010年）、《浙江省排污权有偿使用收入和排污权储备资金管理暂行办法》（2010年）、《浙江省初始排污权有偿使用费征收标准管理办法（试行）》（2011年）、《浙江省排污权有偿使用和交易试点工作暂行办法实施细则》（2011年）、《浙江省排污权储备和出让管理暂行办法》（2013年）、《浙江省主要污染物初始排污权核定和分配技术规范（试行）》（2013年）、《浙江省排污权回购管理暂行办法（征求意见稿）》（2017年）；湖北省发布了《湖北省主要污染物排放权交易试行办法》（2008年）、《湖北省主要污染物排污权交易办法实施细则（试行）》（2009年）、《湖北省主要污染物排污权交易规则（试行）》（2009年）、《湖北省主要污染物排污权电子竞价交易规则（试行）》（2009年）、《湖北省主要污染物排放权交易办法实施细则》（2014年）、《湖北省排污权有偿使用和交易试点工作实施方案》（2014年）、《湖北省主要污染物排污权电子竞价交易规则》（2014年）、《湖北省主要污染物初始排污权核定和分配技术规范》（2015年）。据统计，截至2014年，11个试点省政府围绕试点的实施方案、交易管理办法等出台了18个法规文件和73个政策性文件（刘炳江，2014）。而且，为了解决企业参与排污权交易的资金困难问题，在浙江尝试排污权抵押贷款制度后，山西、河北、重庆、福建、湖南等先后探索排污权抵押贷款制度（车秀珍等，2016），对于促进企业参与排污权交易起到了一定作用。

　　随着一系列排污权交易制度政策的出台，我国的排污权交易制度体系逐渐形成并不断完善，排污权有偿使用的一级市场已逐步建立，有些试点地区还探索出如抵押贷款、排污权定价时考虑企业的承受能力（浙江省），采取排污权使用期限的弹性制、排污指标实行配额管理（江苏省），运用直接市场法确定排污权的初始价格（山东省），采取企业自动监测与环境监测部门抽样监测相结合的方式监测排污量（山西省太原市），审核排污权交易资格（湖北省）等的创新手段（李创，2015），推动了我国排污权交易制度的实施。据统计，截止到2013年，江苏、浙江、天津、湖北、湖南、内蒙古、山西、重庆、陕西、河北和河南11个开展排污权交易试点地区有偿分配二氧化硫排污权35.1万吨、化学需氧量17.6万吨、氮氧化物6.3万吨、氨氮0.2万吨，有偿使用和交易金额累计 39 亿元，交易资金主要用于治污减排和提升环保监管能力（刘炳江，2014）。其中，浙江省截止到 2014 年年底，分别累计开展排污权有偿使用和排污权交易 13271 笔和 4925 笔，分别缴纳有偿使用费 20.46 亿元、交易额 8.89 亿元，累计总额度占全国累计总额的 2/3 以上；另有 373 家排污单位通过排污权抵押获得银行贷款 83.13 亿元（黄冠中等，2015）。不仅促进了污染物总量控制，而且提高了污染治理效率，从而促进了企业更积极地参与排污权交易，开展技术创新，推进了我国区域和流域污染问题的缓解，切实实现了排污权交易制度设计的初衷。有实证研究表明，中国的排污权交易政策的实施显著降低了工业二氧化硫的排放强度，产生了减排效果（闫文娟和郭树龙，2012；刘若楠和李峰，2014；李永友和文云飞，2016），或者具有巨大的长期减排潜力（Cheng et al.，2015；涂正革和谌仁俊，2015），工业二氧化硫排污权交易提高了试点省份的清洁技术创新水平（刘海英和谢建政，2016）。

不过，由于我国排污权交易制度依然处于完善过程中，无论是我国排污权交易制度体系，还是我国排污权交易实践推进，依然存在一定的难题，Shin（2013）甚至认为中国实施的排污权交易制度整体上是失败的。一是我国还没有一套完整的国家层面的排污权交易的法律规范（李创，2015；任艳红和周树勋，2016）。二是污染物排放权总量控制目标不能切实体现资源稀缺性。当前的污染物排放权总量控制目标更多的是政策当局设定的目标，政策当局设定的目标不能切实体现资源的稀缺性，不利于市场在污染物排放权目标设定方面的决定性作用发挥。三是排污权交易的流动性有待进一步提升。当前排污权交易面临在不同行政区域、不同行业、不同时期的流动性障碍，不仅不利于污染物排放权在不同区域和不同行业的资源配置，而且不利于污染物排放权在不同时期的配置，削弱了潜在交易行为，缩小了排污权交易市场规模（任艳红和周树勋，2016）。四是市场准入有待进一步加强。无论是在污染排放权的二级市场，还是在污染物排放权的一级市场，都面临市场范围狭窄、参与交易的主体量少的问题，不利于污染物排放权市场流动性的提升。五是排污权初始分配参考依据不足，尤其当区域内企业的初始排污权总和超过区域总量控制目标的时候，缺乏明确的标准或方法将减排目标分摊到每个企业（黄冠中等，2015）。还有二级市场不够活跃、价格机制未能准确反映资源稀缺程度、难以准确计量和核定污染源实际排放量等问题和困难（刘炳江，2014；黄冠中等，2015；任艳红和周树勋，2016）。也有研究结果显示，中国排污权交易对二氧化硫排放的控制几乎没有发挥作用（Wang et al.，2004；刘海英和谢建政，2016），未能产生波特效应（实现经济与环境双赢）（涂正革和谌仁俊，2015），促进绿色发展的作用也很小（傅京燕等，2018）。

为此，在我国排污权交易制度设计过程中，我国还需要进一步推进相关制度的完善。

第一，出台国家层面的排污权交易法律法规（刘若楠和李峰，2014）。明确排污权交易的总量控制、初始权分配、排污权价格核定、市场交易等相关要求和规定，明确其适用范围以及各方的权利和义务，从制度和执行两个维度形成合力，建立排污权交易制度的法律属性和地位。同时，还要加强与环评审批、"三同时"制度、排污申报、执法监管等制度衔接（任艳红和周树勋，2016）。

第二，制定完善的配套管理办法。包括排污权有偿使用费收取使用管理办法、鼓励排污权交易的财税扶持政策、排污权核定及监督管理办法、跨区域排污权交易管理细则、建设项目主要污染物排放总量指标管理办法、排污权交易价格管理规定等（刘炳江，2014），"相关条款既要规范政府行政权力又要保障企业的合法权益，厘清政府与市场的关系，为深入推进排污权有偿使用和交易工作提供法规保障"（黄冠中等，2015）。

第三，建设国家排污权交易管理平台（刘炳江，2014）。由于排污权交易机制是建立在不同交易主体边际减排成本存在差异的基础上的，因此，需要建立跨区域的大范围交易机制，才能达到排污权交易机制的价格激励作用（傅京燕等，2018）。服务于各地试点工作和跨区域排污权交易的全国统一的排污权交易信息管理平台可以满足相关需求。同时，还要构建融基本账户、排污许可、刷卡排污、排污权交易于一体的排污权综合信息管理平台（任艳红和周树勋，2016）。

第四，加强基础研究，攻克技术难题。需要加强排放量的核定、初始排污权指标的分配、初始排污权的定价等方面研究，解决其中的技术难题，增强排污权交易制度的科学性（任艳红和周树勋，2016）。

第五，完善排污权交易的价格机制。如通过利用价格区间调节、经济成本核算、探索线上拍卖等方式，完善排污权交易的定价机制；或通过设定排污权交易的价格下限，而后依靠市场价格调节机制，淘汰产能落后的企业，而让环境友好型企业获得排污指标，从而促进产业结构调整，真正发挥排污权交易政策促进节能减排的作用（李创，2015）。

第六，加强监测监管，严格落实执法处罚（任艳红和周树勋，2016）。监管和执法到位是落实污染物排放总量管理制度的关键，需要调动政府、企业、公众等多方面力量，加强对企业污染排放的监测和监管。政府应对重点排污单位实施总量和浓度双重审查程序，建设完善的污染源在线监测系统，严格依法查处无证排污、超总量排污等违法行为，提高违法成本，保障排污权交易政策的执行；企业必须自觉建立定期监测、自主记录、主动报告和自行公开机制，严格落实环境治理责任；加大信息公开力度（刘炳江，2014；黄冠中等，2015），建立畅通的公众监督渠道及信息响应机制，将社会公众纳入监督体系，增强排污权交易对企业的激励作用。

3. 绿色信贷制度

我国真正意义上的绿色信贷政策设计起源于20世纪90年代。随着我国绿色信贷政策制度的不断出台以及银行等金融机构的积极响应，我国绿色信贷政策框架体系不断建立。

如表6-2所示，自中国人民银行于1995年2月6日发布《关于贯彻信贷政策与加强环境保护工作有关问题的通知》，拉开了我国建立绿色信贷制度的序幕以来，我国已经先后出台了一系列促进绿色信贷发展的政策，从最初只是引入环境保护理念，到以促使信贷投放从"两高一剩"退出为重点的绿色信贷政策框架的初步建立，再到以引导信贷资源对绿色、低碳、循环经济全面支持为目标的较为完整的绿色信贷政策体系的建立，形成了推动我国商业银行从追求股东利益最大化向追求可持续发展的转变（上海银监局绿色信贷研究课题组，2016）。

表 6-2　　　　　　　　　中国绿色信贷相关政策一览

发布时间	机构及政策名称	基本内容
1995年2月6日	中国人民银行《关于贯彻信贷政策与加强环境保护工作有关问题的通知》	明确要求"各级金融部门在信贷工作中要重视自然资源和环境的保护,把支持国民经济的发展和环境资源的保护、改善生态环境结合起来,要把支持生态资源的保护和污染的防治作为银行贷款的考虑的因素之一,以促进经济建设和环境保护事业的协调发展"
2005年12月3日	国务院《关于落实科学发展观加强环境保护的决定》	提出"建立健全有利于环境保护的价格、税收、信贷、贸易、土地和政府采购等政策体系",以及"对不符合国家产业政策和环保标准的企业,不得审批用地,并停止信贷,不予办理工商登记或者依法取缔"等政策主张
2007年5月23日	国务院《关于印发节能减排综合工作方案的通知》	"严把土地、信贷两个闸门,提高节能环保市场准入门槛""鼓励和引导金融机构加大对循环经济、环境保护及节能减排技术改造项目的信贷支持,优先为符合条件的节能减排项目、循环经济项目提供直接融资服务"
2007年7月12日	原国家环境保护总局、中国人民银行、银监会《关于落实环保政策法规防范信贷风险的意见》	明确要求"金融机构应依据国家建设项目环境保护管理规定和环保部门通报情况,严格贷款审批、发放和监督管理,对未通过环评审批或者环保设施验收的项目,不得新增任何形式的授信支持。金融机构应依据国家产业政策,进一步加强信贷风险管理,对鼓励类项目在风险可控的前提下,积极给予信贷支持;对限制和淘汰类新建项目,不得提供信贷支持;对属于限制类的现有生产能力,且国家允许企业在一定期限内采取措施升级的,可按信贷原则继续给予信贷支持,对于淘汰类项目,应停止各类形式的新增授信支持,并采取措施收回已发放的贷款"
2007年7月15日	银监会《关于防范和控制高耗能高污染行业贷款风险的通知》	要求银行业金融机构进一步加强对高耗能、高污染行业贷款的审查,严把"两高"贷款闸门,规定"对项目审批(备案)、用地预审、环境评价、节能评估、劳动安全、城市规划等方面不符合国家规定的项目,或对'区域限批'地区的项目以及列入加工贸易禁止类目录的企业,银行业金融机构不予贷款。已经贷款的,要及时清收"

续表

发布时间	机构及政策名称	基本内容
2007年11月	银监会《节能减排授信工作指导意见》	规定"对列入国家产业政策限制和淘汰类的新建项目不得提供授信支持;对列入国家重点的节能减排项目、节能减排显著地区的企业和项目、得到财政支持和税收支持的节能减排项目,在同等条件下优先给予授信支持"
2009年12月22日	中国人民银行、银监会、证监会和保监会《关于进一步做好金融服务支持重点产业调整振兴和抑制部分行业产能过剩的指导意见》	要求银行业金融机构信贷投放要"区别对待,有保有压","对于符合重点产业调整振兴规划要求、符合市场准入条件、符合银行信贷原则的企业和项目,要及时高效保证信贷资金供给。对于不符合产业政策、市场准入条件、技术标准、项目资本金缺位的项目,不得提供授信支持。对属于产能过剩的产业项目,要从严审查和审批贷款"
2010年4月19日	国家发改委、中国人民银行、银监会和证监会四部委《关于支持循环经济发展的投融资政策措施意见的通知》	要求银行业金融机构给予节能、节水、节材等减量化项目,废旧汽车零部件等再利用项目以及废旧物资等资源化利用项目信贷支持,而对生产、进口、销售或者使用列入淘汰名录的技术、工艺、设备、材料或产品的企业,不得提供任何新增授信支持;要求金融机构积极创新金融产品和服务方式,并通过各类债权融资产品和手段、股权投资基金和创业投资企业的资本支持作用、上市融资等多渠道拓宽循环经济发展的直接融资途径
2011年10月17日	国务院《关于加强环境保护重点工作的意见》	明确提出"加大对符合环保要求和信贷原则的企业和项目的信贷支持"
2012年2月24日	银监会《绿色信贷指引》	要求"加强信贷资金拨付管理,将客户对环境和社会风险的管理作为决定信贷资金拨付的重要依据"。鼓励银行业金融机构"对有潜在重大环境和社会风险的客户,制定并实行有针对性的贷后管理措施""将绿色信贷执行情况纳入内控合规检查范围,定期组织实施绿色信贷内部审计"
2012年4月	银监会《关于印发绿色信贷指引的通知》	对银行业等金融机构开展履行信贷的组织管理、政策制度及能力建设、流程管理、内控管理与信息披露、监督检查等均作出了详细的规定和安排

续表

发布时间	机构及政策名称	基本内容
2013年2月	银监会《关于绿色信贷工作指导意见》	要求主动防控"两高一剩"行业信贷风险,具体包括加强对"两高一剩"行业的跟踪监测;严格控制"两高一剩"行业贷款等
2014年3月	银监会《关于支持产业结构调整和化解产能过剩的指导意见》	要求"对符合国家产业政策、行业标准,属于技术改造升级、产品结构调整、优化产业空间布局项目的合理信贷需求,在商业可持续、风险可控和手续齐备的前提下,进一步加大信贷支持力度"。同时制定下发了绿色信贷实施情况关键评价指标,要求商业银行按照评价指标开展自评价
2015年1月13日	银监会、国家发展和改革委员会《能效信贷指引》	鼓励银行业金融机构积极开展能效信贷业务,落实国家节能低碳发展战略,支持产业结构调整和企业技术改造升级,提高能源利用效率,降低能源消耗
2016年8月31日	中国人民银行、财政部、发展改革委、环境保护部、银监会、证监会、保监会《关于构建绿色金融体系的指导意见》	提出构建支持绿色信贷的政策体系、建立银行绿色评价机制、推动绿色信贷资产证券化、支持和引导银行等金融机构建立符合绿色企业和项目特点的信贷管理制度、完善绿色债券的相关规章制度、采取措施降低绿色债券的融资成本、研究探索绿色债券第三方评估和评级标准、积极支持符合条件的绿色企业上市融资和再融资、支持设立各类绿色发展基金、在环境高风险领域建立环境污染强制责任保险制度、发展各类碳金融产品、完善与绿色金融相关监管机制等一系列的支撑绿色金融发展的政策举措

在我国绿色信贷政策的支持下,我国许多银行业金融机构不断推出绿色信贷政策,设置专职绿色信贷机构或部门,开展绿色信贷服务(舒利敏和杨琳,2015),有力地服务了我国绿色产业的发展以及节能降耗工作。中国工商银行始终将推进绿色信贷建设作为长期坚持的重要战略之一,分别从信贷政策制度、管理流程、业务创新、自身表现等方面全面推进绿色信贷建设,建立起了一套行之有效的绿色信贷长效机制和较完善的绿色信贷政策体系,实现了绿色信贷全流程管理、不断提高自身绿色信贷管理信息化水平、有效地强化了绿色信贷考核及资源配置。2015—2017年工行的绿色贷款余额年均增速约10%,超过同期公

司贷款平均增速。截至 2017 年年末，中国工商银行已经实现绿色信贷余额 10991.99 亿元，年增速为 12.3%，比同期公司贷款余额增速高出 3.50 个百分点，折合减排标准煤 4247.26 万吨、二氧化碳当量 7561.87 万吨、COD15.83 万吨、氨氮排放 1.61 万吨、二氧化硫 12.43 万吨、氮氧化物 6.15 万吨、节水 3486.45 万吨；自绿色债券推出以来，截至 2017 年 12 月末，中国工商银行累计承销各类绿色债券 20 只，募集资金总量 1526 亿元，居国内银行类机构第一；该行银行账户投资绿色债券余额 201.9 亿元；2018 年 6 月，中国工商银行伦敦分行发行的 16 亿美元等值双币种多段绿色债券于英国伦敦证券交易所正式挂牌，成为伦交所上市债券中规模最大的一只绿色债券[①]。在国家一系列政策的推动下，中国银行持续拓展绿色债券、节能减排融资项目等绿色金融产品，不断构建形成全球化、全方位的绿色金融体系；2017 年 11 月，中国银行巴黎分行成功完成境外约 15 亿等值美元气候债券发行定价，相关项目运营之后，能够每年减少约 274 万吨二氧化碳排放；中国银行积极支持国内企业发行海外绿色债券，2017 年 6 月，中国银行作为唯一中资全球协调人，成功支持中国长江三峡集团完成首单 6.5 亿欧元 7 年期绿色债券的发行，预计每年可以减少 221 万吨二氧化碳排放。中国建设银行积极响应我国出台的绿色信贷政策，将建设"绿色银行"作为中长期发展目标，通过大力完善绿色信贷政策制度，不断实现自身绿色信贷业务的发展，并有效地推进了环境和社会风险的有效管理；截至 2017 年，中国建设银行已经实现绿色信贷余额 10025.21 亿元，较 2016 年增长了 12.74%[②]。中国交通银行积极制定并践行绿色信贷战略，全方位监控全行的绿色信贷相关指标；2017 年，中国交通银行制定了《关于进一步加强绿色信贷工作的通知》，明确进一步完善绿色信贷政策体系，全面深化推进自身的绿色信贷工作，从而实现了绿色信贷投放量不断增加的目标，推进金融资金更好地向绿色环保产业转移，实现资源的

---

① 无名：《工商银行：推动融资结构"绿色调整"》，搜狐，2018 年 8 月 8 日，http://www.sohu.com/a/245875313_703122，2018－11－18。

② 无名：《沪市公司积极践行环保责任　守护蓝天绿水青山》，证券之星百家号，2018 年 7 月 16 日，https://baijiahao.baidu.com/s?id=1606104348569298195&wfr=spider&for=pc，2018 年 11 月 18 日。

优化配置,促进了经济社会和环境的协调发展;截至 2016 年年末,中国交通银行以低碳经济、环境保护、资源综合利用等领域绿色一类贷款余额 2411.99 亿元,绿色类客户数占比达到 99.66%,绿色类授信余额占比达到 99.84%[①]。在一系列银行绿色信贷政策的推进下,随着绿色信贷余额不断攀升,16 家上市银行绿色信贷余额从 2011 年的 1.47 万亿元增加到 2013 年的 31.15 万亿元,绝对额扩大 20 多倍,其占企业贷款总额比重从 2011 年的 5.96% 增加到 2013 年的 6.96%(舒利敏和杨琳,2015);截至 2016 年 6 月末,21 家主要银行业金融机构的绿色信贷余额达到 7.26 万亿元,占各项贷款的 9.0%(雷英杰,2016);有效降低了绿色企业的债务融资成本,促进了我国绿色环保产业持续发展壮大,而使高污染高耗能产业(如造纸、化工)尤其在短、中期得到有效压缩(连莉莉,2015;刘婧宇等,2015;宋鑫,2016)。

尽管我国绿色信贷制度体系不断完善,银行业金融机构绿色信贷产品和服务不断丰富和扩展,并直接推进我国绿色环保产业的发展以及高污染、高耗能产业相关利息开支的降低,但是我国绿色信贷政策的推行和完善依然有待进一步加强。

一是完善法律法规建设,为绿色信贷的大力发展提供法律保障。尽管我国出台了一系列的绿色信贷制度规范,但"现行绿色信贷政策基本属于部门规章或规范性文件,立法层次比较低,法律强制力和权威性不足,执行力较弱"(上海银监局绿色信贷研究课题组,2016),不能保证切实在银行业金融机构中贯彻落实,不能防止少数银行业金融机构在利润动机的驱动下,做出"打政策擦边球"的事情。因此,需要制定专门的绿色信贷相关法律,对各利益主体的责任和义务做出明确规范和要求,加强对银行业金融机构等的约束和引导(上海银监局绿色信贷研究课题组,2016)。

二是建立绿色信贷激励机制,提高银行业金融机构开展绿色信贷的积极性。比如对绿色信贷项目给予贷款贴息、税收减免、拨备计提、不良核销等方面的激励措施(上海银监局绿色信贷研究课题组,2016),

---

① 无名:《交通银行 2016 年度股东大会资料》,同花顺财经,2017 年 6 月 13 日,http://news.10jqka.com.cn/20170613/c10952717.shtml,2018 年 11 月 18 日。

设立环保项目融资风险补偿专项基金等（舒利敏和杨琳，2015），降低银行业金融机构开展绿色信贷的风险，提高积极性。

三是加强信息共享机制建设，解决绿色信贷实施过程中的信息不对称问题。由于绿色信贷涉及发改委、环保等多个政府职能部门，信息渠道来源多、较分散，沟通协调难度大，难以获取专业性信息（上海银监局绿色信贷研究课题组，2016），因此容易造成信息不对称，包括银行业金融机构和政府环境保护政策当局之间信息的不对称，也包括环境保护信息的结构不对称，如环境违法违规信息较多，而环境守法合规行为较少；致使银行业金融机构面临误判的风险以及绿色信贷发放之后的跟踪和监督管理难题。因此，有必要建立全国统一的绿色信贷信息共享平台，建立全面、准确、及时的企业环保信息数据库，实现多部门、多主体之间的信息共享，为我国绿色信贷监督管理部门、银行业金融机构等绿色信贷实施主体提供可靠的信息数据支撑（纪霞，2016；上海银监局绿色信贷研究课题组，2016）。

四是建立银行业绿色信贷行业标准，推动银行业发展绿色信贷。借鉴国际经验，建立银行业绿色信贷行业标准，完善绿色信贷统计制度，建立银行绿色评级制度，对银行业金融机构绿色信贷进行考核评价，实时把握绿色信贷实施的成效，促进商业银行加大绿色信贷力度，加大对绿色、低碳、循环经济的支持力度（雷英杰，2016；上海银监局绿色信贷研究课题组，2016）。

4. 政府绿色采购制度

相较于绿色税收制度、排污权交易制度、绿色信贷制度，我国绿色采购制度的形成和建立相对较晚，但发展则相对较迅速（见表6-3），尤其随着我国国民经济实力的不断提升，政府财力也不断增强，各级政府纷纷通过建立绿色采购制度更好地服务于我国生态文明建设。

自2002年6月29日，九届全国人大常委会二十八次会议分别通过《中华人民共和国政府采购法》（2014年8月修订）和《中华人民共和国清洁生产促进法》（2012年2月修订），为我国政府通过采购活动更好地服务于环境保护政策目标提供了重要依据以来，我国已经出台了10个国家层面的相关政策、法律法规文件，同时，财政部和国家发改委还定期发布《节能产品政府采购清单》，财政部与环境保护部还定期发布《环境标志产品政府采购清单》，北京、天津、广东、山东、青岛等省市也出台了相关的地方性法规，从立法、管理机构、采购范围、程序、标准和方式等方面对政府采购进行了规定（侯方淼等，2017）。无论是人大所通过的"政府采购法"，还是国务院所通过的"政府采购实施细则"，均将实现"环境目标"作为开展"政府采购"活动的重要目标，反映了绿色采购已经贯穿于我国各级政府的"采购活动"中。

表 6 - 3 中国绿色采购相关政策一览

发布时间	机构及政策名称	基本内容
2002 年 6 月 29 日	第九届全国人大常委会第二十八次会议《政府采购法》（2014 年 8 月修订）	明确指出，"政府采购应当有助于实现国家的经济和社会发展政策目标，包括保护环境……"，这成为我国政府通过采购活动更好地服务于环境保护政策目标的重要依据
2002 年 6 月 29 日	第九届全国人大常委会第二十八次会议《清洁生产促进法》（2012 年 2 月修订）	明确要求"各级人民政府应当优先采购节能、节水、废物再生利用等有利于环境与资源保护的产品""新建、改建和扩建项目……优先采用资源利用率高以及污染物产生量少的清洁生产技术、工艺和设备""产品和包装物的设计，应当考虑其在生命周期中对人类健康和环境的影响，优先选择无毒、无害、易于降解或者便于回收利用的方案"
2004 年 1 月	国务院办公厅《关于开展资源节约活动的通知》	"政府机构要在资源节约活动中发挥表率作用……，深化政府采购制度改革，降低费用支出，带头节约资源"，要求"各级财政要支持资源节约和资源综合利用，将节能、节水设备（产品）纳入政府采购目录"
2004 年 12 月 17 日	财政部、国家发改委《节能产品政府采购实施意见》	明确提出"各级国家机关、事业单位和团体组织用财政性资金进行采购的，应当优先采购节能产品，逐步淘汰低能效产品"等政策主张，并公布了"节能产品政府采购清单"。标志着我国在构建可持续消费模式方面取得了重大政策突破，自此，政府绿色采购活动有了实施细则
2005 年 12 月 3 日	国务院《关于落实科学发展观加强环境保护的决定》	提出"在消费环节，要大力倡导环境友好的消费方式，实行环境标识、环境认证和政府绿色采购制度"，并"建立健全有利于环境保护的价格、税收、信贷、贸易、土地和政府采购等政策体系"

续表

发布时间	机构及政策名称	基本内容
2006年10月24日	财政部、环保总局《关于环境标志产品政府采购实施的意见》	要求"各级国家机关、事业单位和团体组织（以下统称采购人）用财政性资金进行采购的，要优先采购环境标志产品，不得采购危害环境及人体健康的产品"。由此，我国政府正式将环境准则纳入采购模式
2008年8月29日	第十一届全国人大常委会第四次会议审议《循环经济促进法》	对我国发展循环经济的基本管理制度、减量化、再利用和资源化、激励措施以及相关的法律责任进行了系统规范，明确提出国家要"实行有利于循环经济发展的政府采购政策""……优先采购节能、节水、节材和有利于保护环境的产品及再生品"
2014年12月31日	国务院第七十五次常务会议《中华人民共和国政府采购实施条例》	明确提出"国务院财政部门应当根据国家的经济和社会发展政策，会同国务院有关部门制定政府采购政策，通过制定采购需求标准、预留采购份额、价格评审优惠、优先采购等措施，实现节约能源、保护环境、扶持不发达地区和少数民族地区、促进中小企业发展等目标"
2016年2月17日	国家发改委、中宣部等《关于促进绿色消费的指导意见》	完善绿色采购制度。严格执行政府对节能环保产品的优先采购和强制采购制度，扩大政府绿色采购范围，健全标准体系和执行机制，提高政府绿色采购规模
2016年12月7日	国务院办公厅《关于建立统一的绿色产品标准、认证、标识体系的意见》	提出"落实对绿色产品研发生产、运输配送、消费采购等环节的财税金融支持政策……支持绿色金融、绿色制造、绿色消费，加强绿色产品重要标准研制，建立绿色产品标准推广和认证采信机制，支持绿色金融、绿色制造、绿色消费、绿色采购等政策实施……研究推行政府绿色采购制度，扩大政府采购规模。鼓励商品交易市场扩大绿色产品交易、集团采购商扩大绿色产品采购"

上述不断完善的政府绿色采购制度体系，有力地推进了我国政府采购的"绿色化"，最大限度地发挥了我国政府采购对节能环保事业的推动作用和效果。中国政府采购网所披露的数据显示，2016年，全国政府采购规模为25731.4亿元，其中，绿色采购规模达到2704亿元，占比达到10.51%，而且呈现逐年增加的发展趋势（张亦楠等，2016）；

其中，节能产品采购规模达到 1344 亿元，占绿色采购规模的比例为 49.70%；环保产品采购规模为 1360 亿元，占绿色采购规模的比例为 50.30%。而且 2017 年，我国绿色采购的范围进一步扩大，新增了 9 种优先采购的节能环保产品，包括以太网交换机、摩托车、投影仪等，全国强制和优先采购节能产品规模达到 1733 亿元，全国优先采购环保产品规模为 1711.3 亿元，占同类产品采购规模的比例均超过九成。而且有研究表明"无论在短期还是长期，加大政府绿色采购投入能在一定程度上促进企业的绿色技术创新（绿色产品创新、绿色工艺创新等）"（侯方淼等，2017）。

尽管我国政府采购在制度设计和实践推进方面取得了较好的成绩，但依然面临一定的问题或难题，需要进一步解决或应对。

第一，政府绿色采购的立法体系有待完善（王璐宁，2010；田婧和张忠利，2014；张亦楠等，2016；傅京燕等，2017；王京歌和邹雄，2017；韩琳，2018）。一是尚未出台专门的政府绿色采购相关的法律。政府绿色采购相关的要求等还只是分散出现在《政府采购法》《政府采购法实施条例》等法规文件或者关于绿色采购的实施意见和采购清单、地方性法规和政策中，尚未对政府绿色采购的概念、绿色采购行为、主体范围、采购标准、法律责任等做出明确的规定，法律效力和执行力都很弱（王璐宁，2010；田婧和张忠利，2014；王京歌和邹雄，2017），对政府绿色采购的推动和规范作用十分有限。二是缺乏可操作性强的具体的实施办法。《政府采购法》只是原则性地要求政府采购要有助于实现保护环境的目标，但没有明确如何在政府采购中有效保护环境，既缺乏明确的法律规定，也没有规定实施的具体措施（傅京燕等，2017）；《政府采购法实施条例》虽然给出了具体措施，但是操作性不强（韩琳，2018），尤其没有对政府绿色采购作出具体的可操作性规定，没有明确规定政府绿色采购各主体的责任义务、实施步骤、采购计划、技术规范等，难以促进政府绿色采购的发展（王璐宁，2010；张亦楠等，2016）。

第二，我国政府采购制度设计没有解决采购目标和环境保护目标的矛盾问题（王璐宁，2010）。对于绿色采购而言，做好环境保护、实现节能降耗是重要的目标导向，但是，对于政府采购而言，以更低的投入获取更多的产品或服务是基本的目标导向，而由于将外部环境成本内部化了、社会需求还较小等，在性能、技术、服务等指标同等的条件下，环保产品的价格一般要高于普通产品（展刘洋等，2010），不仅不符合政府采购追求"低开支、高收入"目标的基本原则，而且会挫伤政府实施绿色采购的积极性（田婧和张忠利，2014）。

第三，我国政府采购的参与主体相对较为狭窄。根据我国相关法律规定，我国参与政府绿色采购的主体以政府机构、事业单位等为主，各级财力雄厚的国有企业则不在该范围之内，在很大程度上限制了绿色采购的覆盖面。采购资金也仅限于使用财政性资金进行的采购，而把政府部门利用民间资本进行的采购、大型公共工程项目的采购等都排除在外，进一步限制了绿色采购实施的范围，不利于发挥绿色采购的辐射作用（傅京燕等，2017）。

第四，我国绿色采购制度设计缺乏对采购人权利和义务的规范。在政府绿色采购制度规范下，作为采购人的政府部门除了充分享受购买权利之外，更应该承担通过采购行为推进环境管理、实施环境保护的义务。但是，如前所述，现有法规没有明确规定政府绿色采购各主体的责任义务，在缺乏对采购人权利约束或监督的情况下，给予裁量是否为绿色产品的权利可能导致寻租问题的产生。同时，政府采购人员大多数节能环保意识薄弱，不了解绿色产品、环境标志产品清单，不懂产品全生命周期的环境影响和节能环保要求等（田婧和张忠利，2014；韩琳，2018）。

第五，我国政府绿色采购对象的认证体系有待完善。根据《财政部、国家环保总局关于环境标志产品政府采购实施的意见》的规定，目前我国绿色采购法律制度采用的是颁布绿色清单的方式。这种方式方便采购机构直接从清单中选择所需的产品（王璐宁，2010），但也存在不足。首先，绿色产品的认证标准不统一。中国质量认证中心以强制性的产品国家标准为认证标准，中标认证中心以其自身颁布的环保产品标准为认证标准（付京燕等，2017），尚未形成统一的绿色产品认证标准，这给立法界定政府绿色采购合同的客体带来了困难，增加了绿色产品生产企业进行产品认证和清单申报的工作负担和经济成本（王璐宁，2010；田婧和张忠利，2014）。其次，列入清单的产品很有限。2018

年，我国公布的《节能产品政府采购清单》（第二十四期）只列出了20类节能产品和6类节水产品，都较2010年有所减少；《环境标志产品政府采购清单》（第二十二期）列举了37类环境标志产品，较2010年增加了13类，但涵盖的产品、服务和工程仍十分有限，还有很多节能环保性好的产品［如新能源产品（王金秀和腾赋骋，2017）、再生利用产品（王京歌和邹雄，2017）］未被纳入清单（王璐宁，2010；韩琳，2018）；而且部分与政府采购密切相关、数量大、环境影响大的产品尚未被纳入清单，既不能满足政府全面开展绿色采购的需要，也难以在供应商中形成充分的竞争，不能达到质高价低的采购效果（王璐宁，2010）；很多技术新的绿色产品难以及时被列入清单，既影响绿色产品采购，也难以推动我国绿色产品的技术创新（张亦楠等，2016）。再次，政府公布的节能产品和环境标志产品，仅说明产品的来源和规格，而未公布能耗、化学物含量、循环材料含量以及可回收利用性等（傅京燕等，2017），不利于采购者筛选比较，不能起到促进生产者持续改进和充分竞争的作用。最后，清单随实际情况的变化不断更新，增加了政府绿色采购法律制度的不稳定性，降低其立法和执法效力（王璐宁，2010）。

第六，我国绿色采购过程中的监督管理制度有待进一步的完善。一方面，《政府采购法实施条例》等法律没有对政府绿色采购的监督主体、监督考核指标、考核期限以及考核结果等做出专门的规定，导致监督工作无法有效开展（王璐宁，2010；田婧和张忠利，2014；王京歌和邹雄，2017）。另一方面，政府绿色采购存在招标过程不规范、不公正等问题，缺乏采购信息披露机制，缺少第三方核查机构、公众等对政府绿色采购的监督，使政府绿色采购的执行不到位、不规范（傅京燕等，2017）。同时，当前，我国对政府采购的监督更多的是对采购部门的采购过程的规范性进行考察，而对供应商到底提供的产品是不是绿色产品以及绿色产品的品位等较少监督。

为了推进我国绿色采购制度进一步完善，针对上述问题，学者们提出了很多相关建议，主要集中在以下六个方面。

第一，完善我国政府绿色采购法律制度。借鉴加拿大颁布实施的《环境责任采购法案》等，在《政府采购法》及其《实施条例》的框架下，制定《绿色产品政府采购实施办法》（王璐宁，2010；韩琳，2018），或者出台《政府绿色采购法》（王璐宁，2010；张亦楠等，2016；王京歌和邹雄，2017），强制推行或鼓励实行政府绿色采购，准确定义政府绿色采购行为，限定政府绿色采购的执行主体，明确采购人践行政府绿色采购的责任，规范采购程序，比如明确优先采购、优惠性采购、强制采购等政府绿色采购的特殊方式和程序，政府绿色采购合同成立、生效、变更、中止、终止的特殊要求等（王璐宁，2010），制定供应商选择、产品选择、产品包装、产品运输、产品循环利用等环节的具体要求（王京歌和邹雄，2017；韩琳，2018），设定产品的有毒有害物质含量、能源消耗指数、废弃物排放量、可回收利用性等标准（傅京燕等，2017）；从而建立层次分明、互为补充的政府绿色采购法律政策体系（张亦楠等，2016）。

第二，持续扩大绿色采购主体范围。在纳入政府机关、事业单位等主体的基础上，可以探索在国有企业等推进绿色采购进程，充分发挥绿色采购对我国环境保护的积极作用。

第三，建立完善的绿色采购监督管理体系。具体包括健全政府绿色采购的法律监督机制（王璐宁，2010），或者出台《政府绿色采购监督考核管理办法》（张亦楠等，2016），明晰具体的监督程序，切实保障监督机制顺利进行（王京歌和邹雄，2017）；设置监督、审计部门，不仅监督各政府部门的绿色采购行为是否规范，而且评估政府绿色采购的执行情况（韩琳，2018）；调动社会监督的力量，实现政府与社会的双重监管（王璐宁，2010；傅京燕等，2017；王京歌和邹雄，2017）；建立政府绿色采购的绩效考核制度，采用以价格、节能、环保为导向的绩效评价机制（韩琳，2018）；依托财政部建立的全国信息化考察和监督系统——"全国政府采购信息统计管理系统"，增加政府绿色采购信息的填报（王璐宁，2010），并对外公开。

第四，不断扩充政府绿色采购范围。制定政府绿色采购产品标准，为采购人提供标准而非某些特定的产品品牌和型号（王金秀和腾赋骋，2017；王京歌和邹雄，2017；张亦楠等，2017；韩琳，2018）；建立完善的绿色产品认证制度，提高认证的规范性、科学性和精细化，不断扩大认证范围（傅京燕等，2017；王金秀和腾赋骋，2017；王京歌和邹雄，2017），在"环境标志产品清单""节能产品清单"的基础上，增加"节水产品清单""有机产品清单""低碳产品清单"等绿色产品，将一些重大公共工程项目纳入政府采购中，并且加强国际合作与交流，建立与西方国家产品标准的互认机制（傅京燕等，2017；王京歌和邹雄，2017；张亦楠等，2017）。

第五，搭建政府绿色采购信息共享平台。提供绿色采购资格申请认证、达标企业通知发布、违规企业信息公示、绩效核算评价指标、产品环境信息披露、政策法规及产品标准咨询、绿色宣传培训以及技术交流等多项服务（傅京燕等，2017），提供相关标的物的认证信息，保证政府绿色采购法制的透明度（王璐宁，2010；王京歌和邹雄，2017）。

第六，完善政府采购评标体系。即在政府采购的招标中，不仅要考虑进入清单的产品是否满足强制采购或优先采购的要求，而且要考虑入围产品的节能环保性能（王璐宁，2010），并采取措施优选节能环保产品，如对节能环保等绿色产品实行"双加分"政策（韩琳，2018）。

三 加强运用自愿型环境规制

由于传统的命令—控制型环境规制常常被指为入侵性或无效率，而自由主义方式又常依赖于没有交易成本的谈判，但这对于环境问题是罕见的。因此，需要一个介于政府规制和自由主义方式之间的"中庸之道"。自愿型环境规制的自觉行动计划就是"中庸之道"之一，受到很多国家的追捧。

（一）自愿型环境规制激励分析以及政策含义

1. 自愿行动计划概况

政府主导制定的标准等常常被描述为缺乏效率的和对行业不友好的，因为制定这些标准的人比较官僚，缺乏对相关技术和生产过程的认知，而且有的只是向其委托人（或选民）展示他们对污染者是毫不留情的倾向，因此，很多企业运营者相信，如果让企业自己制定相关标准的话，他们可以以更低的成本取得同样好的环境绩效（Prakash，1999）。因此，很多欧美国家纷纷启动自愿行动计划来作为传统环境规制的重要补充，如自 1990 年以来，美国环保署建立了 30 多个自愿行动计划项目，欧盟制订的自愿行动计划更是多达 300 多项（Khanna，2001；Delmas and Terlaak，2001），如表 6-4 所示。

表 6-4　　　　　　　　　欧美自愿行动计划示例

项目名称	起止时间	合作者	目标
责任关怀项目	1985	加拿大化学制造者协会	要求协会成员改进环境、安全和健康绩效
责任分销项目	1986	加拿大化学分销协会	将"责任关怀项目"的很多实践规范和所有原则应用于化学分销业
化学仓储标准及审计协议	1991	加拿大农作物保护研究所	不仅选择包括"责任关怀项目"自身，而且还为其成员开发了一个更有针对性的项目
今日环境伙伴关系战略	1989	美国石油研究所	包括任务陈述以及一套与"责任关怀项目"相似的指导原则
可持续森林管理标准	1992	加拿大森林产品协会	要求全国森林区的管理应用此套标准
加拿大国家包装协议	1990	加拿大工业和环境委员会	要求包装物的生产者和使用者将包装废弃物，在 1988 年水平的基础上，到 1992 年减少 25%，到 2000 年减少 50%
加拿大有毒物加速减少/消除项目	1992	联邦政府，303 家企业	号召加拿大工业到 2000 年将 14 种有毒化学物质的排放量减少 90%，将 86 种有毒物质的排放量减少 50%
自愿挑战与登记项目	1995	气候变化公约	到 2000 年将温室气体的排放量稳定在 1990 年的水平上。邀请企事业单位自觉制订温室气体排放减少行动计划，出版年报，向公众发布各个参与者实现承诺和取得的成就等方面的信息
绿灯项目	1991	美国环保署和企事业单位	优化企事业单位照明系统的能源效率。参与者要统一调查其所有设施，并且在不影响利益和照明质量的情况下更新 90% 建筑面积的设施，并且要选择内部收益率不小于 20% 的方式；环保署提供技术和信息服务。直到 1998 年，2500 个参与者节约了能源 47 亿千瓦时，每年节省 34.1 千万美元

续表

项目名称	起止时间	合作者	目标
EPA 33/50 项目	1992—1995	美国环保署和1300家企业	减少17种优先考虑的有毒化学物质的总体排放量，以1988年为基准，到1992年减少33%，到1995年减少50%。到1995年实现了该目标
EPA 能源之星项目	1993	美国环保署和办公设备制造商	降低办公设备的能耗。要求参与者承诺制造满足特定绩效标准的节能产品
EPA 的 WasteWise 项目	1994	美国环保署和来自77个行业部门的926家公司	减少城市固体废物，如办公纸张、瓦楞纸箱、庭院垃圾、包装垃圾。要求参与者自行建立固体废物减少目标，包括废弃物预防、循环回收和利用或制造再生产品。1994年，有370家公司加入该项目
美国环保署与森林—造纸协会协议	1994	美国环保署，美国森林—造纸协会，2家造纸厂	同意限制污泥和土壤中的二噁因和呋喃浓度，明确排出污泥的管理程序，并确定定期检测和报告计划
EPA 的 XL 项目	1995	美国环保署和10家企业	给环境绩效优于现状标准要求的企业放松环境规制管制
英国亚耳河和考尔德废物最小化项目	1992	英国立法机构，科技开发中心，长征咨询集团和11家企业	同意实施废弃物减少措施。主要是关注液态废物。具体包括明确供给、技术和科学间的错位，展示系统减排手段的好处，开发程序和清洁技术
法国废旧汽车处理协议	1993	产业环境部，2家汽车制造商，12家汽车进口商，8家贸易协会	到2002年，进行填埋处理的汽车废弃物只占汽车总重量的15%以下（最多200千克），而且长远来看将其减少为5%。从2002年起，90%的废弃物要被回收、再使用或再生利用
化学业实施环境政策的荷兰协议	1993	荷兰的三个部以及水控制董事会、荷兰化学协会等以及103家企业	从2000年到2010年实现《国家环境政策规划》提出的目标，包括61项量化减排目标

续表

项目名称	起止	合作者	目标
德国全球气候变暖预防协议	1995—1996	产业部，环境部，19个产业和贸易协会	总体目标是到 2005 年将 CO_2 的排放量比 1990 年减少 20%；而且将其分解到每个协会的目标

资料来源：Delmas and Terlaak，2001。

2. 自愿行动计划类型

归纳起来，可以将这些自愿行动计划分为三类，即公共自愿行动计划、双边自愿行动计划和单边自愿行动计划（Labatt and Maclaren，1998；Alberini and Sergerson，2002）。

第一，公共自愿行动计划。公共自愿行动计划一般是由政府的环境主管部门建立的，邀请企业自愿参与其中来满足特定环境绩效或清洁技术标准的项目。这些项目的参与是基于签署非招标协议，其效果是通过自我报告来监督。美国的绿灯（Green Lights）、"33/50 项目"、气候挑战计划（the Climate Challenge Program）等就是有名的公共自愿行动计划，这些计划都会为参与者提供公众认识、技术援助和信息补助。这些计划的实施标志着后规制时代（post‐regulatory era）的开端。

"33/50 项目"是美国环保署在美国 1986 年颁布的《应急计划和社区知情权法案》的要求下，于 1991 年启动的一个自愿行动计划，要求制造、处理或使用有毒化学物质的制造业企业自愿从源头减少 17 种优先考虑的有毒化学物质的总体排放量，到 1992 年减少 33%，到 1995 年减少 50%；但环保署没有强制要求企业参与此项目，也没有计划通过立法来强制要求参与，对于企业来说，参与此项目的唯一回报是公众认知（Ransom and Lober，1999），而且此计划的参与者能自行决定减排量、减排方式以及减排时间表。结果 16% 的符合条件的企业参与了这项计划（转引自 Khanna，2001），而且规定的有毒化学物质的减排量于 1994 年即超过 50%，提前一年完成既定目标（Ransom and Lober，1999）。绿灯计划是美国环保署建立的一个旨在减少温室气体排放的自愿行动计划；该计划的参与者同意详细调查其设施，并进行照明升级改造，这种改造不仅要提高照明质量，而且要节约成本从而带来至少

20%的回报；该项目吸引了大量企业的参与，致使参与者以7%的年增长率增加，到1995年达到1700家（转引自Khanna，2001）。气候挑战计划是美国能源部于1994年发起的、旨在减少工业温室气体排放的一个自愿行动计划，该计划要求电力企业加入并减少温室气体的排放，电力企业可以自行确定是加入投资可更新能源技术和造林等行动倡议，还是基于自行制定的目标开发自己的温室气体减排项目，但需要将行动计划提交给所在地方政府和美国环保署；另一方面，规制者为企业提供技术援助和财务支持，并宣传先进企业（Delmas and Terlaak，2001）；结果到1996年，供给美国60%电力的电力企业承诺加入该项目（转引自Khanna，2001）。

欧盟一些国家利用自愿行动计划来通过提升能源效率而减少温室气体排放（Storey et al.，1999），而且欧盟的自愿行动计划为参与者提供更多的直接的减轻规制的优惠。如丹麦减少CO_2排放的自愿行动计划，允许企业选择自愿承诺用事先确定的CO_2减排投资来换取一个较低的CO_2排放税率；匈牙利的造纸业自愿行动计划，给那些制定确定的环境绩效改善时间表的企业提供守法延期机会和财政支持（转引自Khanna，2001）。

如欧洲1993年制定的环境管理与审计标准（Environmental Management and Audit Standards）等即是在为各区域企业提供这样的机会，其组成和要求与ISO14001相似，最大的不同在于早期的EMAS版本只适用于工厂水平，而ISO14001则适用于服务机构、企业或组织水平，2001年修订后的EMAS才适用于整个组织。此外，EMAS要求组织制定清晰的环境承诺，更严格地要求企业降低环境负荷，而且要求组织更多地对外公布环境信息，从而强化企业的透明性（Morrow and Rondinelli，2002），还要求内部系统守法和绩效审计以及至少三年一次的外部审查。因此，EMAS的主要目的是改善企业等组织的环境绩效，而ISO14001的主要目的是改善管理。

而ISO14000标准体系、责任关怀等则为全球企业提供了参与制定既有效率又易执行的统一的环境标准的机会。英国于20世纪90年代初期制定的英国标准7750、加拿大标准协会制定的CAAZ750-94，这些自愿行动计划项目的环境保护目标涉猎广泛，包括碳减排、有毒废弃物管理、一般废弃物管理、水质量管理等。

　　第二，双边自愿行动计划。双边自愿行动计划是政府与企业之间通过谈判而达成的关于减排的目标和计划。美国环保署分别于 1994 年和 1995 年启动的"共识计划"（the Common Sense Initiative）和"XL 项目"就属于双边自愿行动计划。在这些自愿行动计划中，政府为了让企业超过当时的环境标准要求减排污染，并且综合整合不同介质的污染减排，对环境规制有所放松。"XL 项目"是为了给企业个体提供依据各自的实际情况开发污染控制策略的灵活性；对于那些表示能够用成本最优的方式或在公众参与和支持下达到当时环境标准要求的企业（工厂），政府免除一定的行政和法制要求。而且，"XL 项目"是美国唯一的一个具有法律约束力的自愿行动计划。然而，虽然基于各个企业（工厂）的规制具有激励企业提高效率和进行创新的潜力，但是，由于项目开发、评价标准的确立以及频繁的监测和汇报等给企业带来高昂的交易成本（转引自 Khanna，2001），因此，该项目的参与率不高，在到 2000 年的 5 年中只有 15 家企业（工厂）实施了该项目（Khanna，2001）。

　　在欧盟，双边自愿行动计划使用得比较广泛，当然在不同国家其实施有所不同，但多数都是不具有法律约束的，除了荷兰的"契约"之外。荷兰的"契约"是环保厅和行业进行谈判之后达成的协议，确定了量化的行业减排污染的目标，然后与愿意加入这个"契约"的企业签署合同（运营执照）。行业减排污染的目标是由国会确定，而减排的方法和时间表是通过与行业商议来决定的，参与企业必须与环保厅合作制订详细的减排规划，包括明确减排目标、措施、实施时序以及成本有效性等；同时，政府承诺，如果这个自愿行动计划能够达到污染减排目标，将避免引入新的立法，如环境标准或环境税等，而且，政府会监测参与企业并让企业各自承担法律责任，如果发现企业有违法排污的话，将通过提高运营执照的要求来惩罚企业（Khanna，2001）。比较而言，在德国的双边自愿行动计划在制定减排目标时，允许更多的讨价还价，而且行业是作为一个整体承担计划实施的法律责任，如果没有完成协议规定的减排目标，所有企业将受到制裁，这就会导致"搭便车"问题（转引自 Khanna，2001）。

第三，单边自愿行动计划。单边自愿行动计划，也被称为自我规制（self-regulation），是由行业主导开发和推广的自愿行动计划，其中政府很少或完全没有参与。这种自愿行动计划的参与者常常通过采用一套指导原则，或实践规范来承诺实施行业自行规定的环境管理，这些原则或规范的形成、监测和执行都是由行业协会来完成的。由加拿大化学制造者协会发起的"责任关怀项目"就属于典型的单边自愿行动计划。

"责任关怀项目"发起于1985年，由六个方面的管理实践规范（准则）以及一系列指导原则组成。这六个方面分别是：①社区意识和应急响应；②研究与开发；③制造；④运输；⑤分销；⑥有害废弃物管理。遵守这些方法的规范是成为加拿大化学制造者协会会员的条件之一，即使是会员企业，一旦违反了某个方面的规范，就会取消其会员资格，也就是说，建立了由第三方监督审查的退出机制。同时，加拿大化学制造者协会每年出一份报告，反映协会成员在减排《加拿大环境保护法》规定的污染物、限制使用由一个国家自愿挑战计划确定的物质等方面的进展，还报道协会成员在处理其他环境问题（如保护水质、应对雾霾、臭氧减少和气候变化等）方面的努力。"责任关怀项目"发起后，受到其他许多国家的认可，美国等的化学制造者协会也纷纷采用该项目，目前已有50多个国家采用了该项目。正是在此背景下，2006年于迪拜举行的由联合国主导的化学管理国际会议上，发起了"责任关怀项目全球宪章"，进一步明确了"责任关怀项目"的全球性行为。受到"责任关怀项目"的影响，很多类似的自愿行动计划相继问世，并发挥作用（见表6-4）。

企业的自我审计，由于是采取一种解决问题的态度，因此能为企业提供许多降低成本的机会，这与政府规制是完全不同的。政府规制者（或监管者）是不允许对企业的环境项目等给予正面的口头或书面反馈的（Prakash，1999）。像美国环保署那样，对于自我审计的企业有政策保证，对于在自我审计中确定的违规，只要企业主动努力进行整改，环保署就既不按规定对其进行罚款，也不对其经理提起诉讼。但这还远远不够，因此，Prakash（1999）建议，环保署和司法部应进一步修订政策，应给予取得ISO14001认证企业的环境审计律师—当事人保密特权（attorney-client privileges），并提高放松监管水平。

3. 自愿行动计划评价

欧盟委员会明确指出，自愿行动计划至少有四方面的优势。第一，它能鼓励生产行业以积极合作的方式参与环境保护，能减少规制者与行业之间的冲突，使规制者能够以比传统的命令—控制型规制更友好的和更经济的方式来保护环境（Labatt and Maclaren，1998；Delmas and Terlaak，2001）。第二，它让企业能够根据自身实际情况采取成本最小的环保措施，更灵活、更自由（Baggott，1986；Glachant，1994，转引自 Labatt and Maclaren，1998；Arora and Cason，1996；Alberini and Sergerson，2002）。这种灵活性主要来源于三个方面：一是根据特定行业的需要量身定制；二是其修订等不需要烦琐的法律许可；三是其基于绩效的标准给参与企业留下了灵活决策的空间（Labatt and Maclaren，1998）；这可能让参与自愿行动计划的企业借此发展新的环境能力，能够向消费者交流其环境友好行为，从而获得竞争优势。第三，能减少谈判和实施滞后的时间，从而能更快地达到环保目标（Commision of the European Communities，1996，转引自 Segerson and Miceli，1998；Khanna and Damon，1999；Alberini and Sergerson，2002），能够以更经济的方式来保护环境，因为能够减少制定成本（Baggott，1986）和执行成本（Arora and Cason，1996；Labatt and Maclaren，1998）。第四，可能取得更好的环境保护效果；如从1991—1993年，美国"33/50项目"的参与者有毒化学物质的排放量减少了41%，而同期，非参与者的排放量只减少了18%（Khanna and Damon，1999）；1992—1994年，加拿大的有毒化学物质的排放量减少了约50%，这一成绩的取得在很大程度上不得不归功于其"责任关怀项目"的实施（Moffet and Bregha，1996，转引自 Labatt and Maclaren，1998）。因此，Arora 和 Cason（1996）指出，自愿行动计划有潜力成为实现环境保护目标的有效手段，Gunningham（1995）、Rees（1997）坚持认为，即使在没有明确的制裁措施阻止参与者的投机行为的情况下，行业自我规制仍然能够有效运转，形成并控制参与企业的行为。

同时，自愿行动计划也受到一些质疑，主要是怀疑这种不具有强制性、不具有法律执行性的手段是否能真正起到保护环境的作用。Scholtz（1984）、Grief（1997，转引自 King and Lenox，2000）甚至断言，只有配套使用明确的制裁措施来阻止参与成员的投机行为时,行业的自我规制才能起作用,因为,个体企业的投机行为会造成"逆向选择"(企业的参与是为了掩饰它们的不良绩效)和"道德灾难"(在没有明确要求和监督的情况下,企业的参与只是做做样子,而实际上不真正付出努力),会摧毁行业的合作行为(Hardin,1968),致使自愿行动计划只是成为企业逃避外部监督和压力的"障眼法",而且,King 和 Lenox(2000)实证结果表明的确存在这样的问题,即参与"责任关怀项目"并没有促进企业改善其环境操作绩效。Segerson 和 Miceli(1998)的理论模型分析表明,自愿行动计划是否能带来污染减排水平取决于三个条件:第一,规制者与企业的谈判能力的对比;第二,未来强制性规制威胁的大小;第三,资金的社会成本。

首先,如果规制者拥有绝对的谈判主动权的话,自愿行动计划达成的污染减排水平可能是最优的水平,在这种情况下,企业自愿减排的污染水平就可能超过环境立法要求的水平,即"超标守法",并且这种可能性会随着未来强制性规制威胁的增强而增大。相反,如果未来强制性规制威胁较弱的话,虽然自愿行动计划协议还是能够达成,但在这种情况下,虽然自愿行动计划可能带来社会净福利,但污染减排水平可能较低,不仅低于最优水平,而且可能远低于未来强制性规制规定的水平,这时,依赖自愿行动计划就意味着环境质量水平的降低;在这种情况下,如果资金的社会成本较低的话,政府可以通过提供补贴来引导企业参与自愿行动计划,既可以提高整体社会福利,也可以提高污染减排水平。

其次,如果企业拥有绝对的谈判主动权的话,自愿行动计划达成的污染减排水平可能总是不及最优水平。同样地,在没有补贴的情况下,污染减排水平也会低于强制性规制的要求;但是,在资金的社会成本较低的情况下,如果政府提供补贴支持自愿行动计划,则可能提高协商的减排水平。也就是说,实际上在企业拥有绝对的谈判主动权的情况下,企业也有可能同意与规制者拥有绝对谈判主动权时相同的减排水平,只是他们可能根据未来规制威胁的强度和资金的社会成本并利用其谈判主动权来要求降低污染减排水平。

最后,在缺少政府基金支持的情况下,自愿行动计划项目作为环境政策工具之一是否具有长久生命力,取决于参与自愿行动计划项目的企业能否从中获得经济效益（Khanna and Damon, 1999）。

另外,还有学者（Muldoon, 1994; Glachant, 1994,转引自 Labatt and Maclaren, 1998）指出自愿行动计划缺乏公众参与,即没有将多样化的利益相关者纳入其中,这会导致行业选举或规制俘虏问题,因为行业有权力根据自身的需要设计环境政策,而忽视环保组织或其他利益相关者的需要。

（二）中国政府运用自愿型环境规制调控措施

我国政府积极运用公共自愿行动计划、双边自愿行动计划以及单边自愿行动计划等国际通行做法,推进工业企业开展环境保护活动,实现自愿环境规制。

1. 公共自愿行动计划的运用

2014年12月22日,商务部、环境保护部、工业和信息化部三部委联合发布《企业绿色采购指南（试行）》,着力推进我国"资源节约型和环境友好型社会建设",全面引导和促进企业"积极履行环境保护责任",推动企业"建立绿色供应链",最终实现我国经济社会的"绿色、低碳和循环发展"。《企业绿色采购指南（试行）》对推动企业开展绿色采购的"采购原则""采购原材料、产品与服务""选择供应商"以及"政府引导与行业规范"做了全面阐述,倡议企业的采购活动应当遵循三个方面的原则,即"经济效益和环境效益兼顾"原则、"打造绿色供应链"原则以及"企业主动与政府引导相结合"原则,鼓励企业在采购活动中,树立和推广"绿色低碳理念",充分考虑和践行"环境保护、资源节约、安全健康、循环低碳和回收利用",优先采购和使用"节能、节水、节材等有利于环境保护的原材料、产品和服务",大力支持企业打造绿色供应链,主动承担"环境保护等社会责任",自愿实施和强化"绿色采购",实时将环境保护和资源节约的理念贯穿于从"产品设计到原材料采购、生产、运输、储存、销售、使用和报废"的全过程。2015年6月2日,国家质检总局和国家标准化管理委员会联合正式批准发布了《社会责任指南（GB/T 36000—2015）》《社会责任报告编写指南（GB/T 36001—2015）》和《社会责任绩效分类指引（GB/T 36002—2015）》三项社会责任国家标准,其中,《社会责任指南》为包括企业在内的所有组织有效开展社会责任实践提供了指导，将环境作为社会责任的七大核心主题之一，鼓励企业做好"污染预防"，践行"资源可持续利用"，积极"减缓并适应气候变化"，投身"环境保护、生物多样性和自然栖息地恢复"等。其中，鼓励企业自愿实施"污染预防"，包括自愿"识别决策和活动同周边环境的关系和影响""识别与活动有关的污染来源和废弃物来源""测量、记录并报告重要的污染来源及污染、耗水、废弃物和能耗的减少情况""系统识别并避免使用法律法规明令禁止的化学品""实施环境事故预防与准备方案并制订应急计划"等。这都是由政府的相关部门建立的，邀请企业自愿参与其中来满足特定环境绩效或清洁技术标准的项目。

2. 双边自愿行动计划的运用

由于我国目前的环境管理还以政府主导为主，因此，由政府和企业通过谈判达成双边自愿协议。2003年4月22日，在国家发改委的指导和美国能源基金会的支持下，济南钢铁集团总公司、莱芜钢铁集团有限公司与山东省经贸委签署了节能自愿协议，承诺三年内节能100万吨标准煤，比企业原定的目标多节能14.3万吨标准煤，开启了我国双边自愿行动的试点历程（王勇，2016）；试点成功后，青岛市已有15家企业与市经委签订了节能自愿协议，截至2007年，山东省已有51家企业签署节能自愿协议（王惠娜，2010）；这推动了节能自愿协议机制在中国的发展，例如2004年年底，国家发改委制订的《节能中长期专项规划》明确提出"推行节能自愿协议，即耗能用户或行业协会与政府签订节能自愿协议"[①]，作为政府推行的节能新机制之一。

自2003年开始实施的由国家环保总局主导在全国开展的"国家环境友好企业"创建活动，要求企业"自觉实施清洁生产，采用先进的清洁生产工艺""企业资源继续削减污染物排放量"，即要求企业在污染物排放全面达标的基础上，与所在省级环保部门签订协议，自愿继续

---

① 国家发改委：《节能中长期专项规划》，百度百科，2004年11月25日，https://baike.baidu.com/item/%E8%8A%82%E8%83%BD%E4%B8%AD%E9%95%BF%E6%9C%9F%E4%B8%93%E9%A1%B9%E8%A7%84%E5%88%92/10394640，2019-1-6。

减少污染物的排放量①；截至2005年年底，全国已有32家环境友好企业②。2001—2006年在全球环境基金（GEF）的资助下，中国农业部、联合国开发计划署和联合国工业发展组织在中国共同组织实施的"中国乡镇企业节能与温室气体减排项目"，率先在乡镇企业中引入了节能自愿协议机制，在制砖、水泥、炼焦和铸造这4个行业中推广节能和温室气体减排技术和机制；其间，8家示范企业、118家推广企业完成了节能减排技术改造，而且通过开放参观、培训交流和咨询服务等方式，影响了其他400多家企业（滕军力，2006；周炫和喻小林，2007）。2005年6月6日，由国家发改委、联合国开发计划署（UNDP）、全球环境基金（GEF）共同组织的"中国终端能效项目"（EUEEP）正式启动，在钢铁、水泥、化工三个行业各选择至少2家企业签订自愿协议，开展节能自愿协议的示范试点。

2006年4月7日，国家发改委等联合发布《关于印发千家企业节能行动实施方案的通知》，启动千家企业节能行动，其中明确指出"要积极推行节能自愿协议等节能新机制"，而且《节能自愿协议技术通则（GB/T 26757—2011）》国家标准于2011年7月发布，明确了节能资源协议签订的基本程序、技术要求、文本要件等。2007年，南京市来自石化、钢铁、电力、水泥、机械五个行业，综合能耗总量占全市总量的72%以上的扬子石化公司等10大耗能企业与代表市政府的节能部门签订了"节能自愿协议"，承诺在欧盟的技术支持下，节能降耗，政府则提供相关优惠政策；2009年11月21日，中国移动与工信部签订节能自愿协议，承诺到2012年年底实现单位业务量耗电比2008年下降20%，节约用电118亿度；2010年，在江西省工信委的组织下，九江市共青城开放开发区管委会与鸭鸭集团、启维光伏签订节能自愿协议；2011年，淄博市鲁中水泥、华联矿业、瑞阳制药等22家企业分别与市经信委签订节能自愿协议，承诺通过优化提升工艺水平，加大节能改造

---

① 国家环境保护总局：《关于开展创建国家环境友好企业活动的通知》，百度文库，2018年9月15日，https://wenku.baidu.com/view/69d3af4fb6360b4c2e3f5727a5e9856a56122627.html，2019-1-6。

② 国务院办公厅：《创建"国家环境友好企业"》，中国政府门户网站，2006年4月22日，http://www.gov.cn/node_11140/2006-04/22/content_260871.htm，2018-1-6。

力度，实现节约用煤，使淄博市签订节能自愿协议的企业达到 73 家（王勇，2016）。另外，2010 年，由广州市经贸委牵头，全面启动"千家企业清洁生产行动"，有 100 家万吨标准煤能耗企业以及 1200 家万吨以下标准煤能耗企业（占全市规模以上工业企业的 1/6，占工业企业能耗的 80% 以上，占全市总能耗的 45% 以上）参与其中（魏旭和邓敏贞，2014）。

2007 年，欧盟"中国城市环境管理自愿协议试点"项目（二期），作为欧盟"亚洲生态环境援助计划"的一部分启动，项目的总目标是通过采用自愿协议式的环境管理方法，实现企业的年节能减排目标（王勇，2016）。协议规定，在今后 3 年内，来自南京、西安、克拉玛依三个试点城市的 14 家钢铁、石化、化工、建材等行业企业需要自觉减少污染物排放，提高能源利用率。2008 年，新疆油田公司、克拉玛依石化公司、独山子石化公司三家企业加入该试点项目，承诺以每年 2%—3% 的速度自觉减少污染物排放，并把能源利用率提高 2%—3%[①]。

这些自愿行动计划的实施，给政府和企业都带来了明显的好处。一方面，政府通过协议减少了企业的抵触和对抗，赢得了其信任与合作，兵不血刃地取得了节能减排的成绩。如最早实施自愿计划的济南钢铁集团总公司、莱芜钢铁集团有限公司的主要节能指标都达到了自愿协议中设定的目标，共节能 22.4 万吨标准煤，减排二氧化硫 4022 吨、二氧化碳 12.4 万吨；根据滕军力（2006），参与"中国乡镇企业节能与温室气体减排项目"的 8 家示范企业和 69 家推广企业已完成技术改造，减排二氧化碳 42.16 万吨，远远超过项目设计目标；截至 2012 年年底，广州市开展清洁生产的企业累计节能量约 52.5 万吨标准煤，削减化学需氧量 2302.9 吨、二氧化硫 2522.9 吨，减少废水排放 970.2 万吨，节水 3072.9 万吨（魏旭和邓敏贞，2014）。

另一方面，企业通过参加和履行协议确定的义务，不仅获得了灵活

[①] 陈位华、阿依努尔、张宝忠等：《克拉玛依三家央企加入环境管理自愿协议试点项目》，新疆能源网，2009 年 4 月 29 日，http：//xjny.ts.cn/content/2009 - 04/29/content_3984015.htm，2019 - 1 - 6。

支配内部环保资源进行节能减排的自主权，而且还可能通过提高内部环境管理水平，促进技术革新，提高生产效率，获得竞争优势。例如，济南钢铁集团总公司、莱芜钢铁集团有限公司实现节能效益 1.22 亿元；广州市开展清洁生产的企业，虽然投入资金 27.4 亿元，但年产生经济效益 23.1 亿元（魏旭和邓敏贞，2014）。

3. 单边自愿行动计划的运用

在单边自愿行动计划的运用方面，首先是中国石油和化学工业联合会（原中国石油和化学工业协会）受到全球性的化学工业协会"责任关怀项目"推广的影响，于 2002 年与国际化学品制造商协会签署推广责任关怀合作意向书，并于 2007 年发起"责任关怀"行动，制定、发布了《责任关怀实施准则（HG/T 4184—2011）》，而且自 2005 年起，每隔一年召开一次全国性的责任关怀促进大会（王勇，2016；胡虹，2018）。截止到 2015 年 9 月，我国有 430 家石油和化工企业签署《责任关怀全球宪章》，承诺实施责任关怀，在加强化学品管理体系建设、保护人与自然环境、敦促各方达成可持续发展解决方案等方面作出努力（庞利萍，2015）；而截至 2017 年年底，这一数字就增加 570 多家（其中，40 多家为化工园区）（赵晓飞，2018）。

其他领域的单边自愿计划在全国层面还较少见，但在地方区域偶有相关报道。如 2010 年 5 月，乐清市电线电缆行业协会提出制定并实施环保电线电缆联盟标准，引导和鼓励电线电缆企业把绿色、环保、安全的理念贯穿于产品研发、生产、营销的各个环节，自 2011 年 1 月开始，已有 26 家会员企业（占乐清电线电缆企业年产值的 80%）自愿实施该标准；实施联盟标准后，26 家联盟企业的单位产值能耗量大大降低，万元产值能耗量从 2010 年的 134.65 度标准电降到 2011 年的 129.10 度标准电，同比下降 4.12%（周莹等，2015）。2011 年，荆州市环境科学学会、荆州市纺织工程学会结合所承担的欧盟自愿协议式环境管理项目任务，与荆州市纺织印染行业企业在自愿的基础上通过协商签订了自愿协议式环境管理；参加自愿协议环境管理的企业承诺严格执行国家法律法规，积极配合环保局完成各项任务；改进和采用清洁生产工艺，实现节水、节能；采用低温等离子体前处理等先进技术，实现节水、节气，减少废液排放或者达标排放；协议期内每年编制年度实施情况总结并报送荆州市环境科学学会,协议结束后编制并报送企业节能减排总结报告;荆州纺织印染循环经济工业园区内的20家纺织印染企业从实施自愿协议式环境管理后,2012年总排水量、COD排放量、蒸汽消耗量分别较2011年减少了5.47%、52.7%、3.50%,取得了较明显的节能、减排成效(王笑原等,2014)。

4. 自愿型环境规制中的问题

尽管我国在自愿型环境规制的实施方面进行了有益的探索和尝试,并且在制度建设和实践推进方面都取得了良好的效果,但是,我国自愿型环境规制激励层面还存在一定的问题或面临一定的难题。

一是自愿型环境规制相关的标准繁多,企业无所适从。不仅我国政府层面出台了一系列用于推进企业自愿型环境规制的标准,而且非政府组织、研究机构、行业协会等也出台了一系列自愿型环境规制标准,同时,还有一系列国际层面的自愿型环境规制的标准。这些标准为企业更好地开展资源型环境管理和实践工作提供了指导,但是与此同时,面临繁多的环境管理和实践标准,企业也表现出无所适从,这有可能对企业更好地自觉开展环境管理和实践工作造成负面影响。

二是缺乏对企业自愿型环境规制实施的评估和监督机制,不利于督促企业切实做好自觉环境管理和实践(王勇,2016)。对企业遵循自愿型环境规制的情况进行权威评估是更好地推进企业做好环境管理和实践的重要组成部分,但我国目前尚缺少包括政府部门、第三方机构在内的权威机构对企业执行自愿节能协议等进行监测、评估的机制,协议的透明度不够,缺乏协议执行信息的连续披露,这既不利于对企业推进自愿型环境规制落地根植起到威慑作用,也难以真正起到节约能源资源、减少污染排放的作用,不利于对自愿型环境规制的实施情况做出科学、客观地评估。

三是自愿型环境规制的针对性有待进一步提升。当前无论是政府部门发布的自愿型环境规制,还是非政府组织发布的自愿型环境规制;无论是国内的自愿型环境规制,还是国外的自愿型环境规制,往往普遍地针对所有的企业。而不同行业企业、不同规模企业、不同所有制企业实施自愿型环境规制的可能性和条件都不同,因此难以适应统一的自愿型环境规制的要求,这不利于小企业、低环境影响度企业循序渐进地参与到自觉环境管理和实践工作中来。

四是企业认识不足,实施范围有限(王勇,2016)。从上述我国自愿型节能协议等的试点类型来看,目前我国的自愿环境协议覆盖面还很有限,不仅主要是政府与企业谈判型的双边自愿行动,而且政府是协议参与的主导者,需要通过给予参与企业一定的政策优惠来吸引企业参与,来"邀请"企业参与,企业积极主动参加的较为少见(董战峰等,2010)。

5. 自愿型环境规制实施建议

在后规制时代,环境管理被视为企业组织的预期行为,而非规制要求(Silverstein,1995)。而且,这样的自愿行动项目往往对环境负荷大的企业更有触动作用,因此,有可能促进污染减排(Arora and Cason,1995)。其中关键的是,政府要建立一个与科研机构、企业合作的氛围,与产业部门、科研院校和机构以及环保组织等进行长期通力合作,不断开发针对特定环境问题的技术方案,并在相关行业企业中传播、应用这些技术方案。如前所述,自愿行动计划的合作框架可能促进企业环境创新能力的发展,但这个过程不会自动发生。如果自愿行动计划没有设立明确的而且对于企业具有挑战性的环境目标,不能激励合作研究和创新;同时,如果自愿行动计划没有切实鼓励合作的话,企业也可能难以交流隐性知识并开发出创新的环境问题解决方案(Delmas and Terlaak,2001)。因此,要通过自愿行动计划实现环境绩效与经济绩效的双赢的话,必须为自愿行动计划设置明确且具有挑战性的目标,并切实鼓励各方面的合作。同时,还应该注意到,自愿行动计划也是有成本花费或者需要付出较大代价的。这种成本或代价主要来自三个方面(Delmas and Terlaak,2001)。一是谈判和管理成本,包括自愿行动计划(主要是双边自愿行动计划)制订过程中的交涉、协商和相关文件编制的花费,有研究显示这个费用有时相当高,如美国的"XL项目"协议的制作费用高达每个公司花费51.62万美元(Blachman and Mazurek,1999)。二是"搭便车"行为引致的成本,即有些自愿行动计划的参与者,不为实现自愿行动计划目标付出努力,却能坐享其成;这一方面会让付出努力的参与者付出更多,给它们带来成本,另一方面,如果"搭便车"的参与者多的话,会造成整个自愿行动计划的失败,不仅使自愿行动计划失信,而且会造成环境保护目标不能实现,带来更高的社会成本。三是信息泄露风险成本，即在自愿行动计划制订或实施过程中，企业环境信息对公众或第三方机构、政府规制部门甚至竞争对手公开可能引致的风险成本；公众或第三方机构可能利用获得的相关信息揭露该企业的非法行为，政府规制部门可能利用获得的相关信息进行环境执法或出台更严格的环境规制，竞争对手可能利用获得的相关信息打败该企业，这些都会给企业带来大量的成本。为了尽可能地降低上述谈判和管理、"搭便车"以及信息公开带来的成本，应加强自愿行动计划的组织设计和制度环境建设（Delmas and Terlaak，2001）。

第一，加强立法规划，建立合作氛围。要充分、合理、有效地利用自愿行动计划，政府必须有长远的环境立法规划，让企业感知和感受到环境立法会越来越严格的威胁，同时，政府还要尽力提供低成本的补贴，引导并支持企业参与自愿行动计划。另外，政府需要建立起与被规制者的合作关系，营造采用自愿行动计划这样的合作方式来解决环境问题的氛围（Delmas and Terlaak，2001）。根据制度理论，自愿环境管理更适合于像日本这样的非对抗性的规制环境（政府和产业之间是合作地、互惠地相互支持），而不适合于像美国这样的对抗性的规制环境（Welch et al.，2003），因为在对抗的制度环境中，环境规制的制定者和被规制者（企业）之间是相互不信任的关系，前者常常将企业的自愿行动视为动机不纯，后者也常常难以信任规制的制定者，从而不会公开其环境信息，以免日后被他们当作把柄（Kollman and Praksh，2002）。

第二，确保自愿行动计划透明和可信的监管机制。如要求企业自己收集数据、评价环境状况并对外报告（如以环境报告书的形式），或者政府委托第三方机构（如研究所获认证机构或行业协会）负责审核、评价企业实施自愿行动计划以及完成环境目标的情况，并将评价结果对外公开，从而通过企业的各利益相关者以及社会给企业施加非正式的强制性压力（King and Lenox，2000）。

第三，建立针对不自愿企业的惩罚的制裁机制。这种惩罚措施包括诉讼、除名、披露相关信息等，同时，还包括对做出突出成绩的企业的奖励及其宣传等，都会增强企业参与自愿行动计划的积极性（Arora and Cason，1996）。Alberini 和 Sergerson（2002）也曾指出，在缺乏强有力的市场激励机制的情况下，政府部门可以建立奖励机制或惩罚机制来促进企业参与自愿行动计划。奖励机制主要是提供一定的资金补贴或分担一部分成本，降低企业参与自愿行动计划（或减排污染）的成本；惩罚机制主要是提升加强环境规制水平的威胁，让企业感受到，如果不参加自愿行动计划并自愿减排污染，更严厉环境规制的出台会造成更高的守法成本。

第四，确定合理的参与机构数。因为参与机构越多，交易成本越高。制度环境建设主要是保证规制信誉，即规制者必须明确承诺他们对自愿行动计划的管理是稳定的、合理的，还必须明确，如果自愿行动计划目标未实现的话，环境规制将更严格，以此"威胁"参与自愿行动计划的企业。如荷兰关于实施化学产业环境政策的自愿行动计划的成功就表明，环境规制承诺的可信性和稳定性是很重要的，因为它是基于产业、国家和地方规制以及环保和政治团体的广泛合作的，而且还在国家规划中确立了长期目标，这就减小了环境政策的不确定性，保证了产业企业积极参与这个自愿行动计划并且鼓励创新。

四　加强数据建设，披露企业环境信息

（一）建立公共环境数据平台

我国政府部门也需要考虑建立类似于美国的 TRI、日本的污染物排放和转移登记制度（Pollutant Release and Transfer Register，PRTR）的企业环境信息数据库，并对外公开，满足学术研究对相关数据的需求，同时也可满足公众的知情需求。

1. 中国建设公共环境数据库的实践

我国现阶段主要通过两种方式积极推动建立科学、公平的企业环境信息数据库，一是国家环保部建立的公共数据库，二是国家信息中心建立的公共数据库。

（1）环保部建立的公共数据库情况。为了满足社会公众对企业环境信息的知情需求以及国内外学术研究机构利用企业环境信息相关数据的需求，环境保护部很早就建立了数据中心，全面汇总了包括企业环境信息在内的综合性公共数据，具体包括政府信息、环境质量、污染防治、环境影响评价、环境法律法规、自然生态、科技标准、环保产业、核与辐射、污染源排放总量控制、环境监察、水专项、其他以及相关历史数据 14 个板块的信息。其中，"污染防治"板块收录了所有涉及固体废物管理、实施清洁生产审核并通过评审验收、中国进出口受控消耗臭氧层物质以及新化学物质环境管理登记证四个方面相关企业的信息；"环境影响评价"板块收录了环境影响评价机构、环境影响评价工程师和环境保护部审批环境影响评价文件的建设项目目录等内容；"核与辐射"板块收录了部颁发的辐射安全许可证名单、矿产资源开发利用辐射环境监督管理名录等内容；"环境监察"板块收录了环境专项督察环境违法问题已处理处罚和整改到位的企业信息、国家重点监控企业排污费征收信息、行政处罚决定书信息、责令改正违法行为决定书信息等内容。

（2）国家信息中心建立的公共数据库情况。为了满足社会各界对于环境保护领域的信息需求，国家信息中心中经网建立了包括环境资讯库、环保统计库、分析评论库、法律法规库、发展规划库、环保会议库以及环保十年图片数据库[①]。其中，"环境资讯库"包括政务要闻、国外资讯、生态环境、节能减排、能源资源、低碳发展、环保产业七个板块，每日更新，及时提供环保领域的相关资讯。"分析评论库"包括生态环境、节能减排、能源资源、低碳发展、环保产业五个板块，全面展示环保领域的重大热点分析和评论文章。"法律法规库"全面展示了环境保护领域的法律、法规及规章、政策文件和国际公约，为社会各界提供了全面的关于环境领域相关制度的文件。"发展规划库"分为综合规划、资源利用、环境保护和循环经济四个组成部分，收录了国家层面和地方政府层面所出台的一系列的环境保护领域发展规划。"环保会议库"对全国环境保护大会、中国环境与发展国际合作委员会年会（国合会）、中国绿色发展高层论坛、气候变化国际谈判系列会议等纳入其中，为社会各界全方位呈现了环境保护领域的各类会议。"环保十年图片数据库"全面展示了我国海洋资源十年的变化情况、近岸海域水质状况的变化情况、省会城市空气质量变化情况以及人均水资源占有量状况等内容。

---

① 国家信息中心中经网：《中国环境保护数据库》，中国环境保护数据库官方网站，http://hbk.cei.gov.cn/aspx/default.aspx，2019 – 1 – 8。

2. 加强公共环境数据库建设的建议

由上述可见，无论是政府建立的公共数据库，还是非政府机构建立的公共数据库，均起到了良好的作用。第一，随着这些公共数据库的建立，为我国企业环境信息的披露建立了机制，搭建了平台；第二，这些公共数据库有利于促进我国工业企业更好地做好环境管理和实践工作；第三，相关环境数据库平台的建立也为生态环境保护领域的研究工作提供了良好的数据资料来源，为关于生态环境的学术研究提供了强有力的数据支撑，更好地促进学术研究的发展；第四，相关环境数据平台的建立也为政府部门制定政策提供了数据支撑，从而有利于政策当局的科学决策。

尽管如此，我国公共环境数据库的建立依然存在进一步发展的需要。一是数据库内容的开放性不足。尽管我国政府公共数据库的信息是公开展示的，但是许多单位自身开发的关于企业环境绩效的信息却不是完全开放，这不利于数据库平台相关数据的拓展。二是数据库之间的兼容性不够。不仅政府和其他单位环境数据库之间的兼容性没有解决，而且政府内部或其他单位之间的相关数据也没有完全打通，不利于整合数据资源，形成更加庞大的环境数据平台。三是数据库信息的深度挖掘有待进一步提升。当前有些企业或事件的信息不甚丰富，数据库关于企业环境信息的数据信息需要进一步扩展。四是相关企业或事件信息的标准化有待提升。不仅不同数据库之间，而且即使同一数据库内部，相同词条或指标的数据展示标准也有所不同，不仅不利于大批量相关数据的处理，而且也不利于相关数据资料的科学比较。

为了推进我国公共环境数据库的进一步完善，针对我国环境信息数据库所存在的问题，笔者提出如下几个方面的意见或建议。第一，采取多种措施提升相关数据库的开放性。对于公共数据库，可以循序渐进提升数据库的开放性，不断向社会公众披露相关企业的环境绩效信息；对于其他单位数据库，政府部门可以通过补贴、政府购买等多种形式，循序渐进鼓励早日开放相关环境绩效信息。第二，推进不同数据库之间积极交流。基于共享的原则，打通不同数据库之间的通道，实现环境绩效信息的统一整合。第三，提升不同数据库的信息容量。在已有数据资源的基础上，不断提升相关企业环境绩效的指标数量，从而推进相关数据库内容更加丰富化。第四，加强数据库设计。尽量标准化处理相关指标或信息，从而更好地服务于环境绩效需求人员开展相关的研究、比较、政策制定等工作。

(二) 实时公开企业环境信息

1. 政府公开企业环境信息的必要性

通过向社会公众公开企业和产品的环境信息，能够让居民了解环境友好的企业信息，从而让他们做出知情的选择，这些信息可以通过将消费者、员工与企业联系起来的产品、资金和劳动力市场来传播，也可以通过社区或居民团体压力反馈给企业（Tietenberg，1998；Khanna and Anton，2002a）。很多国家甚至一些发展中国家（如印度尼西亚、菲律宾、墨西哥、印度等）的环保部门已经建立了环境信息公开或环境标志制度和计划，作为环境规制体系的重要组成部分，而且可以弥补传统环境规制的一些不足（World Bank，1999）。

美国环保署公布的有毒物质排放清单（Toxic Release Inventory，TRI），是美国国会于1986年通过的《应急规划和社区知情权法案》(Emergency Planning and Community Right to Know) 要求强制执行的，要求年制造或处理320种有毒化学物质25000磅或使用10000磅的企业每年提交TRI报告，提供关于相关化学物质的排放、处理信息，并且将年排放量居于前10位的企业（工厂）以及对有毒污染场地的责任公司、有毒废弃物相关的检查、执法和罚款等历史资料都公之于众。这样，TRI提供"……一个基础信息工具来鼓励基于社区的环境决策……并强烈激励企业去寻找适宜他们自己的方式来预防污染"（转引自Ransom and Lober，1999）。结果这些被公布的企业（工厂）的环境绩效比那些未被公布的企业（工厂）改善得更快。这表明政府进行的企业环境信息公开能促进企业环境绩效的改善（Arora and Cason，1995；Anton et al.，2004），而且企业的环境绩效信息必须广泛地公之于众，才能引起社会力量形成对企业组织的直接监督（Bansal，2002），也促进企业在环境绩效改善方面的竞争，并达到真正减少污染排放的目的（Arora and Cason，1995）。

加拿大的不列颠哥伦比亚环保局自1990年开始，向公众公布违反环境法规或者环境绩效差的企业清单（Foulon et al.，2002），包括企业名称、地点、问题（如开采污水、纸浆污水、锯木排放等，尤其是显著地超许可证排放)、被列入进来的理由以及被列入进来的次数。英国环保厅也于1990年建立了化学物质排放清单,提供大企业特定化学物质年排放量的信息。印度尼西亚环保厅于1995年建立了污染控制、评价和评级项目,对印度尼西亚水污染者进行评级并公布其环境绩效(World Bank, 1999)。

如前所述,已有很多研究表明,环境信息公开战略或制度具有促进企业改善环境绩效且实现"超守法"的作用,是一种有用、有效且成本较低的环境管理手段和工具。同时,环境信息公开也是重要的培育市场消费者、投资者以及企业竞争者环保要求的重要手段和措施;因为正如本书分析已表明的那样,提高消费者、投资者或企业竞争者的环保意识和要求可能是促进企业实施环境管理并取得良好环境管理绩效的更有效的手段。但也有研究(Foulon et al., 2002)明确指出:"环境信息公开虽然很有用,但不能取代传统的环境规制手段。"因此,有必要将环境信息公开作为传统环境规制手段的重要补充,将其纳入环境管理,以便充分利用不同利益相关者的压力促进企业改善其环境绩效,达到保护环境的目的。各国的实践也表明,环境信息公开是提高一个国家环境治理能力,充分动员政府、法院、企业、媒体、环保组织和公民等各界各司其职,共同推动污染减排,改善环境质量的有效工具(王灿发和林燕梅,2014)。

2. 政府公开企业环境信息的实践

我国政府高度重视企业环境信息的公开工作。2007年,国务院出台了《政府信息公开条例》(自2008年5月1日起实施),正式在法律上确立了我国政府公开相关信息的制度,同时,国家环保总局出台了《环境信息公开办法(试行)》,《办法》明确要求"环保部门应当遵循公正、公平、便民、客观的原则,及时、准确地公开政府环境信息",政府环境信息"是指环保部门在履行环境保护职责中制作或者获取的,以一定形式记录、保存的信息",其中包括"污染物排放超过国家或者地方排放标准,或者污染物排放总量超过地方人民政府核定的排放总量控制指标的污染严重的企业名单"。

2013年7月16日,环境保护部印发了《关于加强污染源环境监管信息公开工作的通知》(环发〔2013〕74号)和《污染源环境监管信息公开目录》（第一批）[①]，要求各级环保部门按照"谁获取谁公开、谁制作谁公开"的原则，及时、主动公开污染源环境监管信息，包括重点污染源基本信息、污染源监测、总量控制、污染防治、排污收费、环境监察等信息。同年7月31日，环境保护部又印发了《国家重点监控企业污染源监督性监测及信息公开办法（试行）》，要求各级环保部门及时公开污染源监督性监测信息，包括污染源监督性监测结果（监测指标名称、监测指标浓度、排放标准限值、按监测指标评价结果）、未开展污染源监督性监测的原因、国家重点监控企业监督性监测年度报告。

2014年新修订的《环境保护法》第一次以法律的形式规定了各级人民政府环境保护主管部门和其他负有环境保护监督管理职责的部门公开环境信息的义务，即"应当依法公开环境信息、完善公众参与程序，为公民、法人和其他组织参与和监督环境保护提供便利"，并明确了各级政府部门公开环境信息的内容，国务院环境保护主管部门应"统一发布国家环境质量、重点污染源监测信息及其他重大环境信息"，省级以上人民政府环境保护主管部门应"定期发布环境状况公报"，县级以上人民政府环境保护主管部门和其他负有环境保护监督管理职责的部门应当"依法公开环境质量、环境监测、突发环境事件以及环境行政许可、行政处罚、排污费的征收和使用情况等信息"，应当"将企业事业单位和其他生产经营者的环境违法信息记入社会诚信档案，及时向社会公布违法者名单"，但没有规定政府部门不履行公开义务的法律责任。

2016年1月，为了贯彻落实《环境保护法》的要求，加强对国家重点监控企业"主要污染物排放监督"，督促国家重点监控"企业达标排放"，国家环境保护部颁发了《关于定期公布主要污染物排放指标的国家重点监控企业名单的通知》（以下简称《通知》）[②]，建立起了定期

[①] 环境保护部：《关于加强污染源环境监管信息公开工作的通知》（环发〔2013〕74号），安庆市政府网，2016年11月3日，http：//aqxxgk. anqing. gov. cn/show. php？id＝476980，2018－1－8。

[②] 环境保护部：《关于定期公布主要污染物排放超标的国家重点监控企业名单的通知》，荆州市环境保护局官方网站，2016年1月28日，http：//www. jzhbj. gov. cn/news_ show. aspx？id＝13783，2017－5－1。

公开制度。按照《通知》的要求，环境保护部在每个季度结束 10 个工作日内，通过中央媒体、环境保护部门户网站等，对社会发布主要污染物排放超标的国家重点监控企业名单，见表 6-5。

表 6-5　　2016 年第四季度排放严重超标的国家重点监控企业名单及处理处置情况

序号	省份	企业名称	处理结果	目前整改情况	上榜季度
1	河北省	辛集市水处理中心	警告	正在整改	1、2、4
2	陕西省	山西中阳钢铁冶炼有限公司	处罚 15 万元	正在整改	3、4
3		石楼县污水处理厂	处罚 3.85 万元	正在整改	4
4	内蒙古自治区	黄河工贸集团千里山煤焦化	按日计罚 490 万元	2016 年 12 月 4 日达标	2、4
5		赤峰富龙热电厂有限责任公司	按日计罚 34 万元	正在整改	2、4
6		突泉鑫光热力有限公司	处罚 60 万元	2016 年 12 月 31 日达标	1、2、4
7		锡林浩特市新绿原污水处理厂	按日计罚 31.6 万元	2016 年 12 月 28 日达标	2、3、4
8	辽宁省	中石油天然气股份大连石化	按日计罚 80 万元	正在整改	1、2、4
9		鞍钢集团矿业公司齐大山分公司动力工区电厂	停产整治，按日计罚 255 万元，罚款 30 万元	1 号锅炉改造已基本完成，2 号改造 2017 年 3 月完成，3 号采暖期过后开始改造	1、2、3、4
10		鞍山盛盟煤气化有限公司	限产，罚 10 万元	正在整改	1、2、4
11		抚顺长顺电力有限公司	按日计罚 920 万元	正在整改	1、2、4
12		本溪泛亚环保热电有限公司	处罚 10 万元	正在整改	4
13		丹东五兴化纤纺织（集团）	处罚 10 万元	正在整改	4
14		满堂污水处理厂	限期治理	正在整改	4

续表

序号	省份	企业名称	处理结果	目前整改情况	上榜季度
15	吉林省	延吉市集中供热有限责任公司	处罚10万元	正在整改	1、4
16	黑龙江省	黑龙江岁宝热电有限公司	处罚61万元	2017年1月12日达标	4
17		中煤龙化哈尔滨煤化工有限公司	处罚90万元	1、2号锅炉污防设施建成，其余2017年9月底完成	1、2、3、4
18		鸡西矿业（集团）矸石热电厂	按日计罚260万元	脱硝设施建设完成	四个季度
19	浙江省	富阳新盈嘉水务有限公司	停产，罚200万元	正在整改	4
20	河南省	孟州南庄镇桑坡皮毛集团	罚1650.07万元	正在整改	4
21	湖北省	武汉金凤凰纸业有限公司	限期治理	正在整改	4
22	海南省	海南新台胜实业有限公司	限期治理	2017年1月2日达标	4
23		海南金海浆纸业有限公司	处罚15万元	正在整改	4
24	贵州省	贵州黔桂天能焦化	限期，罚24万元	脱硝设施建设完成	四个季度
25		凯里市凯荣玻璃有限公司	停产整治	2016年12月27日达标	3、4
26	青海省	青海盐湖海纳化工有限公司	处罚10万元	正在整改	4
27	宁夏	宁夏电投银川热电有限公司	按日计罚140万元	正在整改	4
28		平罗县供热公司	限期治理	正在整改	1、4
29		神华宁夏煤业集团煤炭化学工业分公司烯烃公司	限期治理，处罚110万元	正在整改	4
30		西吉县污水处理厂	限期治理	正在整改	3、4
31		海原县污水处理厂	限期治理	正在整改	4

续表

序号	省份	企业名称	处理结果	目前整改情况	上榜季度
32	新疆	乌鲁木齐河东威立雅水务	警告	正在整改	3、4

资料来源：环境保护部：《关于2016年第四季度主要污染物排放严重超标的国家重点监控企业名单的公告》，环境保护部官网，2017年3月7日，http://www.zhb.gov.cn/gkml/hbb/bgg/201704/t20170401_ 409194.htm，2017-05-01。

可见，我国促进政府公开企业环境信息的立法已在不断完善，而且法律层次逐步提高（贾利佳和钟卫红，2018），我国这些法律要求也在实践中逐渐落实。但根据王灿发和林燕梅（2014）、贾利佳和钟卫红（2018）等的分析和总结，我国政府环境信息公开（尤其对企业环境信息的公开）仍然存在主体范围狭窄（主要是环境保护部门）、缺乏有效的责任追究机制和公众监督责任落实机制、缺乏统一常态化的环境信息公开平台、非常态化、信息公开不足、覆盖不完全、质量欠佳、各地发展不平衡等方面的问题。另外，环境信息公开的实时性、全面性（包括正面信息）和标准化也有待加强。

3. 政府公开企业环境信息的对策

为了进一步提升我国政府公开企业环境信息的及时性、全面性和科学性，很多学者（王灿发和林燕梅，2014；贾利佳和钟卫红，2018；郑丽琳和李旭辉，2018）提出了很好的建议，主要集中在以下三个方面：

第一，扩大政府环境信息公开的主体范围。针对政府环境信息公开的主体范围狭窄的问题，要在现有基础上，适当扩大环境信息公开的主体范围，进一步扩大到任何对环境负有公共责任、公开从事与环境相关工作或者提供有关环境公共服务的组织或个人，即与环境有关的任何公共机构，尤其是相关行政部分，作为环境信息的生产者，掌握着大量企业及区域环境质量的相关信息，如果不及时、系统、全面地公开这些信息的话，只会让这些信息"深藏闺中"，起不到任何督促企业防污减排的作用，造成信息资源的极大浪费（贾利佳和钟卫红，2018）。

第二，建立统一的企业环境信息公开平台。在环境信息公开的方式上，应当建立统一的环境信息公开平台，树立便民的信息公开理念，提升环境信息公开的质量。应该借鉴环保部建立的"全国城市空气质量实时发布平台"，及时、准确、真实、完整、用户体验友好地公开主要污染源企业的环境信息。尤其在公开企业环境信息方面，应借鉴日本的污染物排放和转移登记制度（PRTR）或者美国的有毒物清单制度（TRI），建立统一的网络平台，确定关切的污染物目录，要求主要排污企业定期填报列入目录的污染物质的排放和转移数据，而后，该数据向社会全面公开，将污染物排放企业置于全社会尤其周边居民的监督下（王灿发和林燕梅，2014）。根据王灿发和林燕梅（2014）的分析，目前，我们不管从法律基础还是从数据储备和技术条件来看，都已经具备实施类似PRTR/TRI制度和平台的基础和条件了。

第三，完善政府公开企业环境信息的内容。政府对企业环境信息的公开，应提供更加丰富的关于企业环境绩效的信息。不能只公开内源性信息，还要公开外源性信息（包括企业生产经营过程中产生的环评、排污、治理等信息，也包括公众及非政府环保组织公共参与状况、媒体及监察部门的监督管理状况等），不能只公开区域环境质量的汇总信息（如城市空气质量），还要公开主要污染源（企业）的监管和排放信息，将污染生产和排放企业置于公众监督下，促进企业减排（王灿发和林燕梅，2014；郑丽琳和李旭辉，2018）。根据郑丽琳和李旭辉（2018），政府需要公开的企业环境信息内容主要包括企业日常超标、违规记录的信息、特定污染源整治行动信息、强制清洁生产审核企业名单（重点企业的名单）、企业环境行为综合评价定级结果、企业环境相关的信访/投诉案件及其处理结果、针对企业的排污收费信息等。

总之，只有扩大公开企业环境形象的主体范围，建立统一的企业环境信息公开平台，完善政府公开企业环境信息的内容，系统、完整、及时、有效地向公众全面公开，使企业环境信息的来源丰富、可靠，加工过程规范，保证企业环境信息内容高质量、强时效、可获取、易使用，才能实现推动企业改善其环境管理绩效水平。

第二节　企业层面的调控措施

本书结果表明，环境规制压力、市场环境压力在直接驱动企业环境管理绩效的同时，还部分通过承担社会责任、追求经济利益起作用；企业的环境管理是否能带来较高的经济效益也受到组织结构与资源的正向调节作用；同时，履行高管承诺还没有成为促进企业环境管理绩效的有效因素；这些都表明企业自身的内在动力和组织能力是影响企业环境管理以及是否能从环境管理中获得经济效益的重要因素。因此，企业环境绩效与经济绩效的双赢还有赖于，企业自身转变观念，顺应时代潮流，将环境管理视为生存要件和发展机遇，加强环境管理。一是将环境管理纳入并贯穿到企业经营战略的各个方面，包括从产品设计到原材料采购、生产过程、产品包装、运输和销售以及回收利用的全过程，从中发现替代资源、非效率生产工艺或管理程序、过度包装等问题并予以改正，从而获得成本节约、员工忠诚度、市场信誉、新的市场机会等额外的经济利益。二是要加强环境管理部门的设置、环境审计的实施、环境教育培训的实施、社会环保活动的参与面向公众披露环境信息以及生态设计、绿色营销和绿色采购等方面。三是将环境管理贯穿到非生产领域，如办公节能、节约纸张、使用可替换笔芯的笔、不使用电器时及时关闭、尽量减少使用空调或不将温度调得太低或太高、提高工作效率减少加班等，在这些日常小事中推行环保措施，不仅可以达到节能减排的效果，还能强化员工的环境意识和对企业领导人的尊敬。要通过一系列努力，自觉制定既超过守法要求又兼顾企业利益的环境政策，以便既能抓住"易收获果实"（low-hanging fruits），又能获得环境竞争优势。

一　设立明确的环境目标

设立目标是企业组织关键战略的第一步，因为它为一切组织活动路径的确立提供依据，也为建立组织进展判别标准提供指导（Ransom and Lober，1999），还能够让人从中洞察企业行为。最常见的企业目标包括盈利目标、销售增长目标、市场份额目标和资源获得目标，其他目标如创新、顾客满意、员工生产力、员工发展等也较普遍。Etzioni（1960）

将企业组织目标定位为："企业组织要努力实现的事业的期望状态"或"企业组织作为一个集体正在实现的事业的未来状态"，Mohr（1973）认为企业目标是"为了实现组织自身或其环境的特定状态的集体意图"，Thompson（1967）将企业目标定义为"为组织计划的未了领域"（转引自 Ransom and Lober, 1999）。Ransom 和 Lober（1999）认为企业组织的目标应具有合理性（应是企业内多数人的共同目标）、可操作性（应是能够明确地与事业的实际状态进行比较的，如"将苯的排放量减少 33%"就是可操作的，而"改善环境绩效"则是不可操作的）、囊括意图和活动（应是既有努力的方向，也要有具体的措施）、兼顾外部功能和内部支持。如 3M 公司设立的目标为到 2000 年将大气、水和土壤污染排放在 1990 年的基础上减少 90%；Duke 电力的目标为到 1995 年将灰分的利用率提高到 51%；Georgia 太平洋的目标为将环境绩效纳入员工的薪酬考核中。这些目标是在分析企业自身环境影响现状、可获得先进工艺等基础上提出的，具体明确。最后，还要在企业内部广泛宣传企业制定的环境目标，并将其分解、落实到各个部门或环节，并要开展检查和审计，甚至与考核挂钩。

根据本书的调查，样本企业中有 145 家（占 86.31%）设置了具体的环境目标，而且有 59 家（占 35.12%）企业将环境目标作为年度考核的指标之一，但只有 37 家（22.02%）企业制定了年度环境目标。比如，广西柳州钢铁股份有限公司设立的环境目标为"重大环境污染事故为零、外排工业废水废气达标率 100%，工业水循环利用率≥98%、工业固体废物综合利用率≥95%。各类污染物逐年削减，实现增产减污"。[①] 同时，根据殷安杰和丁晓刚（2012），我国企业在设立环境目标方面还存在一些问题，如很多企业没有设立改进型的环境目标，没有及时更新环境目标，环境目标与质量和安全管理目标的统一协调不够，有的企业设立的环境目标难以测量等。比如，神马实业股份有限公司设立的环境目标为"杜绝重大环境责任事件，减少和控制一般环境责任事件；工作环境符合职业健康要求；废气、废水、废渣和噪声排放

---

① 广西柳州钢铁股份有限公司：《绿色柳钢》，广西柳州钢铁股份有限公司官方网站，http：//www.liuzhousteel.com/zhjgl.aspx，2019－1－20。

达到排放要求"①，就是既缺乏改进性，又没有动态更新，也难以测量，有很大的改进空间。

二 构建合理的组织结构

由于一个企业的环境管理结构，不管是有意设置的，还是无意采用的，都会影响企业对环境问题的处理态度和方式，甚至影响企业的环境战略，因此，企业的高管在决定企业环境绩效的期待水平时要意识到，如果没有在企业组织结构中明确合适的环境管理程序和责任的话，环境政策的执行会遇到很多困难（Atkinson et al.，2000）。就像 Atkinson 等所表达的一样，很难确定哪种环境管理结构最适合某个企业，但我们确信的是，不同的环境管理结构适合不同时期的不同企业组织。同时，随着企业经营多样化程度的加深，以产品为基础的部门结构可能更合适，每个部门拥有独立的环境管理部门和团队，并制定各自的环境政策。但这并不意味着排斥集中的环境管理，实际上集中的环境管理中心是很有必要的，而且能承担五个方面的任务，即设置总体环境目标和责任，确定各个部门的环境管理程度，为各个部门提供环境咨询和帮助，编制企业环境绩效报告并提升企业环境形象，促进部门间的合作和交流。

如果没有这些有利的组织设计，环境经理可选择容易实施且效果（包括经济效果和环境效果）明显的项目付诸实践，积累成功经验。这种成功经验对于说服企业管理层全面实施积极的环境管理十分重要，因为，它们提供实实在在的证据，可以说服那些反对者，奖励成功者，获得更多的项目支持，这种"得寸进尺"的方式比什么方法都有效（Cordano and Frieze，2000）。同时，环境经理还要积极、有效地宣传创新环境管理的好处（尤其是能带来的经济利益）；否则，很难将环境问题纳入企业的战略管理中（Shelton，1994），也就很难得到企业对创新环境管理的支持（Cordano and Frieze，2000）。

如前（第三章第四节）所述，设立了专业的环境管理部门的样本

---

① 神马实业股份有限公司：《2017 神马实业股份有限公司企业社会责任报告》，神马实业股份有限公司官方网站，2018 年 9 月，http://www.shenma.com/Uploads/2017baogao.pdf，2019 - 1 - 20。

企业只有 95 家（占 56.55%），中国企业在设立环境管理部门方面还有较大的发展空间。例如，神马实业股份有限公司虽然成立了"以董事长和总经理为组长的社会责任管理体系领导小组"，并在其下设立了"社会责任工作办公室"，但没有设立专门的环境管理部门，而且设立的社会责任工作办公室属于集中式的，并且在基层各部门设立社会责任管理人员，难以保障企业社会责任的履行。环境管理组织机构设置在企业管理中的缺位和不足，不利于企业环境管理职能的落实（成金华和谢雄标，2004）。因此，应该像宝钢集团那样建立相对完善的环境管理组织结构。宝钢集团不仅成立了集团层面的能源环保管理委员会，而且还构建了三层组织体系，明确了各层级的管理职能和所承担的责任。其中，集团总部能源环保管理委员会为宝钢集团公司环境管理体系的决策层，下设钢铁业绿色制造工作组、非钢业清洁生产工作组、再生资源增值利用工作组与碳减排战略和新技术研究小组；集团公司碳排放办公室、能源环保部和总部各部门和党群系统为宝钢集团公司环境管理体系的管控层，各下属单位能源环保管理部门为执行层[1]。上海电气[2]建立了由公司总裁担任主任的安全生产、环境保护委员会，产业集团和生产单位领导担任委员会成员，负责公司环境保护管理体系的运行。

三 形成有效的管理风格

有必要明确促使企业经理们通过环境行为取得可持续竞争优势的那些个人特质和管理特点（Azzone et al.，1997）。影响管理者处理环境问题能力的因素包括：对环境管理相关商机的洞察力，对环境相关立法、社会和市场要求约束和成本的洞察力（Vastag et al.，1996），在其他竞争因素的背景下管理环境相关因素的能力，整合各部门力量的能力，与其他企业发展新的合作关系的能力，与公共机构合作的能力，创造员工参与环境管理氛围的能力，与利益相关者交流企业环境政策（Azzone

---

[1] 宝钢集团：《宝钢集团有限公司 2015 年社会责任报告》，宝钢集团有限公司官方网站，http://www.baosteel.com/，2017 - 05 - 01。

[2] 上海电气：《上海电气集团股份有限公司 2015 年社会责任报告》，上海电气官方网站，2016 年 3 月 31 日，http://www.shanghai - electric.com//Lists/SocialPdf/Attachments/13/2015 年度社会责任报告.pdf，2017 - 05 - 02。

and Noci，1998）。一个将环境问题视为对他们的岗位或者企业生产活动有威胁的管理者，会试图减小环境问题可能带来的风险和损失，而不是最大化环境问题应对可能带来的利益（Kahneman and Tversky，1979），这样的经理就不可能引进创新性的污染预防式的技术，因为，在他们看来，这样的技术可能妨碍他们的正常生产活动（Sharma，2000）。这种反风险倾向对企业的环境战略以及整个行动都有很重要的影响。这种只是应对风险的方法会极大地限制企业环境绩效的改善，因为基于这种认识，企业经理不会采取创新和预防的方法来解决环境问题，而是简单"头痛医头，脚痛医脚"（Angell and Klassen，1999）。

Schwartz（1994）认为，企业经理的个性特征与以下特定的态度相关：开放性（一个人根据自我管理价值观和激励的需要采取创新性行动的积极性）和保守性（一个人根据一致性、安全和传统的价值判断保持现状的动力）、自我提升（一个人根据成就和权力的价值判断发展自己兴趣的动力）和自我超越（一个人根据行善和普世主义的价值观提升其他福利和保护自然的动力）。Egri 和 Herman（2000）的实证研究表明，在环境领域成功的领导具有较强的自我超越和开放性。这种个性特征促进经理引进各种环境创新技术，并且使战略决策更快且毫不犹豫（Sharma，2000）。拥有战略决策更快的企业，能够抓住很多重要的改善其环境绩效的机会（Russo and Fouts，1997），如能够抢先实现采取创新方法和手段带来的利益（Lieberman and Montgomery，1988），就能够更快地改善其环境绩效（Nehrt，1993）。

企业经理处理人际关系以及与之相关的促进团队合作的能力也可能会影响企业的环境绩效（Junquera and Ordiz，2002）。只有企业经理具有较好的人际交往和沟通技巧，才能促使企业与外部或内部利益相关者形成良好的互动关系，也才能促进企业环境绩效的改善（Azzone et al.，1997；Egri and Herman，2000）。这主要是因为，人际交往和沟通技巧对于促进团队合作十分重要，而团队合作能保证经理们充分利用和发挥企业组织所有成员而不只是经理们自己的才能和潜力（Junquera and Ordiz，2002），从而将环境要求转化为环境机会（Sharma，2000），进而影响企业的环境绩效（Kitazawa and Sarkis，2000）。

企业经理的领导风格也有可能影响企业的环境绩效。Junquera 和

Ordiz（2002）提议，兼具变革型领导（transformational leadership）和交易型领导（transactional leadership）风格的企业环境经理有助于其实现将环境要求转化为环境机会。变革型领导风格包括几个关键模式，即清楚地表达关于环境问题的立场、改变对环境问题的看法、使用象征性的行动显示员工参与（Portugal and Yukl，1994）；变革型领导者，一般都具有个人魅力，愿意与团队成员分享其想法，并十分尊重每一个参与者，而且能够提供明智的激励和鼓舞人心的动力；他们既利用"开放系统"模式（包括创造性地解决问题、变化和适应），又充当"经济人"角色（发挥权力和影响力，并获得需要的资源），另外，他们还承担调节者和良师益友的作用（Junquera and Ordiz，2002）。企业的环境经理应具有变革型领导风格，因为：只有这样，环境经理才能不断地与员工交流企业的环境管理成就和面临的挑战，才能使经理和员工一起分享他们的目标和观点，从而形成具体的目标（Kitazawa and Sarkis，2000）；只有这样，环境经理们才能充分调动企业员工参与环境管理，并提升环境绩效，如前所述，这对于企业环境管理的成功十分重要。

交易型领导是贺兰德（Hollander）1978年所提出的。Hollander认为领导行为乃发生在特定情境之下时，领导者和被领导者相互满足的交易过程，即领导者借由明确的任务及角色的需求来引导与激励部属完成组织目标。交易型领导充当的是协调者（通过任务分析、协调和财务控制）和监督者（通过信息管理和批判性思考）的角色，他们也是生产者（强调生产力和效率）和指导者（通过制定规划和目标），他们在财务控制、生产和效率方面的影响最大（Junquera and Ordiz，2002）。环境经理应该是"集大成者"（master managers），不仅要有变革精神，而且要平衡变革型领导和交易型领导的特点，虽然这些特点有时是冲突的；只有这样，才能有助于环境经理实现将环境要求转换为机会的目标，并改善企业的环境绩效（Junquera and Ordiz，2002）。

环境经理的开拓能力尤其是知识、技能和经验是企业环境管理成败的关键因素之一（Hostager et al.，1998）。环境经理的开拓能力取决于他们的相关知识和专业技术能力，这些知识和技术能力都应该是与企业产品和生产过程相关的（Azzone et al.，1997；Egri and Herman，2000）。只有拥有这些技术能力，环境经理才可能系统地解决问题和实施环境措施，否则，团队努力和预防性环境管理措施不会取得良好效果（Kitazawa and Sarkis，2000）。环境经理的个人开拓能力还来源于他们的管理经验，这些经验有助于经理们控制和指导各种各样的改善企业环境绩效的活动和过程（Azzone et al.，1997；Egri and Herman，2000），还有助于经理们开拓视野并认识到环境保护带来的机会，因此，有益于企业改善其环境绩效（Junquera and Ordiz，2002）。

企业经理的国际视野也可能与企业的环境管理积极性和环境绩效有关。首先，在国际市场经营的企业更有可能采取创新性的政策（Osterman，1994）；其次，在国际市场上经营或准备进入国际市场的企业会发展更先进的环境管理手段和方法，进而取得更好的环境绩效（Cascio et al.，1996）。

企业环境经理影响企业战略的能力也可能影响企业环境管理的水平和环境绩效。创新性的和先进的环境管理（如环境驱动市场和绿色产品的开发、清洁生产技术的采用、生态商业战略等）要求将环境问题整合到企业的综合战略中去（Cordano and Frieze，2000），这是企业先进环境管理不可或缺的条件之一（Banerjee，2001），只有这样，环境经理才有能力影响企业的整体决策，使之从环境管理项目中获得竞争优势（Sanderlands，1994），否则，如果只是在功能层面整合环境问题的话，多数情况下，只能有助于企业遵守环境规制要求，难以有助于企业取得竞争优势（Banerjee，2001），而且，当环境问题整合到企业的综合战略中以及环境经理具有更多的决策权时，企业组织利用环境机会的能力增强（Junquera and Ordiz，2002）。

企业经理对企业文化的认同是先进的环境管理不可或缺的特点，因为只有认同企业文化的经理才能建立起对环境问题的积极态度和管理意义（Junquera and Ordiz，2002），能激励企业去寻求将环境问题转化为机遇而不是威胁（Sharma，2000），并能鼓励企业采取创新性的环境管理，这有助于企业获得先入优势（Lieberman and Montgomery，1988）。

企业经理还要能组建合理、高效的工作团队，为各个团队安排恰当的任务和责任，这也是环境管理成功不可或缺的因素之一，因为，只有形成团队一起工作才能找到废弃物产生的原因以及可能减少污染的方法，才能加强企业的环境绩效（Gupta and Sharma，1996）。

四 培育积极的员工参与

适应个人偏好并给员工更多主动权的企业组织更有可能获得员工的忠诚和贡献,允许个体参与到改善企业可持续发展行动能帮助强化社会对企业可持续发展的看法(Bansal,2002)。企业让其成员在企业内表现他们对社会可持续性的关注,能产生攀比效应,促使那些更关注经济利益的人改变其心态,即使这些行动是由高管团队领头执行的,企业成员也能从最基层的行为中为此做出贡献,如找到更好的管理能源的方法等。Xerox 在这方面就做得比较好,结果其员工在离开办公室的时候总能关灯、关电脑、回收利用咖啡杯以及在产品设计和营销中考虑环境影响。

企业的每一个员工都有可能成为环境保护的拥护者,因此,企业管理者有必要鼓励并引导员工(特别是那些对环境问题有热情或者有技术的)在取得环境、经济绩效双赢方面发挥其作用(Andersson and Bateman,2000)。例如,星巴克与环境保护基金合作开发对环境负责任的咖啡杯,并且促进咖啡杯的重复利用,只购买有机的、荫下栽种的以及公平贸易的咖啡,通过建立健康诊所、学校和咖啡处理设施等帮助咖啡种植社区,还通过为其员工提供股票购买和年金计划使员工们获得经济保障,在西北太平洋的地方社区为公园、恐怖活动预防以及地方服务做出贡献,星巴克通过这一系列的环境友好活动取得了经济上的巨大成功,从 1971 年开设第一家店,到 2000 年其连锁店已经发展到 3500 家,营业收入达到 22 亿美元。

Shrivastava(1995a)指出,员工激励必须是先进环境管理方法的重要组成部分之一。因为一些重要技能和过程的开发有赖于员工参与机制,而且,员工直接参与环境管理项目的话,能促进企业预防问题的产生,抓住不断改善的机会,并开发不断改善的过程(Klassen and McLaughlin,1993),因此,环境管理经理必须设计并实施员工参与机制(Hart,1995;Ramus,1997;Chase et al.,1998;Kitazawa and Sarkis,2000)。

我国的武钢集团在环境管理和实践中就十分注重加强员工参与。不仅积极组织"6·5"环境日暨"绿色武钢"等宣传活动,而且还成立了武钢青年环保志愿服务队,并通过厂长访谈、"青春武钢"微信平台、环保签名活动、环保知识竞赛等多种形式,提升公司员工的环境保护素养;积极推进环境保护"十严禁"的全员培训考试,仅 2015 年就举办环境保护讲座 21 场,开展各层次培训 214 场次,[1] 有力地推进员工环境保护意识的提升、推动员工积极践行环境保护实践。中国中车[2]十分注重向员工宣传和普及低碳和环境保护理念,通过开展节能法律法规、环境保护法律法规、能源管理、应对气候变化等方面的培训,持续提升公司员工的环境保护意识;积极通过条幅、宣传手册、内部网络、微信等多种方式,组织开展形式多样的节能减排宣传教育,不断提升员工环境保护知识水平和能力素质。

五 采取污染的预防措施

有很多研究都表明,污染预防对于企业取得优异的环境绩效是十分重要的(Post and Altman,1992;Dechant and Altman,1994;Lawrence and Morell,1995),因为污染预防不仅能够改善企业的环境绩效,而且还能提高企业的生产、运营效率(Porter and van der Linde,1995;Nerht,1996;Russo and Fouts,1997)。源头减少污染,如改进产品设计、利用替代性原材料、预防泄漏、改进生产过程、循环利用废弃物、投资新生产设备等,即是重要的既能减少污染排放又能增加企业收益的"双赢"措施(Shen,1995;Thornton et al.,2003)。例如,Thornton 等(2003)调查的 14 家纸浆厂中的 8 家都投资购买了先进的氧脱木素技术,虽然该技术昂贵,但它能够减少对漂白剂氯或二氧化氯的需求,因此,既能减少对氯化物的使用,也能节省成本。

但是,由于污染预防措施(活动)要求企业实践的根本变化,因此很多学者(Ashford,1993;Dieleman and de Hoo,1993;Kemp,1993;Lober,1998)认为,污染预防措施的实施需要克服很多潜在的

---

[1] 武汉钢铁(集团)公司:《武汉钢铁股份有限公司 2015 年度社会责任报告》,武汉钢铁(集团)公司官方网站,2016 年 6 月 27 日,http://www1.wisco.com.cn/shehuizrbg/9442.jhtml,2017-05-01。

[2] 中国中车:《中国中车股份有限公司 2015 年社会责任报告》,中国中车官方网站,2016 年 6 月 30 日,http://www.crrcgc.cc/Portals/71/Uploads/Files/2016/6-30/636028986785430729.pdf,2017-05-02。

阻碍，包括观念障碍（污染预防要花费高昂代价的观念）、组织结构障碍（阻碍实施污染预防所需要的合作、创新以及环境经理责任和权力发挥的组织结构）、知识获取障碍（由于竞争以及政府或协会缺乏相关建设等而导致的新知识、技术和经验传播的困难）、技术应用障碍［新技术应用所需要花费的时间（有的甚至是需要整体生产过程的更新换代）和被经理们接受所需要的一个过程］、经济障碍（由于对环境成本和投资的认识偏差带来的决策困境，一般将环境成本视为总体管理成本，而没有与相关生产过程等联系在一起，因此，容易将环境成本视为不能带来任何效益的纯成本）（Dieleman and de Hoo，1993），以及劳动力相关的障碍、规制障碍、消费者相关的障碍、供应商相关的障碍和管理相关的障碍（Ashford，1993）。

六 实施自觉的环境管理

即使没有政府部门的要求，很多企业也自觉地进行环境管理，主要方式包括独立开发环境管理体系，加入由行业协会（非政府组织）制订的行动方案或指南，或者是取得第三方认证机构的认证，如国际标准化组织的ISO14001认证等。当然，不同的方式对于环境管理实施的要求（尤其是否有环境绩效改善的量化目标）是不同的，但总体上来看，这些环境管理方式更多关注污染控制的方法和手段，而不是污染控制的结果（Khanna，2001）。

很多企业采取了创新型的环境管理体系，展示出改善环境绩效的积极态度。这种创新型的环境管理体系也是基于自愿行动的，包括运用世界统一的环境实践标准，培训并奖励员工使之寻求预防污染的机会，进行环境审计，将全面质量管理原理应用于环境管理等（Khanna and Anton，2002a）。有的企业甚至制定了零排放和污染预防的综合环境项目，如3M公司的"3P"（Pollution Prevention Pays）项目以及道氏化学公司的WRAP（Waste Reduction Always Pays）项目（Schmidheiny，1992），都是旨在鼓励其员工进行既能预防污染又能节省开支（"双赢"）的项目。

企业自觉环境管理的最高境界是将环境管理融入企业经营战略，这已经成为我国部分工业企业的基本共识，而且有企业探索了将环境管理融入企业经营战略的方式和方法，取得了较好的实践经验。例如，武钢集团①通过将环境管理融入自身的经营战略，形成了包括绿色制造、绿色产品和绿色产业在内的绿色经营管理系统：不仅开发了全流程的节能技术，而且通过实施严格科学的能源管理，不断提升节能降耗的水平；着力为汽车、食品饮料、家电电机、电力能源、建筑土木和其他下游行业提供绿色产品，如无铅热镀锌钢板、无铅易切削钢、热镀锌高强钢（TRIP 钢、DP 钢）等；积极推进绿色物流建设、着力进行矿山复垦、创新倡导绿色金融、着力开展资源综合利用和水资源综合利用，收到了较好的成效，实现了经济效益和环境效益的双赢。同时，武钢还将面向公众的环境信息公开作为自身环境管理和实践体系的重要组成部分，不仅每月在湖北省企业自行监测信息发布平台上发布污染源监测数据，而且在每一个季度，均向社会公众公开披露自身的污染防治设施、主要污染物排放以及环境保护许可等公众关心的环境保护信息。武钢公司严格按照生态设计的理念思路，主动开展环保科研，在脱硫脱硝一体化、颗粒物控制、节水减排、钢渣利用等方面取得了突出的成绩。

宝钢集团②也通过积极推进绿色制造、着力开发绿色产品、主动打造绿色产业将环境管理工作融入企业经营战略的全过程，包括重视环境设施管理、切实推进技改项目的实施、持续致力能源结构优化、不断减少固废直接出厂、积极加强绿色技术研发等。通过这一系列的环境管理举措，宝钢集团不仅极大地降低了环境保护费用的支出，而且节能减排成效显著：2015 年，吨钢综合能耗、二氧化硫、氮氧化物、化学需氧量分别降低至 598 千克标准煤、18982 吨、42262 吨和 1057 吨；持续完善 Baohouse 体系，不断提升新型建筑集成技术，充分发挥了"绿色、智慧、可持续"的优点。由此，通过积极将环境管理融入企业的经营战略，一些企业尤其是大中型国有企业，已经实现了对传统企业管理的变革，实现了企业管理水平的优化升级；同时，实现了从源头切实最大

---

① 武汉钢铁（集团）公司：《武汉钢铁股份有限公司 2015 年度社会责任报告》，武汉钢铁（集团）公司官方网站，2016 年 6 月 27 日，http：//www1.wisco.com.cn/shehuizrbg/9442.jhtml，2017 - 05 - 01。

② 宝钢集团：《宝钢集团有限公司 2015 年社会责任报告》，宝钢集团有限公司官方网站，http：//www.baosteel.com/，2017 - 05 - 01。

限度地降低对生态环境的负面影响。同时，基于"法人负责""分层管理""分页管控"和"属地化管理"的管理原则，宝钢集团不断完善环境管理方面的组织体系和管理制度体系：持续健全环境监测体系，不断强化自身环境保护工作的专项审计。为了健全环境监测体系，下发了《关于健全环境监测工作的指导意见》，主动引导和督促公司各钢铁生产单位积极完善环境监测工作，取得了较好的效果；为了开展环保自查自纠，不断完善从公司、厂部到分厂、车间的全覆盖的自查自纠；在加强环境保护专项检查方面，积极组织环保专项检查组加强现场检查和督察，通过组织开展"回头看"的专项检查工作，有效地推进了公司相关单位整个工作的达标完成；在环境保护合规性专项审计方面，2015年，公司基本完成了对下属梅山钢铁、八一钢铁、韶关钢铁、宝钢特钢和宝钢化工五家单位的专项审计，收到了理想的效果。宝钢集团还坚持"做绿色产业链的驱动者和环境友好的最佳实践者"，认为宝钢集团公司的上游企业在为宝钢集团公司提供产品的过程中消耗了大量的资源和能源，因此，高度重视绿色采购工作，着力推进供应商体系认证，对于新供应商的引入，以供应商通过环境管理体系认证作为优先条件，有效地带动了供应商的环境责任工作。

中国一汽[①]将环境管理体系作为推动自身绿色生产的重要内容之一，已经形成包括组织体系、规章制度、检测体系、奖惩体系、培训活动和突发环境实践应急预案等方面的环境管理体系。其中，在组织体系方面，积极制订提升方案和措施，每月均会对各个单位环境保护工作的完成情况进行评价；在规章制度方面，不仅制定了《环境保护管理规定》《建设项目环境保护管理程序》等通用性的规定，而且修订形成了《工业废水排放标准》《燃煤锅炉大气污染物排放标准》等针对性非常强的规定；在检测体系方面，形成了对环境保护设施的运行状况进行常态化定期检查的制度；在奖惩体系方面，不仅下发了环境保护目标责任制考核办法，而且还同二级公司签订了环境保护目标责任书，并按月分解减排目标；在培训活动方面，紧紧围绕"污染环境，害人害己，保

---

① 中国一汽：《中国第一汽车集团公司 2015 年社会责任报告》，中国一汽官方网站，http://www.faw.com.cn/shzr.jsp? needle = 2014 – 2015，2017 – 05 – 02。

护环境，持续发展"的环境保护主题，开展《环境保护法》的专题培训工作；在突发环境实践应急预案方面，截至 2015 年，7 个生产单位均已经通过吉林省环境应急指挥中心备案。

可见，我国部分企业已经建立了较为完善的环境管理和实践体系，不断推进了企业环境管理和实践水平的提升，并取得了较好的预期效果，尤其是企业环境管理组织体系的建立，在根本上保障了企业环境管理和实践工作的常态化开展。但同时也要看到，我国企业在环境管理和实践方面也面临一定的难题或问题。比如，企业环境管理和环境实践"两张皮"的问题是一直尚未解决的难题，即企业环境管理体系的建立不能完全保障企业环境管理实践的扎实、充分推进，从而难以充分发挥企业环境管理体系的作用或效果。另外，还存在企业环境管理体系单独运作而未渗透到企业其他所有实践中去的局面，从而不能切实实现企业日常运营实践的绿色化。因此，还需要进一步提高企业决策层的认识，将环境管理和实践渗透到企业生产的全过程、全领域。

第七章　研究结论与研究展望

第一节　研究结论及意义

一　研究结论

本书以环境经济学、环境管理学、企业战略管理相关理论为指导，紧密结合相关国际研究前沿与我国党的十八大的目标要求，以既是财富的主要创造者也是污染的主要制造者的中国工业上市企业为研究对象，以探索我国工业企业环境绩效与经济绩效双赢的现状和机制为总体目标，遵循理论构建—现状评价—机制分析—对策探索的研究理路，系统构建了中国工业企业环境绩效以及环境绩效与经济绩效双赢的评价指标体系，构建了关于企业环境管理绩效的驱动机制以及企业环境绩效与经济绩效双赢机制的理论体系，调查、评价了社会转型和制度变迁时期我国工业企业环境绩效以及环境绩效与经济绩效双赢的现状，实证检验了关于企业环境管理绩效驱动机制以及企业环境绩效与经济绩效双赢机制的理论假说，在此基础上，从政府和企业两个层面探讨了实现中国企业环境绩效与经济绩效双赢的政策调控方向和措施。得到的主要结论包括：

（一）中国工业企业环境管理的现状

第一，可以从四个维度对企业的环境管理绩效进行测量，这四个维度分别为组织结构、利益相关者关系、直接环保措施和间接环保措施。

第二，我国工业企业已经开始重视环境管理，并在环境方针的制定以及能耗和排污的监测、节约能源资源和减少废弃物排放以及清洁生产和废弃物再生利用等方面做得比较好，而在环境管理部门的设置、环境审计的设施、环境教育培训的实施、社会环保活动的参与，尤其是面向公众披露环境信息以及生态设计、绿色营销和绿色采购等方面做得较差。

第三，与环境管理先进的日本企业相比，中国企业还存在很多不足，如仍有较多中国企业为了减少罚款或迫于法律压力而被动进行环境管理，较多企业未设立专业环境管理部门或负责人，企业环境信息透明度还很低，采取的环保措施主要是与生产密切相关的，还没有较多地关注非生产领域，在环境监测、记录并公开自身环境负荷方面还做得很不够。

第四，不同行业、不同规模、不同所有制、不同区域（省份）企业的环境管理绩效存在一定的差异，主要表现为制造业企业交通运输、仓储业企业、大型企业、中型企业、国有企业、西部企业的环境管理绩效总体上更优。

(二) 中国工业企业环境管理绩效的驱动机制

第一，中国工业企业的环境管理绩效主要受到环境规制压力、市场环境压力的直接驱动和间接驱动（部分通过承担社会责任、追求经济利益起作用）。

第二，中国工业企业的综合环境管理绩效存在显著的宏观区域差异，且主要表现为西部地区企业的综合环境管理绩效优于东部、中部地区企业，同时，也存在微观区位差异，即位于经济开发区的企业的环境绩效比位于其他功能区的企业好。

第三，社区公众压力虽然对履行高管承诺、承担社会责任都有显著影响，却对企业环境管理绩效没有显著影响；履行高管承诺也还没有成为促进企业环境管理绩效的有效因素。

第四，从外部压力因素对企业内部动力因素的作用关系来看，环境规制压力成为促进企业承担社会责任的因素，也部分转化为了企业追求经济利益的动力，但尚未成为促进企业履行高管承诺的因素，而市场环境压力对三个内部动力因素都起到了促进作用，表明提高消费者、投资者或企业竞争者的环保意识和要求可能是促进企业实施环境管理并取得良好环境管理绩效的更有效手段。

（三）中国工业企业环境绩效与经济绩效双赢的现状

第一，中国工业企业环境管理带来的总经济效益处于中等略偏上水平，且间接经济效益水平最高，而收入增加效益相对较低。成本节约效益以守法成本节约为主，而利税成本节约较少，收入增加效益则以销售额增加相对较多，而排污许可证转让收益十分有限，间接经济效益都较高，其中又以产品质量和企业形象提升表现得尤为突出。

第二，"双赢"企业并不太多，只占样本企业总数的1/5，而且环境单优型企业较多，说明较多企业的环境管理实践还没有为此带来经济效益。

（四）中国工业企业环境绩效与经济绩效双赢的机制

第一，企业环境管理的好坏对其带来经济效益的强度没有直接的作用，而主要受到规制压力环境、社区压力环境、组织结构与资源的正向调节作用和宏观区位条件的反向调节作用，同时还受到规制压力环境、市场压力环境和规制不确定性的直接驱动作用。

第二，企业环境管理绩效的好坏对企业是否取得环境绩效与经济绩效的双赢不仅没有直接作用，而且没有受到其他任何外部压力环境、外部区位条件以及内部组织环境的调节作用，而是受到规制压力环境和规制不确定性的直接驱动作用。

（五）中国工业企业环境绩效与经济绩效双赢的调控对策

第一，从政府层面来看，为了促进企业环境绩效与经济绩效的双赢，需要合理运用命令控制型环境规制；适当运用激励型环境规制，包括绿色税收制度、排污权交易制度、绿色信贷制度和绿色采购制度等；加强运用企业自愿型环境规制；建立公共环境数据平台，实时公开企业环境信息等。

第二，从企业层面来看，为了实现企业环境绩效与经济绩效的双赢，需要设立明确的环境目标，构建合理的组织结构，形成有效的管理风格，培育积极的员工参与，采取污染的预防措施，实施自觉的环境管理等。

二 研究意义

（一）理论意义

第一，系统、全面地梳理了国内外相关文献，并对其做了客观评价，不仅全面把握了相关领域的研究动态，而且指出了其中的不足，为进一步研究的开展奠定了基础和指明了方向。

第二，从系统回答"是什么""怎么样""为什么""会怎么样"等一系列环环相扣、层层递进的研究问题的视角出发，为系统回答"什么是环境绩效""中国工业企业的环境绩效怎么样""中国工业企业为什么实施管理实践并取得环境管理绩效""中国工业企业的环境管理给企业带来了什么？"等企业环境管理相关问题，建立了一套由理论构建—现状评价—机制分析—对策探索四大板块组成的研究理路，将围绕企业环境管理的相关研究整合、统一为一个有机整体，为企业环境管理理论体系的建立提供了一种范式，为相关领域的研究明确各自的地位和作用提供了一种参照。

第三，在环境管理绩效的驱动机制以及环境绩效与经济绩效的双赢机制分析中，不仅检验相关影响因素是否有影响，而且检验它们是如何影响和作用的。提出企业的环境管理/操作绩效是外部压力通过内部动力作用而形成的，企业环境管理带来经济效益的强度以及取得双赢的能力受到外部环境因素和内部组织环境的调节。虽然这些观点和理论假说没有得到实证分析的支持，但既考虑了各种因素之间的相互作用关系，也更接近现实世界实际，能促进对相关问题的深入分析和把握。

第四，本书严格遵循实证研究的范式，在问卷调查之前，在数据分析之前，进行了详细的指标体系和相关理论假说的构建，让数据分析"有理"可依，而不至于成为"数字"游戏；既有助于相关研究科学性的提高，也有助于国内相关研究规范的确立。

第五，本书灵活运用了归纳总结、演绎推理、比较分析等定性研究方法以及因子分析、方差分析、有序回归分析、二元 Logistic 回归分析等定量分析方法，而且十分注重数据特征对分析方法的要求，并在行文中详细交代相关分析方法的选择理由和依据，希望能为后续研究提供些许参照。

（二）实践意义

第一，本书对中国工业企业环境管理、操作绩效的调查、评价结果，能为相关决策部门提供依据，让相关政府部门在全面了解和把握我国工业企业环境管理及绩效现状的基础上，有的放矢地调整政策方向，同时本书据此提出的调控措施,也能为相关政策部门的决策提供参考。从本书调查的现状来看,需要加强引导,建立相关制度和机制,促进我国工业企业设立专业环境管理部门或负责人,增强企业环境信息透明度,将环保措施辐射、扩散至非生产领域,促进企业进行环境监测、记录以及公开环境负荷信息。更重要的是,能促进政府部门树立"以人为本+以企为本"的管理和治理观念,在制定环境相关政策和法规的时候,既考虑环境保护目标和要求,也要考虑企业的生存和可持续发展,要充分利用市场的作用,采取激励型规制手段,引导和帮助企业取得环境绩效与经济绩效的双赢。

第二,本书在第三章经过理论分析、实证检验的企业环境管理绩效评价指标体系,即由三级指标、四个维度(组织结构、利益相关者关系、直接环保措施和间接环保措施)和18个观测指标构成的中国工业企业综合环境管理绩效评价指标体系,可以为国家、地方政府甚至相关咨询企业对我国企业环境管理绩效的评价提供理论框架和基础,也为后续相关研究提供参考。环境绩效评价是把握企业环境管理行为及其效果的重要工具和手段,评价指标体系的科学性、完整性直接关系到评价结果的公正性、导向性,因此,环境绩效评价指标体系的构建及其合理性的检验至关重要。本书在这方面的探索能为后续研究提供一种可供借鉴的思路。

第三,本书对中国工业企业的环境管理绩效的驱动机制以及环境绩效与经济绩效双赢机制的分析结果,能让政府以及企业决策者不仅知其然而且知其所以然,不仅明确相关政策和决策是否发挥了应有的作用,而且明了其发挥作用的路径和传导机理,而且发现其中存在的问题和关键症结所在,既有利于已有相关政策的完善,也有利于后续政策和决策针对性的提高。根据本书分析,环境规制压力、市场环境压力不仅对企业环境管理绩效有直接的驱动作用,而且对企业的"双赢"也有直接促进作用,一方面表明我国工业企业环境管理的守法导向性和市场导向性还比较明显,另一方面表明环境规制仍是我国现阶段环境管理的主要工具和手段,需要在加强的基础上进一步完善;同时,也需要充分合理地利用各种市场激励机制,并通过宣传、教育等各种手段和途径提高消费者、投资者或企业竞争者的环保意识和要求,因为市场环境压力对企业内部动力因素都起到了促进作用，而这些内部动力因素尤其是企业承担社会责任、追求经济利益的动机还是环境规制压力推动企业实施环境管理的中介变量，作为内在动力，可能起到更根本的作用。由于中国工业企业的综合环境管理绩效存在显著的宏观区域差异，且主要表现为西部地区企业的综合环境管理绩效优于东部、中部地区企业，但是东部企业在取得环境绩效与经济绩效双赢方面显著优于西部和中部企业，因此，环境规制以及区域发展政策应该因地制宜，反映这种差异带来的不同要求，不能"一刀切"；同时，由于位于经济开发区的企业的环境绩效比位于其他功能区的企业好，因此，各个地方政府尤其是城市政府，应加强区域或城市功能区划和规划，引导企业向经济开发区集中布局。

第四，本书根据调查与分析结果和结论，并结合中国现有相关政策和措施的实际情况，借鉴国际先进经验，参考已有研究成果，为政府和企业提出的调控对策，能为政府决策和企业管理提供参考依据。尤其是本书比较系统地梳理了绿色税收制度、排污权交易制度、绿色信贷制度和绿色采购制度等激励型环境规制以及自愿型环境规制的意义和作用、我国的现状和问题，并提出了进一步改进和完善的具体措施，能为我国各级政府探索企业环境管理创新（尤其是促进企业环境绩效与经济绩效的双赢，缓和政府规制与企业利益之间的冲突）提供参考依据，这是未来环境规制的发展方向，也是实现企业环境绩效与经济绩效双赢的主要途径。

第二节　研究不足与展望

一　对研究内容的展望

（一）环境操作绩效的研究有待加强

本书试图将环境管理绩效、环境操作绩效整合为一个整体，对企业的环境绩效进行全面的评价，并检验驱动机制和"双赢"机制，但由于收集到的关于企业环境操作绩效的数据十分有限，本书只能遗憾地局限于企业环境管理绩效评价指标体系的实证检验和修正以及环境管理绩效驱动机制和"双赢"机制的分析上，而缺乏对企业环境操作绩效评价指标体系的实证检验和修正，也无法对其驱动机制及其与经济绩效关系进行深入分析。而环境操作绩效（企业在一定时期内减少的环境影响负荷）是企业环境管理的最终目标，也是衡量企业环境管理是否有效的重要依据，因此，相关评价指标体系的构建及检验十分必要，还有赖于后续研究开展相关工作。当然，这一研究和工作的顺利开展，首先依赖于相关数据的获得，一方面，要求我国国家和各级地方政府收集、整理企业的环境相关信息，并建立数据库，同时，以恰当的方式披露企业的环境信息，并为科研甚至公众提供相关咨询和信息服务等；另一方面，要求企业对自身环境影响进行监测，并对相关信息进行收集、整理和自觉披露。因此，在数据条件具备的条件下，相关研究应该拓展到企业环境操作绩效。

（二）环境管理的环境效应有待检验

如前所述，本书遵循理论构建—现状评价—机制分析—对策探索的研究理路，评价了我国工业企业的环境管理绩效的现状，分析了其驱动机制，并分析了环境管理绩效的经济效应，而同样由于数据的局限，没有检验中国工业企业环境管理绩效与操作绩效的关系。但从制定环境政策的需求角度来看，对这一关系的研究也十分重要（Labatt and Maclaren，1998；Khanna and Damon，1999）。因为，正如前面已经提到过的，企业很有可能是为了应付外界压力而进行环境管理，而实际上并没有真正改善其环境绩效，即不与其实际行为或活动挂钩（Pfeffer，1982，转引自Ransom and Lober，1999；Darnall，2003），这不利于社会环境保护目标的实现，因此，今后应重视企业环境操作绩效的相关研究。

尤其需要通过实证检验来回答以下问题：环境管理绩效好（如参与自觉行动计划项目、实施环境管理体系等）的企业是否真正地改善了其环境操作绩效（是否更多地减少了污染物的排放）？以及与之相联系的几个问题，如像ISO14001这样的自觉行动计划等在环境保护中究竟能起到多大作用？能不能真正地作为一个有效地改善企业环境操作绩效的工具，而不只是一个管理工具？（Boiral and Sala，1998）它们与传统的控制命令型环境政策和手段应该是什么关系？是互补型关系还是替代型关系？（Khanna and Damon，1999）目前进行这方面研究的最大障碍还是相关数据的缺乏，尤其是企业环境操作绩效方面的数据。

二　对研究方法的展望

(一) 数据来源有待拓展

本书分析所用的数据主要依赖通过问卷调查所获取的企业某个经理提供的自我报告量表 (self-reported measurement)，主观性较强，可能与实际情况有一定偏差，也可能难以推及整个组织 (Judge and Douglas, 1998)，同时，还可能具有潜在的共同方法变异 (common method variance) 的问题和社会期望偏差问题 (social desirability bias problems) (Andersson and Bateman, 2000; Banerjee, 2001)。因此，今后的研究应考虑利用更直接、更客观的量表 (如企业的环境投资、环境操作绩效) 来对这些理论构建进行重复检验 (Banerjee et al., 2003)。尽管如此，环境管理的测度可能总是相当不容易或不充分，因为，无论什么量表都很难反映一个企业的具有多维性的环境管理的全貌 (Banerjee et al., 2003; López-Gamero et al., 2010)，就像 Griffin 和 Mahon (1997)、Johnson 和 Greening (1999) 在他们的研究中所讨论的那样，环境管理是一个社会绩效 (social perfromance) 变量。

另外，本书利用的是回顾性的、横截面的数据把握了中国工业企业环境管理绩效和"双赢"的现状以及驱动机制，而没能以动态的视角利用纵向的时间序列数据进行相关研究，因此，难以反映相关关系的时间变化，也难以把握相关变量间的因果关系 (Judge and Douglas, 1998; Andesson and Bateman, 2000; Banerjee et al., 2003)。因此，今后的研究应考虑进行长期跟踪调查，利用动态的时间序列数据进行相关分析，以便更精确地把握中国工业企业环境绩效的动态变化和发展趋势，更准确地掌握中国工业企业环境绩效的驱动机制及其双赢的机制。

(二) 分析方法有待完善

如前所述，本书在力所能及的范围内力求研究方法的适宜、准确，但由于受到样本量不大问题的限制，没能利用具有路径分析功能，而且还能考虑测量误差的结构方程分析软件和方法。而本书所涉及的企业环境管理绩效的驱动机制以及企业环境管理绩效对环境管理带来的经济绩效应该是一个相互作用的整体，应该纳入一个整体的分析框架和模型中进行路径分析，这也是今后的研究应该努力的方向。

三 对研究对象的展望

本书的调查对象局限于上市企业，上市企业一般都是大企业，以此为对象收集数据所分析得到的结果和结论对于中小企业可能不具有普适性，而中小企业已经不仅成为我国国民经济的重要支柱，而且是我国工业污染的主要来源之一（孙恒有，2006），因此，今后有必要针对中小企业进行同样的研究。另外，研究对象选择的非随机性可能影响研究结果的普适性（Andersson and Bateman，2000），其也是今后研究需要注意的地方。

由于调查所获得的多数行业的样本企业数比较少，不足以反映不同行业企业的差异，因此，本书未将行业作为一个控制变量纳入分析中，所以，今后的研究应该考虑增加各个行业的企业的样本数并分析行业的影响，可能会发现，对于不同的行业，环境规制、积极的环境管理、企业的竞争优势和财务绩效之间的关系有显著差异。例如，Triebswetter 和 Wackerbauer（2008）的研究显示，德国水泥行业企业从环境措施中没有获得经济优势，而包装行业却从环境规制中获得了竞争优势；究其原因，可能主要是由于不同行业的企业其内部能力、外部压力、受公众的关注度、利益相关者的组成以及对待特定问题的积极程度等都有很大差异，这进一步表明，很有必要弄清不同行业背景下的不同情况（López - Gamero et al.，2010）。Rave 和 Triebswetter（2008）的研究显示，工厂年龄和设备的先进性以及环境投资与常规投资的同步性等在促进企业积极应对环境规制方面起着重要作用。因此，今后的研究应考虑这些企业自身的因素。

附录　中国企业环境行为现状及相关情况调查问卷

"中国企业环境行为现状及相关情况调查"

尊敬的负责人：

　　请原谅我们的冒昧打扰。

　　我们是华中师范大学城市与环境科学学院的老师和学生，为了研究和撰写硕士毕业论文的需要，现以上海证券交易市场中的采掘业，制造业，电力、煤气及水的生产和供应业，建筑业，交通运输、仓储业的605家企业为调查对象，开展"中国企业环境行为现状及相关情况调查"。本调查旨在全面把握我国企业的环境行为现状，分析企业环境行为的驱动因素及其对企业经济效益的影响，从而为政府政策和企业环境战略管理决策的优化提供参考依据。

　　希望您能抽出宝贵时间，完成本问卷的填写，并用已为您准备好的回信信封将问卷回寄给我们。本调查不涉及个人信息，答案也无对错之分，而且我们保证只将这些数据用于学术研究，不做任何他用，同时，我们承诺严格保管调查问卷，不在任何场合泄露任何企业信息，请您放心如实填写。

　　您的合作对于我们十分重要，非常感谢您的合作和帮助，谢谢！

　　此致

　　敬礼！

华中师范大学城市与环境科学学院　副教授　谢双玉（Tel：15327310511）

华中师范大学城市与环境科学学院　研究生　潘霖（Tel：15527707303）

2010 年 11 月 22 日

"中国企业环境行为现状及相关情况调查"问卷

请您在横线"＿＿＿"上填写相关信息，并在选项前的"□"上打"√"。

一　个人的环境态度

Q1. 关于您个人的环境态度，您同意下列说法吗？					
环保是每个公民应尽的义务	□完全不同意	□不同意	□中立	□同意	□完全同意
我十分在意周边环境的质量	□完全不同意	□不同意	□中立	□同意	□完全同意
我非常关注各种环境问题	□完全不同意	□不同意	□中立	□同意	□完全同意
我了解我国现行的环保政策与法规	□完全不同意	□不同意	□中立	□同意	□完全同意
我在平时生活中注重节能减排	□完全不同意	□不同意	□中立	□同意	□完全同意
我在工作中积极推行节能减排	□完全不同意	□不同意	□中立	□同意	□完全同意

二　贵公司实施节能减排等环保措施的情况

Q2. 贵公司取得 ISO 9001 认证的状况	□无此计划	□在商讨中	□正在申请	□刚刚取得	□5 年前取得
Q3. 贵公司取得 ISO 14001 认证的状况	□无此计划	□在商讨中	□正在申请	□刚刚取得	□5 年前取得
Q4. 贵公司制定环保方针及计划的情况	□无此计划	□在商讨中	□正在制定	□刚刚制定	□5 年前制定
Q5. 贵公司设置具体的环境目标的情况	□无此计划	□在商讨中	□已制定中长期目标	□已制定年度目标	□5 年来都根据年度目标考核

续表

Q6. 贵公司设立专门环境管理部门的情况	□无此计划	□在商讨中	□由其他部门代管	□已设立，由部门经理负责	□已设立，由总裁/总经理负责
Q7. 贵公司监测能耗与污染排放的情况	□无此计划	□在商讨中	□有监测但未统计	□监测且做出统计报表	□监测、统计并上报管理层
Q8. 贵公司实施环境审计的情况	□无此计划	□在商讨中	□部分定期内部审计	□全公司定期内部审计	□全公司定期第三方审计
Q9. 贵公司年环保投入占企业年总收入的比率为	□0.5%以下	□0.5%—1%	□1%—1.5%	□1.5%—2%	□2%以上
Q10. 贵公司环保投入主要用于（可多选）	□生产工艺的改造 □交排污费和罚款及购买排污许可证	□环境治理技术研发	□环境治理设施购置及运营 □补贴特殊工种职工、环境问题诉讼和赔偿	□环保宣传、教育、培训	□对社会环保活动的赞助 □其他环境管理支出
Q11. 贵公司开展环境教育、培训的情况	□很少开展	□依职员要求临时开展	□定期对管理人员开展	□不定期对全体职员开展	□定期对全体职员开展
Q12. 贵公司参与社会环保活动的情况	□无此计划	□在商讨中	□有时参与	□经常参与	□有计划地参与
Q13. 贵公司公开企业环境信息的情况	□无此计划	□在商讨中	□在企业内发行环境小册子	□向环保部门提交环境报告	□面向公众发行环境报告书
Q14. 贵公司实施下列节能减排措施的情况					
节约能源（如煤、电等）	□无此计划	□尚在商讨	□刚开始实施	□已部分实施	□已全面实施
节约资源（如水等）	□无此计划	□尚在商讨	□刚开始实施	□已部分实施	□已全面实施
减少污染物的排放	□无此计划	□尚在商讨	□刚开始实施	□已部分实施	□已全面实施

续表

回收与再生利用废物	□无此计划	□尚在商讨	□刚开始实施	□已部分实施	□已全面实施
实施产品的生态设计	□无此计划	□尚在商讨	□刚开始实施	□已部分实施	□已全面实施
实施绿色采购	□无此计划	□尚在商讨	□刚开始实施	□已部分实施	□已全面实施
实施清洁生产	□无此计划	□尚在商讨	□刚开始实施	□已部分实施	□已全面实施
在仓储运输中减排	□无此计划	□尚在商讨	□刚开始实施	□已部分实施	□已全面实施
实施绿色营销	□无此计划	□尚在商讨	□刚开始实施	□已部分实施	□已全面实施

三 贵公司实施节能减排等环保措施的影响因素

Q15. 关于贵公司实施节能减排等环保措施的动机,您同意下列说法吗?					
为了降低罚款、排污费等成本	□完全不同意	□不同意	□中立	□同意	□完全同意
为了降低生产成本	□完全不同意	□不同意	□中立	□同意	□完全同意
为了获得经济效益	□完全不同意	□不同意	□中立	□同意	□完全同意
为了增强企业竞争力	□完全不同意	□不同意	□中立	□同意	□完全同意
为了改善与政府的关系	□完全不同意	□不同意	□中立	□同意	□完全同意
为了满足利益相关者的要求	□完全不同意	□不同意	□中立	□同意	□完全同意
为了规避环境风险	□完全不同意	□不同意	□中立	□同意	□完全同意
为了打破绿色贸易壁垒	□完全不同意	□不同意	□中立	□同意	□完全同意
为了履行企业的社会责任	□完全不同意	□不同意	□中立	□同意	□完全同意
Q16. 关于贵公司实施节能减排等环保措施的内部环境,您同意下列说法吗?					
领导层十分重视并支持环保	□完全不同意	□不同意	□中立	□同意	□完全同意
企业员工积极参与环保	□完全不同意	□不同意	□中立	□同意	□完全同意
企业组织结构合理,工作效率高	□完全不同意	□不同意	□中立	□同意	□完全同意
管理体制灵活,有利于创新	□完全不同意	□不同意	□中立	□同意	□完全同意

续表

经济实力雄厚，能提供环保资金	□完全不同意	□不同意	□中立	□同意	□完全同意
技术水平高，创新能力强	□完全不同意	□不同意	□中立	□同意	□完全同意
培训制度健全，激励机制完善	□完全不同意	□不同意	□中立	□同意	□完全同意
设立了员工意见反映渠道	□完全不同意	□不同意	□中立	□同意	□完全同意
员工经常进行总结提升	□完全不同意	□不同意	□中立	□同意	□完全同意
容易接受新观念、新做法	□完全不同意	□不同意	□中立	□同意	□完全同意
有健全的信息收集、处理机制	□完全不同意	□不同意	□中立	□同意	□完全同意
决策制定时进行充分讨论	□完全不同意	□不同意	□中立	□同意	□完全同意
常从专家、供应商等处获取信息	□完全不同意	□不同意	□中立	□同意	□完全同意

Q17. 关于贵公司实施节能减排等环保措施的外部环境，您同意下列说法吗？

国家环保制度、法规完善	□完全不同意	□不同意	□中立	□同意	□完全同意
地方政府重视环境保护	□完全不同意	□不同意	□中立	□同意	□完全同意
地方环保部门执法公正严格	□完全不同意	□不同意	□中立	□同意	□完全同意
地方政府出台了环保优惠政策	□完全不同意	□不同意	□中立	□同意	□完全同意
近5年环境政策、法规变化较大	□完全不同意	□不同意	□中立	□同意	□完全同意
环境政策、法规的变化可以预见	□完全不同意	□不同意	□中立	□同意	□完全同意
环境政策、法规对企业要求多	□完全不同意	□不同意	□中立	□同意	□完全同意
企业股东具有很高的环保要求	□完全不同意	□不同意	□中立	□同意	□完全同意
客户、消费者环保要求高	□完全不同意	□不同意	□中立	□同意	□完全同意
竞争者都在实行节能减排	□完全不同意	□不同意	□中立	□同意	□完全同意
周边社区要求企业减少污染排放	□完全不同意	□不同意	□中立	□同意	□完全同意

四 贵公司实施节能减排等环保措施带来的效应

Q18. 贵公司近 5 年的环境绩效（注：请填写贵公司下列环境指标的年度数据。当贵公司没有某环境危害物的排放时，请填写"×"；当贵公司没有监测某环境危害物的排放量时，请填写"-"）

环境指标	2005 年	2006 年	2007 年	2008 年	2009 年
单位工业产值综合能耗（吨标准煤/万元）					
单位工业产值 SO_2 排放量（千克/万元）					
单位工业产值 COD 排放量（千克/万元）					
企业废物综合利用率（%）					

Q19. 您认为贵公司实施节能减排等环保措施带来了以下经济效益吗？

降低了原料、能源等成本	□完全不认为	□不认为	□中立	□认为	□完全认为
提高了生产效率，降低了生产成本	□完全不认为	□不认为	□中立	□认为	□完全认为
降低了排污费、罚款等守法成本	□完全不认为	□不认为	□中立	□认为	□完全认为
降低了环保投资及运营成本	□完全不认为	□不认为	□中立	□认为	□完全认为
降低了税负、利息等成本	□完全不认为	□不认为	□中立	□认为	□完全认为
获得了转让排污许可证的收益	□完全不认为	□不认为	□中立	□认为	□完全认为
增加了产品销售额	□完全不认为	□不认为	□中立	□认为	□完全认为

Q20. 您认为贵公司实施节能减排等环保措施带来了以下间接效益吗？

降低了环境违法、诉讼等风险	□完全不认为	□不认为	□中立	□认为	□完全认为
提升了产品品质和企业形象	□完全不认为	□不认为	□中立	□认为	□完全认为
提高了员工士气及忠诚度	□完全不认为	□不认为	□中立	□认为	□完全认为
提升了企业的创新能力	□完全不认为	□不认为	□中立	□认为	□完全认为
提高了顾客满意度及忠诚度	□完全不认为	□不认为	□中立	□认为	□完全认为
改善了与社区居民的关系	□完全不认为	□不认为	□中立	□认为	□完全认为
改善了与地方政府的关系	□完全不认为	□不认为	□中立	□认为	□完全认为

非常感谢您的合作！

参考文献

Abler, D. G. and Shortle, J. S., "Technology as an agricultural pollution control policy", *American Journal of Agricultural Economics*, 1995, 77 (1): 20 – 32.

Agle, B. R., Mitchell, R. K. and Sonnenfeld, J. A., "Who matters to CEOs? An investigation of stakeholder attributes and salience, corporate performance, and CEO values", *Academy of Management Journal*, 1999, 42: 507 – 529.

Ajzen, I., "The theory of planned behavior", *Organizational Behavior and Human Decision Processes*, 1991, 50: 179 – 211.

Alberini, A. and Segersen, K., "Assessing voluntary programs to improve environmental quality", *Environmental & Resource Economics*, 2002, 22: 157 – 184.

Alberti, M., Canini, L., Calabrese, A. and Rossi, D., "Evaluation of the costs and benefits of an environmental management system", *International Journal of Production Research*, 2000, 38: 4455 – 4466.

Al – Tuwaijri, S. A., Christensenb, T. E. and Hughes, K. E., "The relations among environmental disclosure, environmental performance, and economic performance: a simultaneous equations approach", *Accounting, Organizations and Society*, 2004, 29: 447 – 471.

Ammenberg, J. and Hjelm, O., "Tracking business and environmental effects of environmental management systems—a study of networking small and medium – sized enterprises using a joint environmental management system", *Business Strategy and the Environment*, 2003, 12: 163 – 174.

Andersson, L. M. and Bateman, T. S., "Individual environmental initiative: championing natural environmental issues in U. S. business organizations", *Academy of Management Journal*, 2000, 43 (4): 548 – 570.

Angell, L. C. Klassen, R. D., "Integrating environmental issues into the mainstream: an agenda for research in operations management", *Journal of Operations and Production Management*, 1999, 11 (3): 63 – 76.

Anton, W. R. Q., Deltas, G. and Khanna, M., "Incentives for environmental self – regulation and implications for environmental performance", *Journal of Environmental Economics & Management*, 2004, 48 (1): 632 – 654.

Aragón – Correa, J. A., "Strategic proactivity and firm approach to the natural environment", *Academy of Management Journal*, 1998, 41 (5): 556 – 567.

Aragón – Correa, J. A. and Sharma, S., "A contingent resource – based view of proactive corporate environmental strategy", *Academy of Management Review*, 2003, 28 (1): 71 – 88.

Arbuthnot, J. and Lingg, S., "A comparison of French and American environmental behaviors, knowledge and attitudes", *International Journal of Psychology*, 1975, 10 (4): 275 – 281.

Arora, S. and Cangopadhyay, S., "Toward a theoretical model of voluntary overcompliance", *Journal of Economic Behavior & Organization*, 1995, 28 (3): 289 – 309.

Arora, S. and Cason, T. N., "An experiment in voluntary environmental regulation: participation in EPA's 33/50 program", *Journal of Environmental Economics & Management*, 1995, 28 (3): 271 – 286.

Arora, S. and Cason, T. N., "Why do firms volunteer to exceed environmental regulation?: understanding participation in EPA's 33/50 program", *Land Economics*, 1996, 72 (4): 413 – 432.

Ashford, N. A. , "Understanding technological responses of industrial firms to environmental problems: implications for government policy", in: K. Fischer and J. Schot (eds.), *Environmental Strategies for Industry: International Perspectives on Research Needs and Policy Implications*, Washington, D. C. : Island Press, 1993: 277 – 307.

Atkinson, S. , Schaefer, A. and Viney, H. , "Organizational structure and effective environmental management", *Business Strategy & the Environment*, 2000, 9 (2): 108 – 121.

Azzone, G. and Bertelè, U. , "Exploiting green strategies for competitive advantage", *Long Range Planning*, 1994, 27 (6): 69 – 81.

Azzone, G. , Bertelè, U. and Noci, G. , "At last we are creating environmental strategies which work", *Long Range Planning*, 1997, 30 (4): 478 – 479, 562 – 571.

Azzone, G. and Noci, G. , "Seeing ecology and 'green' innovations as a source of change", *Journal of Organizational Change Management*, 1998, 11 (2): 94 – 111.

Baggott, R. , "By voluntary agreement: the politics of instrument selection", *Public Administration*, 1986, 64 (1): 51 – 67.

Von Bahr, B. , Hanssen, O. J. , Vold, M. et al. , "Experiences of environmental performance evaluation in the cement industry. Data quality of environmental performance indicators as a limiting factor for Benchmarking and Rating", *Journal of Cleaner Production*, 2003, 11 (7): 713 – 725.

Banerjee, S. B. , "Corporate environmentalism: perspectives from organizational learning", *Management Learning*, 1998, 29 (2): 147 – 164.

Banerjee, S. B. , "Managerial perceptions of corporate environmentalism: interpretations from industry and strategic implications for organizations", *Journal of Management Studies*, 2001, 38 (4): 489 – 513.

Banerjee, S. B. , Iyer, E. S. and Kashyap, R. K. , "Corporate environmentalism: antecedents and influence of industry type", *Journal of Marketing*, 2003, 67 (2): 106 – 122.

Bansal, P. and Roth, K. , "Why companies go green: a model of ecological responsiveness", *Academy of Management Journal*, 2000, 43 (4): 717 - 736.

Bansal, P., "The corporate challenges of sustainable development", *The Academy of Management Executive* (1993 - 2005), 2002, 16 (2): 122 - 131.

Bansal, P. and Hunter, T., "Strategic explanations for the early adoption of ISO 14001", *Journal of Business Ethics*, 2003, 46 (3): 289 - 299.

Barney, J. B. and Zajac, E. J., "Competitive organizational behavior: toward an organizationally - based theory of competitive advantage", *Strategic Management Journal*, 1994, 15 (S1): 5 - 9.

Baron, R. M. and Kenny, D. A., "The moderator - mediator variable distinction in social psychological research: conceptual, strategic, and statistical considerations", *Journal of Personality and Social Psychology*, 1986, 51 (6): 1173 - 1182.

Barth, M. E. and McNichols, M. F., "Estimation and market valuation of environmental liabilities relating to superfund sites", *Journal of Accounting research*, 1994, 32: 177 - 209.

Bartel, A. P. and Thomas, L. G., "Direct and indirect effects of regulations: a new look at OSHA's impact", *Journal of Law & Economics*, 1985, 28 (1): 1 - 25.

Been, V. and Gupta, F., "Coming to the nuisance or going to the barrios? A longitudinal analysis of environmental justice claims", *Ecology Law Quarterly*, 1997, 24 (1): 1 - 56.

Belkaoui, A., "The impact of the disclosure of the environmental effects of organizational behavior on the market", *Financial Management*, 1976: 26 - 31.

Berrone, P. and Gomez - Mejia, L. R., "Environmental performance and executive compensation: an integrated agency - institutional perspective", *Academy of Management Journal*, 2009, 52 (1): 103 - 126.

Berry, M. A. and Rondinelli, D. A., "Proactive corporate environmental management: a new industrial revolution", *The Academy of Management Executive, 1998, 12 (2): 38 – 50.

Bewley, K. and Li, Y., "Disclosure of environmental information by Canadian manufacturing companies: a voluntary disclosure perspective", Advances in Environmental Accounting & Management, 2000, 1: 201 – 226.

Blacconiere, W. and Northcut, D., "Environmental information and market reactions of environmental legislation", Journal of Accounting, Auditing and Finance, 1997, 12: 149 – 178.

Blackman, A. and Bannister, G. J., "Community pressure and clean technology in the informal sector: an econometric analysis of the adoption of propane by traditional Mexican brickmakers", Journal of Environmental Economics & Management, 1998, 35 (1): 1 – 21.

Boiral, O. and Sala, J. M., "Environmental management: should industry adopt ISO 14001?", Business Horizons, 1998, 41 (1): 57 – 64.

Bourgeois, L. J., "On the measurement of organizational slack", Academy of Management Review, 1981, 6 (1): 29 – 39.

Bowen, F. E., Cousins, P. D. et al., "The role of supply management capabilities in green supply", Production and Operations Management, 2001, 10 (2): 174 – 189.

Bowen, F. E., "Organizational slack and corporate greening: broadening the debate", British Journal of Management, 2002a, 13 (4): 305 – 316.

Bowen, F. E., "Does size matter? Organizational slack and visibility as alternative explanations for environmental responsiveness", Business and Society, 2002b, 41: 118 – 124.

Bowie, N., "New directions in corporate social responsibility", Business Horizons, 1991, 34 (4): 56 – 65.

Bowman, E. H. and Haire, M., "A strategic posture toward corporate social responsibility", California Management Review, 1975, 18 (2): 49.

Bragdon, J. and Merlin, J., "Is pollution profitable?", Risk Management,

1972: 9 – 18.

Buchholz, R. A. , "Corporate responsibility and the good society: from economics to ecology", *Business Horizons*, 1991, 34 (4): 19 – 31.

Buchko, A. A. , "Conceptualization and mearsurement of environmental uncertainty: an assessment of the Miles and Snow perceived environmental uncertainty scale", *Academy of Management Journal*, 1994, 37: 410 – 425.

Butz, C. and Plattner, A. , *Sustainable Share Investments: An Analysis of Returns Depending on Environmental and Social Criteria*, Basel: Sarasin Sustainable Investment/Bank Sarasin, 1999.

Buysse, K. and Verbeke, A. , "Proactive environmental strategies: a stakeholder management perspective", *Strategic Management Journal*, 2003, 24 (5): 453 – 470.

Byers, R. L. , "Regulatory barriers to pollution prevention: a position paper of the implementation council of the American institute for pollution prevention", *Journal of the Air & Waste Management Association*, 1991, 41 (4): 418 – 422.

Callens, I. and Tyteca, D. , "Towards indicators of sustainable development for firms: a productive efficiency perspective", *Ecological Economics*, 1999, 28 (1): 41 – 53.

Carrillo, J. and Zárate, R. , "The Evolution of Maquiladora Best Practices: 1965 – 2008", *Journal of Business Ethics*, 2009, 88 (2): 335 – 348.

Cascio, J. , Woodside, G. and Mitchell, P. , *ISO 14000 Guide: The New International Management Standards*, New York: McGraw – Hill, 1996.

Catasús, B. , Lundren, M. and Rynnel, H. , "Environmental managers' views on environmental work in a business context", *Business Strategy & the Environment*, 1997, 6 (4): 197 – 205.

Chan, R. Y. K. and Yam, E. , "Green movement in a newly industrializing area: a survey on the attitudes and behavior of the Hongkong citizens", *Journal of Community & Applied Social Psychology*, 1995, 5 (4):

273 – 284.

Chan, R. Y. K., "Does the natural – resource – based view of the firm apply to the emerging economy? A survey of foreign invested enterprises in China", *Journal of Management Studies*, 2005, 42 (3): 625 – 672.

Chase, R. B., Aquilano, N. J. and Jacobs, F. R., *Production and Operations Management* (8th ed.), Homewood, IL: Richard D Irwin, 1998.

Chen, K. H. and Metcalf, R. W., "The relationship between pollution control record and financial indicators revisited", *Accounting Review*, 1980, 55: 168 – 177.

Cheng, B., Dai, H., Wang, P. et al., "Impact of low – carbon power policy on carbon mitigation in Guangdong Province, China", *Energy Policy*, 2015, 88: 515 – 527.

Chiasson, M. and Davidson, E., "Taking Industry Seriously in Information Systems Research", *MIS Quarterly*, 2005, 29 (4): 591 – 606.

Child, J., "Organizational structure, environment, and performance – the role of strategic choice", *Sociology*, 1972, 6: 1 – 22.

Chin, K. S., "Factors influencing ISO 14000 implementation in printed circuit board manufacturing industry in Hong Kong", *Journal of Environmental Planning & Management*, 1999, 42 (1): 123 – 134.

Christmann, P. and Taylor, G., "Globalization and the environment: determinants of firm self – regulation in China", *Journal of International Business Studies*, 2001, 32 (3): 439 – 458.

Clark, D., "What drives companies to seek ISO 14000 certification?", *Pollution Engineering*, 1999, 31 (7): 14 – 18.

Clarkson, M. B. E., "A stakeholder framework for analyzing and evaluating corporate social performance", *Academy of Management Review*, 1995, 20 (1): 92 – 117.

Cordano, M. and Frieze, I. H., "Pollution reduction preferences of U. S. environmental managers: applying Ajzen's theory of planned behavior", *Academy of Management Journal*, 2000, 43 (4): 627 – 641.

Cordeiro, J. J. and Sarkis, J., "Environmental proactivism and firm performance: evidence from security analyst earnings forecasts", *Business Strategy and the Environment*, 1997, 6: 104 – 114.

Cormier, D., Magnan, M. and Morard, B., "The impact of corporate pollution on market valuation: some empirical evidence", *Ecological Economics*, 1993, 8 (2): 135 – 155.

Cowen, S. S., Ferreri, L. B. and Parker, L. D., "The impact of corporate characteristics on social responsibility disclosure: a typology and frequency – based analysis", *Accounting, Organization and Society*, 1987, 12 (2): 111 – 122.

Curkovic, S., "Environmentally responsible manufacturing: the development and validation of a measurement model", *European Journal of Operational Research*, 2003, 146 (1): 130 – 155.

Darnall, N., "Why U. S. firms certify to ISO 14001: An institutional and resource – based view", in *Best Paper Proceedings of the 2003 Academy of Management Conference*, Seattle, Washington, 2003.

Darnall, N. and Edwards, D., "Predicting the cost of environmental management system adoption: the role of capabilities, resources and ownership structure", *Strategic Management Journal*, 2006, 27 (4): 301 – 320.

Darnall, N. and Henriques, I. et al., "Do environmental management systems improve business performance in an international setting?", *Journal of International Management*, 2008, 14 (4): 364 – 376.

Dasgupta, S., Hettige, H. and Wheeler, D., "What improves environmental compliance? Evidence from Mexican industry", *Journal of Environmental Economics and Management*, 2000, 39 (1): 39 – 66.

Dechant, K. and Altman, B., "Environmental leadership: from compliance to competitive advantage", *The Academy of Management Executive*, 1994, 8 (3): 7 – 27.

Deegan, C. and Gordon, B., "A study of the environmental disclosure practices of Australian corporations", *Accounting and Business Research*, 1996, 26 (3): 187 – 199.

Delmas, M. , "Stakeholders and competitive advantage: the case of ISO 14001", *Production and Operations Management*, 2001, 10 (3): 343 – 358.

Delmas, M. , "The diffusion of environmental standards in Europe and in the United States: an institutional perspective", *Policy Science*, 2002, 35: 91 – 119.

Delmas, M. A. and Terlaak, A. K. , "A framework for analyzing environmental voluntary agreements", *California Management Review*, 2001, 43 (3): 44 – 63.

Dieleman, H. , and de Hoo, S. , "Toward a tailor – made process of pollution prevention and cleaner production: results and implications of the PRISMA project", in: K. Fischer and J. Schot (eds.), *Environmental Strategies for Industry: International Perspectives on Research Needs and Policy Implications*, Washington, D. C. : Island Press, 1993: 245 – 275.

Diltz, J. D. , "Does social screening affect portfolio performance", *Journal of Investing*, 1995, 4 (1): 64 – 69.

DiMaggio, P. J. and Powell, W. W. , "The iron cage revisited: institutional isomorphism and collective rationality in organization fields", *American Sociological Review*, 1983, 48: 147 – 160.

Dion, C. , Lanoie, P. and Laplante, B. , "Monitoring of pollution regulation: do local conditions matter?", *Journal of Regulatory Economics*, 1998, 13 (1): 5 – 18.

Dobers, P. , "Strategies for environmental control: a comparison between regulation and centralized control in Germany and reforms leading to decentralized control in Sweden", *Business Strategy and the Environment*, 1997, 6 (1): 34 – 45.

Donaldson, T. and Preston, L. E. , "The stakeholder theory of the corporation: concepts, evidence, and implications", *Academy of Management Review*, 1995, 20: 65 – 91.

Dowell, G. , Hart, S. and Yeung, B. , "Do corporate global environmental standards create or destroy market value?", *Management Science*, 2000, 46 (8): 1059 – 1074.

Doyle, P., "Setting business objectives and measuring performance", *Journal of General Management*, 1994, 20 (2): 1 – 19.

Draft, R. L. and Weick, K. E., "Toward a model of organizations as interpretation systems", *Academy of Management Review*, 1984, 9: 284 – 295.

Drumwright, M. E., "Socially responsible organizational buying: environmental concern as a noneconomic buying criterion", *Journal of Marketing*, 1994, 58: 1 – 19.

Dunlap, R., "Trends in public opinion toward environmental issues: 1965 – 1990", *Society and Natural Resources*, 1991, 4: 285 – 312.

Earnhart, D., "Regulatory factors shaping environmental performance at publicly – owned treatment plants", *Journal of Environmental Economics & Management*, 2004a, 48 (1): 655 – 681.

Earnhart, D., "Panel data analysis of regulatory factors shaping environmental performance", *The Review of Economics and Statistics*, 2004b, 1 (86): 391 – 401.

Earnhart, D. and Lizal, L., "Effects of ownership and financial performance on corporate environmental performance", *Journal of Comparative Economics*, 2006, 34 (1): 111 – 129.

Eckel, L., Fisher, K. and Russel, G., "Environmental performance measurement", *CMA Magazine*, 1992, 66 (2): 16 – 23.

Edwards, D., *The Link between Company Environmental and Financial Performance*, London: Earthscan Publications, 1998.

Egri, C. P. and Herman, S., "Leadership in the North American environmental sector: values, leadership styles, and contexts of environmental leaders and their organizations", *Academy of Management Journal*, 2000, 43 (4): 571 – 604.

Eisenhardt, K. M. and Schoonhoven, C. B., "Resource – based view of strategic alliance formation: strategic and social effects in entrepreneurial firms", *Organization Science*, 1996, 7 (2): 136 – 150.

Ellis, K. M. and Lamont, B. T. , "The altering of a firm's environmental management competence during the acquisition integration stage", *Academy of Management Proceedings*, 2000, ONE: A1 – A6.

Elsayed, K. , "Reexamining the expected effect of available resources and firm size on firm environmental orientation: an empirical study of UK firms", *Journal of Business Ethics*, 2006, 65: 297 – 308.

Epstein, M. J. , *Measuring Corporate Environmental Performance: Best Practice for Costing and Managing an Effective Environmental Strategy*, New York: McGraw Hill, 1996.

Epstein, M. J. and Roy, M. J. , "Environmental management to improve corporate profitability", *Journal of Cost Management*, 1997, 10 (1): 26 – 30.

Färe, R. , Grosskopf, S. and Tyteca, D. , "An activity analysis model of the environmental performance of firms—application to fossil – fuel – fired electric utilities", *Ecological Economics*, 1996, 18 (2): 161 – 175.

Fekrat, M. A. , Inclan, I. and Petroni, D. , "Corporate environmental disclosures: competitive disclosure hypothesis using 1991 annual report data", *International Journal of Accounting*, 1996, 31 (2): 175 – 195.

Feldman, S. J. , Soyka, P. A. and Ameer, P. , "Does improving a firm's environmental management system and environmental performance result in a higher stock price?", *The Journal of Investing*, 1997, 6 (4): 87 – 97.

Feldman, S. J. , Soyka, P. A. and Ameer, P. , "Does improving a firm's environmental management system and environmental performance result in a higher stock price?", *Journal of Investing*, 2010, 6 (4): 87 – 97.

Fernández, E. , Junquera, B. and Ordiz, M. , "Organizational culture and human resources in the environmental issue: a review of the literature", *International Journal of Human Resource Management*, 2003, 14 (4): 634 – 656.

Fielding, S. , "ISO14001 delivers effective environmental management and profits", *Professional Safety*, 1998, 43: 7 – 27.

Filbeck, G. and Gorman, R. F. , "The relationship between the environmental and financial performance of public utilities", *Environmental & Resource Economics*, 2004, 29 (2): 137 – 157.

Fineman, S. , "Emotional subtexts in corporate greening", *Organization Studies*, 1996, 17 (3): 479 – 500.

Fineman, S. and Clarke, K. , "Green stakeholders: industry interpretations and response", *Journal of Management Studies*, 1996, 33 (6): 715 – 730.

Fiol, C. M. and Lyles, M. A. , "Organizational Learning", *Academy of Management Review*, 1985, 10 (4): 803 – 813.

Florida, R. and Davidson, D. , "Gaining from green management: environmental management systems inside and outside the factory", *California Management Review*, 2001, 43 (3): 64 – 84.

Fogler, H. R. adn Nutt, F. , "A note on social responsibility and stock valuation", *Academy of Management Journal*, 1975, 18 (1): 155 – 160.

Foulon, J. , Lanoie, P. and Laplante, B. , "Incentives for pollution control: regulation or information?", *Journal of Environmental Economics & Management*, 2002, 44 (1): 169 – 187.

Fraj – Andrés, E. , Martínez – Salinas, E. , Matute – Vallejo, J. , "Factors affecting corporate environmental strategy in Spanish industrial firms", *Business Strategy and the Environment*, 2008, 18 (8): 500 – 514.

Freedman, M. and Jaggi, B. , "Pollution disclosures, pollution performance, and economic performance", *The International Journal of Management Science*, 1982, 10 (2): 167 – 176.

Freedman, M. and Jaggi, B. , "An analysis of the impact of corporate pollution disclosures included in annual financial statements on investors' decisions", *Advances in Public Interest Accounting*, 1986, 1: 193 – 212.

Freedman, M. and Wasley, C. , "The association between environmental performance and environmental disclosure in annual reports and 10Ks", *Advances in Public Interest Accounting*, 1990, 3: 183 – 193.

Freeman, R. E. , "Strategic Management: A Stakeholder Approach", Boston, MA: Pitman, 1984.

Freeman, R. E. and Reed, D. L. , "Stockholders and stakeholders: a new perspective on corporate governance", *California Management Review*, 1983, 25 (3): 93 – 94.

Frooman, J. , "Stakeholder influence strategies", *Academy of Management Review*, 1999, 24: 191 – 205.

Galdeano – Gómez, E. , Céspedes – Lorente, J. , Martínez – del – Río, J. , "Environmental performance and spillover effects on productivity: evidence from horticultural firms", *Journal of Environmental Management*, 2008, 88: 1552 – 1561.

Garber, S. and Hammitt, J. K. , "Risk premiums for environmental liability: does superfund increase the cost of capital?", *Journal of Environmental Economics and Management*, 1998, 36: 267 – 294.

Geller, E. S. , "Evaluating energy conservation programs: is verbal report enough?", *Journal of Consumer Research*, 1981, 8 (3): 331 – 335.

Ghobadian, A. , Viney, H. , Liu, J. and James, P. , "Extending linear approaches to mapping corporate environmental behavior", *Business Strategy and the Environment*, 1998, 7 (1): 13 – 23.

Gil, M. J. Á, Jiménez, J. B. and Lorente, J. J. C. , "An analysis of environmental management, organizational context and performance of Spanish hotels", *Omega*, 2001, 29 (6): 457 – 471.

Gilley, K. M. , Dan, L. W. , Iii, W. N. D. , and El – Jelly, A. , "Corporate environmental initiatives and anticipated firm performance: the differential effects of process – driven versus product – driven greening initiatives", *Journal of Management*, 2000, 26 (6): 1199 – 1216.

Ginsberg, A. and Venkatraman, N. , "Institutional initiatives for technological change: from issue interpretation to strategic choice", *Organization*

Studies, 1995, 16 (3): 424 – 448.

Gladwin, T. N., "The meaning of greening: A plea for organizational theory", in K. Fischer & J. Schot (eds.), *Environmental Strategies for Industry: International Perspectives on Research Needs & Policy Implications*, Washington, D. C.: Island Press, 1993.

Global Reporting Initiative (GRI), *Sustainability Reporting Guidelines*, 2006.

Goitein, B., "Organizational decision – making and energy conservation investments", *Evaluation & Program Planning*, 1989, 12 (2): 143 – 151.

Goodstein, J. D., "Institutional pressures and strategic responsiveness: employer involvement in work – family issues", *Academy of Management Journal*, 1994, 37 (2): 350 – 382.

Granovetter, M., "Economic action and social structure: the problem of embeddedness", *American Journal of Sociology*, 1985, 91: 481 – 510.

Gray, R., Kouhy, R. and Lavers, S., "Corporate social and environmental reporting: a review of the literature and a longitudinal study of UK disclosure", *Accounting, Auditing and Accountability Journal*, 1995, 8 (2): 47 – 77.

Gray, R., Owen, D. and Adams, C., *Accounting and Accountability*, London: Prentice Hall, 1996.

Gray, W. and Deily, M. E., "Compliance and enforcement: air pollution regulation in the U. S. steel industry", *Journal of Environmental Economics & Management*, 1996, 31 (1): 96 – 111.

Gray, W. B. and Shadbegian, R. J., " 'Optimal' pollution abatement whose benefits matter, and how much", *Journal of Environmental Economics & Management*, 2004, 47 (3): 510 – 534.

Greening, D. W. and Gray, B., "Testing a model of organizational response to social and political issues", *Academy of Management Journal*, 1994, 34 (3): 467 – 498.

Greeno, J. L. and Robinson, S. N., "Rethinking corporate environmental management", *Columbia Journal of World Business*, 1992, 27 (3 – 4): 222 – 232.

Griffin, J. J. and Mahon, J. F., "The corporate social performance and corporate financial performance debate: twenty – five years of incomparable research", *Business and Society*, 1997, 36: 5 – 31.

Groenewegen, P. and Vergragt, P., "Environmental issues as threats and opportunities for technological innovation", *Technology Assessment and Strategic Management*, 1991, 3 (1): 43 – 55.

Guimaraes, T. and Liska, K., "Exploring the business benefits of environmental stewardship", *Business Strategy and the Environment*, 1995, 4 (1): 9 – 22.

Gulati, R., "Alliances and networks", *Strategic Management Journal*, 1998, 19: 293 – 317.

Gunningham, N., "Environment, self – regulation, and the chemical industry: assessing responsible care", *Law and Policy*, 1995, 17 (1): 57 – 108.

Gupta, M. C. and Sharma, K., "Environmental operations management: an opportunity for improvement", *Production and Inventory Management Journal*, 1996, 37 (3): 40 – 46.

Hackston, D. and Milne, M. J., "Some determinants of social and environmental disclosures in New Zealand companies", *Accounting, Auditing & Accountability Journal*, 1996, 9 (1): 77 – 108.

Halme, M. and Niskanen, J., "Does corporate environmental protection increase or decrease shareholder value? The case of environmental investments", *Business Strategy & the Environment*, 2010, 10 (4): 200 – 214.

Hamilton, J. T., "Politics and social costs: estimating the impact of collective action on hazardous waste facilities", *Rand Journal of Economics*, 1993, 24 (1): 101 – 125.

Hamilton, J. T., "Pollution as news: media and stock market reactions to the Toxic Release Inventory Data", *Journal of Environmental Economics and Management*, 1995, 28: 98 – 113.

Hardin, G., "The tragedy of the commons", *Science*, 1968, 162: 1243 – 1248.

Harrison, J. S. and Freeman, R. E., "Stakeholders, social responsibility, and performance: empirical evidence and theoretical perspectives", *Academy of Management Journal*, 1999, 42: 479 – 488.

Hart, S. L., "A natural resource – based view of the firm", *Academy of Management Review*, 1995, 20 (4): 986 – 1014.

Hart, S. L. and Ahuja, G., "Does it pay to be green: An empirical examination of the relationship between pollution prevention and firm performance", *Business Strategy and the Environment*, 1996, 5: 30 – 37.

Hart, S. L., "Beyond greening: strategies for a sustainable world", *Harvard Business Review*, 1997, 75 (1): 66 – 76.

Helland, E., "The enforcement of pollution control laws: inspections, violations, and self – reporting", *Review of Economics and Statistics*, 1998, 80 (1): 141 – 153.

Henri, J. F. and Journeault, M., "Eco – control: the influence of management control systems on environmental and economic performance", *Accounting, Organizations and Society*, 2010, 35: 63 – 80.

Henriques, I. and Sadorsky, P., "The determinants of firms that formulate environmental plans", *Research in Corporate Social Performance and Policy*, 1995 (1): 67 – 97.

Henriques, I. and Sadorsky, P., "The determinants of an environmentally responsive firm: an empirical approach", *Journal of Environmental Economics & Management*, 1996, 30 (3): 381 – 395.

Henriques, I. and Sadorsky, P., "The relationship between environmental commitment and managerial perceptions of stakeholder importance", *Academy of Management Journal*, 1999, 42 (1): 87 – 99.

Henriques, I. and Sharma, S., "Pathways of stakeholder influence in the Canadian Forestry Industry", *Business Strategy and the Environment*,

2005, 14: 384 - 398.

Heyes, A., "Cutting environmental penalties to protect the environment", *Journal of Public Economics*, 1996, 60 (2): 251 - 165.

Hillman, A. J. and Keim, G. D., "Shareholder value, stakeholder management, and social issues: what's the bottom line?", *Strategic Management Journal*, 2001, 22 (2): 125 - 139.

Hitchens, D., Clausen, J., Trainor, M., Keil, M. et al., "Competitiveness, environmental performance and management of SMEs", *Greener Management International*, 2003, 44: 45 - 57.

Hoffman, A., "The importance of fit between individual values and organizational culture in the greening of industry", *Business Strategy and the Environment*, 1993, 2 (4): 10 - 18.

Hoffman, A. J., *From Heresy to Dogma*, San Francisco, CA: New Lexington, 1997.

Hoffman, A. J., "Institutional evolution and change: environmentalism and the U. S. chemical industry", *Academy of Management Journal*, 1999, 42 (4): 351 - 371.

Hoffman, A. J., *Competitive Environmental Strategy: A Guide to the Changing Business Landscape*, Washington, D. C.: Inland Press, 2000.

Honkasalo, N., Rodhe, H., Dalhammar, C., "Environmental permitting as a driver for eco - efficiency in the dairy industry: a closer look at the IPPC directive", *Journal of Cleaner Production*, 2005, 13: 1049 - 1060.

Hostager, T. J., Neil, T. C., Decker, R. L. and Lorentz, R. D., "Seeing opportunities: Effects of intrapreneurial ability, efficacy, motivation and desirability", *Journal of Organizational Change Management*, 1998, 11 (1): 11 - 25.

Hu, L. T., Bentler, P. M. and Kano, Y., "Can test statistics in covariance structure analysis be trusted?", *Psychological Bulletin*, 1992, 112: 351 - 362.

Hughes, S. B., Anderson, A. and Golden, S., "Corporate environmental disclosures: are they useful in determining environmental performance?", *Journal of Accounting & Public Policy*, 2001, 20 (3): 217 – 240.

Hunt, C. B. and Auster, E. R., "Proactive environmental management: Avoiding the toxic trap", *Sloan Management Review*, 1990, 31: 7 – 18.

Ilinitch, A. Y. and Schaltegger, S. C., "Developing a green business portfolio", *Long Range Planning*, 1995, 28 (2): 29 – 38.

Ilinitch, A. Y., Soderstrom, N. S. and Thomas, T. E., "Measuring corporate environmental performance", *Journal of Accounting & Public Policy*, 1998, 17 (4 – 5): 383 – 408.

Ilomäki, M. and Melanen, M., "Waste minimization in small and medium – sized enterprises – do environmental management systems help?", *Journal of Cleaner Production*, 2001, 9 (3): 209 – 217.

Ingram, P. and Baum, J. A. C., "Chain affiliation and the failure of Manhattan hotels, 1898 – 1980", *Administrative Science Quarterly*, 1997, 42 (2): 68 – 102.

Ingram, R. W. and Frazier, K. B., "Environmental performance and corporate disclosure", *Journal of Accounting Research*, 1980, 18 (2): 614 – 622.

International Organization for Standardization (ISO), "ISO 14031: 1999 Environmental management — Environmental performance evaluation — Guidelines", ISO, 1999.

Iraldo, F., Testa, F. and Frey, M., "Is and environmental management system able to influence environmental and competitive performance? The case of the eco – management and audit scheme (EMAS) in the European Union", *Journal of Cleaner Production*, 2009, 17: 1444 – 1452.

Jacobs, B. W., Singhal, V. R. and Subramanian, R., "An empirical investigation of environmental performance and the market value of the firm", *Journal of Operations Management*, 2010, 28 (5): 430 –

441.

Jaffe, A. B., Peterson, S. R. and Portney, P. R. et al., "Environmental regulation and the competitiveness of U. S. manufacturing: what does the evidence tell us?", *Journal of Economic Literature*, 1995, 33 (1): 132 – 163.

Jaffe, A., Newwell, R. and Stavins, R., "Environmental policy and technological change", *Environmental and Resource Economics*, 2002, 22: 41 – 69.

Jaffe, A. B., Trajtenberg, M. and Henderson, R., "Geographic localization of knowledge spillovers as evidenced by patent citations", *Quarterly Journal of Economics*, 1993, 108: 577 – 598.

Jaggi, B. and Freedman, M., "An examination of the impact of pollution performance on economic and market performance of pulp and paper firms", *Journal of Business Finance & Accounting*, 1992, 19 (5): 697 – 713.

Jiang, R. J. and Bansal, P., "Seeing the need for ISO 14001", *Journal of Management Studies*, 2003, 40 (4): 1047 – 1067.

Johannson, L., "Environmental leadership: who are the TQEM champions?", *Environmental Quality Management*, 1992, 2 (1): 119 – 127.

Johnson, R. A. and Greening, D. W., "The effects of corporate governance and institutional ownership types on corporate social performance", *Academy of Management Journal*, 1999, 42: 564 – 576.

Jørgensen, T. H., "Environmental management systems and organizational change", *Eco – Management and Auditing*, 2000, 7: 60 – 66.

Judge, W. Q. and Douglas, T. J., "Performance implications of incorporating natural environmental issues into the strategic planning process: an empirical assessment", *Journal of Management Studies*, 1998, 35 (2): 241 – 262.

Jung, E. J., Kim, J. S. and Rhee, S. K., "The measurement of corporate environmental performance and its application to the analysis of efficiency in oil industry", *Journal of Cleaner Production*, 2001, 9 (6): 551 – 563.

Junquera, B. and Ordiz, M., "Influence of managerial characteristics on the environmental performance of Spanish companies", *Environmental Quality Management*, 2002, 12 (1): 35 – 51.

Kagan, R. A., Gunningham, N. and Thornton, D., "Explaining corporate environmental performance: how does regulation matter?", *Law & Society Review*, 2003, 37 (1): 51 – 90.

Kahneman, D. and Tversky, A., "Prospect theory: an analysis of decisions under risk", *Econometrica*, 1979, 47: 263 – 291.

Kaldor, N., "The case for regional policies", *Scottish Journal of Political Economy*, 1970, 17: 337 – 347.

Karagozoglu, N. and Lindell, M., "Environmental management: testing the win – win model", *Journal of Environmental Planning and Management*, 2000, 43 (6): 817 – 829.

Kassinis, G. I., "Location, networks and firm environmental management practices", *Journal of Environmental Planning & Management*, 2001, 44 (6): 815 – 832.

Kemp, R., "An economic analysis of cleaner technology: theory and evidence", in: K. Fischer and J. Schot (eds.), *Environmental Strategies for Industry: International Perspectives on Research Needs & Policy Implications*, Washington, DC: Island Press, 1993: 79 – 116.

Khanna, M., "Non – mandatory approaches to environmental protection", *Journal of Economic Surveys*, 2001, 15 (3): 291 – 324.

Khanna, M. and Anton, W. R. Q., "Corporate environmental management: regulatory and market – based incentives", *Land Economics*, 2002a, 78 (4): 539 – 558.

Khanna, M. and Anton, W. R. Q., "What is driving corporate environmentalism: opportunity or threat?", *Corporate Environmental Strategy*, 2002b, 9 (4): 409 – 417.

Khanna, M. and Damon, L., "EPA's voluntary 33/50 program: impact on toxic releases and economic performance of firms", *Journal of Environmental Economics and Management*, 1999, 37 (1): 1 – 25.

Khanna, M. and Zilberman, D., "Incentives, precision technology and environmental protection", *Ecological Economics*, 1997, 23 (1): 25 – 43.

King, A. A., "Organizational response to environmental regulation: punctuated change or autogenesis?", *Business Strategy and the Environment*, 2000, 9 (4): 224 – 238.

King, A. A., "Retrieving and transferring embodied data: implications for the management of interdependence within organizations", *Management Science*, 1999, 45: 918 – 935.

King, A. A. and Lenox, M., "Industry self – regulation without sanctions: the chemical industry's responsible care program", *Academy of Management Journal*, 2000, 43 (3): 698 – 716.

King, A. A. and Lenox, M. J., "Who adopts management standards early? an examination of ISO 14001 certifications", *Academy of Management Proceedings &Membership Directory*, 2001 (1): A1 – A6.

King, A. A. and Lenox, M. J., "Exploring the locus of profitable pollution reduction", *Management Science*, 2002, 48 (2): 289 – 299.

Kitazawa, S. and Sarkis, J., "The relationship between ISO 14001 and continuous source reduction programs", *International Journal of Operations and Production Management*, 2000, 20 (2): 225 – 248.

Klassen, R. D., "Integration of environmental issues into manufacturing: toward an interactive open systems", *Production & Inventory Management Journal*, 1993, 34 (1): 82 – 88.

Klassen, R. D., "Exploring the linkage between investment in manufacturing and environmental technologies", *International Journal of Operations & Production*, 2000, 20 (2): 127 – 147.

Klassen, R. D. and McLaughlin, C. P., "TQM and environmental excellence in manufacturing", *Industrial Management and Data Systems*, 1993, 93: 14 – 22.

Klassen, R. D. and McLaughlin, C. P., "The impact of environmental management on firm performance", *Management Science*, 1996, 42 (8): 1199 – 1214.

Klassen, R. D. and Angell, L. C., "An international comparison of environmental management in operations: the impact of manufacturing flexibility in the U. S. and Germany", *Journal of Operations Management*, 1998, 16 (2 – 3): 177 – 194.

Klassen, R. D. and Whybark, D. C., "The impact of environmental technologies on manufacturing performance", *Academy of Management Journal*, 1999, 42 (6): 599 – 615.

Kleit, A. N., Pierce, M. A. and Hill, R. C., "Environmental protection, agency motivations, and rent extraction: the regulation of water pollution in Louisiana", *Journal of Regulatory Economics*, 1998, 13 (2): 121 – 137.

Kolk, A. and Mauser, A., "The evolution of environmental management: from stage models to performance evaluation", *Business Strategy & the Environment*, 2002, 11 (1): 14 – 31.

Kollman, K., and Prakash, A., "EMS – based environmental regimes as club goods: examining variations in firm – level adoption of ISO 14001 and EMAS in UK, US and Germany", *Policy Sciences*, 2002, 35: 43 – 67.

Konar, S. and Cohen, M., "Information as regulation: the effect of community right to know laws on toxic emissions", *Journal of Environmental Economics & Management*, 1997, 32 (1): 109 – 124.

Konar, S. and Cohen, M., "Does the market value environmental performance?", *Review of Economics and Statistics*, 2001, 83 (2): 281 – 289.

Kreisel, W., Centner, T. J. and Keeler, A. G., "Neighbourhood exposure to toxic releases: are there racial inequities?", *Growth Change*, 1996, 27: 479 – 499.

Krugman, P., "Increasing returns and economic geography", *Journal of

Political Economy, 1991, 99 (3): 483 -499.

Labatt, S. and Maclaren, V. W., "Voluntary corporate environmental initiatives: a typology and preliminary investigation", *Environment & Planning C: Government & Policy*, 1998, 16 (2): 191 -209.

Lampe, M., Ellis, S. R. and Drummond, C. K., "What companies are doing to meet environmental protection responsibilities: balancing legal, ethical, and profit concerns", *Proceedings of the International Association for Business and Society*, 1991: 527 -537.

Lanoie, P., Laplante, B. and Roy, M., "Can capital markets create incentives for pollution control?", *Ecological Economics*, 1998, 26 (1): 31 -41.

Laplante, B. and Rilstone, P., "Environmental inspections and emissions of the pulp and paper industry in Quebec", *Journal of Environmental Economics & Management*, 1996, 31 (1): 19 -36.

Lawrence, A. T. and Morell, D., "Leading - edge environmental management: motivation, opportunity, resources, and processes", *Research in Corporate Social Performance and Policy*, 1995, 8 (1): 99 -126.

Leal, G. G., Fa, M. C. and Pasola, J. V., "Using environmental management systems to increase firm's competitiveness", *Corporate Social Responsibility and Environmental Management*, 2003, 10 (2): 101 -110.

Lee, B. W. and Green, K., "Towards commercial and environmental excellence: a green portfolio matrix", *Business Strategy and the Environment*, 1994, 3 (3): 1 -9.

Lieberman, M. B. adn Montgomery, D. B., "First - mover advantages", *Strategic Management Journal*, 1988, 9: 41 -58.

Lindell, M. and Karagozoglu, N., "Corporate environmental behavior—a comparison between Nordic and US firms", *Business Strategy and the Environment*, 2001, 10: 38 -52.

Liu, X., Liu, B., Shishime, T. et al., "An empirical study on the driving mechanism of proactive corporate environmental management in China", *Journal of Environmental Management*, 2010, 91 (8): 1707 - 1717.

Lober, D., "Evaluating the environmental performance of corporations", *The Journal of Managerial Issues*, 1996, 8 (2): 184 - 205.

Lober, D. J., "Pollution prevention as corporate entrepreneurship", *Journal of Organizational Change Management*, 1998, 11 (1): 26 - 37.

López - Gamero, M. D., Molina - Azorín, J. F. and Claver - Cortés, E., "The whole relationship between environmental variables and firm performance: competitive advantage and firm resources as mediator variables", *Journal of Environmental Management*, 2009, 90: 3110 - 3121.

López - Gamero, M. D., Molina - Azorín, J. F. and Claver - Cortés, E., "The potential of environmental regulation to change managerial perception, environmental management, competitiveness and financial performance", *Journal of Cleaner Production*, 2010, 18 (10): 963 - 974.

Magat, W. A. and Viscusi, W. K., "Effectiveness of the EPA's regulatory enforcements: the case of industrial effluent standards", *Journal of Law & Economics*, 1990, 33 (2): 331 - 360.

Majumdar, S. and Marcus, A. A., "Rules versus discretion: consequences of flexible regulation", *Academy of Management Journal*, 2001, 44 (1): 170 - 179.

Mastrandonas, A. and Strife, P. T., "Corporate environmental communications: lessons from investors", *Columbia Journal of World Business*, 1992, 27 (3 & 4): 234 - 240.

Marcus, A. A. and Geffen, D., "The dialectics of competency acquisition: pollution prevention in electric generation", *Strategic Management Journal*, 1998, 19 (12): 1145 - 1168.

Matouq, M., "A case - study of ISO 14001 - based environmental management system implementation in the People's Republic of China", *Local Environment*, 2000, 5 (4): 415 - 433.

Maxwell, J., Rothenberg, S., Briscoe, F. and Marcus, A., "Green schemes: corporate environmental strategies and their implementation", *California Management Review*, 1997, 39 (3): 118 – 134.

Maxwell, J. W., Lyon, T. P. and Hachett, S. C., "Self – regulation and social welfare: the political economy of corporate environmentalism", *Journal of Law & Economics*, 2000, 43 (2): 583 – 617.

McManus, M. and Sanders, L., "Integrating an environmental management system into a business and operating culture: the real value of an EMS", *Pollution Engineering*, 2001, 33 (5): 24 – 27.

Melnyk, S. A., Sroufe, R. P. and Calantone, R., "Assessing the impact of environmental management systems on corporate and environmental performance", *Journal of Operations Management*, 2003, 21 (3): 329 – 351.

Metcalf, K. R., Willianms, P. L., Minter, J. R. et al., "An assessment of corporate environmental programs and their performance measurement systems", *Journal of Environmental Health*, 1995, 58 (2): 9 – 17.

Meyer, J. W. and Rowan, B., "Institutionalized organizations: formal structure as myth and ceremony", *American Journal of Sociology*, 1977, 83: 340 – 363.

Miles, R. and Snow, C., *Organizational Strategy, Structure and Process*, New York: McGraw – Hill, 1978.

Milliken, F. J., "Three types of perceived uncertainty about the environment: state, effect, and response uncertainty", *Academy of Management Review*, 1987, 12: 133 – 143.

Ministry of the Environment of Japan (MOE), "Environmental Performance Indicators Guideline for Organizations (Fiscal Year 2002 Version)", MOE, 2003.

Mintzberg, H., "The design school: reconsidering the basic premises of strategic management", *Strategic Management Journal*, 1990, 6: 171 – 195.

Mitchell, R. K., Agle, B. R. and Wood, D. J., "Toward a theory of stakeholder identification and salience: defining the principle of who and what really counts", *Academy of Management Review*, 1997, 22 (4): 853 –886.

Molina – Azorín, J. F., Claver – Cortés, E., Ereira – Moliner, J. and Tarí, J. J., "Environmental practices and firm performance: an empirical analysis in the Spanish hotel industry", *Journal of Cleaner Production*, 2009, 17: 516 –524.

Momoshima, T., "An attempt on environmental rating using eco – efficiency", *Chemical Economics*, 2004, 49: 12 –22 (In Japanese).

Montabon, F., Meinyk, S. A., Sroufe, R. and Calantone, R. J., "ISO 14000: assessing its perceived impact on corporate performance", *The Journal of Supply Chain Management*, 2000, 36 (2): 4 –16.

Moore, S. B. and Manring, S. L., "Strategy development in small and medium sized enterprises for sustainability and increased value creation", *Journal of Cleaner Production*, 2009, 17: 276 –282.

Morag – Levine, N., "Between choice and sacrifice: constructions of community consent in reactive air pollution regulation", *Law & Society Review*, 1994, 28: 1035 –1077.

Morrison, C., *Managing Environmental Affairs: Corporate Practices in the U. S., Canada and Europe*, New York: Conference Board, 1991.

Morrow, D. and Rondinelli, D., "Adopting corporate environmental management systems: motivations and results of ISO 14001 and EMAS certification", *European Management Journal*, 2002, 20 (2): 159 – 171.

Mulaik, S. A., *The Foundations of Factor Analysis*, New York: McGraw – Hill, 1972.

Muldoon, P., "Drawbacks to voluntary pollution prevention agreements in Canada", *Bulletin of Pollution Prevention*, 1994: 10 –15.

Nadeau, L. W., "EPA effectiveness at reducing the duration of plant – level non – compliance", *Journal of Environmental and Economic & Management*, 1997, 34 (1): 54 –78.

Nadler, D. A. , Tushman, M. L. and Nadler, M. B. , *Competing by Design:the Power of Organizational Architecture*, New York: Oxford University Press, 1997.

Nakamura, M. , Takahashi, T. and Vertinsky, I. , "Why Japanese firms choose to certify: a study of managerial responses to environmental issues", *Journal of Environmental Economics & Management*, 2001, 42 (1): 23 - 52.

Nash, J. and Ehrenfeld, J. , "Codes of environmental management practice: assessing their potential as a tool for change", *Annual Review of Energy & the Environment*, 1997, 22 (1): 487 - 535.

Nehrt, C. , "Timing and intensity effects of environmental investments", *Strategic Management Journal*, 1996, 17 (7): 535 - 547.

Newman, J. C. and Breeden, K. E. , "Managing the environment era: lessons from environmental leaders", *Columbia Journal of World Business*, 1992, 27 (3): 210 - 221.

Newton, T. and Harte, G. , "Green business: technicist kitsch?", *Journal of Management Studies*, 1997, 34 (1): 75 - 98.

Nohria, N. , "Introduction: is a network perspective a useful way of studying organizations?", in N. Nohria and R. G. Eccles (eds.), *Networks and Organizations: Structure, Form, and Action*, Boston, MA: Harvard Business School Press, 1992.

Ocasio, W. , "Towards an attention - based view of the firm", *Strategic Management Journal*, 1997, 18: 187 - 206.

Oliver, C. , "Strategic responses to institutional processes", *Academy of Management Review*, 1991, 16: 145 - 179.

Oliver, C. , "Sustainable competitive advantage: combining institutional and resource - based views", *Strategic Management Journal*, 1997, 18: 9, 697 - 713.

Olsthoorn, X. , Tyteca, D. , Wehrmeyer, W. and Wagner, M. , "Environmental indicators for business: a review of the literature and standardization methods", *Journal of Cleaner Production*, 2001, 9 (5):

453 - 463.

Osterman, P., "How common is workplace transformation and how can we explain who adopts it?", *Industrial and Labor Relations Review*, 1994, 47 (2): 173 - 187.

Paine, F. T. and Anderson, C. R., "Environment and organization effectiveness", *Administrative Science Quarterly*, 1977, 18: 231 - 246.

Palmer, K., Oates, W. E. and Portney, P. R., "Tightening environmental standards: the benefit - cost or no - cost paradigm?", *Journal of Economic Perspectives*, 1995, 9 (4): 119 - 132.

Pargal, S. and Wheeler, D., "Informal regulation of industrial pollution in developing countries: evidence from Indonesia", *Journal of Political Economy*, 1996, 104 (6): 1314 - 1327.

Patten, D. M., "Intra - industry environmental disclosures in response to the Alaskan oil spill: a note on legitimacy theory", *Accounting, Organizations and Society*, 1992, 17 (5): 471 - 475.

Patten, D. M., "The relation between environmental performance and environmental disclosure: a research note", *Accounting, Organizations & Society*, 2002, 27 (8): 763 - 773.

Pava, M. and Krausz, J., "The association between corporate social - responsibility and financial performance: the paradox of social cost", *Journal of Business Ethics*, 1996, 15 (3): 321 - 357.

Peart, R., "External factors influencing the environmental performance of South African firms", *South African Journal of Science*, 2001, 97 (1): 2 - 8.

Peng et al., "The institution - based view as a third leg for a strategy tripod", *Academy of Management Perspective*, 2009, 23 (3): 63 - 81.

Penrose, E. T., *The Theory of the Growth of the Firm*, London: Blackwell, 1959.

Peteraf, M., "The cornerstone of competitive advantage: a resource - based view", *Strategic Management Journal*, 1993, 14 (3): 179 - 191.

Pojasek, R. B., "How do you measure environmental performance?", *Environmental Quality Management*, 2001, 10 (4): 79 – 88.

Porter, M., "Clusters and the new economics of competition", *Harvard Business Review*, 1998a, 76 (6): 77 – 86.

Porter, M., "The Adam Smith address: location, clusters, and the 'new' microeconomics of competition", *Business Economics*, 1998b, 33 (1): 7 – 13.

Porter, M. E., "America's green strategy", *Scientific American*, 1991, 264 (4): 193 – 246.

Porter, M. E. and van der Linde, C., "Green and competitive: ending the stalemate", *Harvard Business Review*, 1995: 120 – 134.

Portugal, E. and Yukl, G., "Perspectives on environmental leadership", *Leadership Quarterly*, 1994, 5: 271 – 276.

Post, J. and Altman, B., "Models of corporate greening: how corporate social policy and organizational learning inform leading – edge environmental management", in: J. Post (ed.), *Research in Corporate Social Performance and Policy*, Greenwich, CT: JAI Press, 1992: 3 – 29.

Prakash, A., "A new – institutionalist perspective on ISO 14000 and responsible care", *Business Strategy & the Environment*, 1999, 8 (6): 322 – 335.

Prakash, A., "Why do firms adopt beyond – compliance environmental policies?", *Business Strategy & the Environment*, 2001, 10 (5): 286 – 299.

Preston, L., "Research on corporate social reporting: directions for development", *Accounting Organization & Society*, 1981, 6 (3): 255 – 262.

Raines, S. S., "Implementing ISO 14001—an international survey assessing the benefits of certification", *Corporate Environmental Strategy*, 2002, 9 (4): 418 – 426.

Ramus, C. A., "Employee empowerment at GE plastics: an example of a successful environmental change process", *Corporate Environmental*

Strategy, 1997, 4 (13): 38 - 47.

Ramus, C. A., "Organizational support for employees: encouraging creative ideas for environmental sustainability", *California Management Review*, 2001, 43 (3): 85 - 105.

Ransom, P. and Lober, D., "Why do firms set environmental performance goals?: some evidence from organizational theory", *Business Strategy & the Environment*, 1999, 8 (1): 1 - 13.

Räsänen, K., Meriläinen, S. and Lovio, R., "Pioneering descriptions of corporate greening: notes and doubts on emerging discussion", *Business Strategy and the Environment*, 1995, 3 (4): 9 - 16.

Rave, T. and Triebswetter, U., "Implementation of the IPPC Directive and its economic impacts: evidence from the EU steel and glass industry", *European Environment*, 2008, 18: 186 - 201.

Rees, J., "The development of communication regulation in the chemical industry", *Law and Policy*, 1997, 19: 477.

Reinhardt, F. L., "Environmental product differentiation: implications for corporate strategy", *California Management Review*, 1998, 40 (4): 43 - 73.

Reinhardt, F. L., "Market failure and the environmental policies of firms: economic rationales for beyond compliance", *Journal of Industrial Ecology*, 1999, 3 (1): 9 - 21.

Rivera - Camino, J., "What motivates European firms to adopt environmental management systems", *Eco - Management and Auditing*, 2001, 8 (3): 134 - 143.

Robinson, R. and Pearce, J., "Planned patterns of strategic behavior and their relationship to business - unit performance", *Strategic Management Journal*, 1988, 9 (1): 43 - 60.

Rockness, J., Schlachter, P. and Rockness, H. O., "Hazardous waste disposal, corporate disclosure, and financial performance in the chemical industry", *Advances in Public Interest Accounting*, 1986, 1: 167 - 191.

Rondinelli, D. A. and Vastag, G. , "International environmental standards and corporate policies: an integrative framework", *California Management Review*, 1996, 39 (1): 106 – 122.

Rondinelli, D. A. and Vastag, G. , "Panacea common sense or just a label? The value of ISO 14001 environmental management systems", *European Management Journal*, 2000, 18 (5): 499 – 510.

Roome, N. , "Conceptualizing and studying the contribution of networks in environmental management", *Business Strategy and the Environment*, 2001, 10: 69 – 76.

Roy, M. J. , Boiral, O. and Lagace, D. , "Environmental commitment and manufacturing excellence: a comparative study within Canadian industry", *Business Strategy and the Environment*, 2001, 10: 257 – 268.

Ruddell, S. and Stevens, J. A. , "The adoption of ISO 9000, ISO 14001, and the demand for certified wood products in the business and institutional furniture industry", *Forest Products Journal*, 1998, 48 (3): 19 – 26.

Russo, M. V and Fouts, P. A. , "A resource – based perspective on corporate environmental performance and profitability", *Academy of Management Journal*, 1997, 40 (3): 534 – 559.

Russo, M. V. and Harrison, N. S. , "Organizational design and environmental performance: clues from the electronics industry", *Academy of Management Journal*, 2005, 48 (4): 582 – 593.

Sanderlands, G. , "3M find brass in muck", *Management Decision*, 1994, 32 (5): 63 – 64.

Savage, G. T. , Nix, T. W. , Whitehead, G. J. and Blair, J. D. , "Strategies for assessing and managing organizational stakeholders", *Academy of Management Executive*, 1991, 5 (2): 61 – 75.

Schaltegger, S. and Burritt, R. , *Contemporary Environmental Accounting: Issues, Concepts and Practice*, Sheffield, UK: Greenleaf Publishing, 2000.

Schaltegger, S. and Synnestvedt, T. "The link between green and economic success: environmental management as the crucial trigger between environmental and economic performance", *Journal of Environmental Management*, 2002, 65: 339 – 346.

Schmidheiny, S. , *Changing Course: A Global Perspective on Development and the Environment*, Cambridge, MA: MIT Press, 1992.

Scholtz, J. T. , "Cooperation, deterrence, and the ecology of regulation enforcement", *Law and Society Review*, 1984, 18 (2): 179 – 224.

Schwartz, S. H. , "Are there universal aspects in the structure and content of human values?", *Journal of Social Issues*, 1994, 50 (4): 19 – 45.

Scott, A. , *Metropolis: From the Division of Labor to Urban Form*, Berkeley, CA: University of California Press, 1988a.

Scott, A. , *New Industrial Spaces*, London: Pion, 1988b.

Segerson, K. and Miceli, T. J. , "Voluntary environmental agreements: good or bad news for environmental protection?", *Journal of Environmental Economics & Management*, 1998, 36 (2): 109 – 130.

Shane, P. B. and Spicer, B. H. , "Market response to environmental information produced outside the firm", *Accounting Review*, 1983, 58 (3): 521 – 538.

Sharbrough, W. G. and Moody, J. W. , "Managing the media", *Journal of Systems Management*, 1995, 46 (4): 4 – 11.

Sharma, S. and Vredenburg, H. , "Proactive corporate environmental strategy and the development of competitively valuable organizational capabilities", *Strategic Management Journal*, 1998, 19 (8): 729 – 753.

Sharma, S. , Pablo, A. L. and Vredenburg, H. , "Corporate environmental responsiveness strategies", *Journal of Applied Behavioral Science*, 1999, 35 (1): 87 – 108.

Sharma, S. , "Managerial interpretations and organizational context as predictors of corporate choice of environmental strategy", *Academy of Management Journal*, 2000, 43 (4): 681 – 697.

Sharma, S. , "Different strokes: regulatory styles and environmental strategy in the North – American oil and gas industry", *Business Strategy and the Environment*, 2001, 10: 344 – 364.

Sharma, S., Aragón – Correa, J. A., Rueda – Manzanares, A., "The contingent influence of organizational capabilities on proactive environmental strategy in the service sector: an analysis of North American and European ski resorts", *Canadian Journal of Administrative Sciences*, 2007, 24: 268 – 283.

Shelton, R. D., "Hitting the green wall: corporate environmental strategy", *The Journal of Environmental Leadership*, 1994, 3 (2): 19 – 27.

Shen, T. T., *Industrial Pollution Prevention*, New York: Springer – Verlag, 1995.

Shimshack, J. P. and Ward, M. B., "Regulator reputation, enforcement, and environmental compliance", *Journal of Environmental Economics & Management*, 2005, 50 (3): 519 – 540.

Shin, S., "China's failure of policy innovation: the case of sulphur dioxide emission trading", *Environmental Politics*, 2013, 22 (6): 918 – 934.

Shrivastava, P., "Castrated environment: greening organizational studies", *Organization Studies*, 1994, 15 (5): 705 – 726.

Shrivastava, P., "Environmental technologies and competitive advantage", *Strategic Management Journal*, 1995a, 16 (S1): 183 – 200.

Shrivastava, P., "The role of corporation in achieving ecological sustainability", *Academy of Management Review*, 1995b, 20: 936 – 960.

Shrivastava, P. and Scott, H. I., "Corporate self – greenewal: strategic responses to environmentalism", *Business Strategy & the Environment*, 1992, 1 (3): 9 – 21.

Sigman, H., "The pace of progress at Superfund sites: policy goals and interest group influence", *Journal of Law & Economics*, 2001, 44 (1): 315 – 343.

Silverstein, M., "Market forces now drive the environmental steamroller",

Business and Society Review, Summer, 1995: 51 - 54.

Simon, H. A., *Models of Man: A Social and Rational*, New York: Wiley, 1957.

Simpson, R. D. and Bradford, R. L., "Taxing variable cost: environmental regulation as industrial policy", *Journal of Environmental Economics & Management*, 1996, 30 (3): 282 - 300.

Smith, D. F. and Florida, R., "Agglomeration and industrial location: an econometric analysis of Japanese - affiliated manufacturing establishments in automotive - related industries", *Journal of Urban Economics*, 1994, 36: 23 - 41.

Sonnenfeld, D. A., "From brown to green? late industrialization, social conflict, and adoption of environmental technologies in thailand's pulp and paper industry", *Organization & Environment*, 1998a, 11 (1): 59 - 87.

Sonnenfeld, D. A., "Social movements, environment, and technology in indonesia's pulp and paper industry", *Asia Pacific Viewpoint*, 1998b, 39 (1): 95 - 110.

Spicer, B. H., "Investors, corporate social performance and information disclosure: an empirical study", *Accounting Review*, 1978, 53 (1): 94 - 111.

Stafford, S. L., "The effect of punishment on firm compliance with hazardous waste regulations", *Journal of Environmental Economics & Management*, 2002, 44 (2): 290 - 308.

Stanwick, S. D. and Stanwick, P. A., "The relationship between environmental disclosures and financial performance: an empirical study of us firms", *Eco - Management and Auditing*, 2000, 7: 155 - 164.

Starik, M. and Rands, G. P., "Weaving an integrated web: multilevel and multisystem perspectives of ecologically sustainable organizations", *Academy of Management Review*, 1995, 20 (4): 908 - 935.

Stead, W. E. and Stead, J., "Can humankind change the economic myth? paradigm shifts necessary for ecologically sustainable business", *Journal of Organizational Change Management*, 1994, 7 (4): 15 – 31.

Steger, U., "Environmental management systems: empirical evidence and further perspectives", *European Management Journal*, 2000, 18 (1): 23 – 37.

Storey, M., Boyd, G. and Dowd, J., "Voluntary agreements with industry", in C. Carraro and F. Leveque (eds.), *Voluntary Approached in Environmental Policy*, Dordrecht: Kluwer Academic Publishing, 1999.

Suchman, M. C., "Managing legitimacy: strategic and institutional approaches", *Academy of Management Review*, 1995, 20 (3): 571 – 610.

Sueyoshi, T. and Goto, M., "Can environmental investment and expenditure enhance financial performance of US electric utility firms under the Clean Air Act amendment of 1990?", *Energy Policy*, 2009, 37: 4819 – 4826.

Tarí, J. J., Claver – Cortés, E., Pereira – Moliner, J. and Molina – Azorín, J. F., "Levels of quality and environmental management in the hotel industry: their joint influence on firm performance", *International Journal of Hospitality Management*, 2010, 29: 500 – 510.

Taylor, G. and Welford, R., "An integrated systems approach to environmental management: a case study of IBM UK", *Business Strategy and the Environment*, 1993, 2 (3): 1 – 11.

Theyel, G., "Management practices for environmental innovation and performance", *International Journal of Operations & Production Management*, 2000, 20 (2): 249 – 266.

Thomas, W., "Do environmental regulations impede economic growth? A case study of the metal finishing industry in the south coast basin of southern California", *Economic Development Quarterly*, 2009, 23 (4): 329 – 341.

Thoresen, J., "Environmental performance evaluation—a tool for industrial improvement", *Journal of Cleaner Production*, 1999, 7 (5): 365 – 370.

Thornton, D., Kagan, R. A. and Gunningham, N., "Sources of corporate environmental performance", *California Management Review*, 2003, 46 (1): 127 - 141.

Tietenberg, T., "Disclosure strategies for pollution control", *Environmental and Resource Economics*, 1998, 11 (3 - 4): 587 - 602.

Tolbert, P. S. and Zucker, L. G., "Institutional sources of change in the formal structure of organizations: the diffusion of civil service reform", *Administrative Science Quarterly*, 1983, 28: 22 - 39.

Trevino, L. K., Hartman, L. P. and Brown, M., "Moral person and moral manager: how executives develop a reputation for ethical leadership", *California Management Review*, 2000, 42 (4): 128 - 142.

Triebswetter, U. and Wackerbauer, J., "Integrated environmental product innovation in the region of Munich and its impact on company competitiveness", *Journal of Cleaner Production*, 2008, 16 (14): 1484 - 1493.

Turban, D. B. and Greening, D. W., "Corporate social performance and organizational attractiveness to prospective employees", *Academy of Management Journal*, 1997, 40: 658 - 672.

Tyteca, D., "On the measurement of environmental performance of firms—a literature review and a productive efficiency perspective", *Journal of Environmental Management*, 1996, 46 (3): 281 - 308.

Tyteca, D., Carlens, J., Berkhout, F. et al., "Corporate environmental performance evaluation: evidence from the MEPI project", *Business Strategy & the Environment*, 2002, 11 (1): 1 - 13.

UK Department for Environment Food and Rural Affairs (DEFRA) and TRUCOST, *Environmental Key Performance Indicators: Reporting Guidelines for UK Business*, DEFRA, 2005.

United Nations Conference on Trade and Development (UNCTAD), *Integrating Environmental and Financial Performance at the Enterprise Level: A Methodology for Standardizing Eco - Efficiency Indicators*, New York: United Nations, 2000.

UNCTAD, *A Manual for the Preparers and Users of Eco - Efficiency Indica-*

tors, New York: United Nations, 2004.

Verfaillie, H. A. and Bidwell, R., *Measuring Eco-efficiency: A Guide to Reporting Company Performance*, World Business Council for Sustainable Development, 2005-6-20, http://www.gdrc.org/sustbiz/measuring.pdf, 2017-12-01.

Verschoor, A. H. and Reijnders, L., "Toxics reduction in ten large companies, why and how", *Journal of Cleaner Production*, 2000, 8 (1): 69-78.

Videras, J. and Alberini, A., "The appeal of voluntary environmental programs: which firms participate and why?", *Contemporary Economic Policy*, 2000, 18 (4): 449-460.

Viscusi, W. K. and Hamilton, J. T., "Are risk regulators rational? Evidence from hazardous waste cleanup decisions", *American Economics Review*, 1999, 89 (4): 1010-1027.

Wagner, M., Schaltegger, S. and Wehrmeyer, W., "The relationship between the environmental and economic performance of firms", *Greener Management International*, 2001, 34: 95-108.

Wagner, M., Nguyen Van, P., Azomahou, T. and Wehrmeyer, W., "The relationship between the environmental and economic performance of firms: an empirical analysis of the European paper industry", *Corporate Social Responsibility and Environmental Management*, 2002, 9: 133-146.

Wagner, M., "How to reconcile environmental and economic performance to improve corporate sustainability: corporate environmental strategies in the European paper industry", *Journal of Environmental Management*, 2005, 76: 105-118.

Wahba, H., "Does the market value corporate environmental responsibility? An empirical examination", *Corporate Social Responsibility and Environmental Management*, 2008, 15: 89-99.

Walden, W. and Schwartz, B., "Environmental disclosures and public policy pressure", *Journal of Accounting and Public Policy*, 1997, 16

(2): 125 –154.

Wallace, D. , *Environmental Policy and Industrial Innovation: Strategies in Europe, the US and Japan*, London: Royal Institute of International Affairs, 1995.

Walley, N. and Whitehead, B. , "It's not easy being green", *Harvard Business Review*, 1994, 72 (3): 46 –51.

Wang, J. , Yang, J. , Ge, C. et al. , "Controlling sulfur dioxide in China: will emission trading work?", *Environment Science and Policy for Sustainable Development*, 2004, 46 (5): 28 –39.

Welch, E. W. , Rana, A. and Mori, Y. , "The promises and pitfalls of ISO 14001 for competitiveness and sustainability", *Greener Management International*, 2003, 44 (16): 59 –73.

Welford, R. , "Linking quality and the environment: a strategy for the implementation of environmental management systems", *Business Strategy & the Environment*, 1992, 1 (1): 25 –34.

Welford, R. and Gouldson, A. , *Environmental Management and Business Strategy*, Pitman: London, 1993.

Welford, R. , *Corporate Environmental Management: System and Strategy*, Earthscan: London, 1996.

Wells, R. P. , Hochman, M. N. , Hochman, S. D. et al. , "Measuring environmental success", *Total Quality Environmental Management*, 1992, 1 (4): 315 –327.

Wernerfelt, B. , "A resource –based view of the firm", *Strategic Management Journal*, 1984, 5 (2): 171 –180.

Westley, F. and Vredenburg, H. , "Sustainability and the corporation: criteria for aligning economic practice with environmental protection", *Journal of Management Inquiry*, 1996, 5 (2): 104 –119.

White, M. A. , *Corporate Environmental Performance and Shareholder Value*, University of Virginia Charlotteville, VA: McIntire School of Commerce, 1996.

Williams, H. E. , Medhurst, J. and Drew, K. , "Corporate strategies for a sustainable future", in Fischer, K. and Schot, J. (eds.), *Environmental Strategies for Industry, International Perspectives on Research Needs and Policy Implications*, Washington, DC: Island Press, 1993: 117 - 146.

Wilson, R. C., "Ford spreads the word about its EMS success", *Pollution Engineering*, 2001, 33 (6): 32 - 33.

Winn, M., "Corporate leadership and policies for the natural environment, in D. Collins & M. Starik (eds.), *Research in Corporate Social Performance and Policy*, Greenwich, CT: JAI Press, 1995, Supplement 1: 127 - 161.

Winsemius, P. and Guntram, U., "Responding to the environmental challenge", *Business Horizons*, 1992, 35 (2): 12 - 20.

Wiseman, J., "An evaluation of environmental disclosure made in corporate annual reports", *Accounting, Organizations & Society*, 1982, 7 (1): 53 - 63.

Wolfe, A. and Howes, H. A., "Measuring environmental performance: theory and practice at Ontario hydro", *Environmental Quality Management*, 1993, 2 (4): 355 - 366.

Wolverton, A., *Race does not Matter: An Examination of A Polluting Plant'S Location Decision*, Mimeo: US Environmental Protection Agency, National Center for Environmental Economics, 2002.

Wood, D. J., "Corporate social performance revised", *Academy of Management Review*, 1991, 16 (4): 691 - 718.

World Bank, "Greening Industry: New Roles for Communities, Markets, and Governments", Policy Research Report, Development Research Group, The World Bank, 1999.

Xie, S. and Hayase, K., "Corporate environmental performance evaluation: a measurement model and a new concept", *Business Strategy & the Environment*, 2007, 16 (2): 148 - 168.

Xie, S., Hu, J. and Hayase, H., "The effects of corporate environmental management on economic performance", *Environmental Science*, 2007,

20 (3): 165-179.

Young, C. W. and Welford, R. J., "An environmental performance measurement framework for business", *Greener Management International*, 1998, 21 (19): 30-49.

Zaim, O., "Measuring environmental performance of state manufacturing through changes in pollution intensities: a DEA framework", *Ecological Economics*, 2004, 48 (1): 37-47.

Zeffane, R. M., Polonski, M. J. and Medley, P., "Corporate environmental commitment: developing the operational concept", *Business Strategy & the Environment*, 1995, 3 (4): 17-28.

Zeng, S. X., Tam, C. M. and Tam, V. W. Y., "Towards implementation of ISO 14001 environmental management systems in selected industries in China", *Journal of Cleaner Production*, 2005, 13: 645-656.

Zhu, Q. and Sarkis, J., "An inter-sectoral comparison of green supply chain management in China: drivers and practices", *Journal of Cleaner Production*, 2006, 14 (5): 472-486.

Zhu, Q. and Sarkis, J., "Relationships between operational practices and performance among early adopters of green supply chain management practices in Chinese manufacturing enterprises", *Journal of Operations Management*, 2004, 22 (3): 265-289.

Zhu, Q., Sarkis, J., Lai, K., "Green supply chain management: pressures, practices and performance within the Chinese automobile industry", *Journal of Cleaner Production*, 2007a, 15 (11-12): 1041-1052.

Zhu, Q., Sarkis, J., Lai, K., "Initiatives and outcomes of green supply chain management implementation by Chinese manufacturers", *Journal of Environmental Management*, 2007b, 85 (1): 179-189.

斯蒂芬·P. 罗宾斯、蒂莫西·A. 贾奇:《组织行为学》（第14版），清华大学出版社2012年版。

白宇飞、王冠群:《我国排污收费制度的变迁历程及改革完善措施》，《学术交流》2011年第11期。

毕力凤：《基于可持续发展的企业环境业绩评价体系研究》，硕士学位论文，天津大学，2008年。

蔡宁、吴刚、徐庆瑞：《影响我国工业企业环境保护投资的因素分析》，《中国环境管理》1994年第6期。

蔡上游、王爱莲：《基于循环经济的企业竞争力指标体系构建》，《商业时代》2006年第35期。

曹景山、曹国志：《企业实施绿色供应链管理的驱动因子理论探讨》，《价值工程》2007年第10期。

曹素璋：《企业环境创新战略与经济绩效的逻辑分析》，《全国商情：经济理论研究》2010年第12期。

曾天、陈撷艺：《企业环境绩效评价体系的构建与运用》，《重庆与世界》2011年第19期。

曾又其：《企业环境管理整合性架构研究》，硕士学位论文，西北工业大学，2007年。

车秀珍、杨娜、郝明途：《深圳市开展排污权抵押贷款的问题和对策研究》，《生态经济》2016年第11期。

陈超凡：《中国工业绿色全要素生产率及其影响因素》，《统计研究》2016年第3期。

陈汎：《企业环境绩效评价：在中国的研究与实践》，《海峡科学》2008年第7期。

陈浩：《企业环境管理的理论与实证研究》，博士学位论文，暨南大学，2006年。

陈浩、薛声家：《企业环境管理绩效的多级模糊综合评价》，《科技管理研究》2006年第4期。

陈红喜、刘东等：《环境政策对农业企业低碳生产行为的影响研究》，《南京农业大学学报》（社会科学版）2013年第4期。

陈江龙、陈雯、王宜虎等：《太湖地区工业绿色化进程研究——以无锡市为例》，《湖泊科学》2006年第6期。

陈静、林逢春：《国际企业环境绩效评估指标体系差异分析》，《城市环境与城市生态》2005年第4期。

陈静、林逢春等：《企业环境绩效模糊综合评价》，《环境污染与防治》

2006 年第 1 期。

陈静、林逢春等：《基于生态效益理念的企业环境绩效动态评估模型》，《中国环境科学》2007 年第 5 期。

陈柳钦：《绿色壁垒下的企业行为选择》，《经济师》2000 年第 1 期。

陈兴荣、王来峰等：《基于政府环境政策的企业主动环境行为研究》，《软科学》2012 年第 11 期。

陈兴荣、余瑞祥等：《企业主动环境行为动力机制研究》，《统计与决策》2012 年第 5 期。

陈璇、Lindkvist, K. B.：《环境绩效与环境信息披露：基于高新技术企业与传统企业的比较》，《管理评论》2013 年第 9 期。

陈璇、淳伟德：《企业环境绩效评价——基于价值链理论的探讨》，《西南民族大学学报》（人文社会科学版）2009 年第 12 期。

陈璇、淳伟德：《企业环境绩效对经济绩效的影响分析——基于沪、津、渝三地百强企业的考察》，《经济体制改革》2010 年第 4 期。

程巧莲、田也壮：《全球化经营对中国制造企业环境绩效的影响研究》，《中国人口·资源与环境》2012 年第 6 期。

戴玉才、小柳秀明：《日本电力企业环境效率指标应用及借鉴意义》，《环境与可持续发展》2006 年第 1 期。

丁鑫、古桂琴：《企业环保责任与政府规制必要性分析》，《山西高等学校社会科学学报》2008 年第 10 期。

董战峰、王金南、葛察忠等：《环境自愿协议机制建设中的激励政策创新》，《中国人口·资源与环境》2010 年第 6 期。

范阳东、梅林海：《论企业环境管理自组织发展的新视角》，《中国人口·资源与环境》2009 年第 4 期。

方军雄、向晓曦：《外部监管、制度环境与信息披露质量——基于中小企业板上市公司的证据》，《证券市场导报》2009 年第 11 期。

冯俊华、张龙、程远霆：《温州皮革企业环境成本与经济效益关系研究》，《中国皮革》2011 年第 5 期。

傅京燕、章扬帆、乔峰：《以政府绿色采购引领绿色供应链的发展》，《环境保护》2017 年第 6 期。

傅京燕、司秀梅、曹翔：《排污权交易机制对绿色发展的影响》，《中国人口·资源与环境》2018年第8期。

高前善：《生态效率——企业环境绩效审计评价的一个重要指标》，《经济论坛》2006年第7期。

戈爱晶、张世秋：《跨国公司的环境管理现状及影响因素分析》，《中国环境科学》2006年第1期。

巩天雷、张勇、赵领娣：《基于生态链分析的企业环境绩效评价模型》，《土壤与作物》2008年第3期。

关劲峤、黄贤金、刘晓磊等：《太湖流域印染业企业环境行为分析》，《湖泊科学》2005年第4期。

桂萍、王怡：《基于生态效益理念的企业环境绩效评价指标体系研究》，《财会通讯》2011年第23期。

国家税务总局税收科学研究所课题组：《构建绿色税收体系，促进绿色经济发展》，《国际税收》2018年第1期。

郭瑞婷、李玉萍：《基于多层次灰色方法的制造企业环境业绩评价研究》，《机械制造》2011年第3期。

韩琳：《政府绿色采购发展 路在何方》，《中国政府采购》2018年第5期。

韩艳宾：《我国绿色消费现状的实证研究》，《理论界》2006年第9期。

何丽梅：《基于独立环境报告的中日石油企业环境绩效信息披露比较研究》，《中国人口·资源与环境》2009年第6期。

何丽梅、马静夷：《制药企业环境绩效信息披露影响因素研究——基于上市公司企业社会责任报告视角》，《经济管理》2011年第9期。

贺红艳、任轶：《企业环境信息披露影响因素的验证——以采掘行业为例》，《财会通讯》2009年第24期。

侯方淼、李红勋、蔡婷：《政府绿色采购对企业绿色技术创新的作用——以北京市为例》，《人力资源管理》2017年第5期。

胡彩娟：《美国排污权交易的演进历程、基本经验及对中国的启示》，《经济体制改革》2017年第3期。

胡虹：《责任关怀在化工行业的践行研究》，《上海化工》2018年第3期。

胡健、李向阳、孙金花：《中小企业环境绩效评价理论与方法研究》，《科研管理》2009 年第 2 期。

胡曲应：《环境绩效评价国内外研究动态述评》，《科技进步与对策》2011 年第 10 期。

胡星辉：《企业环境绩效评价模型构建浅探》，《财会通讯》2009 年第 28 期。

胡元林、杨雁坤：《环境规制下企业环境战略转型的过程机制研究——基于动态能力视角》，《科技管理研究》2015 年第 3 期。

环境保护部环境监察局：《中国排污收费制度 30 年回顾及经验启示》，《环境保护》2009 年第 3 期。

黄德春、刘志彪：《环境规制与企业自主创新——基于波特假设的企业竞争优势构建》，《中国工业经济》2006 年第 3 期。

黄冠中、卢瑛莹、陈佳：《浙江省排污权交易现状分析及对策研究》，《环境与可持续发展》2015 年第 3 期。

黄珺、陈英：《企业社会贡献度对环境信息披露的影响——来自上证治理板块上市公司的经验证据》，《湖南大学学报》（社会科学版）2012 年第 2 期。

黄晓波、冯浩：《环境绩效评价及其指标标准化方法探析》，《财会月刊》2007 年第 2 期。

纪霞：《国外绿色信贷发展经验及启示》，《改革与战略》2016 年第 2 期。

贾利佳、钟卫红：《政府环境信息公开的现状、问题及展望》，《汕头大学学报》（人文社会科学版）2018 年第 2 期。

贾妍妍：《环境绩效评价指标体系初探》，《重庆理工大学学报》2004 年第 2 期。

姜雨峰、田虹：《外部压力能促进企业履行环境责任吗？——基于中国转型经济背景的实证研究》，《上海财经大学学报》2014 年第 6 期。

蒋麟凤：《中日企业环境会计信息披露的外部动因比较及启示》，《中国乡镇企业会计》2009 年第 1 期。

蒋晓改：《企业环境会计信息披露的经济效益影响分析》，《价值工程》

2010 年第 8 期。

金声琅、曹利江：《黄山市酒店服务业环境绩效评价模型研究》，《资源开发与市场》2007 年第 12 期。

鞠芳辉、董云华、李凯：《基于模糊方法的企业环境业绩综合评价模型》，《科技进步与对策》2002 年第 3 期。

雷英杰：《专访中国银监会政策研究局巡视员叶燕斐　绿色信贷或将释放更多生态红利》，《环境经济》2016 年第 Z6 期。

李冰：《企业绿色管理绩效评价研究》，博士学位论文，哈尔滨工程大学，2008 年。

李创：《国内排污权交易的实践经验及政策启示》，《理论月刊》2015 年第 7 期。

李朝芳：《地区经济差异、企业组织变迁与环境会计信息披露——来自中国沪市污染行业 2009 年度的经验数据》，《审计与经济研究》2012 年第 1 期。

李从欣、李国柱、李翼恒：《基于数据包络分析的环境绩效研究》，《财会通讯》（理财版）2008 年第 6 期。

李富贵、甘复兴、邓德明等：《企业环境行为分析》，《中国环境管理干部学院学报》2007 年第 1 期。

李卉、孙灿明：《基于低碳经济理念下的企业环境成本效益分析评价》，《企业家天地下半月刊》（理论版）2010 年第 3 期。

李慧、钟莉：《有色金属采选企业环境管理的成本效益分析》，《广西社会科学》2010 年第 12 期。

李剑、王成亮：《企业发展绿色物流的驱动因素和策略分析》，《潍坊学院学报》2008 年第 5 期。

李健、邱立成、安小会：《面向循环经济的企业绩效评价指标体系研究》，《中国人口·资源与环境》2004 年第 4 期。

李金荣：《我国保护生态环境的财税政策研究》，《价格理论与实践》2013 年第 3 期。

李锐、侯菁：《国有企业环境信息披露质量影响因素研究》，《统计与决策》2014 年第 24 期。

李胜、徐海艳、戴岱：《我国中小企业的环境战略及其选择》，《生态经济》（中文版）2008 年第 10 期。

李寿德：《排污权交易的条件、功能与存在的问题探析》，《科研管理》2003 年第 6 期。

李永波：《企业环境战略的形成机制：基于微观动力视角的分析框架》，《管理学报》2012 年第 8 期。

李永友、沈坤荣：《我国污染控制政策的减排效果——基于省际工业污染数据的实证分析》，《管理世界》2008 年第 7 期。

李永友、文云飞：《中国排污权交易政策有效性研究——基于自然实验的实证分析》，《经济学家》2016 年第 5 期。

连莉莉：《绿色信贷影响企业债务融资成本吗？——基于绿色企业与"两高"企业的对比研究》，《金融经济学研究》2015 年第 5 期。

廖中举、程华：《企业环境创新的影响因素及其绩效研究——基于环境政策和企业背景特征的视角》，《科学学研究》2014 年第 5 期。

林存友、朱清：《环境管制下的企业反应行为研究》，《商场现代化》2009 年第 4 期。

林炜、张昊：《循环经济下企业环境成本控制策略研究》，《中国商界》（上）2010 年第 4 期。

林晓华、唐久芳：《企业财务状况对环境信息披露影响的实证》，《统计与决策》2011 年第 4 期。

林长清、阎守政、张鸣：《绿色消费模式与循环经济相关性的探讨》，《环境保护科学》2009 年第 1 期。

林逢春、陈静：《企业环境绩效评估指标体系及模糊综合指数评估模型》，《华东师范大学学报》（自然科学版）2006 年第 6 期。

刘蓓蓓、俞钦钦、毕军等：《基于利益相关者理论的企业环境绩效影响因素研究》，《中国人口·资源与环境》2009 年第 6 期。

刘炳江：《强力推进排污权交易试点　努力开创减排工作新局面》，《环境保护》2014 年第 18 期。

刘德银：《企业环境绩效综合评价探讨》，《理论与改革》2007 年第 1 期。

刘海英、谢建政：《排污权交易与清洁技术研发补贴能提高清洁技术创新水平吗——来自工业 SO_2 排放权交易试点省份的经验证据》，

《上海财经大学学报》2016年第5期。

刘和旺、郑世林、左文婷:《环境规制对企业全要素生产率的影响机制研究》,《科研管理》2016年第5期。

刘建胜、廖珍珍:《略论企业环境绩效评价指标体系》,《企业活力》2010年第10期。

刘建胜:《循环经济视角下的企业环境绩效评价指标体系设计》,《商业会计》2011年第16期。

刘婧宇、夏炎、林师模等:《基于金融CGE模型的中国绿色信贷政策短中长期影响分析》,《中国管理科学》2015年第4期。

刘丽敏、底萌妍:《企业环境绩效评价方法的拓展:模糊综合评价》,《统计与决策》2007年第17期。

刘丽敏、杨淑娥、袁振兴:《国际环境绩效评价标准综述》,《统计与决策》2007年第16期。

刘玲:《基于循环经济的物流企业绩效评价研究》,博士学位论文,河海大学,2006年。

刘若楠、李峰:《我国排污权交易问题的实证研究》,《价格理论与实践》2014年第2期。

刘儒昞:《心理契约视角下国有企业环境责任的博弈分析》,《企业经济》2012年第4期。

刘霞:《基于循环经济的企业综合能力评价指标体系研究》,硕士学位论文,南京工业大学,2005年。

刘星、曾维维、郝颖:《产品市场竞争与企业投资行为:来自中国上市公司的经验证据》,《生产力研究》2008年第5期。

刘焰、刘华楠、张大勇:《基于生产链的企业环境绩效测度模型》,《华中科技大学学报》(自然科学版)2003年第9期。

刘永祥、潘志强:《主成分分析法和环境杠杆评价法在企业环境绩效评价中的应用》,《大众科技》2006年第6期。

刘永祥、张友棠、杨蕾:《企业环境绩效评价指标体系设计与应用研究》,《财会通讯》2011年第13期。

路江涌、何文龙、王铁民等:《外部压力、自我认知与企业标准化环境管理体系》,《经济科学》2014年第1期。

陆新元、Dudek, D. J.、秦虎等:《中国环境行政执法能力建设现状调查与问题分析》,《环境科学研究》2006年第b11期。

吕敏、齐晓安:《我国绿色税收体系改革之我见》,《税务与经济》2015年第1期。

马中东、陈莹:《环境规制、企业环境战略与企业竞争力分析》,《科技管理研究》2010a年第7期。

马中东、陈莹:《环境规制约束下企业环境战略选择分析》,《科技进步与对策》2010b年第11期。

孟晓华、张曾:《利益相关者对企业环境信息披露的驱动机制研究——以H石油公司渤海漏油事件为例》,《公共管理学报》2013年第3期。

苗泽华、彭靖、董莉:《工业企业环境污染与实施生态工程的激励机制构建——以制药企业为例》,《企业经济》2012年第12期。

聂丹丹、田金玉:《企业环境绩效模糊综合评价研究》,《财会通讯》(理财版)2007年第12期。

聂国卿、郭晓东:《环境规制对中国制造业创新转型发展的影响》,《经济地理》2018年第7期。

潘霖:《中国企业环境行为及其驱动机制研究》,硕士学位论文,华中师范大学,2011年。

庞利萍:《430份〈责任关怀全球宪章〉签字文件转交ICCA 石化行业扎实推进责任关怀》,《中国石油和化工》2015年第10期。

彭海珍:《影响企业绿色行为的因素分析》,《暨南学报》(哲学社会科学版)2007年第2期。

彭婷、姜佩华:《层次分析法在环境绩效评估中的应用》,《能源与环境》2007年第1期。

彭喜阳:《企业环境经济责任投入产出核算模型的构建》,《财会月刊》2010年第6期。

彭贤则、徐彬:《基于循环经济理念的企业环境成本控制的内生化》,《会计之友》(中旬刊)2010年第5期。

齐亚伟:《节能减排、环境规制与中国工业绿色转型》,《江西社会科学》2018年第3期。

齐晔:《2010 中国低碳发展报告》,科学出版社 2011 年版。

乔引华、乔鹏芳、薛红梅:《企业环境绩效评价指标体系的构建》,《财会月刊》2006 年第 32 期。

綦英楠:《中日家电企业环境报告比较研究》,《管理观察》2009 年第 3 期。

秦鹏:《政府绿色采购:逻辑起点、微观效应与法律制度》,《社会科学》2007 年第 7 期。

秦颖、武春友、翟鲁宁:《企业环境绩效与经济绩效关系的理论研究与模型构建》,《系统工程理论与实践》2004 年第 8 期。

秦颖、曹景山、武春友:《企业环境管理综合效应影响因素的实证研究》,《工业工程与管理》2008 年第 1 期。

秦颖:《企业环境管理的驱动机制研究》,中国环境科学出版社 2011 年版。

邱皓政:《结构方程模式:LISREL 的理论、技术与应用》,双叶书廊有限公司 2003 年版。

任玲、西凤茹:《钢铁企业环境绩效评价指标体系的构建研究》,《商业会计》2011 年第 11 期。

任艳红、周树勋:《基于总量控制的排污权交易机制改革思路研究》,《环境科学与管理》2016 年第 3 期。

上海银监局绿色信贷研究课题组、张光平、董红蕾等:《绿色信贷支持金融创新与产业结构转型研究》,《金融监管研究》2016 年第 5 期。

申晨、贾妮莎、李炫榆:《环境规制与工业绿色全要素生产率——基于命令—控制型与市场激励型规制工具的实证分析》,《研究与发展管理》2017 年第 2 期。

沈洪涛、冯杰:《舆论监督、政府监管与企业环境信息披露》,《会计研究》2012 年第 2 期。

沈洪涛、黄珍、郭肪汝:《告白还是辩白——企业环境表现与环境信息披露关系研究》,《南开管理评论》2014 年第 2 期。

沈能:《环境效率、行业异质性与最优规制强度——中国工业行业面板数据的非线性检验》,《中国工业经济》2012 年第 3 期。

沈奇泰松、蔡宁、孙文文：《制度环境对企业社会责任的驱动机制——基于多案例的探索分析》，《自然辩证法研究》2012年第2期。

史晓燕：《基于循环经济的企业绩效评价》，《西安石油大学学报》（社会科学版）2006年第2期。

舒利敏、杨琳：《商业银行绿色信贷实施现状研究》，《会计之友》2015年第23期。

宋鑫：《我国绿色信贷传导路径的一般均衡实证研究》，《金融监管研究》2016年第5期。

宋子义、邹玉娜：《平衡计分卡在企业环境绩效评价中的应用》，《经济纵横》2010年第11期。

孙恒有：《造成我国中小企业污染治理难的四大因素》，《区域经济评论》2006年第7期。

孙金花：《中小企业环境绩效评价体系研究》，博士学位论文，哈尔滨工业大学，2008年。

孙俊奇、鲁冰、徐凯：《机构投资者、审计质量与环境绩效——来自中国重污染行业上市企业的经验证据》，《中国注册会计师》2014年第3期。

孙烨、孙立阳、廉洁：《企业所有权性质与规模对环境信息披露的影响分析——来自上市公司的经验证据》，《社会科学战线》2009年第2期。

孙再凌：《企业环境信息自愿披露机制及应用研究》，《会计之友》2014年第8期。

谭静、孙华：《企业环境绩效评价方法及其在我国的实际应用》，《重庆行政：公共论坛》2011年第3期。

唐国平、李龙会、吴德军：《环境管制、行业属性与企业环保投资》，《会计研究》2013年第6期。

唐建荣、张承煊：《基于BP人工神经网络的企业环境绩效评价》，《统计与决策》2006年第22期。

陶岚、郭锐：《企业环境管理行为的驱动因素分析——基于制度合法性理论》，《理论月刊》2013年第12期。

滕军力：《中国乡镇企业节能与温室气体减排项目示范推广成效初显》，

《中国建材》2006年第10期。

田家华、邢相勤、曾伟等：《ISO14031标准在国有资源型企业环境绩效评价中的应用》，《中国行政管理》2009年第11期。

田婧、张忠利：《基于ISM的我国政府绿色采购制约因素研究》，《西北工业大学学报》（社会科学版）2014年第3期。

田中禾、郭丽红：《企业环境信息披露影响因素研究——来自沪市A股重污染行业的经验证据》，《求索》2013年第9期。

涂爱玲：《基于模糊综合评判法的企业环境绩效评价》，《和田师范专科学校学报》（汉文版）2007年第5期。

涂正革、谌仁俊：《排污权交易机制在中国能否实现波特效应？》，《经济研究》2015年第7期。

万伦来、李勤、朱骏锋：《淮河流域工业企业环境行为的实证研究》，《合肥工业大学学报》（社会科学版）2007年第4期。

王爱兰：《企业的环境绩效与经济绩效》，《经济管理》2005年第15期。

王灿发、林燕梅：《我国政府环境信息公开制度的健全与完善》，《行政管理改革》2014年第6期。

王镝、李灿：《环境规制的技术进步效应与环境质量——基于中国省际面板数据（2000—2016）的实证分析》，《首都师范大学学报》（社会科学版）2018年第3期。

王惠娜：《自愿性环境政策工具在中国情境下能否有效？》，《中国人口·资源与环境》2010年第9期。

王金秀、腾赋骋：《着力运用政府绿色采购推进我国产业和能源结构优化》，《中国政府采购》2017年第2期。

王京芳、王露、曾又其：《企业环境管理整合性架构研究》，《软科学》2008年第1期。

王京歌、邹雄：《政府绿色采购制度研究》，《郑州大学学报》（哲学社会科学版）2017年第6期。

王凯、黎梦娜、葛全胜：《世界遗产地旅游企业环境行为及其驱动机制——张家界饭店企业实证》，《旅游学刊》2012年第7期。

王璐宁：《完善我国政府绿色采购制度的立法研究》，《沈阳工业大学学报》（社会科学版）2010 年第 4 期。

王宁宁：《企业环境绩效评价指标体系构建问题研究》，《学理论》2011 年第 17 期。

王巧玲、李玉萍：《基于平衡计分卡的企业环境业绩评价研究》，《环境保护科学》2009 年第 4 期。

王秋霞：《基于 GEVA 和 BSC 的资源型企业环境绩效评价体系构建》，《商业会计》2011 年第 27 期。

王霞、徐晓东、王宸：《公共压力、社会声誉、内部治理与企业环境信息披露——来自中国制造业上市公司的证据》，《南开管理评论》2013 年第 2 期。

王晓燕：《循环经济下企业环境成本控制及评价指标探讨》，《财会通讯》2009 年第 14 期。

王笑原、闫海、涂军桥等：《自愿协议式环境管理模式在荆州纺织印染行业的实践研究》，《环境科学与管理》2014 年第 2 期。

王宜虎、陈雯：《工业绿色化发展的动力机制分析》，《华中师范大学学报》（自然科学版）2007 年第 1 期。

王宜虎、陈雯、陈江龙等：《江苏沿江地区工业企业环境压力的 LISREL 模型分析》，《地理研究》2007 年第 4 期。

王勇：《自愿性环境协议在我国应用之可行性研究》，《环境与发展》2016 年第 1 期。

王永德、宋丽英、董淑兰：《企业环境信息披露影响因素研究》，《财会月刊》2012 年第 6 期。

王渊博：《发展绿色消费的现状及对策——以北京市为例》，《技术经济与管理研究》2011 年第 10 期。

卫同济、林翰、王丹等：《企业的环境承诺对其环境管理的影响研究》，《工业工程与管理》2013 年第 5 期。

魏旭、邓敏贞：《节能减排自愿协议制度研究——以"低碳广州"为依归》，《江苏大学学报》（社会科学版）2014 年第 4 期。

吴明隆：《SPSS 统计应用实务》，科学出版社 2003 年版。

夏少敏、任国威、韩凯：《我国居民绿色消费理念的调查研究——以浙江省临安市为例》，《北华大学学报》（社会科学版）2012 年第 6

期。

谢芳、李慧明：《企业环境绩效评价标准的演进与整合》，《经济管理》2006 年第 7 期。

谢双玉、胡静、许英杰等：《企业环境绩效评价模型的构建及其检验》，《中国环境科学》2008 年第 12 期。

谢双玉、许英杰、胡静等：《企业环境绩效评价基准——环境集约度变化指数的再检验》，《华中师范大学学报》（自然科学版）2007 年第 4 期。

谢卫平、焦涛：《江苏省企业环境绩效评估方法及指标体系研究》，《污染防治技术》2009 年第 4 期。

辛敏、王建明：《企业环境信息披露影响因素的经济计量分析》，《会计之友》2009 年第 21 期。

徐大伟、王子彦、曾垂凯：《企业间绿色合作影响因素与绿色绩效的实证研究》，《中国人口·资源与环境》2006 年第 5 期。

闫文娟、郭树龙：《中国二氧化硫排污权交易会减弱污染物排放强度吗？——基于双倍差分法的经验研究》，《上海经济研究》2012 年第 6 期。

杨东宁、周长辉：《企业环境绩效与经济绩效的动态关系模型》，《中国工业经济》2004 年第 4 期。

杨东宁、周长辉：《企业自愿采用标准化环境管理体系的驱动力：理论框架及实证分析》，《管理世界》2005 年第 2 期。

杨昀：《环境税制改革视角下固体废弃物治理法律配额交易机制之引入》，《天津法学》2017 年第 3 期。

姚圣：《政府环境控制、环境会计控制与企业环境业绩——基于中国背景的理论与经验证据》，《预测》2009 年第 5 期。

叶强生、武亚军：《转型经济中的企业环境战略动机：中国实证研究》，《南开管理评论》2010 年第 3 期。

叶琴、曾刚、戴劭勍等：《不同环境规制工具对中国节能减排技术创新的影响——基于 285 个地级市面板数据》，《中国人口·资源与环境》2018 年第 2 期。

叶宇晴、于然然、郭瑞欣：《中日发酵企业环境业绩信息披露调查与比较》，《中国证券期货》2010 年第 10 期。

殷安杰、丁晓刚：《企业建立和实施环境目标、指标和管理方案中的问题及对策》，《安全、健康和环境》2013 年第 2 期。

袁广达、孙薇：《环境财务绩效与环境管理绩效评价研究》，《环境保护》2008 年第 18 期。

袁亚丽：《企业环境信息披露动因探讨》，《财会通讯》2010 年第 11 期。

原毅军、谢荣辉：《FDI、环境规制与中国工业绿色全要素生产率增长》，《国际贸易问题》2015 年第 8 期。

曾天、陈撷艺：《企业环境绩效评价体系的构建与运用》，《重庆与世界》2011 年第 10 期。

展刘洋、宋文华、鞠美庭：《欧盟政府绿色采购政策及其借鉴》，《环境保护》2010 年第 19 期。

张炳、毕军、袁增伟等：《企业环境行为：环境政策研究的微观视角》，《中国人口·资源与环境》2007 年第 3 期。

张功富：《政府干预、环境污染与企业环保投资——基于重污染行业上市公司的经验证据》，《经济与管理研究》2013 年第 9 期。

张劲松：《资源约束下企业环境行为分析及对策研究》，《企业经济》2008 年第 7 期。

张力、陈波、曹利江：《啤酒生产环境绩效评价模型研究》，《环境科学与管理》2008 年第 6 期。

张亦楠、徐盛国、楚春礼等：《借鉴国际经验，促进政府绿色采购》，《未来与发展》2016 年第 9 期。

张嫚：《环境规制与企业行为间的关联机制研究》，《财经问题研究》2005 年第 4 期。

张鹏冲、林昕：《企业环境成本信息披露动因解析》，《财会通讯》2009 年第 20 期。

张倩、曲世友：《环境规制对企业绿色技术创新的影响研究及政策启示》，《中国科技论坛》2013 年第 7 期。

张倩、曲世友：《环境规制强度与企业绿色技术采纳程度关系的研究》，《科技管理研究》2014 年第 5 期。

张秋英:《领取绿色通行证进军国际绿色市场——谈国际绿色贸易壁垒中的环境标志问题》,《中央财经大学学报》2003年第2期。

张秀生、李子明:《"绿色信贷"执行效率与地方政府行为》,《经济问题》2009年第3期。

张小静、李延喜、栾庆伟:《企业环境自我规制的动因及其政策启示》,《生态经济》(中文版)2011年第8期。

张小羽:《环境会计视角下的企业环境绩效评价研究——基于煤炭企业调研》,硕士学位论文,首都经济贸易大学,2009年。

张晓文:《论排污权交易制度在我国的建立与完善》,《企业经济》2010年第9期。

张彦、关民:《企业环境信息披露的外部影响因素实证研究》,《中国人口·资源与环境》2009年第6期。

张志鹏、胡平:《绿色管理——企业增强竞争优势的工具》,《科技管理研究》2002年第6期。

赵丽娟、罗兵:《绿色供应链中环境管理绩效模糊综合评价》,《重庆大学学报》(自然科学版)2003年第11期。

赵晓飞:《唱好这出"重头戏"培育社会正能量 石化联合会首次发布行业责任关怀年度报告》,《中国石油和化工》2018年第4期。

赵玉民、朱方明、贺立龙:《环境规制的界定、分类与演进研究》,《中国人口·资源与环境》2009年第6期。

郑季良、邹平:《对企业环境绩效的思考》,《生态经济》(中文版)2005年第10期。

郑丽琳、李旭辉:《信息生态视角下政府环境信息公开影响因素研究》,《理论学刊》2018年第3期。

郑立群、毕立凤、夏庆:《基于平衡计分卡和绿色EVA的企业融入型环境业绩评价》,《统计与决策》2009年第7期。

郑晓青:《低碳经济、企业环境成本控制:一个概念性分析框架》,《企业经济》2011年第6期。

钟朝宏:《中外企业环境绩效评价规范的比较研究》,《中国人口·资源与环境》2008年第4期。

周群艳、周德群:《企业环境管理行为的动机分析》,《重庆环境科学》

2000 年第 1 期。

周曙东:《企业环境行为影响因素研究》,《统计与决策》2011 年第 22 期。

周炫、喻小林:《联合国中国乡镇企业节能与温室气体减排项目简介》,《砖瓦》2007 年第 6 期。

周一虹:《生态效率指标:环境业绩指标和财务业绩指标结合方法探讨》,《兰州商学院学报》2005 年第 3 期。

周一虹、张鲜华、陈文文:《实施绿色经济政策与企业环境信息披露问题探讨》,《生态经济》(中文版) 2009 年第 4 期。

周莹、江华、张建民:《行业协会实施自愿性环境治理:温州案例研究》,《中国行政管理》2015 年第 3 期。

朱纪红:《浅析企业环境绩效评价指标体系的构建》,《经济研究导刊》2012 年第 18 期。

朱庆华、耿勇:《中国制造企业绿色供应链管理因素研究》,《中国管理科学》2004 年第 3 期。

朱庆华、杨启航:《中国生态工业园建设中企业环境行为及影响因素实证研究》,《管理评论》2013 年第 3 期。

邹伟进、裴宏伟、王进:《基于委托代理模型的企业环境行为研究》,《中国人口·资源与环境》2014 年第 S1 期。